普通高等教育“十一五”国家级规划教材

◉ 高职高专经管类核心课教改项目成果系列规划教材

◉ 全国财经类高职高专院校联协会推荐教材

市场营销

（第二版）

季　辉　吴玺玫　主　编

李　晶　向月波
刘兴星　曾小平　副主编

科学出版社

北　京

内 容 简 介

本书阐述了市场营销学的一般原理和方法。本书共10章，其中第一章至第五章，主要介绍了市场营销的基本概念、营销观念及消费者分析；第六章至第九章，介绍了市场营销组合策略；第十章，介绍了营销团队、客户关系管理、营销流程。本书针对高职高专教育的特点，按照产学结合的思路，增加了导入案例及情景案例、思考与练习，以便于学生掌握考试题型。本书较全面地反映了最新的市场营销理论，增加了新案例，具有较强的针对性。

本书可作为高职高专经济管理类专业教材，也可供经济管理干部和其他人员学习参考。

图书在版编目(CIP)数据

市场营销/季辉，吴玺玫主编. —2版. —北京：科学出版社，2010
（普通高等教育“十一五”国家级规划教材·高职高专经管类核心课教改项目成果系列规划教材）
ISBN 978-7-03-027403-8

Ⅰ. ①市…　Ⅱ.①季…②吴…　Ⅲ. ①市场营销学-高等学校：技术学校-教材　Ⅳ. ①F713.50

中国版本图书馆CIP数据核字（2010）第079224号

责任编辑：田悦红 / 责任校对：王万红
责任印制：吕春珉 / 封面设计：天女来

科学出版社 出版
北京东黄城根北街16号
邮政编码：100717
http://www.sciencep.com
新科印刷有限公司 印刷
科学出版社发行　各地新华书店经销
*
2004年8月第　一　版　开本：787×1092 1/16
2010年5月第　二　版　印张：21 1/2
2020年1月第二十一次印刷　字数：509 000

定价：48.00元

（如有印装质量问题，我社负责调换〈新科〉）
销售部电话 010-62134988　编辑部电话 010-62138978-8007（VF02）

本书编写人员名单

主　编　季　辉　吴玺玫

副主编　李　晶　向月波　刘兴星　曾小平

撰稿人（按姓氏拼音排序）

季　辉　李　晶　刘兴星　吴清军

吴玺玫　向月波　曾小平

序

改革开放以来，我国经济快速发展，经济总量不断增加，对从事经济活动的相关人才的需求空前高涨。社会对经济管理类人才的需求大体上可以划分为两大类。一类是从事理论研究，从宏观和微观角度研究社会经济发展和运行的总体规律，研究社会资源的最优配置及个人满足最大化等问题的学者。另一类是在各种经济领域中从事具体经济活动的职业人，是整个经济活动得以有效运行的基本元素，是在各自不同的领域发挥着使经济和各项业务活动稳定有序运行，规避风险，实现价值最大化的社会群体。从社会经济发展的实际情况来看，后一类人群应该是社会发展中需求数量最大的经济管理类人才。在上述两类人才的培养上，前者主要由普通本科以上的高等院校进行培养，后一类人才的培养工作从我国高等教育的现状来看，培养的主体主要为高等职业教育。

高等职业教育经过近年来的迅猛发展，已经占据了我国高等教育的半壁江山。特别是自2006年教育部、财政部启动的国家示范性高等职业院校建设工作和教育部《关于全面提高高等职业教育教学质量的若干意见》(教高[2006]16号)文件的颁布以来，我国的高等职业教育迸发出前所未有的激情和能量，开放式办学、校企合作、工学结合、生产性实训、顶岗实习等各项改革措施深入开展，人才培养模式改革、课程改革、教材改革、双师结构教学团队的组建、模拟仿真的实验实训环境的进入课堂等项教育教学不断改革推进，使我国高等职业教育得到了长足的发展，取得了令人瞩目的成绩，充分显示出高等职业教育在我们经济发展中的举足轻重的作用和不可替代的地位。

我们依托上述大背景，同时根据技术领域和职业岗位的任职要求，以学生的职业能力培养为核心，组织了全国在相关领域资深的专家和一线的教育工作者，并与行业企业联手，共同开发了这套《高职高专经管类核心课教改项目成果系列规划教材》。这套丛书覆盖了经管类的核心课程，以职业能力为根本，以工作过程为主线，以工作项目为载体进行了教材整体设计，突出学生学习的主体地位是本系列教材的突出特点。

当然，我们也应该看到，高等职业教育的改革有一个过程，今天我们所组织出版的这套教材，仅仅是这一过程中阶段性成果的总结和推广。我们坚信。随着课程改革的不断深入，我们的这套教材也将以此为台阶，不断提升和改进，我们衷心地希望通过高质量教材的及时出版来推动教学，同时使本套教材在实际教学使用过程中不断完善和超越。

本套教材为全国财经类高职高专院校联协会和科学出版社的首次合作成果，是全国财经类高职高专院校联协会的推荐教材，适用全国各高职高专经济管理类专业使用。

周建松

2008年6月9日

第二版前言

随着市场竞争的日趋激烈，企业面临来自国内外企业的挑战。市场竞争说到底是争夺消费者，这就要求企业很好地研究市场营销的理论与方法，以更好地满足消费者需要，提高市场占有率。

本书是在第一版的基础上修改而成的，主要阐述了现代市场营销的基本概念、理论、营销策略和研究营销的一些基本方法，反映了营销科学的最新发展，既注重系统性，又避免与相关学科的重复。本书最大特点是针对高职高专这个层次教学的特点，按照产学结合、重视营销能力培养思路进行修编。

本书共分 10 章，包括三大部分。第一部分讲述市场营销基础理论，包括市场营销概述、市场营销环境、市场分析、消费者行为和市场调研；第二部分讲述市场营销组合策略，包括产品策略、价格策略、渠道策略、促销策略；第三部分讲述营销管理。

本书编写分工如下：季辉、吴玺玫、曾小平、吴清军编写第一、二、五、六、九章；向月波编写第三、四章；李晶编写第七、八章；刘兴星编写第十章。季辉提出编写大纲并定稿。

在编写过程中编者参考了大量重要的研究成果以充实本书内容，在此向相关作者致谢。感谢科学出版社的编辑对本书出版工作的大力支持。

由于营销科学发展迅速，加之学识有限、经验不足，书中疏漏之处在所难免，恳请读者批评指正。

第一版前言

我国已基本建立了社会主义市场经济体制，市场在整个经济运行中已起到资源配置的基础作用。随着我国市场经济的发展，中国经济在加入 WTO 后日益融入国际经济一体化发展潮流中，“买方市场”的形成，过剩经济的存在，日益激烈的国内国际市场竞争，企业如何才能在市场竞争中占据优势地位呢？市场营销学作为一门新兴的经济应用科学，可以很好地回答上述问题。

本书阐述了现代市场营销的基本概念、理论、营销策略和研究营销的一些基本方法，反映了营销科学的最新发展，既注重系统性，又避免与相关学科的重复。本书的最大特点是针对高职高专这个层次教学的特点，强调针对性、实用性，提倡案例教学。本书可作为高职高专经济管理类的教材，也可作为中职、自学考试、营销爱好者、企业培训的教材和参考书。

全书共分十二章，包括三大部分。第一部分讲述市场营销基础理论，包括市场营销概述、市场营销环境、市场分析、消费者行为和市场调研；第二部分讲述市场营销策略，包括产品策略、价格策略、渠道策略和促销策略；第三部分讲述营销管理与市场营销的分支服务营销。

本书由季辉担任主编，杜安杰、杨毅和李建担任副主编，在分工编写的基础上由季辉编纂和定稿。本书编写分工是：季辉（第一、五、九、十二章）、杨毅（第二、三章）、李建（第四章）、杜安杰（第六、七章）、周正龙（第八章）、朱晓杰（第十章）、袁列（第十一章）。

由于营销科学发展迅速，加之我们的学识有限、经验不足，书中疏漏之处在所难免，恳请读者批评指正。在编写过程中我们参考了大量重要的研究成果以充实我们的内容，在此向相关作者致谢。感谢科学出版社的编辑对本书出版工作的大力支持。

目　录

市场营销（第二版）

第一章

绪　论

营销就是发现消费者需求并满足之。

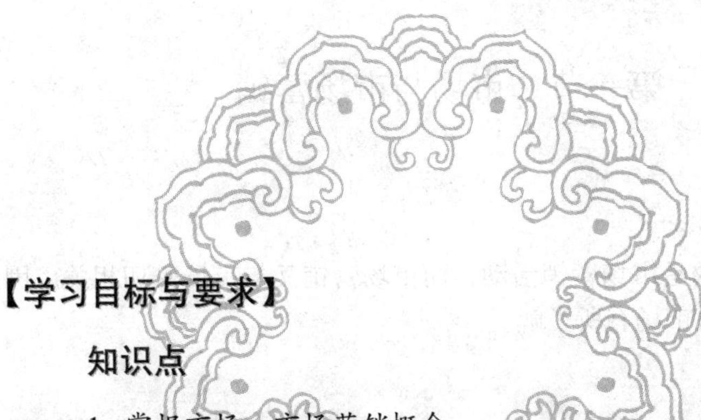

【学习目标与要求】

知识点

1. 掌握市场、市场营销概念；
2. 理解市场营销观念的发展演变过程；
3. 针对消费者需求状况，懂得应采取哪些营销管理的对策；
4. 了解各种新营销方式；
5. 了解营销管理过程。

技能点

初步具有各种营销方式应用与组织的能力。

导入案例

2007 年年底，在四川省成都市玉林小区的自贡子姜王餐馆主营子姜兔、子姜美蛙、子姜鸡等系列产品，因为味美、价格公道，一直顾客盈门。每天去晚了，只能取号排队等位子，这已成为街头一景。于是喜欢凑热闹赶新潮的成都“好吃嘴”们纷至沓来，形成了“马太”效应。一些排队等待的“好吃嘴”抱怨老板生意那么好，为什么不租个大点的铺面，省得顾客等待。老板总是面带歉意地说：“小本买卖，租不起呀，抱歉久等了。”一次，老板喝酒后，吐露真言“我才不租大铺面，我要的就是这种效果”。这个餐馆老板为何这样做？从市场营销角度来讲这属于饥饿式营销。

市场营销学产生发展已有 100 多年的历史，如今市场营销学已发展成为一门新兴的经济应用科学。随着我国市场经济的发展，企业越来越重视营销工作，迫切需要掌握市场营销的基本原理，知晓市场营销新的方式与方法。因而学好市场营销学是搞好市场营销的理论基础。本章拟介绍市场营销的基本知识。

第一节　市场与市场营销

一、市场

市场营销学研究的是市场营销活动，而市场营销又与市场密切相关。因此，研究市场营销必须首先对市场有所了解。

（一）市场的概念

市场，从经济学与市场营销学两个角度来看，具有不同的内涵。从经济学的角度来看，市场是随着社会分工和商品生产的发展而形成、发展起来的。它是一种以商品交换为内容的经济联系形式。由于市场的基本经济内容是商品供求和商品买卖，市场的形成必须具备 3 个基本条件：一是存在可供交换的产品（包括有形的实物产品和可供出售的无形产品），这是市场的客体；二是存在欲出售商品的卖主和具有购买力、购买欲望的买主，这是市场的主体；三是具有买卖双方都能够接受的交易价格及条件。只有满足了这 3 个基本条件，商品的交换才能成为现实。市场的概念是随着商品经济的发展而变化的。最初，在交换尚不发达的时代，市场仅仅是指商品交换的场所，即买者和卖者于一定时间聚集在一起进行交换的场所，是一个时间上和空间上的概念，人们称之为狭义的市场。在现代社会里，交换渗透到社会生活的各个方面，随着金融信用和通信交通事业的发展，商品交换打破了时间和空间上的限制，交换关系日益复杂，交换范围日益扩大，交换不一定需要固定的时间和地点，这种局限于特定时空的市场概念已无法表达现代市场的全部内涵。因此，市场就不仅指具体的交易场所，还指所有卖者和买者实现商品让渡关系的总和，即广义的市场。市场具有超时空的限制。从经济学角度来讲，市场包括供给与需求两个方面。宏观经济管理目标之一，就是要实现生活总供给与社会总需求的平衡。

从现代市场营销学观点来看，市场营销学是研究卖方营销活动，对卖方市场营销来讲，市场只是需求一方。市场是某种产品的所有现实购买者和潜在购买者所组成的群体。现实购买者是指目前正在实施购买行为的购买者；潜在购买者是指某种产品的未来购买者。市场营销专门研究企业如何适应买方的需求，并根据买方的需求及其欲望决定自己的生产销售策略，才能达到自己的经营目标。因此，市场营销中研究的市场专指买方，不包括卖方；专指需求，不包括供给。

从卖方角度研究买方市场，企业经营活动的成败，取决于对现实购买者和潜在购买者的正确估计和积极引导。企业在确定生产什么、生产多少、如何组织营销时，必须要了解自己所经营产品的购买者的数量、购买力和购买意愿这 3 个要素，它们决定了市场的规模和容量。所以，从市场营销的角度来看，市场可用公式表示为

市场＝购买者＋购买力＋购买动机

这个公式说明，企业要出售商品，现实与潜在顾客的总量、顾客的支付能力与购买的主观愿望这 3 大要素缺一不可，只有将这 3 者结合起来才能构成现实的市场。企业要扩大其产品的市场，就必须尽可能地了解和争取更多的购买者。

（二）市场的功能

1. 交换功能

交换功能是指购、销两个方面的功能，是市场的基本功能。通过交换实现商品所有权的转移。在商品所有权转移中，必须区分商品销售与购买两种功能。商品销售的日的，是设法创造其商品需求并寻找购买者，按照卖者所期望的价格将商品出售。商品购买的日的，是为了取得购买者所需要的商品种类、品质及数量，并在适当的时间、空间以适当的价格进行最优选择，直到完成商品所有权的转移。购买功能包括选择商品的来源，即决定购买哪些卖主的商品、商品的种类、数量、质量、规格、花色，商讨交易方式、价格、交易日期。销售功能包括创造或唤起需求，寻找买主或为商品找到市场，对销售方式与价格等作出选择。

2. 供应功能

供应功能主要指运输和储存功能。由于商品的生产与需求在时间与空间上存在分离，这就需要现代物流的发展，特别是商品运输和储存功能的强化。运输功能要求按照商品的合理流向，及时将商品送达消费地供应市场。商品的储存功能是将商品通过储存设施加以保管留存，来调节供求在消费地点、消费时间上的差异，寻求销售良机。

3. 信息反馈功能

在商品交换中必然存在信息的流动，提高信息的传递与反馈，可以有效地为企业生产提供明确的市场信息。

4. 便利功能（服务功能）

便利功能包括资金融通、风险负担、市场情报、商品标准化。它是为方便市场活动主体而提供的各种便利条件。

（三）市场容量的影响要素

企业从事市场营销活动总是需要考虑某种商品的市场需求量，即市场容量的大小。一种商品在某一时期市场容量的大小是指这种商品在该时期最大可能的需求量。影响一种商品需求量的因素主要有价格和非价格两大类。

1. 价格因素

在一般情况下，价格与需求量成反比例关系。若影响需求的其他因素不变，一种商品的价格越高，市场可能的需求量越少；价格越低，市场可能的需求量越大。

2. 非价格因素

1）收入。一般而言，收入与需求量成正比。消费者收入越高可能需求量就越大，但就不同的商品而言，收入的变化对需求量的影响是不同的。收入增加，大多数普通商品的需求量会相应得到增加，高档商品则会以更快的速度增加。而一些低档的商品、对人身健康不利的商品，如肥肉等，需求量反而会逐渐减少。

2）消费偏好。消费者的消费偏好的形成会增加该种商品的消费。消费者的消费易受心理因素的影响，流行时尚、明星的示范等可能会产生很大的趋同效应，促使购买量增加。企业通过促销宣传，通过培养消费者的消费偏好，可以扩大商品销售。

3）价格的预期。消费者在消费过程中，对某类商品价格的预期会对消费产生直接的影响。一般消费往往形成一种买涨不买跌的价格心理。当消费者预期商品价格进一步持续上涨，尤其是在通货膨胀时期，他们可能提前购买或消费，一定时期内需求量会扩大。若消费者预期价格会持续回落，尤其是在通货紧缩时期，则会推迟购买，一定时期内需求量会减少。

4）相关商品的购买量。市场上有的商品消费存在替代关系，一种商品的需求量增加，则会导致另一种商品需求量的下降，这是市场的替代效应，如空调与电风扇。而有的商品在消费或使用中必须配合，存在较大的正相关，则一种商品需求量的增加会导致另一种商品需求量的增加，这是市场的连带效应，如录音机与录音带、影碟机与碟片。

（四）市场的分类

为了便于研究市场，需要对市场进行分类。市场分类的方法多种多样，但从市场营销的角度对市场进行分类，最主要的是以下两种分类方法。

1. 根据市场出现的先后分类

根据市场出现的先后，可将市场分为现实市场、潜在市场和未来市场。

现实市场是指由对企业经营的某种商品有需要、有支付能力，又有购买欲望的现实顾客构成的市场。

潜在市场是指有可能转化为现实市场的市场。在构成市场的 3 个要素中，后两个要素（支付能力和购买欲望）中的任何一个要素不具备都意味着是潜在市场。

未来市场是指暂时尚未形成或只处于萌芽状态，但在一定条件下必将形成并发展成为现实市场的市场。

企业要想长久发展，除了重视自己的现实市场外，更重要的是开发潜在市场，并积极地预见和开拓未来市场。

2. 根据顾客的性质分类

根据顾客的性质，可将市场分为消费者市场和组织市场。

消费者市场又称消费品市场，是指为了个人或家庭消费需要而购买或租用商品或劳务的市场。

组织市场是指购买者由各类组织所组成的市场，其主体是组织，也包括个人。按其盈利与否，组织市场又可分为生产者市场、转卖市场和政府市场。

根据顾客的性质划分市场，企业应根据不同市场购买者的消费或购买特点及购买行为，采取有针对性的营销策略。

二、市场营销

（一）市场营销的概念

“市场营销”是由英语中“marketing”一词翻译而来，其原意一是指市场上的买卖活动，二是指一门学科。作为一门学科，它有多种译名，如“市场学”、“市场营销学”、“市场销售学”、“市场作业学”、“行销实务学”等。但比较公认的看法是将“marketing”译作“市场营销学”最为合适。

市场营销是指企业以满足人类的各种需要与欲望为目的，通过采取整体性的营销手段，占领市场，扩大销售，实现预期利润目标的商务活动过程。它以顾客为终点，更以顾客为起点。市场营销商务活动包括市场调研、选择目标市场、产品开发、市场开发、产品定价、渠道选择、产品促销、产品储运、产品销售、售后服务等一系列与市场营销相关的业务经营活动。市场营销的质的规定性不是制造产品的生产，而是产品的交换。

要理解市场营销这一概念，必须从以下 3 个方面着手：

1）市场营销必须以顾客需求为出发点。在市场环境多变，消费需求日益变化的情况下，企业应当及时地判断、适应、发掘、刺激和满足市场需求，甚至创造市场需求，通过对消费者需求的满足，使企业获取长久的利润。

2）市场营销要采取整体的营销手段。市场环境的多变、消费者需求的复杂与难以揣摩、消费时空的不同，企业营销活动要产生应有的营销效果，必须采取整体性的营销手段，将市场营销中所涉及的各种因素整合起来，才能产生应有的效果。

3）通过满足顾客需求获取利润。利润的获得可以采取多种手段，但最长久的是在顾客需求满足的基础上获得的。顾客需求满足程度越大，企业利润的获得就越有可能。

市场营销的实质是在市场研究的基础上，以消费者的需求为中心，在适当的时间、地点，以适当的价格、方式，把适合消费者需要的产品和服务提供给消费者。

（二）市场营销的核心理念

市场营销涉及其出发点，即满足顾客需求，还涉及以何种产品来满足顾客需求，如何才能满足消费者需求，即通过交换方式，产品在何时、何处交换，谁实现产品与消费者的连接。可见，市场营销的核心概念应当包含需求及相关的欲求、需要，产品及相关的效用、价值和满足，交换及相关的交易和关系，市场、市场营销及市场营销者。

1. 需求及相关的欲求和需要

1）需求。指消费者生理及心理的需求，如人们为了生存，需要食物、衣服、房屋等生理需求及安全、归属感、尊重和自我实现等心理需求。

2）欲求。指消费者深层次的需求。不同背景下的消费者欲求不同，如中国人需求食物则欲求大米饭，法国人需求食物则欲求面包，美国人需求食物则欲求汉堡包。人的欲求受社会因素及机构因素，如职业、团体、家庭、教会等影响。因而，欲求会随着社会条件的变化而变化。市场营销者能够影响消费者的欲求，如建议消费者购买某种产品。

3）需要。指有支付能力和愿意购买某种物品的欲求。可见，消费者的欲求在有购买力作后盾时就变为需要。因此，市场营销者不仅要了解有多少消费者欲求其产品，还要了解他们是否有能力购买。

2. 产品及相关的效用、价值和满足

1）产品。指用来满足顾客需求和欲求的物体。产品包括有形与无形的、可触摸与不可触摸的。有形产品是为顾客提供服务的载体。无形产品或服务是通过其他载体，如人、地、活动、组织和观念等来提供的。当人们感到疲劳时，可以到音乐厅欣赏歌星唱歌（人），可以到公园去游玩（地），可以到室外散步（活动），可以参加俱乐部活动（组织），或者接受一种新的意识（观念）。

2）效用、价值和满足。消费者如何选择所需的产品，主要是根据对满足其需要

的每种产品的效用进行估价而决定的。效用是消费者对满足其需要的产品的全部效能的估价。产品全部效能（或理想产品）的标准如何确定？例如，某消费者到某地去所用交通工具，可以是自行车、摩托车、汽车、飞机等。这些可供选择的产品构成了产品的选择组合。又假设某消费者要求满足不同的需求，即速度、安全、舒适及节约成本，这些构成了其需求组合。这样，每种产品有不同能力来满足其不同需要，如自行车省钱，但速度慢，欠安全；汽车速度快，但成本高。消费者要决定一项最能满足其需要的产品。为此，将最能满足其需求到最不能满足其需求的产品进行排列，从中选择出最接近理想产品的产品，它对顾客效用最大，如顾客到某目的地所选择理想产品的标准是安全、速度，他可能会选择汽车。顾客选择所需的产品除效用因素外，产品价格高低亦是影响因素之一。如果顾客追求效用最大化，他就不会只简单地看产品表面价格的高低，而会看每一元钱能产生的最大效用，如一部好汽车价格比自行车昂贵，但由于速度快、修理费少、相对于自行车更安全，其效用可能大，从而更能满足顾客需求。

3. 交换及相关的交易和关系

1）交换。人们有了需求和欲求，企业亦将产品生产出来，还不能解释为市场营销，产品只有通过交换才能使市场营销产生。人们通过自给自足或自我生产方式，或通过偷抢方式，或通过乞求方式获得产品都不是市场营销，只有通过等价交换，买卖双方彼此获得所需的产品，才属市场营销。可见，交换是市场营销的核心概念。

2）交易。交换是一个过程，而不是一个事件。如果双方正在洽谈并逐渐达成协议，则称为在交换中。如果双方通过谈判并达成协议，交易便发生。交易是交换的基本组成部分。交易是指买卖双方价值的交换，是以货币为媒介的，而交换不一定以货币为媒介，它可以是物物交换。交易涉及几个方面，即两件有价值的物品，双方同意的条件、时间、地点，还有维护和迫使交易双方执行承诺的法律制度。

3）关系。交易营销是关系营销大观念中的一部分。精明能干的市场营销者都会重视同顾客、分销商等建立长期、信任和互利的关系。而这些关系要靠不断承诺及为对方提供高质量产品、良好服务及公平价格来实现，靠双方加强经济、技术及社会联系来实现。关系营销可以减少交易费用和时间，最好的交易是使协商成为惯例化。而处理好企业同顾客关系的最终结果是建立起市场营销网络。市场营销网络是由企业同市场营销中介人建立起的牢固的业务关系。

4. 市场、市场营销及市场营销者

1）市场。市场由一切有特定需求或欲求并且愿意和可能从事交换来使需求和欲望得到满足的潜在顾客组成。从市场营销学角度看，卖方组成行业，买方组成市场。行业和市场构成了简单的市场营销系统。买方和卖方由 4 种流程所联结，卖者将货物、服务和信息传递到市场，然后收回货币及信息。现代市场经济中的市场是由多种市场及流程联结而成的。生产商到资源市场购买资源（包括劳动力、资本及原材

料），转换成商品和服务之后卖给中间商，再由中间商出售给消费者。消费者则到资源市场上出售劳动力而获取货币来购买产品和服务。政府从资源市场、生产商及中间商购买产品，支付货币，再向这些市场征税及提供服务。因此，整个国家的经济及世界经济都是由交换过程所联结而形成的复杂的相互影响的各类市场所组成的。

2）市场营销及市场营销者。上述市场概念有助于更全面地了解市场营销概念。市场营销是指与市场有关的人类活动，亦即为满足消费者需求和欲望而利用市场来实现潜在交换的活动。它是一种社会的和管理的过程。市场营销者则是从事市场营销活动的人。市场营销者既可以是卖方，也可以是买方。作为买方，他力图在市场上推销自己，以获取卖者的青睐，这时买方就是在进行市场营销。当买卖双方都在积极寻求交换时，他们都可称为市场营销者，并称这种营销为互惠的市场营销。

日本江崎泡泡糖的市场细分

日本泡泡糖市场年销售额约为 740 亿日元，其中大部分为“劳特”所垄断。可谓江山唯“劳特”独坐，其他企业再想挤进泡泡糖市场谈何容易。但是江崎糖业公司对此并不畏惧，成立了市场开发班子，专门研究霸主“劳特”产品的不足和短处，寻找市场的缝隙。经过周密调查，终于发现劳特的 4 点不足。

1）以成年人为对象的泡泡糖市场正在扩大，而“劳特”却仍旧把重点放在儿童泡泡糖市场上。

2）“劳特”的产品主要是果味型泡泡糖，而现在消费者的需求正在多样化。

3）“劳特”多年来一直生产单调的条状泡泡糖，缺乏新型式样。

4）“劳特”产品价格是 110 日元，顾客购买时需多掏出 10 日元的硬币，往往感到不方便。

通过分析，江崎糖业公司决定以成人泡泡糖市场为目标市场，并制定了相应的营销策略，不久便推出功能性泡泡糖四大产品：司机泡泡糖，使用了高浓度薄荷和天然牛黄，以强烈的刺激消除司机的困倦；交际泡泡糖，可清洁口腔，去除口臭；体育用泡泡糖，内含多种维生素，有益于消除疲劳；轻松型泡泡糖，通过添加叶绿素，可以改变人的不良情绪。江崎糖业公司还精心设计了产品包装和造型，价格定为 50 日元和 100 日元两种，避免了找零钱的麻烦。功能性泡泡糖问世后，像飓风一样席卷了全日本，不仅挤进了由“劳特”独霸的泡泡糖市场，而且占领了一定的市场份额，从 0 猛升至 25%，当年销售额达 175 亿日元。

（资料来源：http://www.docin.com/p-651148.html）

（三）市场营销的功能

1. 了解市场消费需求

市场营销活动总是从了解市场需求开始的。企业首先应当了解顾客需求的特点和消费需求复杂的趋向，才能生产出满足消费需求的商品或服务，才能创造市场需求。

2. 指导企业生产

在市场经济条件下，企业必须实行以销定产。通过市场营销调研了解消费需求信息和市场竞争信息，可以对企业生产起指导作用。

3. 开拓销售市场

企业通过营销调查，选择既能满足消费者需要，又能发挥企业优势的产品，通过市场营销，加强促销宣传，采取恰当营销策略，达到扩大产品销售，提高自身市场份额的目的。

4. 满足顾客需求

企业通过营销活动，建立合适的营销渠道，通过营销努力，做好销售前后的各种服务，才能充分满足消费者的需求，如图 1.1 所示。

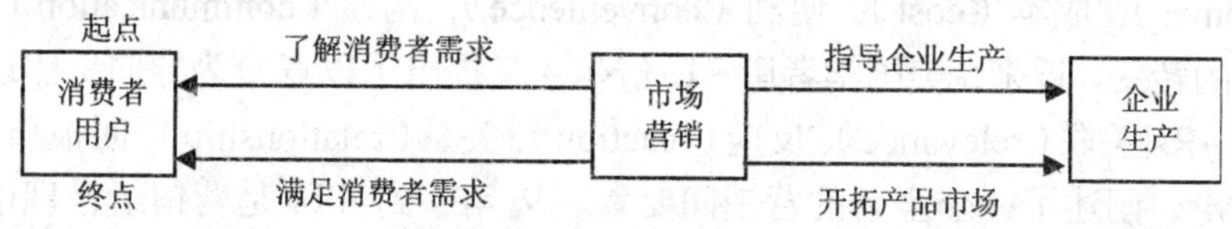

图 1.1 市场营销的功能

三、市场营销学

市场营销学是适应市场经济高度发展和市场竞争的需要，在现代市场营销实践基础上逐步形成和发展起来的，是现代资本主义市场经济的产物，买方市场的出现是市场营销学产生的重要背景。市场营销学是一门研究市场营销活动及其规律性的应用科学。

市场营销学于 20 世纪初诞生于美国，当时正值美国从自由资本主义向垄断资本主义过渡之际，社会环境发生了深刻变化，市场开始由供不应求转为供过于求，导致企业销售问题突出。为解决产品销售问题，企业研究了各种推销方法、广告技巧，并对产品进行市场调查与分析，以刺激需求、扩大销路。一些大学正式开设了销售课程，美国哈佛大学的赫杰特齐教授于 1912 年出版了第一本以分销和广告为主要内容的《市场营销学》，被认为是市场营销学作为一门独立学科出现的标志。市场营销学开始萌芽。

第二次世界大战后，随着市场环境的变化，市场向着供过于求的买方市场过渡。

企业提出“创造需求”的口号，从购买者立场出发进行一些活动。在此背景下，市场营销学的研究活动大规模开展起来。人们的研究强调要重视买方的现实和潜在需求，企业要以消费者为中心，通过企业采取整体的营销活动来满足消费者的需要，取得满意的利润。这种认识和实践形成了现代市场营销理论——顾客中心论，产生了现代市场营销学。

进入 20 世纪 60 年代，市场营销学与企业管理理论密切结合，市场营销学作为企业经营管理的一种指导而得到广泛应用。20 世纪 70 年代以来，由于能源危机和环境污染的加剧，消费者权益保护运动的高涨，贸易保护主义的抬头，企业片面追求满足消费需求而忽视扬长避短，导致竞争能力的削弱等因素，促使人们不断加深对市场营销策略的研究，使市场营销步入新的发展时期，出现了大市场营销、绿色营销等新内容。

四、市场营销组合理论的发展

在激烈的市场竞争中企业要占领市场，扩大市场占有率，必须将企业营销工作中所涉及的因素和手段整合起来，形成一个系统才能发挥作用，这就涉及市场营销组合问题。所谓市场营销组合理论，是指企业针对目标市场特点，将各种可能的营销策略和手段有机地结合起来，形成整体优化的营销策略，以保证企业目标的实现。

在市场营销组合理论方面，出现了以企业为中心用 4Ps[产品（product）、价格（price）、渠道（place）、促销（promotion）]来研究营销策略向以消费者为中心用 4Cs[顾客（customer）、成本（cost）、便利（convenience）、沟通（communication）]来研究营销策略的转变。近来，美国学者唐・E. 舒尔茨又提出了以竞争为导向，体现关系营销思想的 4Rs[关联（relevance）、反应（reaction）、关系（relationship）、回报（reward）]营销新理论，阐述了一个全新的营销四要素。从 4Ps 到 4Rs 是营销组合理论的巨大变化。

4Ps 营销策略自 20 世纪 50 年代末由杰罗姆・麦卡锡提出以来，对市场营销理论和实践产生了深刻的影响，被营销经理们奉为营销理论中的经典。而且，如何在 4Ps 理论指导下实现营销组合，实际上也是公司市场营销的基本运营方法。即使在今天，几乎每份营销计划书也都是以 4Ps 的理论框架为基础拟订的，几乎每本营销教科书和每个营销课程都把 4Ps 作为教学的基本内容，而且几乎每位营销经理在策划营销活动时，都自觉、不自觉地从 4Ps 理论出发考虑问题。

然而，随着市场竞争日趋激烈，媒介传播速度越来越快，以 4Ps 理论来指导企业营销实践已经“过时”，4Ps 理论越来越受到挑战。到 20 世纪 80 年代，美国劳特朋针对 4Ps 存在的问题提出了 4Cs 营销理论：①瞄准消费者需求，首先要了解、研究、分析消费者的需要与欲求，而不是先考虑企业能生产什么产品；②了解消费者所愿意支付的成本，首先了解消费者满足需要与欲求愿意付出多少钱（成本），而不是先给产品定价，即向消费者要多少钱；③考虑消费者的便利性，首先考虑顾客购物等交易过程如何给顾客方便，而不是先考虑销售渠道的选择和策略；④与消费者沟通，以消费者为中心实施营销沟通是十分重要的，通过互动、沟通等方式，将企业内外营销不断进行整合，把顾客和企业双方的利益无形地整合在一起。总体来看，4Cs 营销理论注重以消费者需求为导向，与市场导向的 4Ps 相比，4Cs 有了很大的进步和发展。但从企业的营销实践和市场发展的趋势来看，4Cs 依然存在以下不足。一是 4Cs 是顾客导向，而市场经济要求的是竞争导向，中国的企业营销也已经转向了市场竞争导向阶段。顾客导向与市场竞争导向的本质区别是：前者看到的是新的顾客需求；后者不仅看到了需求，还更多地注意到了竞争对手，冷静分析自身在竞争中的优、劣势并采取相应的策略，在竞争中求发展。二是随着 4Cs 理论融入营销策略和行为中，经过一个时期的运作与发展，虽然会推动社会营销的发展和进步，但企业营销又会在新的层次上同一化，不同企业至多是个程度的差距问题，并不能形成营销个性或营销特色，不能形成营销优势以保证企业顾客份额的稳定性、积累性和发展性。三是 4Cs 以顾客需求为导向，但顾客需求有个合理性问题。顾客总是希望质量好，价格低，特别是在价格上的要求是无界限的。只看到满足顾客需求的一面，企业必然付出更大的成本，久而久之，会影响企业的发展。所以从长远看，企业经营要遵循双赢的原则，这是 4Cs 需要进一步解决的问题。四是 4Cs 仍然没有体现既赢得客户，又长期地拥有客户的关系营销思想，没有解决满足顾客需求的操作性问题，如提供集成解决方案、快速反应等。五是 4Cs 总体上虽是 4Ps 的转化和发展，但被动适应顾客需求的色彩较浓。根据市场的发展，需要从更高层次以更有效的方式在企业与顾客之间建立起有别于传统的新型的主动性关系，如互动关系、双赢关系、关联关系等。

针对上述问题，4Rs 营销理论的提出，阐述了一个全新的营销四要素：①与顾客建立关联，在竞争性市场中，顾客具有动态性，顾客忠诚度是变化的，他们会转移到其他企业，要提高顾客的忠诚度，赢得长期而稳定的市场，重要的营销策略是通过某些有效的方式在业务、需求等方面与顾客建立关联，形成一种互助、互求、互需的关系，把顾客与企业联系在一起，这样就大大减少了顾客流失的可能性，特别是企业对企业的营销与消费市场营销完全不同，更需要靠关联、关系来维系；②提高市场反应速度，在今天的相互影响的市场中，对经营者来说最现实的问题不在于如何控制、制订和实施计划，而在于如何站在顾客的角度及时地倾听顾客的希望、渴望和需求；并及时答复和迅速作出反应，满足顾客的需求；目前多数公司多倾向于说给顾客听，而不是听顾客说，反应迟钝，这是不利于市场发展的；当代先进企业已从过去推测性商业模式，转移成高度回应需求的商业模式。面对迅速变化的市场，要满足顾客的需求，建立关联关系，企业必须建立快速反应机制，提高反应速度和回应力，这样可最大限度地减少抱怨，稳定客户群，减少客户转移的概率，企业必须把网络作为快速反应的重要工具和手段，在及时反应方面日本公司的做法值得借鉴；③关系营销越来越重要了，在企业与客户的关系发生了本质性变化的市场环境中，抢占市场的关键已转变为与顾客建立长期而稳固的关系，从交易变成责任，从顾客变成拥趸，从管理营销组合变成管理和顾客的互动关系；④回报是营销的源泉，对企业来说，市场营销的真正价值在于其为企业带来短期或长期的收入和利润的能力，一方面，追求回报是营销发展的动力；另一方面，回报是维持市场关系的必要条件，企业要满足客户需求，为客户提供价值，但不能做“仆人”。因此，营销目标必须注重产出，注重企业在营销活动中的回报。一切营销活动都必须以为顾客及股东创造价值为目的。4Rs营销理论的最大特点是以竞争为导向，在新的层次上概括了营销的新框架。4Rs根据市场不断成熟和竞争日趋激烈的形势，着眼于企业与顾客互动与双赢，不仅积极地适应顾客的需求，而且主动地创造需求，运用优化和系统的思想去整合营销，通过关联、关系、反应等形式与客户形成独特的关系，把企业与客户联系在一起，形成竞争优势。可以说4Rs是新世纪营销理论的创新与发展，它必将对营销实践产生积极而重要的影响。

卡西欧的“4Ps”组合

在计算器行业，卡西欧的一枝独秀源于这个日本企业良好的市场营销管理。卡西欧的“4Ps”组合有自己的独特之处。

在产品方面，卡西欧计算器每年都会出1～2个系列新品，不断给消费者提供更新鲜的选择。以往卡西欧在函数计算器产品线上销售较好，而桌面计算器系列往往卖不过佳能。但卡西欧逐渐调整产品战略，加大在桌面计算器产品方面的设计开发，现在已经取得了很好的销售效果。

在价格方面，卡西欧计算器一直使用和卡西欧手表类似的价格策略。就是利用新品与老品的价格组合。第一系列新品上市，保持高端价格，持续销售一段时间后，第二系列产品上市，同样定价较高，与此同时，第一系列产品开始降价。同样，第三系列产品上市时，第二系列产品又降价。如此循环，不断开发，进行产品延伸，不断刺激市场，同时又达到了搅乱竞争对手产品和价格体系的目的。

在销售渠道方面，卡西欧采用灵活的经销商政策。在全年销售合同上，并没有很高的返利给经销商，但承诺在平时完成销售任务的前提下，给予力度较大的各种市场支持费用。例如，广告制作费、会议推广费等。在广告费用的使用上，本着既要达到宣传品牌的效果，又能让经销商有利可图的原则。近几年通过经销商，卡西欧做了大量的文具店店面形象广告、批发市场户外广告、各类DM广告、报纸广告等，使得卡西欧计算器的知名度进一步提升。同时，经销商们也很愿意配合这种支持方式，从而达到了双赢的目的。

在促销方面，卡西欧计算器频繁推出特价优惠产品套装，配上买赠礼品，通过会议推广的形式销售，起到了很好的效果，并被竞争对手仿效。

现代市场营销学已成为与消费经济学、管理学、心理学、社会学、统计学、电子计算机等学科密切结合的一门综合性经济应用学科。

进入21世纪，随着信息技术的发展，网络营销的出现使企业传统的营销模式发生了根本性的改变，追求价值和效率最大化，实现零距离互动式的直接沟通等新的营销观念产生并发展起来。

第二节　市场营销观念的形成与发展

一、市场营销观念

企业的市场营销活动是在特定的经营观念（或称营销管理哲学）指导下进行的。所谓市场营销观念，就是企业在开展市场营销的过程中，处理企业、顾客和社会三者利益方面所持的态度、思想和意识，即企业进行营销管理时的指导思想和行为准则。市场营销观念的核心是企业以什么为中心来开展营销活动。一种经营观念一旦形成，就会成为全社会在一定时期经营活动的行为准则。企业营销管理的指导思想是否符合形势，对企业营销管理能否成功和企业的兴衰成败关系极大。

随着商品交换日益向深度和广度发展，经营观念也不断地演变和充实。纵观企业经营观念发展演变的历史，大致经历了生产观念、产品观念、推销观念、市场营销观念、生态营销观念、社会市场营销观念和大市场营销观念 7 个阶段。

1. 生产观念

生产观念产生于 20 世纪 20 年代以前，企业经营哲学不是从消费者需求出发，而是从企业生产出发。其主要表现是“我生产什么，就卖什么”。生产观念认为，消费者喜欢那些可以随处买得到而且价格低廉的产品，企业应致力于提高生产效率，扩大生产，降低成本以扩展市场。例如，美国皮尔斯堡面粉公司，从 1869 年至 20 世纪 20 年代，一直运用生产观念指导企业的经营，当时这家公司提出的口号是“本公司旨在制造面粉”。美国汽车大王亨利·福特曾傲慢地宣称：“不管顾客需要什么颜色的汽车，我只有一种黑色的。”也是生产观念的典型表现。显然，生产观念是一种重生产、轻市场营销的商业哲学。“以产定销，以量取胜”，不考虑消费者的需要和社会利益，企业以生产为中心，生产什么产品就销售什么产品。在生产观念的指导下企业的中心任务是：加强生产管理，努力提高生产效率，增加产量，降低成本，把物美价廉的产品提供给顾客，获取利润。

2. 产品观念

产品观念认为消费者喜欢高质量、多功能和具有某种特色的产品。“以产定销，以质取胜”，企业在营销管理中缺乏远见，只看到自己的产品质量好，看不到市场的变化，具体表现为“好酒不怕巷子深”、“皇帝的女儿不愁嫁”。在产品观念下企业的中心任务是：努力提高产品质量，创特色、优质产品。例如，美国××钟表公司自 1869 年创立到 20 世纪 50 年代，一直被公认为是美国最好的钟表制造商之一。该公司在市场营销管理中强调生产优质产品，并通过由著名珠宝商店、大百货公司等构成的市场营销网络分销产品。1958 年之前，公司销售额始终呈上升趋势，但此后其销售额和市场占有率开始下降。造成这种状况的主要原因是市场形势发生了变化：这一时期的许多消费者对名贵手表已经不感兴趣，而趋于购买那些经济、方便、新颖的手表；而且，许多制造商迎合消费者需要，已经开始生产低档产品，并通过廉价商店、超级市场等大众分销渠道积极推销，从而夺得了××钟表公司的大部分市场份额。而××钟表公司竟没有注意到市场形势的变化，依然迷恋于生产精美的传统样式手表，仍旧借助传统渠道销售，认为自己的产品质量好，顾客必然会找上门，最终致使企业经营遭受重大挫折。

3. 推销观念

在 20 世纪 30 年代，资本主义国家爆发了持续 4 年之久的经济危机，产品的销售出现了困难，企业开始重视产品的销售问题。这种观念认为以销售为中心，经过企业的销售努力，消费者就会接受企业所推销的产品，表现为“我卖什么，顾客就买什么”。它认为，消费者通常表现出一种购买惰性或抗衡心理，如果听其自然的话，消费者一般不会足量购买某一企业的产品，因此，企业必须积极推销和大力促销，以刺激消费者大量购买本企业产品。一味强调把自己生产出来的产品推销出去，而不是生产能够出售的新产品。这一观念强调的仍然是产品而不是顾客需求。在推销观念下企业的中心任务是：采取各种可能的销售手段和方法，去说服和诱导顾客购买产品。例如，美国皮尔斯堡面粉公司在此经营观念导向下，提出“本公司旨在推销面粉”。

4. 市场营销观念

20 世纪 50 年代，要实现企业目标，关键是断定目标市场的需求和欲求，并且比竞争者更有效地满足消费者的要求。以市场为中心，以顾客为导向，协调“市场营销，强调盈利”。此观念有许多生动说法，如“找出需求并满足之”、“顾客就是上帝”、“制造能够销售出去的东西，而不是销售制造出来的东西”等。在市场营销观念下企业的中心任务是搞好市场调研，通过产品开发、市场开发满足消费者需求。西奥多·莱维特曾对推销观念和市场营销观念做过深刻的比较，他指出：推销观念注重卖方需要；市场营销观念则注重买方需要。推销观念以卖方需要为出发点，考虑如何把产品变成现金；而市场营销观念则考虑如何通过制造、传送产品以及与最终消费产品有关的所有事物，来满足顾客的需要。可见，市场营销观念的 4 个支柱是：市场中心、顾客导向、协调的市场营销和利润。推销观念的 4 个支柱是：工厂、产品导向、推销、盈利。从本质上说，市场营销观念是一种以顾客需要和欲望为导向的哲学，是消费者主权论在企业市场营销管理中的体现。

许多优秀企业都是奉行市场营销观念的。如日本本田汽车公司要在美国推出一款雅阁新车。在设计新车前，他们派出工程技术人员专程到洛杉矶地区考察高速公路的情况，实地丈量路长、路宽，采集高速公路的柏油，拍摄进出口道路的设计。回到日本后，他们专门修了一条 9 英里长的高速公路，就连路标和告示牌都与美国公路上的一模一样。在设计行李箱时，设计人员意见有分歧，他们就到停车场看了一下午，看人们如何放取行李。这样一来，意见马上统一起来。结果本田公司的雅阁款汽车一到美国就备受欢迎，被称为是“全世界都能接受的好车”。

再如美国的迪斯尼乐园，欢乐如同空气一般无所不在。它使得每一位来自世界各地的儿童美梦得以实现，使各种肤色的成年人产生忘年之爱。因为迪斯尼乐园成立之时便明确了它的目标：它的产品不是米老鼠、唐老鸭，而是快乐。人们来到这里是享受快乐的。公园提供的全是快乐。公司的每一个人都要成为快乐的灵魂，游人无论向谁提出问题，都必须用“迪斯尼礼节”回答，绝不能说“不知道”。因此游人们一次又一次地重返这里，享受欢乐，并愿付出代价。

5. 生态营销观念

20 世纪 50 年代一些企业不顾自身条件，片面强调或迎合消费者的需求，结果生产出来的商品因质量问题，反而无法满足消费者需要。因此，人们开始强调企业要同其外部环境相适应，既要满足消费者需要，又要发挥企业的优势，使两者紧密结合在一起。在生态营销观念下企业的中心任务是注重研究企业优势与市场需求相整合。

6. 社会市场营销观念

社会市场营销观念出现在 20 世纪 70 年代，是对市场营销观念的修改和补充。社会市场营销观念认为，企业的任务是确定各个目标市场的需要、欲望和利益，并以保护或提高消费者和社会福利的方式，比竞争者更有效、更有利地向目标市场提供能够满足其需要、欲望和利益的物品或服务。社会市场营销观念要求市场营销者在制定市场营销政策时，要统筹兼顾三方面的利益，即企业利润、消费者需要的满足和社会利益。

7. 大市场营销观念

20 世纪 70 年代末，企业的经营环境发生了急剧变化：跨国公司得到快速发展，企业竞争已跨越国界涉及全球；世界各国贸易保护主义日益盛行，政府干预加强，在这种形势下，很多企业意识到，要有效开拓市场，必须重新调整自己的营销观念，不能消极被动地顺从和适应外部经营环境，而应促使外部环境朝有利企业的方面转化，并在一定程度上予以控制。为此，菲利普·科特勒提出了“大市场营销观念”，即企业为了成功地进入特定市场或者在特定市场经营，在策略上必须协调地施用经济、心理、政治和公共关系等手段，以取得政府、公众、社区的合作。与以前的营销观念相比，大市场营销观具有两个突出特点：一是十分重视企业与外部各方面的关系，以排除来自人为的障碍；二是提出了变被动为主动营销的思想，使企业营销具有更多的主动性和灵活性。

上述 7 种营销观念中的前 3 种观念被称为旧市场营销观念。旧市场营销观念总体上是以企业和生产为中心，以产定销。其背景在于产品供不应求，处于卖方市场。后 4 种观念被称为新市场营销观念。新市场营销观念总体上是以消费者为中心，以销定产。其观念的产生就在于产品供过于求，买方市场的形成。

市场营销观念的演变以这 7 种观念为代表。实际上，在具体的营销实践中，还有许多观念从各个侧面对市场营销观念进行渗透或予以强化，如竞争导向观念、企业形象观念和绿色营销等，特别是最后一种。各种营销观念的比较如表 1.1 所示。

表 1.1　各种营销观念的比较

市场观念	出发点	方　法	目　标
生产观念	增加产量	降低成本，提高生产效率	在销量增长中获利
产品观念	产品质量	生产更加优质的产品	用高质量的产品推动销售增长
推销观念	产品销售	加强推销和宣传活动	在扩大市场销售中获利
市场营销观念	顾客需求	运用整体营销策略	在满足顾客需求中获利
生态营销观念	企业优势	运用各种营销策略	企业优势同消费者需求充分协调
社会市场营销观念	社会利益	运用整体营销策略	维护社会长远利益、满足消费者需求、保证企业利润
大市场营销观念	市场环境	运用“4Ps+2Ps”的整体营销策略	进入特定市场，满足消费者需求

随着买方市场的进一步深化，消费者消费心理的日趋成熟以及市场竞争的加剧，现代市场营销观念在不断地发展，并不断地体现出现代营销发展趋势。现代市场营销的本质就是以市场为中心，以顾客为导向，协调各种企业经营活动，通过满足市场需求使顾客满意来实现组织目标。

二、市场营销理论与方式的发展

进入 20 世纪 80 年代后，科技的发展，社会的进步，信息技术的发展，人们对环保的日益重视，使人们对市场营销观念的认识进一步拓展，新的营销方式如绿色营销、直复式营销、网络营销、合作营销、蜂鸣营销（口头宣传营销）等不断涌现，市场营销理论得到了新的发展。在这些新的理论与方式中最具代表性的有以下几种。

（一）顾客让渡价值理论

顾客让渡价值是菲利普·科特勒在 1994 年提出的。他认为顾客将从那些他们认为提供最高顾客让渡价值的公司购买商品或服务。

顾客让渡价值是指在顾客获得的总价值与顾客为之付出的总成本之间的差距。顾客满意度是由其所获得的让渡价值大小决定的，如图 1.2 所示。其公式为

顾客让渡价值＝顾客总价值－顾客总成本

1. 顾客总价值

顾客总价值是指顾客购买某一特定产品或服务所获得的全部利益，它包括产品价值、服务价值、人员价值和形象价值等。

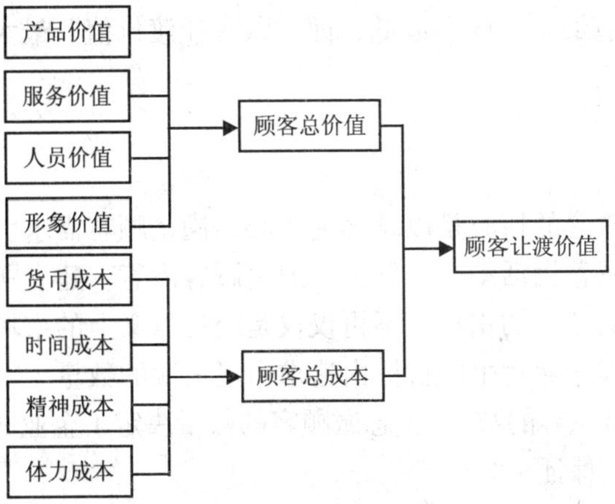

产品价值
服务价值
人员价值
形象价值
顾客总价值
货币成本
时间成本
精神成本
体力成本
顾客总成本
顾客让渡价值

图 1.2　顾客让渡价值示意图

1）产品价值。产品价值是由产品的功能、特性、品质、品种与式样等所产生的价值。它是顾客需要的中心内容，也是顾客选购商品的首要因素，因而一般情况下，它是决定顾客购买总价值大小的关键和主要因素。产品价值是由顾客需要来决定的。

2）服务价值。服务价值是指伴随产品实体的出售，企业向顾客提供的各种附加服务，包括产品介绍、送货、安装、调试、维修、技术培训、产品保证等所产生的价值。服务价值是构成顾客总价值的重要因素之一。

3）人员价值。人员价值是指企业员工的经营思想、知识水平、业务能力、工作效益和质量、经营作风、应变能力所产生的价值。企业员工直接决定着企业为顾客提供的产品与服务的质量，决定着顾客购买总价值的大小。

4）形象价值。形象价值是指企业及其产品在社会公众中形成的总体形象所产生的价值。包括企业的产品、技术、包装、商标、工作场所等有形形象所产生的价值，公司及其员工的职业道德行为、经营行为、服务态度、作风等行为形象所产生的价值，以及企业的价值观念、管理哲学等理念形象所产生的价值等。

2. 顾客总成本

顾客总成本是指顾客为购买某一特定产品或服务所耗费的时间、精神、体力以及所支付的货币资金等，它包括货币成本、时间成本、精力成本（包括精神成本和体力成本）等。下面主要介绍时间成本与精力成本。

1）时间成本。时间成本是顾客购买或享受某种服务时所耗费的时间。在顾客总价值与其他成本一定的情况下，时间成本越低，顾客购买的总成本就越小，从而“顾客让渡价值”越大。

2）精力成本。精力成本是指顾客购买产品时，在精神、体力方面的耗费与支出。由于顾客在购买产品或服务时，总希望把货币、时间、精神和体力等有关的成本降到最低限度，而同时又希望从中获得更多的实际利益，以使自己的需要得到最大限度的满足。因此，顾客在选购产品或服务时，往往从价值与成本两个方面进行比较分析，从中选出价值最高、成本最低，即“顾客让渡价值”最大的产品或服务作为优先选购的对象。

（二）顾客满意

现代市场营销观念的核心是以顾客为中心，满足顾客需求。在这一观念的指导下，企业在进行市场营销活动中，要努力通过顾客满意，建立顾客忠诚。当今对于许多企业来说，市场竞争的重点已不再仅仅是统计意义上的市场占有率，而是拥有多少忠诚的顾客，即企业竞争的目标由追求市场份额的数量（市场占有率）转向市场份额的质量（忠诚顾客的数量）。忠诚顾客的数量决定了企业的生存与发展，也是企业长治久安的根本保证。

菲利普·科特勒认为，顾客满意“是指一个人通过对一个产品的可感知效果（或结果）与他的期望值相比较后所形成的愉悦或失望的感觉状态”。可见，顾客满意是一种期望（或者说预期）与可感知效果比较的结果，它是一种顾客心理反应，是一个心理学的概念。

1. 影响顾客满意的因素

顾客在进行消费之前，心中就持有产品应达到的某种特定标准，从而形成期望，在购买产品之后，他会将产品的实际表现同自己的标准相比较，从比较中判断自己的满意程度。这种判断有 3 种可能的结果：①如果产品表现与顾客的标准相符，顾客就会感到理所当然，不会有太大的反应；②如果产品表现优异，超出了顾客的标准，则顾客会感到十分满意；③如果产品表现达不到标准，顾客就会产生不满。如顾客以约定的时间采购物品，如果不能如期到达，就会引起顾客抱怨；如果按时到达，顾客也许不会有什么反应；如果能提前到达，则顾客会很高兴。

能否实现顾客满意有 3 个重要因素：①顾客对产品的预先期望，这种期望来源于顾客以往的购买经验、朋友或同事的建议、企业广告信息及承诺等；②产品的实际表现；③产品表现与顾客期望的比较。

顾客满意本身又具有多个层次，具体来说，有以下 5 种情绪可以用“满意”来形容：①满足，是指产品可以接受或容忍；②愉快，是指产品带给人以积极、快乐的体验；③解脱，是指产品解除了人们的消极状态；④新奇，是指产品带给人以新鲜和兴奋的感觉；⑤惊喜，是指产品令人出乎意料地高兴。

由此可见，声称满意的顾客，其满意的水平和原因可能是完全不同的，其中有些顾客会对产品产生高度的满意，如惊喜的感受，并重复购买，从而表现出忠诚行为，而大部分顾客所经历的满意程度，则不足以产生这种效果，而只是一种满足。因此，顾客满意先于顾客忠诚并且有可能直接引起忠诚，但是并不必然如此。

2. 顾客满意战略

顾客满意营销战略，即 CS（customer satisfaction）营销战略的主要思想和观念，很早就有企业在无意中运用，而成为一种潮流则出现于20世纪90年代。CS营销战略中最重要的就是要站在顾客的立场上考虑和解决问题，把顾客的需要和满意放到一切考虑因素之首。企业实施CS营销战略，主要应从以下几方面入手。

1）开发顾客满意的产品。CS 营销战略要求企业的全部经营活动都要以满足顾客的需要为出发点，所以企业必须熟悉顾客、了解顾客，即要调查他们的现实和潜在的要求，分析他们的购买动机和行为、能力和水平，研究他们的消费传统和习惯、兴趣和爱好。只有这样，企业才能科学地确定产品的开发方向和生产数量，准确地选择服务的具体内容和重点对象，把顾客需求作为具体内容和重点对象。把顾客需求作为企业开发产品的源头是CS营销战略中较重要的一环。例如，有人总结出吸引老人的商品主要有以下特征：舒适、安全、便于操作、利于交际以及体现传统价值观。夏普电器公司通过调查统计发现，购买自己公司微波炉的老年顾客仅占顾客总人数的1/3，其原因是他们觉得微波炉的操作十分复杂。因此，该公司增设了一块易于操作的控制面板。这之后，购买这种微波炉的老年顾客渐多。

2）提供顾客满意的服务。提供顾客满意的服务是指不断完善服务系统，最大限度地使顾客感到安心和便利。为此，需做好如下工作：①在价格设定方面，既要符合顾客的价值认知，又能够让企业有所盈利；②在便利性方面，为顾客提供最大的购物和使用便利，通过好的售前、售中和售后服务来让顾客在购物的同时也享受到便利。美国哈佛商业评论发表的一项研究报告指出：“公司利润的25%～85%来自于再次光临的顾客，而吸引他们再来的因素，首先是服务质量的好坏，其次是产品本身，最后才是价格。”据美国汽车业的调查，一个满意的顾客会引发8笔潜在的生意，其中至少有1笔成交；而一个不满意的顾客会影响25个人的购买意愿；争取一位新顾客所花的成本是保住一位老顾客所花成本的6倍。

3）进行CS观念教育。企业必须对全体员工进行CS观念教育，使“顾客第一”的观念深入人心，使全体员工能真正了解和认识CS行动的重要性，并形成与此相适应的企业文化，树立对顾客充满爱心的观念。

恩威的“CS工程”

恩威公司运作了以“三大网络”为特征的“CS工程”，使现有营销资源得到了更多的利用、改造、重组，使宣传、服务与廉价得以兼顾。

1）廉价高效的“经销商网络”。“CS工程”的经销商网络本着“利用、改造、服务”的原则，建立起高效、廉价的网络。恩威公司的业务员可以吸收“短渠道”的长处快速占领零售点，然后迅速“转让”给指定的经销商；把地县乡镇及批发商推荐给大经销商，每省形成以一两家大经销商为中心的“经销商网络”，负责售点的商品供应。经销商网络同时经营几十种产品，人工、运杂费等单位成本较低。这样，产品就能以较低的零售价到达消费者手中。

2）精简高效的“业务员网络”。恩威公司每 100～1500 个零售点配备 1 名业务员，任务是：①保证零售店内有有关恩威的充足信息（包括口语信息），让消费者能在售点获得充分的售前咨询、售前教育，甚至领取试用品；②售点消费者的消费信息，能在售点获得交流，售点是消费者“口碑”的汇集与传播之地；③保持售点的密度，无论售点拆、闭、关、转，每位消费者都能在 500 米半径范围内找到另一家售点。业务员通过这些活动，既兑现了企业给消费者的全部承诺，使消费者能便利、廉价地获得服务，又节约了企业的开支。

3）让“众生幸福”的“消费者网络”。恩威公司开设 800 免费电话，消费者无论是否购买恩威公司的产品，都能获得详细的相关病理、药理方面的知识。遍布社区的各种宣传栏，与计生委、居委会等组织联办的科普知识讲座等，多种形式廉价地为消费者提供免费服务。

总之，以“零售点为纲”的 3 张大网，编织成了一张“CS 工程”大网，使恩威公司的企业形象、产品形象持久深入地根植于每个角落。

（资料来源：http://www.emkt.com.cn/article/0/76.html）

（三）关系营销

关系营销是在“社会学时代”的大背景下，于 20 世纪 90 年代伴随着市场经营理念的发展而产生的。关系营销把营销活动看成是一个企业与消费者、供应商、分销商、竞争者、政府机构及其他公众发生互动作用的过程，企业营销活动的核心是建立并发展这些公众的良好关系。

从交易营销到关系营销要实现 5 个转变，①现代市场营销的一个重要思想和发展趋势是从交易营销转向关系营销，即不仅强调赢得客户，而且强调长期地拥有客户；②从着眼于短期利益转向重视长期利益；③从单一销售转向建立友好合作关系；④从以产品性能为核心转向以产品或服务给客户带来的利益为核心；⑤从不重视客户服务转向高度承诺。所有这一切其核心是处理好与顾客的关系，把服务、质量和营销有机地结合起来，通过与顾客建立长期稳定的关系来实现长期拥有客户的目标。关系营销的指导思想是怎样使客户成为自己长期的顾客，并共同谋求长远战略发展，其核心是消费者与企业间的一种连续性的关系。

查理斯·古德曼曾指出：“公司不是创造购买，它们要建立各种关系。”关系营销的目的在于同顾客结成长期的、相互依存的关系，发展顾客与企业产品之间的连续性的交往，以提高品牌忠诚度和巩固市场，促进产品持续销售。关系营销与其他交易营销不同，其特点表现在：关系营销注重保留顾客，以产品利益为导向，高度强调顾客服务，积极促进顾客的参与，发展高度的顾客关系，认为质量是所有方面都要考虑的问题，重视环境的影响及长期的积累。关系营销包括以下几个方面的重要内容。

1. 关系营销的核心——顾客忠诚

在关系营销中，怎样才能获得顾客忠诚呢？发现正当需求—满足需求并保证顾客满意—营造顾客忠诚，构成了关系营销中的三部曲。企业要分析顾客需求，顾客需求满足与否的衡量标准是顾客满意程度：满意的顾客会给企业带来有形的好处（如重复购买该企业产品）和无形的好处（如宣传企业形象）。

有营销学者提出了导致顾客全面满意的 7 个因素及其相互间的关系：欲望、感知绩效、期望、欲望一致、期望一致、属性满意、信息满意；欲望和感知绩效生成欲望一致，期望和感知绩效生成期望一致，然后生成属性满意和信息满意，最后导致全面满意。从模式中可以看出，期望和欲望与感知绩效的差异程度是产生满意感的来源，所以，企业可采取以下方法来取得顾客满意：提供满意的产品和服务；提供附加利益；提供信息通道。

2. 顾客维系

市场竞争的实质是争夺顾客资源，维系原有顾客，减少顾客的叛离，这要比争取新顾客更为有效。维系顾客不仅仅需要维持顾客的满意程度，还必须分析顾客产生满意感的最终原因，从而有针对性地采取措施来维系顾客。

3. 关系营销的构成层次

关系营销可分为以下 3 个层次。

1）一级关系营销——财务层次营销：维持关系的重要手段是利用价格刺激目标公众，增加企业的财务利益。在一级关系营销中，具有代表性的是频繁市场营销计划。所谓频繁市场营销计划，指的是对那些频繁购买以及按稳定数量进行购买的顾客给予财务奖励的营销计划。美国航空公司是首批实行频繁市场营销计划的公司之一。20 世纪 80 年代，它决定对其顾客提供免费里程信用服务。接着，有旅馆也采用了这种计划，常住顾客在积累了一定的分数后，就可以享用上等客房或免费房。

2）二级关系营销——社交层次营销：在建立关系方面优于价格刺激，增加社会利益，同时也附加财务利益。企业尽量了解到单个顾客的需要和愿望，提供并使服务个性化和人格化，以增加公司与顾客的社会联系。其主要形式是建立顾客组织，以某种方式将顾客纳入到企业的特定组织中，使企业与顾客保持更为紧密的联系，实现对顾客的有效控制。它包括两种形式：无形的顾客组织（如顾客档案）和有形的顾客组织（如正式的、非正式的俱乐部以及顾客协会）。

3）三级关系营销——结构层次营销：增加结构纽带，同时附加财务利益和社会利益。与客户建立结构性关系，它对关系客户有价值，但不能通过其他来源得到，可以提高客户转向竞争者的机会成本，同时也将增加客户脱离竞争者而转向本企业的收益。

4. 关系营销的工具

有效的关系营销十分依赖如计算机数据库等信息技术，这些数据库能够记录客户的偏好、价格选择和生活习惯。这样的技术使得企业变成一对一营销者，能够根据获取的消费者特定信息提供个性化的产品和服务。关系营销有以下一些基本工具，实际应用时可选择使用：以奖励回头客为目标的常客优惠活动；提供购物折扣、客户交流和特别服务的顾客俱乐部；能以电子邮件回应客户的网上数据库系统；发送商品目录或额外服务的直邮资料；培养忠诚客户的客户杂志；等等。

客户档案

企业家A先生到泰国出差，下榻于东方饭店，这是他第二次入住该饭店。

次日早上，A先生走出房门准备去餐厅，楼层服务生恭敬地问道：“A先生，您是要用早餐吗？”A先生很奇怪，反问：“你怎么知道我姓A？”服务生回答：“我们饭店规定，晚上要背熟所有客人的姓名。”这令A先生大吃一惊，尽管他频繁往返于世界各地，也入住过无数高级酒店，但这种情况还是第一次碰到。

A先生愉快地乘电梯下至餐厅所在楼层，刚出电梯，餐厅服务生忙迎上前：“A先生，里面请。”

A先生十分疑惑，又问道：“你怎么知道我姓A？”服务生微笑答道：“我刚接到楼层服务生的电话，说您已经下楼了。”

A先生走进餐厅，服务小姐殷勤地问：“A先生还要老位子吗？”A先生的惊诧再度升级，心中暗忖“上一次在这里吃饭已经是一年前的事了，难道这里的服务小姐依然记得？”服务小姐主动解释：“我刚刚查过记录，您去年6月9日在靠近第二个窗口的位子上用过早餐。”A先生听后有些激动了，忙说：“老位子！对，老位子！”于是服务小姐接着问：“老菜单？一个三明治，一杯咖啡，一个鸡蛋？”此时，A先生已经极为感动了：“老菜单，就要老菜单！”

给A先生上菜时，服务生每次回话都退后两步，以免自己说话时唾沫不小心飞溅到客人的食物上，这在美国最好的饭店里A先生都没有见过。

一顿早餐，就这样给A先生留下了终生难忘的印象。

此后3年多，A先生因业务调整没再去泰国，可是在A先生生日的时候突然收到了一封东方饭店发来的生日贺卡：亲爱的A先生，您已经3年没有来过我们这里了，我们全体人员都非常想念您，希望能再次见到您。今天是您的生日，祝您生日愉快。

A先生当时热泪盈眶，激动难抑……

虽然泰国的经济在亚洲算不上最发达，但泰国的东方饭店却堪称亚洲饭店之最，几乎天天客满不说，入住的机会更是需要提前预订争取。是什么令东方饭店对多来自西方发达国家的客人充满如此魅力？仅仅因为泰国的旅游风情吗？抑或是其独到的人妖表演？都不是，其征服人心靠的是几近完美的客户服务，靠的是一套完善的客户管理体系。

据西方营销专家的研究和企业的经验表明："争取一个新顾客的成本是留住一个老顾客的 6 倍，一个老顾客贡献的利润是新顾客的 16 倍。"这就是现在经常提及的客户关系管理的实质。

（资料来源：http://www.hotejob.cn/a/20080109/3856775.shtml）

（四）事件营销

事件营销就是借社会事件、新闻之势达到营销传播，增加企业产品销售，提高营销绩效的活动。但由于事件发展的不可预见性，以及企业对事件策划的掌控能力不同，事件营销有很大的风险。

1. 事件营销的特点

1）突发性强，时间紧迫。
2）潜在的机会大。
3）有广泛的消费者受众面。
4）高频率的媒体助阵。
5）消息复杂，消费者很难分辨。

事件营销的优势在于：①避开由于媒体多元化而形成的干扰，提升企业品牌的统一形象，便于人们对其了解和熟悉；②国内媒体收费奇高，事件营销可以跨越这种障碍，节省企业的宣传成本。其成功的关键是实效和快速反应，面临的市场考验是对局势的把握与应变力。在实际运用过程中，事件营销应把握好两条，即法律范畴之内和从消费者角度出发。

2. 事件营销的策略

事件营销是近年来国内外十分流行的一种公关传播与市场推广手段。事件营销通过"借势"和"造势"，以求提高企业或产品的知名度、美誉度，树立良好的品牌形象，并最终促成产品或服务的销售目的。事件营销在实际的运作中采取借势与造势两大策略。

借势，是指企业及时地抓住广受关注的社会新闻、事件以及人物的明星效应等，结合企业或产品在传播上欲达到之目的而展开的一系列相关活动。具体可以采取以下对策。

1）明星策。明星是社会发展的需要与大众主观愿望相交合而产生的客观存在。根据马斯洛分析的人的心理需求学说：当购买者不再把价格、质量当作购买顾虑时，利用明星的知名度去加重产品的附加值，可以借此培养消费者对该产品的感情、联想，来赢得消费者对产品的追捧。比如，世界杯期间炒得沸沸扬扬的“米卢现象”，名人轮番上场“补钙”、“补血”的保健风潮等。

2）体育策。体育策主要借助赞助、冠名等手段，通过所赞助的体育活动来推广自己的品牌。体育活动已受到越来越多人的关注和追捧，体育赛事是品牌最好的广告载体，其背后蕴藏着无限商机，已被很多企业意识到并投入其间。体育营销作为一种软广告，具有沟通对象量大、传播面广和针对性强等特点。多年来，金六福与中国体育紧密合作，通过体育营销不断提升品牌的知名度和美誉度。它与中国奥委会建立了长期战略合作伙伴关系，不仅支持中国体育的奥运项目，还积极支持各种非奥运项目和群众体育项目。如相继成为中国奥委会合作伙伴、第二十八届奥运会、第二十一届大运会、第十九届冬奥会中国体育代表团唯一庆功白酒，获得“中国男足世界杯出线专用庆功酒”称号以及成为第十四届亚运会中国体育代表团唯一庆功白酒等。又如，科健手机通过赞助英超埃弗顿俱乐部，被誉为“欧洲之胸”，从而声名远播。

3）新闻策。企业利用社会上有价值、影响面广的新闻，不失时宜地将其与自己的品牌联系在一起，来达到借力发力的传播效果。在这一点上，海尔做法堪称国内典范。在“7·13”申奥成功的第一时间，海尔在中央电视台投入5000万元的祝贺广告随后播出，据说当夜，海尔集团的热线电话被消费者打爆，相信国人在多年后再回味这一历史喜悦时，肯定会同时想起曾经与他们一同分享成功的民族品牌——海尔。

造势，是指企业通过策划、组织和制造具有新闻价值的事件，吸引媒体、社会团体和消费者的兴趣与关注。

1）舆论策。企业通过与相关媒体合作，发表大量介绍和宣传企业产品或服务的软性文章，以理性的手段传播自己。

关于这一点，国内很多企业都已重视到了它的威力，此类软性宣传文章现今已经大范围、甚至大版面地出现在各种相应媒体上。如奥林匹克花园就是不断在全国各大报刊媒体上撰文来宣传其“运动就在家门口”的销售主张的。

2）活动策。其是指企业为推广自己的产品而组织策划的一系列宣传活动，以吸引消费者和媒体的眼球达到传播自己的目的。蒙牛乳业集团通过赞助春节联欢晚会、到2003年借助“神舟五号”升天以及“2005蒙牛酸酸乳超级女声”等一系列活动成功吸引了亿万中国人眼球，扩大了自身品牌知名度。

3）概念策。概念策是企业为自己产品或服务所创造的一种“新理念”、“新潮流”。就像全世界都知道第一个造出飞机的是莱特兄弟，但第二位呢？国内就曾有一位企业家提出过：理论市场和产品市场同时启动，先推广一种观念，有了观念，市场慢慢就会做好。如农夫山泉宣布停止生产纯净水，只出品天然水，大玩“水营养”概念，从而引发了一场天然水与纯净水在全国范围内的“口水战”，招致同行们的同仇敌忾，但农夫山泉正是借此树立了自己倡导健康的专业品牌形象。

3. 事件营销应注意的问题

1）创意新颖。例如，农夫山泉在“神舟五号”安全着陆的一刻，在电视、报纸、网络上适时推出“这一刻有点甜，农夫山泉祝贺中国首艘载人航天飞船‘神舟五号’成功返航”的广告，与全球华人一起分享这一甜蜜时刻。

2）充分发布消息。要最大范围地发布消息，激发参与热情，形成一种潮流，为整个活动的成功打下良好的基础。例如，农夫山泉助申奥打出广告“支持北京申奥，农夫山泉一元一瓶”，“再小的力量也是一种支持。从现在起，你买一瓶农夫山泉，你就为申奥捐出一分钱。”

3）主题鲜明。标题富有吸引力，立意明显，能激发读者的参与欲望。例如，农夫山泉开展的以支持贫困儿童上学为主题的“阳光工程”。

4）敏锐感觉，周密策划。

5）抓住时机，全力打拼。

百年品牌　激情成就梦想

2005 年前三季度，全国啤酒原料、辅料、能源、运输等环节价格上涨，加上国际啤酒巨头对中国市场的争夺，使国内啤酒生产厂家普遍面临压力。尽管面临国内市场日趋激烈的竞争，但青岛啤酒最新公布的 2005 年前三季度报告显示，公司实现主营业务收入 82.6 亿元，同比增长 16.6%，实现利润总额 54 473 万元，同比增长 18.7%。究其原因在于青岛啤酒巧用一系列事件营销使公司的销售收入及利润取得了持续的增长。其一就是联手中央电视台“梦想中国”。青岛啤酒近半年的“梦想中国”独家冠名，将百年品牌主张锁定“激情成就梦想”。作为新时期的品牌主张，口号鲜活，时代感强，对于吸引年轻一代的啤酒消费者具有很强的文化感染力。青岛啤酒的品牌及其品牌主张随着梦想中国的“海选”到国庆总决赛传遍全国。从效果看，实现了品牌的重大突破，品牌主张得到了有效传播，远超过预定目标。在营销上，通过各赛区的选拔赛，使品牌第一提及度上升 1 个百分点，产品的销量上升 8 个百分点以上。反映在销售方面，青岛啤酒在 2005 年 8 月份，销售同比增长 43%，9 月份同比增长 38%。

（资料来源：http://info.ceo.hc360.com/zt/ztqygl_qingdao/index.shtml）

（五）共生（合作）营销

何谓共生营销？美国管理学专家阿德勒提出：“通过两个或更多个相互独立的企

业在资源或项目上的合作，达到增强市场竞争能力的目的。”

共生营销的兴起与当今市场的激烈竞争和科技飞速发展有着密切关系。一方面由于世界经济一体化的发展，企业将处于全球范围复杂多变的国际环境中。面对众多水平更高、实力更强的对手，任何一个企业不可能在所有方面都处于优势。另一方面，随着科技的不断发展，新产品与多种科学技术结合趋势不断扩大，开发新一代产品的费用即使是大企业也是无法承受的。在这种形势下，具有优势互补关系的企业便纷纷联合起来，实施共生营销战略，集中各个企业的优势，共同进行新产品开发，共享人才和设备等资源，共同提供服务等，从而达到减少企业竞争风险，增强企业竞争能力的目的。

1. 共生营销的形式

1）共享资源。共享资源包括设施、营销渠道、品牌或其他资源。如“小天鹅”公司与美国宝洁公司达成一项协议，在国内一些大专院校开办“小天鹅洗衣房”。在“小天鹅”销售时，分发宝洁公司的洗衣粉试用，并在包装盒上为其宣传。与此同时，宝洁公司在其包装袋上全部印上“推销一流产品小天鹅洗衣机”字样。如此，“小天鹅”随着宝洁公司洗衣粉更多地“飞入寻常百姓家”；而宝洁公司也随着洗衣粉消费需求的增长，实现了市场的快速扩张。

2）共同促销。共生伙伴各方把单个企业的产品优势、营销技能和营销网络优势结合起来，发挥单个促销无法达到的规模效益，联合开发目标市场。例如，美国东方航空公司和环球航空公司联合进行促销，允许双方的乘客积累里程数，在航线上享有免费里程。又如，格兰仕与深圳精时达表业进行捆绑销售，达到互利目的。

3）共同提供产品和服务。在旅游业中，交通公司、旅馆、饭店、娱乐部门等联合提供“一揽子”服务，既能降低价格，又能方便顾客。同时合作使各公司的竞争实力也大大增强。

4）共同销售。例如，美国的《华盛顿星报》及《波士顿环球报》等 5 家报社，组成一个百万市场报业有限公司，由它来负责销售这 5 家报纸。又如，美国运通公司和 MCI 电讯公司达成协议，运通卡用户在使用 MCI 长途电话时，可享受一定折扣；而 MCI 凭借运通公司所掌握的 1000 万用户信息资料，大大增强了自己的竞争能力。

5）共同开发新产品。由于日益高涨的研究开发费用，随之而来的高风险，还有难以单独克服的技术障碍，使得高技术公司越来越倾向于合作开发与生产新产品。例如，1992 年年初，IBM 公司、西门子公司、日本东芝电气公司达成协议，联手开发 256 兆位超微芯片。

6）共同创办新企业。这在国外教育界、化工业、新材料工业、计算机工业中已屡见不鲜。例如，美国时代公司和通用电报公司曾经合资创办通用学习公司，来开拓电化教育市场。

2. 共生营销的特点

1）降低营销成本。资源共享可降低资源成本，降低研发费用，两个企业合作开发新产品如某项技术，各自都可以提高产品质量或创新卖点，从而提高市场竞争力；降低销售成本，两个企业分享销售渠道、销售队伍、仓储、运输等，能达到事半功倍的效果；降低广告费用，两个企业通过合作发布广告，可以提高广告的效果，降低广告成本。

2）提高营销效率。如分享销售渠道，可实现短时间内在更多地域推出产品，先入为主占据优势。

3）吸引注意力，制造轰动效应。共生营销一般具有特别的形式，能引起人们特别关注。

4）有利于进入新市场。通过与所在国企业进行某种形式的共生合作，可以开辟出一条进入新市场的捷径。

5）有助于多角化战略的展开。多角化战略要求企业向新的领域进军，但新的领域对企业来说是一个陌生的领域，要承担很大的市场风险，共生营销能减少这样的市场风险。

6）减少无益竞争。同行业企业在激烈竞争中往往会产生负效应，增加生产成本，而共生营销就可避免这种情况发生。例如，新加坡航空公司、瑞士航空公司和美国三角洲航空公司合作统筹时刻表，制定共同的订票系统、维护系统，建立统一的行李运送等地勤服务。这就大大降低了企业成本，提高了工作效率。

3. 共生营销实施的条件

共生营销，一般来说由以下两类企业进行比较合适。

1）由同类但不同细分市场产品的企业组成，如畜产品行业的兽药与饲料企业。

2）由在生产、销售或使用上具有上下游或互补关系的不同产品的企业组成，如计算机配件和周边设备与整机生产，冰箱与冰箱除臭剂，洗涤剂与护手霜，微波炉与烹调器皿等企业之间就可实行共生营销，因为这些产品在生产、销售或使用上具有一定关联性，共生营销可起到良好效果。

但是，随着共生营销的发展，完全相同的产品之间和完全不同的产品之间也出现了共生营销的现象。如生产同样产品的企业，抛开原来你死我活的竞争，建立新的双赢战略合作伙伴关系，共同开拓市场，把产品的开发、销售引向深入，共谋把“市场”这块饼做大，而不是在现有“市场”这块饼上争大小。在完全不同的产品之间建立共生营销关系，更具想象力，当然要取得成功也要作出认真的策划和充分的准备。如格兰仕与深圳精时达表业之间的共生营销，凡购买一台格兰仕分体不锈钢空调，就可获赠一块价值高达2880元的“米纳”牌高档手表。

由此可知，共生营销实际上已经没有什么限制了，不一定要在产品销售与使用上有联系，只要在市场促销上具有相同或可互相利用的战略意图与价值就行了。

4. 共生营销实施中要注意的问题

1）事先要做认真详细的预案。对合作双方的长、短处，市场将来可能出现的反应，今后可能的变故等要进行研究分析，充分考虑可能发生的不利情况，特别是在强弱不对等的情况下实行共生营销，弱势一方要注意保护自己的合法利益，不能受制于人，不要贪图一时利益而导致长远发展的损失。

2）认真起草合作协议条款，明确双方权利与义务，从法律上保护双方权益，但同时也要注意不要违反有关法律规定。

3）及时了解合作对手的营销状况，对出现的问题及时沟通，对已经出现可能危及自身合法利益的问题，要通过合法有效途径及时解决，包括解除合作关系，调整合作伙伴等。

4）注意共生营销策略，尤其应注重消费的相关性，切勿随便搞“拉郎配”。

5. 共生营销战略的实现途径

1）要确定共生营销战略的领域或项目。并非所有的领域、项目都适合联合，只有那些市场信息多变、结构变革和竞争激烈的产业领域，那些能带来高附加值的活动项目，才适合搞共生营销模式。同时企业还应考虑到企业间联合的成本费用情况，只有在联合所增加的收益大于联合所产生的成本时才能考虑应用共生营销战略。

2）要明确共生各方核心优势，判定共生的可能性。并非所有企业都能结盟成功，只有那些科研、生产、管理、营销、服务等方面拥有自己核心优势的企业，才能成为共生对象，有效实现优势互补，分工协作。如果企业在上述方面都无优势可言，即使暂时找到共生伙伴，也必然因缺乏独立性而使共生状态的稳定性和成效难以保证。

3）注意不能随意选择共生伙伴。首先，企业应考察对方有无可利用的互补性资源优势。对方的资源共享优势差异性越强，与之结成共生关系的利益就越大。其次，要看对方合作诚意和资信状况，只有各方相互需求才能结盟共生；只有真诚合作才能成功共生；只有对方资信状况良好，才能保持共生的持久性。

4）需签订联合协议。联合的目标、宗旨，各方的权利义务划分，为防范合作一方的机会主义行为而规定的限制性、排他性条款，协议的约束力等，都关系到联合的成败。因此，必须在协议中明确规定，形成法律效力，使各方为共同的目标、宗旨而努力。

5）要严格监督协议执行情况。对于一方损人利己的机会主义倾向和行为应按协议规定进行制裁，并要求其承担由此带来的相关损失。对于协议中未做规定而在合作过程中出现的新问题，各方应通过协商、谈判解决。对于协议目标已经实现或协议各方利益不再存在的情况下应及时终止协议，再寻找新的合作项目或新的合作伙伴，重新签订协议。

阅读资料

四大佛教圣地联手

我国佛教文化源远流长，四大佛教圣地——四川峨眉山、山西五台山、浙江普陀山、安徽九华山，被称为智（五台山）、行（峨眉山）、悲（普陀山）、愿（九华山）四大法门，这四大法门互为关联，缺一不可，共同构成了中国四大佛教名山的鲜明特色。这四大景区管委会以佛教特色文化为纽带，将四大名山的佛教特色文化景点串联起来，通过有效整合、整活优势资源，提出了制定“中国四大佛教名山朝圣之旅营销联合体发展战略”的构想，以联合举办“中国四大佛教名山朝圣之旅系列文化节”为主要形式，共同打造“中国佛教四大名山朝圣之旅、缘满之旅”品牌。

（资料来源：普陀山佛教旅游网）

（六）定制市场营销

定制市场营销是指企业在营销活动中，针对每个消费者与众不同的个性化需求，为其“量身定做”产品，从而最大限度地满足消费者需要的一种营销模式。

随着社会的发展和人民生活水平的提高，人们的消费观念发生了很大变化，消费心理日趋成熟。人们不再盲目地追潮流、赶时髦，而是开始讲求时尚、品味，根据自己参加社会活动的具体场合、时间以及自己的身份、气质、个人爱好和经济承受能力等选择适合自己的商品，追求消费的个性化，力求避免消费趋同，消费需求进入了个性化需求时代。

1. 定制市场营销的优点

1）定制市场营销为企业提供了新的发展机会。第一，定制市场营销是针对每一个消费者的，能够利用最小规模的市场机会，为企业的发展提供更加广阔的空间。“哪里存在未被满足的需求，哪里就有企业的发展机会。”从这个意义上讲，市场机会是无限的，但是联系到某个企业，机会却是有限的，并且在目标市场营销战略中，这种有限的市场机会还必须有足够的规模，能够实现企业的利润目标才被认为是有价值的，这就使一些市场机会因规模较小而不能被企业利用。第二，实行定制市场营销有利于提高企业竞争力。在竞争激烈的市场上，谁的产品最能满足消费者需要，谁就能赢得消费者。而定制产品是消费者根据自己的个性需求自行改进、设计出来的产品，是消费者最满意的产品，因而也是竞争力最强的产品。第三，定制市场营销减少了中间环节，缩短了供需双方的距离，企业不仅能够及时了解市场需求的变化，而且减少了流通费用。第四，实行定制市场营销，企业不会有产品积压的危险。由于在产品生产之前就形成了一个契约，所以不会造成产品积压，缩短了再生产周期。第五，定制市场营销能够提高企业利润。一方面高差别化的个性化产品使产品需求价格缺乏弹性，产品售价提高从而提高了单位产品利润；另一方面存货水平降低，生产周期的缩短加快了资金的周转，这都会提高企业利润。

2）定制市场营销使消费者得到了市场上不存在，但可以充分满足自己需要的完全个性化产品。在目标市场营销中，消费者所需商品只能从现有商品中选购，这样可能满足消费者的需要，也可能满足不了消费者的需要，这时消费者只能选择和实际不存在的理想产品最接近的商品凑合一下。而在定制市场营销中，消费者选购商品时完全以“自我”为中心，对所购商品拥有除价格外的完全彻底的自由，消费者既可以从现有商品中自行确定，也可以寻找市场以外的商品，根据自身的实际需要向企业提出具体要求，买到自己的理想产品。

2. 定制市场营销的形式

企业可根据自身产品的生产特点与顾客参与程度，选择不同的定制方式。

1）合作型定制。当产品的结构比较繁杂，可供选择的零部件式样比较繁多时，顾客一般难以权衡，甚至有一种束手无策的感觉。他们不知道何种产品组合适合自己的需要，在这种情况下可采取合作型定制。企业与顾客进行直接沟通，介绍产品各零部件的特色性能，并以最快的速度将定制产品送到顾客手中。如以松下电器公司为首的一批企业，开创“自选零件，代客组装”的业务。在自行车商店，销售人员帮助客户挑选各种零部件外形颜色；然后将各种数据输入计算机，几分钟内将自行车的蓝图描绘出来，再根据顾客要求进行调整，直至顾客满意，最后商店将数据传真到工厂，立即投入生产。两个星期后，顾客便可骑上体现自己风格的定制自行车。

2）适应型定制。如果企业的产品本身构造比较复杂，顾客的参与程度比较低时，企业可采取适应型定制营销方式。顾客可以根据不同的场合，不同的需要对产品进行调整，变换或更新组装来满足自己的特定要求。如灯饰厂可按顾客喜欢的式样设计，再按顾客对灯光颜色、强度的要求进行几种不同组合搭配，以满足顾客在不同氛围中的不同需求。

3）选择型定制。在这种定制营销中，产品对于顾客来说其用途是一致的，而且产品结构比较简单，顾客的参与程度很高，从而使产品具有不同的表现形式。例如，文化衫印上顾客所喜爱的图案或卡通画或幽默短语，可以使消费者的个性得以突出表现。现在很多商场设有计算机绘制艺术照，可按顾客喜好选择设计自己的形象。

4）消费型定制。在这种情况下，顾客的参与程度很低，他们一般不愿意花费时间接受公司的调查，但他们的消费行为比较容易识别。这时公司可通过调查，掌握顾客的个性偏好，再设计好更能迎合其口味的系列产品或服务，这样便可以增加消费数量或次数。

3. 定制市场营销的策略

定制市场营销是企业市场营销战略由大批量市场营销跨越到目标市场营销后的又一次飞跃，也是构筑企业核心竞争的重要途径。要实行定制市场营销战略，首先要做好以下几项工作。

1）建立健全必要的信息和营销网络。消费者所需的商品不可能都跑到厂家去定制，厂家更不可能挨家逐户地去搜集品味不一的订单，这两者之间需要一个“桥梁”。从目前条件看，有两种途径可以选择：①通过互联网进行网上销售，这是连接厂家和消费者最便捷、最具发展潜力的通道，通过互联网，企业只需网上出样，消费者一旦选中某种商品，输入自己的相关数据和特殊要求，确定交易方法和支付方式，一次网上交易即告完成，虽然目前我国在这方面还存在许多问题，例如，互联网用户太少，支付手段和配送手段相对落后等，但其发展前景是十分广阔的，所以，发展电子商务是企业实行定制市场营销的重要途径；②通过企业现有营销网络，中间商作为连接生产者和消费者的桥梁，在定制市场营销中同样可以大有作为，消费者通过中间商提出自己对产品的具体要求，由生产商按要求生产，然后再通过中间商将定制产品送到消费者手中，同时中间商还可以充当网上销售的送货者。这样不但可以充分利用现有营销网络弥补网上交易的不足，还可以为中间商提供新的发展机会，促进产销合作。

2）提高企业的设计生产水平。同传统的产品批量生产不同，定制市场营销中的产品生产是适应消费者个性化需求的个性化生产。要做到这一点，企业必须实现适合于个性化生产的模块化设计和模块化制造，生产线也必须是柔性的以适合于个性化生产。只有这样，企业才有可能向消费者提供高质量的定制产品，真正满足消费者千差万别的个性化需求。

当然，就目前的状况而言，定制消费仅仅是一种消费辅助手段，短期内也不可能取代其他消费模式。但它毕竟代表了市场发展的方向，广大企业应当果断抓住机会，实行定制市场营销，确立自己的竞争优势，以迎接新经济时代的挑战。

镜架智能设计系统

Paris Miki 公司通过与顾客的交流就可以将顾客所需的镜架确定下来，顾客无须在货架上的大量镜架中去寻找。这个总部设在东京的公司是世界上最大的眼镜公司之一，它花了 5 年的时间开发了 Mikissemes 设计系统。通过分析顾客面部的数字化图像以及由顾客交互输入期望效果要求，该系统便可提出满足该客户要求的镜架形状的建议。顾客可在给定范围内进行选择，甚至可以亲自用鼠标修改镜架，一旦顾客作出了最后的决定，Miki 公司可在大约一个小时内造出镜架。

第三节　市场营销管理的任务与过程

市场营销管理是为创造达到个人和机构目标的交换而规划和实施的理念、产品、服务构思、定价、促销和配销的过程，它包括分析、计划、执行和控制，目标是满足各方面的需要。市场营销管理的实质是需求管理。

一、市场营销管理的任务

市场需求是多种多样的，根据需求水平、时间和性质的不同，可归纳出 8 种不同的需求状况。在不同的需求状况下，市场营销管理的任务也有所不同。

1. 负需求

负需求是指全部或大部分顾客对某种产品或劳务不仅不喜欢，没有需求，甚至有厌恶情绪。在此情况下，市场营销的任务是分析市场为何不喜欢这种产品，研究如何经由产品再设计、改变产品的性能或功能、降低价格和正面促销的市场营销方案来改变市场的看法和态度，即扭转人们的抵制态度，实行扭转性营销措施，使负需求变为正需求。

如欧美人对动物内脏很反感，不喜欢吃动物内脏。怎样把这个负需求变为正需求呢？专家做了个实验：他们找来了 40 个家庭主妇，将之分为两个小组。专家告诉第一小组的 20 个人，运用传统的方式怎样把动物的内脏做成菜，怎样做才好吃。而他们则和第二小组的 20 个家庭主妇围坐在一块座谈，在聊天中告诉她们动物内脏富含哪些矿物质，对人体有哪些好处，并赠送了相应的菜谱。一个月后，第一小组只有 3%的家庭妇女开始食用动物内脏，而第二小组则有 30%的妇女开始食用动物内脏。

2. 无需求

无需求是指市场对某种产品或劳务既无负需求也无正需求，只是漠不关心，没有兴趣。无需求通常是针对新产品和新的服务项目，人们因不了解而没有需求；或者是非生活必需的装饰品、赏玩品等，消费者在没有见到它们以前也不会产生需求。因此，市场营销的任务就是要设法把产品能带来的利益和价值同人们的自然需要和兴趣结合起来，以引起消费者的关注和兴趣，刺激需求，使无需求变为正需求，即实行刺激性营销。

聂耳牌钢琴的市场开拓

上海钢琴公司为了让公司的聂耳牌钢琴在供大于求的局面下打开销路，首先对国内的实际情况做了调查，他们发现国内弹钢琴的人并不多，而且学钢琴的氛围也不浓烈。于是得出结论：要销售钢琴，首先要培养弹钢琴的人。后来他们首先在上海、广州、福州、青岛等城市举办了各种形式的钢琴演奏会、钢琴大奖赛等，以增添家长为孩子购买钢琴的动力。丰厚的奖品、广告宣传营造的气氛为钢琴的销售前奏曲带来“轰动效应”，聂耳牌钢琴的名声也一炮打响。其次是创办艺术学校，据说，在已培训的3000多名儿童中，已有10%以上的儿童家长购买了该公司生产的钢琴。

3. 潜在需求

潜在需求是指多数消费者对市场上现实不存在的某种产品或劳务的强烈需求。在这种情况下，市场营销的任务就是估量潜在市场的大小和发展前景，努力开发新产品，设法提供能满足潜在需求的产品和劳务，变潜在需求为现实需求，实行开发性营销。

4. 下降需求

下降需求是指市场对某种商品的需求逐渐减少的状态。人们对一切产品和劳务的兴趣和需求，总会有发生动摇或下降的时候，在这种情况下，市场营销者必须分析市场衰退的原因，决定是否通过构建新的目标市场，改变产品特色，或者采取更有效的营销组合再刺激需求。市场营销的任务是设法使已下降的需求重新回升，使人们已经冷淡下去的兴趣得以恢复，即实行恢复性营销。

5. 不规则需求

许多产品和劳务的需求是不规则的，即在不同时间、不同季节需求量不同，如运输业、旅游业、娱乐业都有这种情况。因此，市场营销的任务是设法调节需求与供给的矛盾，通过灵活定价、促销和其他激励措施，以及寻找改变需求时间模式的方法，使供求趋于协调同步，即实行同步性营销。

6. 饱和需求

饱和需求是指当前市场对企业产品或劳务的需求在数量上和时间上同预期的最大需求已达到一致。但是，饱和需求状态不会静止不变，而是动态的，它常常由于两种因素的影响而变化：一是消费者偏好和兴趣的改变；二是同行业者的竞争。因此，营销任务是设法保持现有的需求水平和销售水平，防止出现下降趋势。这就要求企业必须保持或改进产品质量、不断估计消费者需求的满足程度与企业生产经营之间的关系，努力做好营销工作，即实行维护性营销。其主要策略是保持合理售价，稳定推销人员和代理商，严格控制成本费用，进一步搞好售后服务等。

7. 过度需求

过度需求是指市场对某种产品或劳务的需求量超过了卖方所能供给和所愿供给的水平，这可能是暂时性缺货，也可能是价格太低，还可能是由于产品长期过分受欢迎所致。如收费过低的电力供应，免费范围过宽的公费医疗，使得电力部门和医院超负荷，甚至浪费严重。在这种情况下，应当实行限制性营销。限制性营销就是长期或暂时地限制市场对某种产品或劳务的需求，通常可采取提高价格、减少服务项目和供应网点、劝导节约等措施。实行这些措施是难免要遭受反对的，营销人员要有充分的思想准备和应变措施。

8. 有害需求

有些产品或劳务对消费者、社会公众或供应者有害无益，对这种产品或劳务的需求，就是有害需求。有害的产品或劳务常引起有组织的力量反对其消费，如毒品、黄色书刊、色情服务等，都受到社会公众的反对和抵制。在这种情况下，市场营销的任务是否定这类需求，抵制和清除这类需求，即实行抵制性营销或禁售。

抵制性营销与限制性营销不同，限制性营销是限制过度的需求，而不是否定产品或劳务本身；抵制性营销则是强调产品或劳务本身的有害性，从而抵制这种产品和劳务的生产和经营。

二、市场营销管理的过程

市场营销管理过程就是企业识别、分析、选择和利用市场营销机会制定企业营销战略和策略，实现企业任务和目标的过程。主要包括以下步骤：分析营销环境，确定营销机会；选择目标市场；制定市场营销策略；编制市场营销计划；组织、执行和控制市场营销工作。

1. 分析营销环境，确定营销机会

市场营销学认为，寻找和分析、评价市场机会是市场营销管理人员的主要任务，也是市场营销管理过程的首要步骤。分析营销环境，确定市场机会常用的方法主要有以下几种。

1）市场信息分析法。市场营销管理人员可以通过阅读报刊、收听广播、收看电视、网上浏览、参加展销会、研究竞争者的产品、市场调研等途径，广泛搜集信息，从中发现或识别新的市场机会。

2）产品／市场矩阵分析法。市场营销管理人员可以考虑采取一些措施，如运用市场渗透法，即企业通过改进广告、宣传和推销工作，在某些地区增设商业网点，借助多渠道将同一产品送达同一市场、短期削价等措施，在现有市场上扩大现有产品的销售；也可以考虑运用市场开发的办法，通过在新地区或国外增设新网点，或利用新分销渠道、加强广告促销等措施，在新市场上扩大现有产品的销售；还可以考虑通过增加花色、品种、规格、型号等产品开发的办法向现有市场提供新产品或改进产品；一些规模较大的企业甚至可以考虑采取多角化经营的策略，跨行业经营多种业务。

3）市场细分法。市场营销人员可通过市场细分发现新市场机会，拾遗补缺。企业发现了市场机会，还需将市场机会转化为营销机会。市场机会能否成为营销机会，关键在于市场机会要与企业内部条件、企业的任务、目标相一致，才能转变为营销机会。

2. 选择目标市场

选择目标市场是市场营销管理的第二个步骤。市场营销管理人员要测定任何一个既定市场的吸引性，就需要估计市场总体规模、发展和盈利性。对其进行评价，选定其中某些部分作为目标市场，并在每个市场中给企业进行市场定位。

3. 制定市场营销策略

市场营销策略是营销主体企业期望在目标市场所遵循的主要原则。它包括企业与产品的定位、市场营销总费用、市场营销组合和市场营销资源配置的基本决策。企业与产品的定位是市场营销策略要重点考虑的内容，市场定位就是在目标市场所有竞争对手中间确定本企业的独特地位，树立本企业的独特形象。产品定位即要确定自己的产品特色。

4. 编制市场营销计划

市场营销计划包括如下几个部分。

1）计划概要。计划一开始就要对拟订的主要计划目标和建议给予扼要的概述，以便让高层管理部门很快掌握计划的核心内容。内容目录应附在计划概要之后。

2）市场营销现状。提供有关市场、产品、竞争配销渠道和宏观环境的背景资料。

3）机会与问题分析。综合主要的机会和威胁、优势和劣势以及计划必须涉及的产品所面临的问题。

4）目标。确定计划在销售量、市场占有率和盈利等领域所要完成的目标。

5）市场营销策略。提供将用于完成计划目标的主要市场营销方法。主管人员可用文字或表格的方式列出策略陈述书，具体内容应包括目标市场、产品定位、产品线、价格、配销渠道、销售人员、服务、广告、促销、研究与开发、市场营销研究等。

6）执行方案。具体列出将要做什么，如何去做，什么时候做，费用是多少。

7）预计盈亏报表。综述计划预计的开支。

8）控制。讲述计划将如何监控。

5. 组织、执行和控制市场营销工作

确定营销方案之后应具体组织实施，并对实施过程进行有效控制，从而最终实现企业目标。营销过程中应有效地领导营销组织，包括协调全体营销人员的工作，对各类营销人员进行选择、培训、指导、激励和评价。营销控制则主要指年度计划、盈利能力控制以及评估企业的营销战略是否适合市场条件，只有对营销方案作有效的控制，营销目标才会最大限度地得到实现。

小　结

市场营销是指企业以满足人类的各种需要与欲望为目的，通过采取整体性的营销手段，占领市场，扩大销售，实现预期利润目标的商务活动过程。现代市场营销具有全员参与、创新性、信息化、更加强调对顾客的服务等特点。

市场营销组合涉及产品、价格、分销渠道、促销 4 个因素。

市场营销观念的发展大致经历了生产观念、产品观念、推销观念、市场营销观念、生态营销观念、社会市场营销观念和大市场营销观念 7 个阶段。其中，前 3 种观念统称传统（旧）营销观念，后 4 种称新市场营销观念。

顾客让渡价值是指在顾客获得的总价值与顾客为之付出的总成本之间的差距。顾客满意度是由其所获得的让渡价值大小决定的。

现代市场营销观念的核心是以顾客为中心，满足顾客需求。CS 战略包括开发顾客满意的产品、提供顾客满意的服务、进行 CS 观念教育。

现代市场营销的方式不断变化，主要有关系营销、事件营销、共生营销、定制市场营销等。

市场营销管理的实质是需求管理，需要根据需求的 8 种形态，采取不同的营销措施。

市场营销管理经过了一个分析营销环境，确定营销机会；选择目标市场；制定市场营销策略；编制市场营销计划及组织、执行和控制市场营销工作的过程。

思考与练习

1. 名词解释

　　市场　市场营销　市场营销观念　顾客让渡价值

2. 填空题

1）从经济学的角度来讲，狭义的市场是商品交换的（　　）。

2）从企业角度来讲，市场营销组合包括（　　）、（　　）、（　　）和（　　）

4 个因素。

3）在负需求的情况下，企业应采取（　　）营销措施。

3. 选择题

1）“通过两个或更多个相互独立的企业在资源或项目上的合作，达到增强市场竞争能力的目的”，这种营销属于（　　）。

A. 定制市场营销　B. 合作营销　C. 合作市场营销　D. 文化营销

2）在饱和需求情况下，企业应采取（　　）营销措施。

A. 抑制　B. 开发　C. 抵制　D. 维护

3）企业在营销活动中既要考虑消费者需求，又要注重发挥企业优势，这种营销观念属于（　　）。

A. 推销观念　B. 市场观念　C. 产品观念　D. 生态营销观念

4. 判断题

1）广义的市场概念认为市场是商品交换的场所。（　　）

2）营销就等于推销。（　　）

3）在潜在需求情况下企业应采取开发性营销措施。（　　）

5. 思考题

1）什么是市场？市场具有哪些功能？

2）什么是市场营销？市场营销具有哪些功能？

3）简述市场营销观念的产生发展过程。

4）什么是顾客让渡价值？

5）市场营销管理有哪些任务？

6）市场营销管理经过了哪几个阶段？

6. 案例分析题

有无市场

在太平洋的一个小岛上，居住着 10 多万土著居民，那里风景秀丽，盛产菠萝、香蕉、椰子、芒果，部落酋长统治着那里的政治和经济。一家美国制鞋公司打算把自己的产品卖给这个小岛上的居民。该公司首先派出了自己的财务经理。几天以后，该经理发回电报说：“这里的人根本不穿鞋，此地不是我们的市场。”

为了证实这一点，该公司又把自己最好的推销员派到该岛上。一周之后，该推销员回电报：“这里的居民没有一个人有鞋，这里是巨大的潜在市场。”

该公司最后又把自己的市场营销副经理派去考察。两周以后，他汇报说：“这里的居民不穿鞋。但他们的脚有许多伤病，可以从穿鞋中得到益处。我们还必须取得部落酋长的支持与合作。他们没有钱，但可用水果与我们交换。我测算了 3 年内的销售收入及成本，包括把水果卖给欧洲超级市场连锁集团的费用，回报率可达 30%，我建议公司开辟这个市场。”

思考

1）3 个从事考察的人各持什么观念？

2）你认为这个市场如何开发？

7. 营销实训题

利用已学知识，尤其是事件营销的原理，在志愿者日结合本校专业特长，通过策划一次青年志愿者为社会服务的活动，吸引媒体，宣传学校，扩大学校在社会上的影响，展示本校学生的专业知识与技能，营销学校。

第二章

市场营销环境

小的机会通常是大企业的开始。

【学习目标与要求】

知识点

1. 了解微观环境与宏观环境的主要构成要素；
2. 掌握分析、评价市场机会与环境威胁的基本方法；
3. 善于根据市场营销环境变化明确企业应采取的营销对策。

技能点

具有初步分析外部环境的能力。

美国“金融海啸”波及面越来越广，正在对我国制造业造成两方面影响，首先是金融风暴引起的信心危机导致国际消费市场大萧条，影响企业出口；其次是外资进入速度放缓对制造业增长后劲造成影响。据来自江苏省经贸委的消息称，2009 年1～8 月，山东、广东、江苏、浙江、上海 4 省 1 市的工业增加值、工业利润增长幅度明显回落。其中，浙江工业增加值增幅下降最大，增幅同比下降 5.6%；广东工业利润增幅下降最大，增幅同比下降 49%。

传统的制造业，随着各项成本大幅增加，许多劳动力密集型企业变得利润微薄，导致企业投资意愿降低，信心受挫。火电、石油化工和纺织行业效益下滑最明显。而新兴工业门类，受到金融风暴导致的国际贸易萎缩，增速正在减缓。在新兴的造船工业，国内已连续几年保持高增长，许多船厂订单接到了 2011 年，专家此前预测将持续旺盛到 2012 年，实际上，红火期可能在 2009 年结束。金融危机引发全球货运量锐减，全球大宗商品航运成本基准指数——波罗的海全球干散货指数（BDI）目前下跌到了 4 个月前的 1/4。

在市场经济不断发展及全球经济一体化情况下，市场是开放的，企业要搞好营销活动就必须对营销环境进行深入的剖析才能制定出有效的经营策略。

第一节　市场营销环境概述

企业作为社会经济组织或社会细胞，都是在与其他企业、目标顾客和社会公众的相互联系中开展市场营销活动的。而这些外界环境条件是不断变化的，一方面，它既给企业造成了新的市场机会；另一方面，它又给企业带来某种威胁。企业对营销环境分析的目的是抓住市场机会，避开市场威胁。企业的活动既受自然规律的支配，又受社会规律的支配。企业作为外部环境系统的一个子系统，其生存和发展必须以一定的外部环境作为条件。因此，市场营销环境对企业的生存和发展具有重要意义。企业必须重视对市场营销环境的分析和研究，并根据市场营销环境的变化制定有效的市场营销战略，谋求企业内部条件、外部环境和经营目标三者之间的动态平衡。

一、市场营销环境的含义

市场营销环境就是影响企业的市场营销管理能力，使其能否卓有成效地发展和维持与其目标顾客交易及关系的外在参与者和影响力。它是指与企业营销活动有潜在关系的所有外部力量和相关因素的集合，是影响企业生存和发展的各种外部条件。

企业市场营销环境的内容既广泛又复杂。不同的因素对营销活动各个方面的影响和制约也不尽相同，同样的环境因素对不同的企业所产生的影响和形成的制约也会大小不一。一般来说，市场营销环境主要包括两方面的构成要素，一是微观环境要素，即指与企业紧密相联，直接影响其营销能力的各种参与者，包括企业的供应商、营销中间商、顾客、竞争者以及社会公众和影响营销管理决策的企业内部各个部门；二是宏观环境要素，即影响企业微观环境的巨大社会力量，包括人口、经济、政治、法律、科学技术、社会文化及自然地理等因素。微观环境直接影响和制约企业的市场营销活动，而宏观环境主要以微观营销环境为媒介间接影响和制约企业的市场营销活动。前者可称为直接营销环境，后者可称为间接营销环境。两者之间并非并列关系，而是主从关系，即直接营销环境受制于间接营销环境。

一个企业的市场营销环境是由一整套相互影响、相互作用的重要参加者、市场和其他相关力量构成的，如图 2.1 所示。

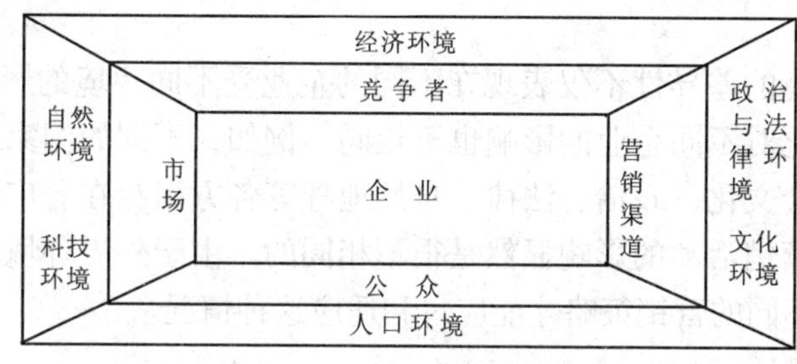

图 2.1　市场营销环境的构成

一个企业的市场营销环境可以分成两个层次：第一个层次与企业密切相关，是企业所处的微观环境，包括市场营销渠道企业（它们参与企业产品的生产和分销活动）、市场（企业的目标顾客）、竞争者（它们也向企业所服务的市场提供商品）和公众（企业及其竞争者都在公众监视下，并受公众影响）；第二个层次是宏观环境，所有企业和市场都要受宏观环境力量的影响和制约，并且这些环境因素不是静态不变的，而是经常处于变动之中，对企业的经营管理活动造成一定的冲击。如 20 世纪 70 年代初期，由于石油价格暴涨引发了第二次世界大战后最严重的一次经济危机，许多企业因没有预料到这一形势变化而损失惨重，但日本制造商却因把握时机，推出了世界上最省油的汽车而一举打入世界汽车市场。

市场营销环境与市场营销一样，是一个不断完善和发展的概念。在 20 世纪初，西方的企业仅将销售市场作为营销环境。到了 30 年代以后，又把政府、工会、竞争者等对企业有利害关系者看作环境因素。进入 60 年代，西方企业家又把自然生态、科学技术、社会文化等作为重要的环境因素。70 年代以来，随着资本主义国家政府对经济干预力度的加强，西方企业家开始重视对政治、法律环境的研究。这种对市场营销环境研究不断扩大的过程，国外市场学称之为“企业的外界环境化”。80 年代后期至 90 年代，企业家们普遍认识到环境对其企业生存和发展的重要性，因而将对环境的分析、研究作为企业营销活动最基本的课题。

二、市场营销环境的特点

市场营销环境是一个多因素、多层次而且不断变化的综合体。其特点主要表现在以下几个方面。

1. 客观性

企业总是在特定的社会经济和其他外界环境条件下生存、发展的。不管你承认不承认，企业只要从事市场营销活动，就不可能不面对这样或那样的环境条件，也不可能不受到各种各样环境因素的影响和制约，包括微观的、宏观的。因此，企业决策者必须清醒地认识到这一点，及早做好充分的思想准备，随时应付企业面临的各种环境的挑战。

2. 差异性

市场营销环境的差异性不仅表现在不同的企业受不同环境的影响，而且同样一种环境因素的变化对不同企业的影响也不相同。例如，不同的国家、民族、地区在人口、经济、社会文化、政治、法律、自然地理等各方面存在着广泛的差异性。这些差异性对企业营销活动的影响显然是很不相同的。由于外界环境因素的差异性，使企业必须采取不同的营销策略才能应付和适应这种情况。

3. 相关性

市场营销环境是一个系统，在这个系统中，各个影响因素是相互依存、相互作用和相互制约的。这是由于社会经济现象的出现，往往不是由某一单一的因素所能决定的，而是受到一系列相关因素影响的结果。例如，企业开发新产品时，不仅要受到经济因素的影响和制约，更要受到社会文化因素的影响和制约。又如，价格不但受市场供求关系的影响，还受到科技进步及财政政策的影响。因此，要充分注意各种因素之间的相互作用。

4. 动态性

营销环境是企业营销活动的基础和条件，这并不意味着营销环境是一成不变的、静止的。恰恰相反，营销环境总是处在一个不断变化的过程中，它是一个动态的概念。以中国所处的间接营销环境来说，今天的环境与 10 多年前的环境已经有了很大的变化。例如国家产业政策，过去重点放在重工业上，现在已明显向农业、轻工业倾斜，这种产业结构的变化给企业的营销活动带来了决定性的影响。再如，我国消费者的消费倾向已从追求物质的数量化为主流向追求物质的质量及个性化转变，也就是说，消费者的消费心理正趋于成熟。这无疑会对企业的营销行为产生最直接的影响。当然，市场营销环境的变化是有快慢、大小之分的，有的变化快一些，有的变化慢一些；有的变化大一些，有的变化小一些。例如，科技、经济等因素的变化相对快而大，因而对企业营销活动的影响相对短且跳跃性大；而人口、社会文化、自然因素等相对变化较慢较小，对企业营销活动的影响相对长而稳定。因此，企业的营销活动必须适应环境的变化，不断地调整和修正自己的营销策略，否则，将最终丧失市场机会。

5. 不可控性

影响市场营销环境的因素是多方面的，也是复杂的，并表现出企业不可控性。例如，一个国家的政治法律制度、人口增长以及一些社会文化习俗等，企业不可能随意改变。而且，这种不可控性对不同企业表现不一，有的因素对某些企业来说是可控的，而对另一些企业则可能是不可控的；有的因素在今天是可控的，而到了明天则可能变为不可控的。另外，各个环境因素之间也经常存在着矛盾关系。例如，消费者对家用电器的兴趣与热情就可能与客观存在的电力供应的紧张状态相矛盾，那么这种情况就使企业不得不做进一步的权衡，在利用可利用资源的前提下去开发新产品。另外，企业的行为还必须与政府及各管理部门的要求相符合。

三、市场营销环境分析与企业对策

市场营销环境是企业经营活动的约束条件，它对企业的生存和发展有着极端重要的影响。现代营销学认为，企业经营成败的关键，就在于企业能否适应不断变化着的市场营销环境。由于生产力水平的不断提高和科学技术的进步，当代企业外部环境的变化速度，远远超过企业内部因素变化的速度。因此，企业的生存和发展，愈来愈决定于其适应外界环境变化的能力。“适者生存”既是自然界演化的法则，也是企业营销活动的法则，如果企业不能很好地适应外界环境的变化，则很可能在竞争中失败，从而被市场所淘汰。强调企业对所处环境的反应和适应，并不意味着企业对于环境是无能为力或束手无策的，只能消极地、被动地改变自己以适应环境，而是应从积极主动的角度出发，能动地去适应营销环境。也就是说，企业既可以各种不同的方式增强适应环境的能力，避免来自营销环境的威胁，也可在变化的环境中寻找自己的新机会，并可能在一定的条件下转变环境因素。或者说运用自己的经营资源去影响和改变营销环境，为企业创造一个更有利的活动空间，然后再使营销活动与营销环境取得有效的适应。

企业在制定营销战略前必须进行环境分析。企业在全面收集了有关企业经营内外环境信息的基础上，要制定自身的营销战略必须要对企业经营的优势与劣势、经营的市场机会与环境威胁进行分析。

1. 经营的优势与劣势分析

通过企业之间的横向比较发现企业在人力资源、资金实力及规模、企业及品牌社会信誉、与供货商的关系、经营的历史及经验、资源是否独占、企业的对外关系状态、区位、软硬设施等方面存在哪些优势与不足，能否形成“差别利益”。在分析中要注意区分潜在的优势与现实的优势、绝对优势与相对优势、整体优势与局部优势。分清与把握企业经营主要优势与劣势。企业经营中要立足于现实优势的发挥，并根据竞争发展的趋势及时采取措施挖掘潜力，使潜在优势转化为现实优势，形成企业新的经营支点；集中力量经营绝对优势项目或服务，保持或巩固企业的优势地位；在保持局部优势的同时，努力形成整体优势。

2. 市场机会与环境威胁分析

环境变化将给服务企业经营带来两个方面的影响，一方面是有利的影响，即市场机会，也就是说市场上尚存在未满足的需要，这是对企业进行营销有利的领域；另一方面是不利的影响，即环境威胁，是指环境中不利的发展趋势所形成的对企业的挑战。服务企业的经营者必须要根据外部环境的变化，及时洞察与判断其变化对企业的影响程度，以制订科学的经营计划，采取相应的应变措施，抓住市场机会，避开环境威胁，以确保或提升企业的市场地位。在对市场机会与环境威胁分析中，应当注意并不是所有的市场机会都有利用的价值，也不是所有的环境威胁都对企业造成同样的负面影响。对市场机会的把握不能只凭感觉和想象，而要把握、洞悉各种左右市场的力量、因素产生的原因及发展的趋势，并对其作出客观的评价。市场机会评估主要是分析机会来源、机会强度并结合企业自身条件分析市场机会可利用程度。企业可根据“市场机会矩阵图”对机会进行评价，如图 2.2 所示。市场机会矩阵图的横排代表“成功的可能性”，纵列代表“潜在的吸引力”，表示潜在的盈利能力。

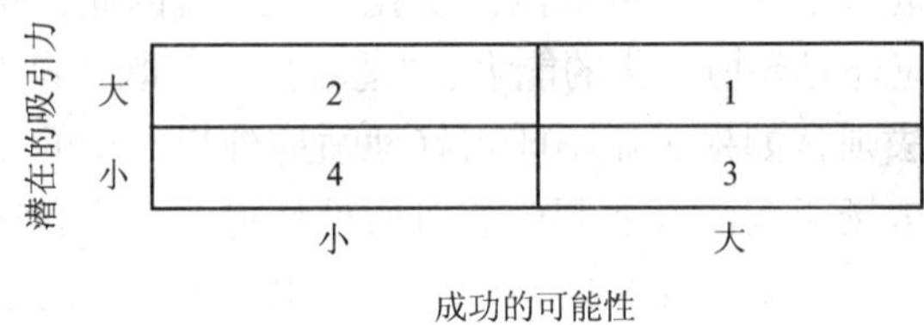

图 2.2　市场机会矩阵

据图 2.2 可作对策分析如下：

1 区：最佳机会区，要及时捕捉和利用。

2 区：监控并做准备，一旦机会成功的概率提高，应及时抓住。

3 区：监控并做准备，一旦获利机会增加。应及时抓住。

4 区：忽略放弃。

市场威胁对企业有负面作用，可能对服务企业造成威胁的有以下八大因素：现有竞争对手、供应商、客户、潜在竞争对手、服务替代技术、互助企业或关联企业、政策或规则、自然状况。服务企业必须对这些因素进行及时监控。对市场威胁可采用“市场威胁矩阵图”来加以分析、评价，如图 2.3 所示。市场威胁矩阵图的横排代表“出现威胁的可能性”，纵列代表“潜在的严重性”，表示盈利减少程度。

据图 2.3 可作对策分析如下：

1 区：对企业威胁较大，应作出应对决策。

2 区：密切监测变化，防止事态扩大。

3 区：制定应急措施，积极化险为夷。

4 区：忽略放弃。

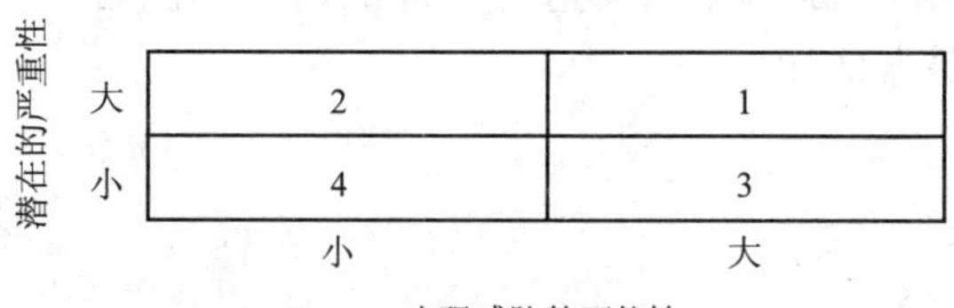

图 2.3 市场威胁矩阵

在环境分析中，企业经营者可将上述两种方法结合起来，对企业经营业务的性质进行评价。企业经营的业务将有 4 种结果，如图 2.4 所示。

机会水平 \ 威胁水平	低	高
高	理想业务	冒险业务
低	成熟业务	困难业务

图 2.4 企业业务的分类、评价

1）理想业务，即高机会和低威胁的业务。企业面临良机，稳操胜券。

2）冒险业务，即高机会和高威胁的业务。机会多，威胁大，理智冒险，争取成功。

3）成熟业务，即低机会和低威胁的业务。继续经营。

4）困难业务，即低机会和高威胁的业务。风雨飘摇，危在旦夕，可考虑放弃。

在对企业业务性质进行界定的基础上，企业经营者需按照生态营销的观念，把企业的经营目标、优势与市场的机会有机地整合起来，确定企业的目标市场和企业的经营业务。

企业在进行环境分析的基础上要针对不同的威胁和机会采取不同的措施，具体如下。

（1）对威胁的反应

1）反抗策略。即试图限制或扭转不利的发展。例如，西方国家的烟草公司可以疏通议员通过一个法令，准许人们在公共场所吸烟。

2）减轻策略。即通过调整“市场营销组合”来减轻环境威胁的严重性。例如，烟草公司大力宣传在公共场所设单独的吸烟区。

3）转移策略。即决定转移到其他盈利更多的行业或市场去。例如，烟草公司可以扩大香烟对发展中国家的出口，同时增加食品和饮料等业务，实行多元化经营。

（2）对机会的反应

最高管理层对企业所面临的市场机会，必须慎重地评价其质量。美国的市场营销学者曾警告企业家们，要小心地评价市场机会。他说："这里可能是一种需要，但是没市场；或者这里可能是一个市场，但是没有顾客；或者这里可能有顾客，但目前实在不是一个市场。"那些不懂得这种道理的市场预测者对于某些领域表面上的机会曾作出惊人的错误估计。

"受益"毒牛奶，众厂商掘金豆浆商机

2008年随着三鹿牛奶被检出掺杂了三聚氰胺，随后一种在中国香港销售的雀巢（NestleSA）牛奶和在新加坡与中国台湾销售的大白兔奶糖均检出含有三聚氰胺，已经持续了半月之久的"毒牛奶"丑闻开始进一步向外资品牌和关联行业扩大。以蒙牛、伊利为代表的一批乳制品企业，其股价开始意料之中地大幅下挫，在中国香港上市的蒙牛乳业（香港交易所代码：02319）在9月23日复牌后，股价更是大跌65%，创下52周最低值。而在乳制品受到毒牛奶事件冲击后，消费者开始疯狂寻找替代品，包括豆浆、芝麻糊在内的一批饮品，逐渐成为市场的新宠。而在这其中，作为中国传统饮食代表的豆浆，更为市场各方一致看好。豆浆在中国拥有几千年的历史，在牛奶传入中国后，民间早有豆浆和牛奶之争。而由于豆浆在制作和保存方面都不如牛奶方便，此前牛奶的销量要远大于豆浆。不过，通过此次毒牛奶事件，豆浆在更大范围内替代牛奶无疑已成为趋势，一批早已进军豆浆机市场的企业更是明显加大了掘金豆浆机商机的力度，众厂商纷纷掘金豆浆机，豆浆机亦在市场上呈现了旺销的势头。

（资料来源：http://hea.chinabyte.com/282/8320782.shtml）

第二节　市场营销宏观环境分析

宏观环境是指那些给企业造成市场机会和环境威胁的主要社会力量，企业及其所处的微观环境都受宏观市场力量的制约和影响，这些影响力的发展趋势既给企业带来机会，也会对企业形成威胁。具体而言，宏观环境包括人口环境、经济环境、自然环境、技术环境、政治法律环境以及社会文化环境。这些主要社会力量代表企业不可控制的变量，如图2.5所示。

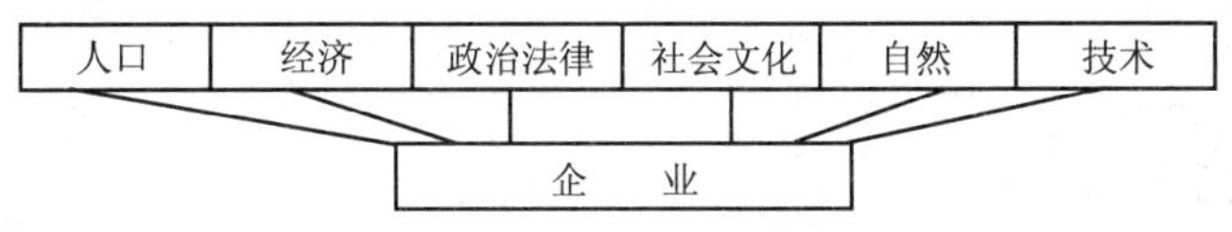

图 2.5　企业营销宏观环境

一、人口环境

人口是构成市场的基本要素。现代市场营销观念认为，企业必须密切注意自身所处的人口环境的变化，因为市场是由那些有购买欲望并且有购买力的人构成的。哪里有人，哪里就有衣、食、住、行等各种需求，而且在一定的环境条件下，人口的多少直接决定市场的潜在容量。但是，由于任何企业的市场营销都不可能面向所有的人口，因此，对人口的考察必须具体到研究人口的地理分布、年龄结构、性别、教育程度、家庭单位等特性，这些因素的变化都会对市场需求的格局产生深刻影响。

1. 地理分布

世界各国的人口密度悬殊，即使在同一个国家内，不同地区人口分布也不均匀，而且人口的分布不仅是个静态的概念，更具有动态的变化。例如，我国人口最密集的地方是东部沿海地区，美国人口最密集的地方是大西洋沿岸、五大湖边缘以及加利福尼亚州沿海地区。一个多世纪以来，世界各国人口地理分布的变化呈现以下两种趋势。一是人口从农村流向城市。工业革命以前，全世界 70%的人口住在农村，而今天，许多国家有 70%的人口住在城市。西方国家人口变迁的经验表明，人口从农村流向城市，使城市人口集中，这对零售商业结构的影响很大，促使城市市场迅速增长和扩大，在城市中形成了繁华的商业区，出现了许多百货商店和专营商店。美国的一些著名大零售公司正是在这一阶段为了适应人口环境的变化而建立和发展起来的。二是近几十年来，西方各国人口分布又出现新的趋势：人口从城市流向郊区。随着汽车、高速公路、快速铁路的发展以及日益严重的城市污染问题，越来越多的人从城市迁往郊区，于是在大城市周围出现了郊区住宅，把城市与城市连成一片，形成超级大都市区域。这种人口流向的变化，促使郊区出现现代化的购物中心，使城市商业中心区的百货商店经营受到威胁，其市场占有率下降，因此影响到零售商业结构和零售商店的布局。

2. 年龄结构

人口的年龄结构也直接影响市场需求。由于消费者年龄的差别，使得他们对商品和服务产生不同的需要，并且这也在一定程度上意味着收入的多少、家庭规模的大小和对商品的价值观念不同。在年龄结构上世界一个总趋势就是人口老龄化，应对这种趋势过程中应有许多商机。

年轻代表时尚与个性

时尚是大学生先锋品牌共有的元素，而大学生对“时尚”的理解的关键核心是“独特风格”。在传统与时尚之间，大学生最为关注的关键词是“独特风格”，是“个性的展示”。调查显示（见表2.1），对于“流行”、“时髦”、“新奇”这些态度语句，大学生中有20%～30%的人表示出偏好，而对于“喜欢购买具有独特风格的产品”这一态度语句，有近57.7%的大学生表示同意。在流行、时髦与独特之间，大学生有自己的认识，流行未必独特，但独特风格往往会代表一种时尚。

表2.1　大学生对于独特风格的认同

与独特风格相关的态度	赞同比例/%
我希望自己成为有独特风格的人	74.8
我喜欢购买具有独特风格的产品	57.7
我希望被视为一个领导者	56.6
使用名牌可以提高一个人的身份	38.4
我喜欢追求流行、时髦与新奇的东西	30.4
流行与实用之间我比较喜欢流行	24.0
与其他人相比，我的穿着更加时髦	22.9

此外，当代大学生在崇尚独特、追求时尚的同时，也越来越尊重生活态度、价值观的多元化。

自改革开放以来，中国对多元的文化、价值观的包容程度越来越大。当代大学生对个性的追求表现得更加显著。调查中，有超过70%的人表示“希望自己成为有独特风格的人”，超过半数的大学生喜欢购买具有独特风格的产品。许多企业正是利用年轻人这种心理开展营销诉求的，如麦当劳高唱着“我就喜欢”迎接着一批批大学生顾客；M－Zone扛着“我的地盘我做主”的大旗在大学校园高高飘扬；安踏张扬着“我选择我喜欢”，迅速赢得了大学生市场的最高份额；美特斯·邦威强调“不走寻常路”，彰显青春个性。

3. 人口性别

比较男性和女性的市场需求，可以看到他们对于商品的需求以及购买行为都有明显的差别。由于家庭中大多数日用消费品由女性采购，因此，很多家庭用品及儿童用品也可纳入女性市场。这样，女性市场的容量就比男性市场大得多。

近二三十年来，世界各国妇女就业人数剧增，这给市场带来深刻的变化：一是由于妇女就业，家庭收入增加为市场提供新的容量；二是妇女就业者多，职业妇女对市场上较好的服装、汽车、托儿服务等物品和劳务的需求增加；三是双职工家庭数量的增加，时间显得越来越宝贵，市场上任何能节省家务劳动时间的产品和服务（如代替家务劳动的家用电器及快餐业等）都具有很大的吸引力。这些市场需要的变化都给某些行业提供了市场机会。

4. 家庭

现代家庭既是社会的细胞，也是商品采购的单位。家庭数量与家庭规模、结构对市场需求的影响很大。家庭数量的多少直接决定了一些家庭用品市场的容量；而家庭规模的大小又决定了家庭需求的品种、规格和档次。

近几十年来，世界各国家庭总的变化趋势是家庭数量在增加，而每个家庭的平均人数在减少。由于家庭趋于小型化，家庭户数迅速增加，导致市场对电视机、录音机、电冰箱、洗衣机、家具等家庭用品的需求大大增加，并且要求这些产品更加小型精巧，以适应小家庭的需要；此外，房屋市场需求也相应呈现出扩大的趋势。

5. 其他

在人口因素中，还需要对教育程度和职业、民族、宗教、文化等因素加以分析。所有这些因素都会引起消费需求、消费方式和购买行为的差异，从而深刻地影响企业的营销活动。因此，企业必须密切注意人口变化的动向，以调整自身的生产和销售决策。如在20世纪80年代初，百事可乐公司曾就未来10年的饮料市场需求进行了一次预测，预测报告的一个结论是：由于将来青少年的减少，百事可乐的需要将不会增加，然而对于减肥饮料及混合性饮料的需要量将会日趋增多。

人口是构成市场的基本要素，是市场营销活动的最终对象。在收入条件接近的情况下，人口决定市场容量。人口环境的现状及其发展趋势，对商品需求量及其需求结构产生深刻影响。所以，企业应密切关注影响人口环境的诸因素，包括人口规模、人口构成、人口分布及其人口增长等方面情况，以便根据行业优势，选择目标市场并制定相应的市场营销策略。

二、经济环境

经济环境是指企业市场营销活动所面临的社会经济条件及其运行状况和发展趋势，其中最主要的指标是社会购买力，而社会购买力又与居民的收支、储蓄和信贷以及物价等因素密切相关。所以，企业不仅要研究消费者的收入状况、支出模式及储蓄和信贷情况的变化等方面，还要研究经济的宏观指标，比如，本年度工农业生产的增长、货币流通、就业、资源、能源等问题。进行经济环境分析时，要着重分析以下主要经济因素。

1. 消费者收入的变化

消费者收入包括消费者个人工资、红利、租金、退休金、馈赠等收入。消费者的购买力来自消费者收入，所以消费者收入是影响社会购买力、市场规模大小以及消费者支出多少和支出模式的一个重要因素。从市场营销的角度看，收入因素是由以下几个方面决定的。

1）国民收入。国民收入是一个国家物质生产部门的劳动者在一定时期内新创造的价值的总和。它是决定收入水平的重要指标。以一年的国民收入总额除以总人口数，即得人均年国民收入。人均年国民收入大体上反映了一个国家经济发展的水平和社会购买力的大小。

2）个人收入。概括而言，个人收入是指消费者个人的工资、红利、租金、退休金、馈赠等形式以及从其他来源所获得的总收入。个人收入是影响社会购买力、市场规模大小以及消费者支出模式的一个重要因素。

3）个人可支配收入。个人收入并不是消费者可以完全支配的，其中要扣除消费者个人缴纳的各种费用和交给政府的非商业性开支（如个人所得税等）之后，才是个人可以用于消费或储蓄的所得。个人可支配收入是影响消费者购买力和消费者支出的决定性因素。

4）个人可任意支配收入。在个人可支配收入中，有相当一部分要用来维护个人或家庭的生活以及支付必不可少的费用。只有在可支配收入中再减去消费者用于购买生活必需品的支出和固定支出（如房租、保险费、分期付款、抵押借款等）后所余下的才是个人可任意支配收入，这是影响消费需求变化的最活跃的因素。

对市场上绝大部分商品品种而言，消费者是用个人可任意支配收入部分来支付的。因此，对大多数企业而言，研究个人可任意支配收入的变化，制定相应的产品营销策略，争取消费者把个人可任意支配收入中更大的部分投入购买本企业所营销的产品是至关重要的。

2. 消费者支出模式的变化

消费者支出模式主要受消费者收入的影响。随着消费者收入的变化，消费者支出模式就会发生相应的变化。这个问题涉及“恩格尔定律”。西方统计学家恩格尔，早在19世纪就对劳工家庭的消费支出构成做了研究，发现了关于工人家庭收入变化与各方面支出变化之间比例关系的规律性。当家庭收入增加时，只有一小部分用于购买食物；用于衣服、房租和燃料方面的支出变动不大；但用于教育、医药卫生与闲暇娱乐活动方面的支出则增加较多。从各国历史情况看，如果家庭收入不变，食物支出的比重有增大的趋势；如果家庭收入略有增加，用于食物支出的增长幅度可能更大；只有在达到相当高的平均食物消费水平时，收入的进一步增加才会导致食物支出所占比重的下降。由此，人们把消费支出中用于食物部分与其他部分的比例，称为“恩格尔系数”。食物部分所占比重越多，恩格尔系数越大；食物部分所占比重越低，恩格尔系数越小。西方经济学家将这些规律总结为恩格尔定律，恩格尔定律的表述一般如下。

1）随着家庭收入增加，用于购买食品的支出占家庭收入的比重就会下降。

2）随着家庭收入增加，用于住宅和家务经营的支出占家庭收入的比重大体不变（燃料、水电、冷藏等支出占家庭收入的比重会下降）。

3）随着家庭收入增加，用于其他方面（如服装、交通、娱乐、卫生保健、教育）的支出和储蓄占家庭收入的比重就会上升。

消费者支出模式还受以下两个因素的影响。

1）家庭生命周期所处的阶段。家庭生命周期处于不同阶段，其支出模式有很大的不同。比如，在一个没有孩子的年轻人家庭，往往把收入用于购买电冰箱、家具、陈设品等耐用消费品；而在一个有孩子的家庭，收入预算会更多地用于食品、服装、教育等方面的支出；而等到孩子自主之后，父母的大量可任意支配收入增加，其支出的重点又有可能偏重于医疗保健、旅游、购置奢侈品或储蓄等。

2）消费者家庭所在地点。所在地点不同的家庭用于住宅、交通、食品等方面的支出情况也有所不同，如住在中心城市的消费者和住在市郊的消费者相比，前者用于交通方面的支出较少，用于住宅方面的支出较多；而后者用于交通方面的支出较多，用于住宅方面的支出较少。

3. 消费者储蓄和信贷情况的变化

消费者信贷主要有 4 种方式：①短期赊销；②购买住宅，分期付款；③购买昂贵的消费品，分期付款；④信用卡信贷。

居民个人收入不可能全部用掉，总有一部分以各种形式储蓄起来，包括银行储蓄存款、债权、股票等。储蓄来源于消费者的货币收入，其最终目的还是为了消费，因为它是一种推迟的、潜在的购买力。但在一定时期的储蓄多少将影响消费者的购买力和消费支出。在一定时期内货币收入不变的情况下，如果储蓄增加，则近期购买力和消费支出便减少；反之，如果储蓄减少，则近期购买力和消费支出便增加。所以，储蓄的增减变动会引起市场需求规模和结构的变动，对企业的营销活动产生或近或远的影响。

此外，消费者不仅以货币收入购买他们需要的商品，而且还可以用贷款来购买商品，所以消费者信贷能力也是影响消费者购买力和支出的一个重要因素。所谓消费者信贷，就是消费者凭信用先取得商品使用权，然后按期归还贷款。在一些西方国家，消费者信贷的种类繁多，最常见的主要有各种形式的分期付款、信用卡、信贷等。有些经济学家认为，消费者信贷已成为美国经济增长的主要动力之一。因为它允许人们购买超过自己现时购买力的商品，这就可以创造更多的需求，从而刺激经济增长。随着我国社会主义商品经济的发展，消费者信贷业务也逐渐发展起来，分期付款、信用卡等信用工具被广泛使用，它必将对我国的消费需求与消费支出产生深远的影响。

三、自然环境

企业在市场营销研究中涉及的自然环境，主要是指企业本身的资源环境。近些年来，由于企业的经营活动侧重于追求经济利益，而忽略了对生态环境的保护，出现大量掠夺式的采矿、森林滥伐、工业废气、广告牌和废弃物等严重问题，破坏了人们赖以生存的环境，空间及其生态系统失衡的状况日益加剧，一些专家学者对未来世界是否有足够的资源来维持现有的生活表示担忧和质疑。

自然环境的变化正在日益引起有关人士（尤其是环境保护主义者）的关注，他们草拟了各种法案来保护环境，也呼吁生产者和消费者在其决策过程中，要考虑环境成本的因素，遵循生态原则。这一切必然会制约和限制企业的某些经营活动，企业的营销策略和目标的确定也必然面临生产、消费、资源、生态平衡等各方面的权衡和选择。

对企业营销者来说，要研究和分析自然环境趋势给市场营销带来的威胁与机会，主要涉及以下几个方面。

1）一些自然资源日益短缺。地球上的自然资源有三大类：①取之不尽、用之不竭的资源，如空气、水等；②有限但可以更新的资源，如森林、粮食等；③有限又不能更新的资源，如石油和煤等矿物质。

2）资源成本不稳定。

3）环境污染严重。

4）政府对环境保护干预的加强。基于公众对自然环境的日益关注，许多国家政府加强了环境保护工作的力度，这虽然在短期内会与经济增长和企业扩大生产发生矛盾，但从社会的长远利益和整体利益来看又是必要的。现代西方许多大公司也认识到保护环境的重要性，并在其产品成分、设计和包装的决策中考虑环境保护因素；有些公司甚至指示其研究与开发部门寻求优质生态产品，作为产品推销的中心。如西尔斯公司开发并促销不含磷的洗涤剂，百事可乐公司开发一次性使用并可经固体废物处理程序而自然分解的塑料软饮料瓶，美国石油公司则在推销不含铅和含铅低的汽油。

“5·12”汶川特大地震重创四川旅游业

“5·12”汶川特大地震发生后，一向以秀美风光和人文古风吸引世界目光的四川在一瞬间遭遇了浩劫，四川旅游紧急叫停。四川共1.6万名从业导游在旅游旺季无事可干，这是这次8.0级特大地震重创四川旅游业的一个缩影。5月12日，地震发生当天，国家旅游局发出紧急通知，要求各地立即停止组织赴灾区或途经灾区的旅游业务；对已经组团的旅游团队，要立即终止途经灾区旅游。到目前为止的统计，仅成都市旅游团队退团202 790人，旅行社损失7 251.3万元。

截至目前，汶川大地震已造成四川旅游业损失超过600亿元，相当于2007年四川省全年旅游总收入的一半。

（资料来源：http://finance.fivip.com/local/200806/01-62252.html）

四、技术环境

要了解技术环境的发展变化对企业市场营销的影响，以便及时采取适当的对策。

对人类生活最有影响力的是科学技术，人类历史上的每一次技术革命，都强烈震撼和改变着社会经济生活的方方面面。作为营销环境的一部分，技术环境不仅直接影响企业内部的生产与经营，同时还与其他环境因素互相依赖、互相作用。技术革命的发展对于企业的营销活动有着巨大影响，这主要体现在以下几点。

1）产品寿命周期缩短。技术革命使大部分产品的生命周期有明显缩短的趋势。

2）技术革命极大地促进了经济的增长。技术革命导致新技术、新材料、新产品不断涌现，丰富了市场的供给。尤为重要的是科学技术的发展必然促进产业结构的不断变革，由低层次的劳动密集型产业向更高一级的资本密集型、技术密集型及高精尖产业结构升级，由第一产业、第二产业向第三产业、信息产业推进。这一过程既为企业提供了新的发展契机，也使某些行业的企业面临被淘汰的威胁，从这个角度来讲，科学技术是一种“创造性的破坏力量”。新技术革命有利于企业改善经营管理，影响零售商业结构和消费者购物习惯。

3）消费模式和生活方式的变革。技术革命的发展，不仅会导致新产业部门的出现，而且会促使市场需求大幅度上升，也必然会导致消费者结构、市场需求结构发生变化，最终改变人们的消费模式和生活方式。如在美国、日本等发达国家，新技术革命的出现使零售商业结构和消费者购物习惯发生了很大的变化，出现了“电视购物”和“网络购物”方式。近年来，这种购物方式也正在我国悄然兴起。

因此，企业在开发产品的决策中必须十分重视周围环境技术因素的变化，以免把有限的人力、物力资源投入到毫无前途的产品中去。当今世界的科学技术迅猛发展，其特点是：①以电子技术和生物技术为标志的尖端技术发展速度加快；②应用技术的发展速度加快；③重视在民用产品上采用最新科技成果。

针对上述特点，企业的营销活动应注意搜集最新信息，通过对新技术的学习和采用，开发新产品或抓住时机转入新行业。企业应增加预算中研究与开发的费用，利用新技术改善营销管理，提高企业的服务质量和工作效率，这样才能在不断变化的环境中提高自身的应变能力，立于不败之地。

国酒茅台用互联网创造神话

借助互联网进行直销、接受客户个性化定制，每天网上销售额超过 3500 万美元，产品销量迅速成为美国第一、全球第二。这是卖 PC 机的 Dell 公司。

通过网络交易平台，每月接到 6000 多张销售订单，定制产品品种超过 7000 个，库存占压资金减少 67%。这是卖家电的海尔公司。

网络信息技术，正在为全世界越来越多的企业演绎神奇故事。而在中国白酒行业，会不会也诞生这样一个由“网络”创造的“神话”呢？

对于酒类行业而言，通常意义上的“网络”是指商品通路；但是本文所谈及的“网络”，本意是指处于不同地理位置的多台具有独立功能的计算机互连起来，以功能完善的网络软件进行管理并实现网络资源共享和信息传递的系统。

在2005年茅台“12·16”经销商大会上，茅台宣布：茅台在2005年的电子商务已经取得了突破性的发展，网上交易额接近1亿元；此外，茅台还将“网络营销”列为营销工作重点。而更令业内震撼的是，茅台还提出要把“网络”打造为一个新的销售渠道！

解剖茅台“网络营销”的各种细节，展示其中蕴涵的各种可能，不但可以让更多企业看到网络信息技术更强大的商务功能，更能够拓展白酒营销思维，甚至会给传统的白酒业带来一次“革命”！

（一）两大系统做支撑

“网络”的基础是网络信息技术，茅台的“网络营销”同样也需要有相关技术支撑。而茅台之所以能在“网络营销”上先人一步，在很大程度上和其地理位置的不利有关。

茅台位于黔北偏僻小镇，交通和信息都相对闭塞，与客户的沟通和对市场动态的了解都相对滞后，因此茅台一直在寻求突破这种地理环境的限制，而计算机网络技术的应用和普及给了茅台这种可能性，茅台也较早地将网络信息化建设作为工作重点。

1998年，茅台开始利用计算机进行基本业务处理，包括开具发票等。随后，茅台开始着手建立销售本部业务管理信息系统，这包括设立公司内部局域网、建立茅台网站、设立呼叫客户服务中心等，并开始尝试利用网络对供应链环节进行管理。这些为茅台之后推行“网络营销”奠定了基础。而随着以下两个系统平台的搭建，茅台的“网络营销”才逐渐有了雏形。

（二）电子商务平台好比人的“四肢”

电子商务是各种通过电子方式而不是面对面方式完成的交易。其主要作用在于增强贸易伙伴之间的商业联系，提高贸易过程中的效率，降低贸易成本。一个完整的电子商务平台，通常具备供应商管理、客户管理、网上采购、网上销售、在线服务、网上支付结算等功能。

应该说，茅台是以“静悄悄”的方式在搭建这个平台。2002年8月，茅台给各个片区经销商配发计算机，开始引导经销商利用网络平台进行业务联系；2003年，茅台开始和银行系统进行接触；2004年，茅台为全国近500家专卖店配置计算机，鼓励专卖店利用网络与总部沟通、下订单；2005年，茅台与中国工商银行联合推出“中国工商银行、国酒茅台‘牵手电子商务’有奖活动”，鼓励经销商使用 B2B、B2C 进行在线支付和货款结算，经销商从网上下订单，茅台将给予优先发货，并在订货计划上给予优惠。正是这些基础工作的铺垫，茅台网上交易额在 2005 年才能厚积薄发。

（三）数据库营销系统有如“大脑”

如果说电子商务平台是“网络营销”的“四肢”，那么数据库营销就是“大脑”。简单地说，数据库营销就是利用动态的数据库系统，在营销活动中对顾客信息进行收集、储存、分析、利用、更新，通过智能化处理，了解顾客基本资料、消费历史、喜好以及行为习惯等个性化特征，指导企业建立良好的顾客关系的管理系统。它可以帮助企业深入了解顾客的需求情况，并能根据顾客的个性和他们的需求，提供个性化的商品和服务，真正做到精确营销。这样一个可以改变营销管理模式和营销方式的系统，茅台自然不会放过。

事实上，在初步建立起网上交易平台并取得一定成绩之后，基于 CRM 系统（客户关系管理）的数据库营销系统（DMS）也被茅台纳入“网络营销”战略规划之中。CRM 系统已经在食品行业包括部分白酒企业间兴起。而 DMS 作为一种全新的营销系统，茅台目前还只是刚开始进行搭建，但是茅台仍然是白酒界的先行者。尽管对于其未来效果，我们还只能设想，但是前景还是非常诱人的。

（四）“网络营销”的“美好”可能

现在，抛开“网络营销”技术层面的难点不谈，网络营销将给茅台带来现实或潜在的好处：

1）最现实的好处：增加销售。如果“网络营销”相关系统的建设真如茅台所计划的那样顺利，并成功运用到实际中，那么茅台目前的营销难题将最大程度地得到改善。

2）准确掌控市场。茅台酒销售有限公司专卖店管理科科长聂永说，目前很多企业对市场需求的了解主要来自于中间商，是已经被处理过的、在一定程度上代表中间商需求的信息，依照这种信息制定的各种政策往往会导致企业对市场的掌控偏离市场实际。茅台将专卖店、经销商和片区全部纳入数据库系统之后，将能快捷、准确地掌握市场信息，例如某个市场销售量变化、某个专卖店库存积压情况等，并能定期对信息进行分析，对茅台准确掌控市场有非常重要的作用。

3）提高品牌忠诚度。从提升品牌忠诚度角度来说，数据库营销的优势相当明显。大量来自市场一线的顾客信息能够帮助茅台分析顾客的购买偏好和潜在的购物需求，及时调整市场政策、产品生产和售后服务，提高品牌忠诚度。此外，数据库营销的另一功能在于发现潜在顾客，并针对他们的具体状况进行品牌推广与消费引导，开发新顾客，同样可以提高品牌忠诚度。

4）解决假货和窜货。数据库营销由于有了产品数据库的组成，可以将茅台的产品依照批次全部输入数据库进行管理，可有效对产品流向进行监控，经销商拿到货之后，可以通过扫描条码来确认此批货是否是假货或者窜货，而茅台也可以更迅速地对假货、窜货问题进行处理，维护市场秩序。甚至在未来，消费者也可以通过上述方式来判断产品的真伪。

5）最诱人的好处。茅台要把“网络”作为一个新的销售渠道。至于如何才能真正将其打造成“新的销售渠道”，记者在采访茅台相关人士时，得到的答复是“商业机密，不便透露”。看来，通过“网络营销”建成一条不同于传统渠道的虚拟新渠道，不论过程如何进行，至少是茅台比较重视的营销方向。

联系到茅台的一系列动作和表述，我们可以设想这种思路的可行性到底有多大。

在2005年茅台经销商大会上，茅台公司提出，2006年茅台要加快在全国建立直销酒店，希望用2～3年的时间在全国范围内建1000到1500家直销酒店，此外，茅台还将大力发展销售专柜。可以设想，随着数据库营销系统的建立，若茅台将直销酒店、销售专柜、各地仓库也纳入其中，酒店和专柜经由网络下订单，茅台方面确认后由当地仓库直接为其供货，茅台就可能建立起一条不经过片区经理、经销商，而由茅台总部直接掌控的销售渠道。

这个渠道不同于传统的销售渠道，由于有了数据库系统的应用，茅台可以了解到单个酒店、专柜的消费变化、库存情况；同时，茅台还可以将在酒店和专柜消费的个体消费者信息直接输入数据库系统，经过研究分析之后，判断出消费者的消费层次、消费习惯、潜在消费意识、品牌忠诚度等，而茅台对终端的掌控将细致到每一个酒店、每一天、每一位消费者、每一瓶酒的消费情况。如此，茅台对目标市场的消费现状和趋势将有更加直接和准确的把握，对市场的掌控能力也将空前加强。茅台的构想就是要把终端顾客的信息输入数据库，以了解市场真正的需求和变化。由此可见，信息技术的发展对茅台酒传统营销方式带来了巨大冲击。

（资料来源：http://www.prwang.com/mar_content.asp?newsid=523）

五、政治法律环境

政治和法律环境是指那些强制和影响社会上各种组织和个人的法律、政府机构的压力集团。

在任何社会制度下，企业的营销活动都必定要受到政治法律环境的约束。政治法律环境显示出政府与企业的关系，一方面反映在国家的方针政策上，它不仅规定了国民经济的发展方向和速度，也直接关系到社会购买力的提高和市场消费需求的增长；另一方面反映在国家的法规上，特别是有关经济的立法，它不仅规范企业的行为，而且会使消费需求数量、质量和结构发生变化，能鼓励或限制某些产品的生产和消费。

对企业而言，政治法律环境主要包含以下 3 个层次。

1. 政府的有关经济方针政策

政府的经济方针政策一般具有动态的特点，随政治经济形势的变化而变化，国家在不同的阶段和不同时期，依据不同的经济目标制定和调整方针、政策，这必然对企业的营销产生直接或间接的影响。国家的宏观经济政策主要体现在人口政策，产业政策，能源政策和财政、金融货币政策上。所有这些都是企业研究经济环境、调整自身的营销目标及产品结构的前提和依据。

2. 政府颁布的各项经济法令法规

相对于方针政策而言，法令法规具有相对的稳定性。各项经济法令法规的颁布，其目的可以是多方面的，有的意在维护市场运行秩序，保护正当竞争，防止不正当竞争；有的则是要维护消费者利益，保护消费者免受不公平商业行为（假冒伪劣产品）的损害；有的是为了维护社会利益、保护生态平衡、防止环境污染等。

我国的经济立法起步较晚，各项法令法规也亟待进一步完善。已经颁布的法令法规主要有《中华人民共和国中外合资经营企业法》、《中华人民共和国中外合作经营企业法》、《中华人民共和国经济合同法》、《中华人民共和国环境保护法》、《中华人民共和国专利法》、《中华人民共和国商标法》、《中华人民共和国标准计量法》、《中华人民共和国广告管理条例》、《中华人民共和国物价管理条例》、《中华人民共和国法人登记管理条例》、《中华人民共和国外汇管理条例》等。企业必须了解、遵守这些法律法规，以维护其合法权益，开展公平竞争，并在法律允许的范围内进行营销活动。

3. 群众团体

群众团体是指为了维护某一部分社会成员的利益而组织起来的，旨在影响立法、政策和舆论的各种社会团体。这一团体也被称为“压力集团”，对政府立法、执法和舆论导向有很大的影响力。近年来，来自保护消费者和保护环境方面的团体力量在迅速壮大。例如，1985 年，经国务院批准成立的中国消费者协会，在维护消费者权益方面做了大量的工作，得到广大消费者的信任。社会公众团体的活动，会对企业的营销活动产生一定的压力和影响。企业的营销者既要善于应付消费者保护运动的挑战，又要善于捕捉消费者保护运动所提供的机会。

米莎小黑熊的夭折

斯坦福·布卢姆是美国一家体育用品公司的推销员，1977 年以前，他已成功地推销了招贴纸、汗衫和臂章等商品。为了再大干一番，他用 25 万美元买下了在美国使用米莎小黑熊商标的专利权。因为米莎小黑熊将正式作为在莫斯科举行的1980年夏季奥运会的标记（吉祥物）。在随后的两年中，布卢姆和他的体育用品公司为销售米莎产品四处奔波，他们允许58家公司使用米莎商标。当4种颜色描制的憨态可掬的小黑熊的大幅广告出现在几十种杂志上时，便有千百万个胖乎乎的小米莎被制造出来，分送到全国各地的玩具商店和百货商店。事情进展得非常顺利。布卢姆估计可获得5000万到1亿美元的毛利。但是，就在这时发生了意想不到的事情：前苏联突然出兵侵略阿富汗，并拒绝撤军。美国总统因此而宣布美国将不参加在莫斯科举行的奥运会。顷刻之间，因为政治原因，昔日令人喜爱的小动物变成了邪恶的象征，不再有人问津。尽管布卢姆毫无过错，但他的希望却化为泡影。

六、社会文化环境

人类的某种社会生活，久而久之，必然会形成某种特定的文化，每个人都是在一个特定的社会环境中成长的，各有其不同的基本观念和信仰，包括一定的态度和看法、价值观念、道德规范以及世代相传的风俗习惯等。文化是影响人们欲望和行为的一个很重要的因素。企业的最高管理层作出市场营销决策时必须研究这种文化动向。社会文化环境就是指由价值观念、生活方式、宗教信仰、职业与教育程度、相关群体、风俗习惯、社会道德风尚等因素构成的环境。这种环境不像其他营销环境那样显而易见和易于理解，但对消费者的市场需求和购买行为会产生强烈而持续的影响，进而影响到企业的市场营销活动。

社会文化环境所蕴涵的这些因素在不同的地区、不同的社会是有所不同的，具体反映在以下几个方面。

1. 风俗习惯

世界范围内不同国家或国家内的不同民族在居住、饮食、服饰、礼仪、婚丧等物质文化生活方面各有特点，形成风俗习惯的差别。

2. 宗教信仰

宗教是影响人们消费行为的重要因素之一，不同的宗教在思想观念、生活方式、宗教活动和禁忌等方面各有其特殊的传统，这将直接影响其消费习惯和消费需求。

3. 价值观念

价值观念是指人们对于事物的评价标准和崇尚风气，其涉及面较广，对企业营销影响深刻。它可以反映在不同的方面，如阶层观念、财富观念、创新观念、时间观念等，这些观念方面的差异无疑造成了企业不同的营销环境。

4. 教育程度和职业

世界各国在教育程度和职业上的差异，也会导致消费者在生活方式、消费行为与消费需求上的差异。

除此之外，社会文化环境还包含了语言、社会结构、社会道德风尚等多方面的因素。值得指出的是，社会文化环境虽具有强烈独特的民族性、区域性，是民族历史文化的延续和发展，但也不可否认，随着经济生活的国际化、世界文化交流的加深和不同民族、地区文化的相互渗透，企业所面临的社会文化环境也在不断发生变化，企业应善于及时把握时机，制定相应的营销决策。

第三节　市场营销微观环境分析

微观环境是指对企业服务其顾客的能力构成直接影响的各种力量，包括企业本身及其市场营销渠道企业（供应商、营销中间商）、市场、竞争者和各种公众，这些都会影响企业为其目标市场服务的能力，如图 2.6 所示。

企业的微观环境是由企业的市场营销渠道企业、市场、竞争者、公众及企业内部影响管理决策的各个部门（计划、人事、财务、营销等）所构成。

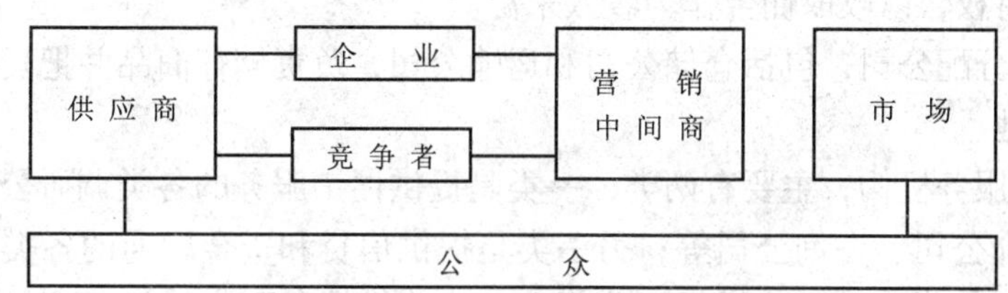

图 2.6　企业营销微观环境

综上所述，构成企业微观环境的五大要素与企业之间形成协作、竞争、服务、监督的关系，组成了企业的市场营销系统，直接影响和制约着企业服务目标市场的能力。

1．企业

企业本身包括市场营销管理部门、其他职能部门和最高管理层。

现代企业的运作是建立在企业内部各部门分工协作的基础上的，如生产部门、采购部门、研究与开发部门、财务部门、市场营销部门等，这是企业营销内部环境的第一个层次，即部门与部门之间的分工。不同部门之间的业务活动虽各有侧重，但却是互相关联的一个整体，任何部门的决策都要考虑到其他部门的业务活动情况，相互之间应密切协作，共同制订企业的各项长期计划。

企业营销内部环境的第二个层次是最高管理层，即由厂长、经理或董事会等组成的决策层，公司的任务、目标、重大策略和政策都由最高层管理部门制定。

企业内部各部门、各层次分工是否科学，协作是否和谐，有没有“人和”的气氛是企业营销活动的一个内在的、重要的因素。

2. 市场营销渠道企业

市场营销渠道企业包括：①供应商；②商人中间商；③代理中间商；④辅助商。企业的市场营销渠道企业包括各类资源的供应商和各类营销中间商。资源供应商是向企业及其竞争者提供生产经营所必需的原材料、零部件、能源、劳动力和资金等资源的企业或个人。供应商这一环境因素对企业的营销活动有着重大的影响。供应商提供资源的价格、品种以及交货期，直接制约着公司产品的成本、利润、销售量及生产进度安排。因此，企业既要与主要的供应商建立长期的信用关系，又要避免资源来源的单一化，受制于人。寻找质量和效率都信得过的供应商是企业取得竞争优势的一个重要条件。

营销中间人是指为企业融通资金、推销产品、提供各种便利营销服务的企业和个人。从各自不同的职能出发，营销中间商可分为以下几种类型。

1）经销中间商，如批发商、零售商，他们购销商品，对其经营的商品拥有所有权。

2）代理中间商，如经纪人、代理商等，他们是买卖双方之间的交易中介，不拥有商品的所有权，以收取佣金作为收入来源。

3）实体分配公司，包括仓储公司和运输公司，负责储存商品并把货物从生产地运送至目的地。

4）营销服务机构，主要有两类，一类是提供促销服务的各类调研公司、广告公司、传播媒介公司、咨询公司等；另一类是提供信贷和资金融通的各类金融中介机构，如银行、保险公司、信托投资公司等。这些机构虽不直接经营商品，但对促进批发和零售商品流通发挥着举足轻重的作用。企业应与这些力量建立稳定、有效的协作关系。

3. 市场

市场就是企业潜在和现实的消费者，他们的需求特征、结构及发展趋势，会对企业营销活动产生直接影响。

4. 竞争者

竞争者包括：①愿望竞争者；②平行竞争者；③产品形式竞争者；④品牌竞争者。

在同一产品市场上，企业会面临许多竞争者，他们之间形成了不同的竞争关系。这是企业开展营销活动必须考虑的十分重要的制约力量。

按照现代市场营销观念，企业必须明确谁是主要的市场竞争对手，对此要从消费者的角度加以分析。从消费者的购买决策过程来看，首先是认识需求，即“目前我需要什么”。对企业而言，认识需求的过程可视为第一种类型的竞争者，称之为愿望竞争者，消费者的选择因人、因时、因地而异。其次，消费者会在确定目前需求的基础上进一步判定选择，即“采取什么方法能满足这一欲望”。能满足同一需求的不同产品有许多，因此，对企业而言，消费者判定选择的过程可视为第二种类型的竞争者，称之为平行竞争者，如自行车、摩托车和小轿车都可用来作为交通工具，这 3 种产品的生产经营者之间形成一种竞争关系，他们也就相互成为各自的平行竞争者。再次，消费者在满足同一需求的产品中进一步选择某一类产品。如在自行车选购过程中，面临同一种类但不同规格、型号、款式的竞争产品，如自行车有“28”、“26”、“24”等型号，男式、女式等款式以及三速、五速、十速等不同车速的自行车，这类竞争者对企业而言可视为第三种类型的竞争者，称之为产品形式竞争者。最后，消费者又会面临品牌的抉择，市场上有相同规格、型号的产品，但品牌不同，如女式 26 自行车有“凤凰”、“永久”、“飞鸽”等品牌，这对企业而言可视为第四种类型的竞争者，即品牌竞争者。因此，每个企业都应充分了解消费者的购买决策过程，确定目标市场上谁是主要的竞争对手，其策略是什么，产品各自有什么特长，以做到“知己知彼”，扬长避短，以自身的优势去吸引目标市场的顾客，提高市场占有率。

5. 公众

公众是指对一个组织实现其目标的能力有实际的或潜在的兴趣或影响的任何团体。企业在争取满足目标市场时，不仅要与对手竞争，而且它的营销活动也会影响到公众的利益，因而公众必然会关注、监督、影响和制约企业的营销环境。在通常情况下，一个企业所面临的公众主要有以下 7 种。

1）融资公众，是指关心并可能影响企业获取资金能力的金融机构，其中包括银行、投资公司、保险公司、证券交易所等。

2）媒介公众，主要指报纸、杂志、电台、电视等有广泛影响的大众传播媒介。

3）政府公众，即与企业有关的政府机构，包括行业主管部门及财政、工商、税务、物价、商品检验等部门。

4）当地公众，是指企业所在地附近的居民群众、社团组织等。

5）一般公众，除上述外，企业在经营活动中所面临的其他具有实际或潜在影响力的团体。一般公众虽然可能是一种松散的、非组织性的公众，但他们对企业的印象却影响着消费者对该企业及产品的看法。因此，企业必须关注自身的“公众形象”，可以通过赞助慈善事业、设立消费者直接投诉系统等途径来改善和创造良好的微观环境。

6）内部公众，是指企业内部的公众，包括企业决策层、管理人员、工人等。一些大公司发行企业内部通信，以激励其内部公众。内部公众对企业的态度会影响到企业之外的公众对企业的看法。

小　结

市场营销环境就是影响企业的市场营销管理能力，使其能否卓有成效地发展和维持与其目标顾客交易及关系的外在参与者和影响力。市场营销环境分析的目的是抓住市场营销机会，避开环境威胁。市场营销环境具有客观性、差异性、相关性、动态性、不可控性的特点。

宏观环境是指那些给企业造成市场机会和环境威胁的主要社会力量。具体而言，包括人口环境、经济环境、自然环境、技术环境、政治法律环境以及社会文化环境。

微观环境是指对企业服务其顾客的能力构成直接影响的各种力量，包括企业本身及其市场营销渠道企业、市场、竞争者和公众，这些都会影响企业为其目标市场服务的能力。企业的微观环境是由企业的市场营销渠道企业、市场、竞争者、社会公众及企业内部影响管理决策的各个部门（计划、人事、财务、营销等部门）所构成。

思考与练习

1. 名词解释

市场营销环境　宏观环境　微观环境

2. 填空题

1）市场营销环境分析的目的是（　　）、（　　）。

2）影响企业营销活动的宏观因素包括（　　）、（　　）、（　　）、（　　）、（　　）（　　）6个因素。

3）影响企业营销活动的微观因素包括（　　）、（　　）、（　　）、（　　）和（　　）5个方面。

3. 选择题

1）人们的风俗习惯属宏观环境中的（　　）环境。

A. 经济环境　B. 法律环境　C. 社会文化环境　D. 技术环境

2）在微观环境中对企业影响最大的环境因素是（　　）。

A. 公众　B. 中间商　C. 竞争者　D. 市场

3）企业在面临威胁时，试图限制或扭转不利因素发展，这时企业采取（　　）措施。

A. 反抗　B. 减轻　C. 转移

4. 判断题

1）所有的市场营销机会都是有利用价值的。（　　）

2）冒险业务，是高机会和低威胁的业务。（　　）

5. 思考题

1）什么是市场营销环境？有何特点？

2）宏观环境分析包括哪些内容？

3）微观环境分析包括哪些内容？

6. 案例分析题

王麻子剪刀：老字号申请破产

在得知王麻子剪刀向法院提出破产申请时，《人民日报》的记者在报道中写道：迄今已有352年历史的著名老字号王麻子剪刀厂，难道会就此终结？“北有王麻子，南有张小泉。”在中国刀剪行业中，王麻子剪刀厂声名远扬。历史悠久的王麻子剪刀，早在（清）顺治八年（1651年）就在京城菜市口成立，是著名的中华老字号。数百年来，王麻子剪刀产品以刃口锋利、经久耐用而享誉民间。即使新中国成立后，“王麻子”剪刀仍很“火”，在生意最好的20世纪80年代末，王麻子一个月曾创造过卖7万把菜刀、40万把剪子的最高纪录。但从1995年开始，王麻子的好日子一去不复返，陷入了连年亏损的境地，甚至落魄到借钱发工资的境地。审计资料显示，截至2002年5月31日，北京王麻子剪刀厂资产总额1283万元，负债总额2779万元，资产负债率高达216.6%，积重难返的王麻子，只有向法院申请破产。曾经是领导品牌的王麻子为什么会走到破产的境地呢？作为国有企业，王麻子沿袭计划经济体制下的管理模式，缺乏市场竞争思想和创新意识，是其破产的根本原因。长期以来，王麻子剪刀厂的主要产品一直延续传统的铁夹钢工艺，尽管它比不锈钢刀要耐磨好用，但因为工艺复杂，容易生锈，外观档次低，产品渐渐失去了竞争优势。而王麻子剪刀却没能采取措施，及时引进新设备、新工艺；数十年来王麻子剪刀的外形、设计也没有任何变化。故步自封、安于现状，王麻子剪刀终于被消费者抛弃。

（资料来源：http://www.100guanli.com/HP/20100503/DetailD1005007.shtml）

思考

请从市场营销宏观环境的角度，分析王麻子剪刀老字号申请破产的原因。

7. 营销实训题

1）假设你是国内一经济型轿车生产厂家的营销经理，请就国家汽车消费税税率的调整、各地小排量汽车使用政策的调整及能源紧张的现状分析一下经济型轿车发展的环境。

2）与本系教师结合，通过调查本校某专业在全省的布局情况、各校该专业的课程设置情况及社会知名度，分析一下本校该专业的优劣势，提出该专业的特色定位措施。

第三章

市场特性与购买者行为分析

客户不希望一视同仁，他们希望能被个别对待。

【学习目标与要求】

知识点

1. 理解消费者市场、生产者市场、需要、购买动机等概念；
2. 掌握消费者市场、生产者市场的特点及购买行为；
3. 掌握影响消费者购买行为和生产者购买行为的因素。

技能点

能运用所学知识初步分析消费者的购买行为和生产者的购买行为。

宝洁公司的品牌差异化

宝洁公司有 9 种品牌的洗衣粉，它们是：汰渍、奇尔、格尼、达诗、波德、卓夫特、象牙雪、奥克多和时代，这些不同品牌的洗衣粉在市场上同时出售，各尽所长，尽显各自风采。人们不禁要问，为什么宝洁公司要在同一商品上推出好几个品牌，而不是集中资源推出单一品牌？答案是宝洁公司善于抓住消费者不同的需求特征，按需生产，满足市场需要。

宝洁公司设计了 9 种不同品牌的洗衣粉，它们各自具有不同的特征。比如，汰渍洗涤能力强，去污彻底，能够满足大量洗衣服的工作需要，是一种用途齐全的家用洗衣粉；奥克多含有漂白剂，可以使白衣服更加洁白，花衣服更加鲜艳；象牙雪碱性温和，适宜洗婴儿的尿布和衣服等。

通过多品种的品牌设计，宝洁公司的市场占有份额大大提高，这是单个品牌难以达到的。大量事实表明，单个品牌的商品具有的特征比较单一，只能吸引部分消费者，其余的消费者可能被别的产品吸引过去。而多品牌战略能够满足不同消费者的需求，同时产生品牌规模效应，使叠加后的品牌更具有吸引力。

毫无疑问，产品特征的差别化是企业具有竞争力的锐利武器，每一种特征都能吸引一部分购买者的兴趣。

由此可见，企业要开发什么产品、采取何种营销策略，必须要研究其消费者的消费特性，分析其购买行为，这样才能充分满足消费者的需要。

（资料来源：http://www.smesd.gov.cn/assembly/action/browsePage.do?channelID=1128829117180&contentID=1214035672391）

研究目标市场的购买行为，是市场营销管理的一个重要任务。企业的市场营销所要考察的市场，可以归纳为消费者市场和生产者市场两大类。从企业营销的需要出发研究市场，核心是要研究购买者行为。本章着重分析消费者市场和生产者市场。

第一节　市场特性分析

一、消费者市场及其特点

所谓消费者市场，是指所有为了个人或家庭消费而购买商品和服务的消费者所构成的市场，是生产者市场及整个经济活动为之服务的最终市场。它是现代市场营销理论研究的主要对象。

与生产者市场相比较，消费者市场主要有下列特点。

1）购买人数多，供应范围广。消费者市场是最终使用者市场。人们要生存就要消费，所以消费者市场通常以全部人口为服务对象。我国有13亿多人口，消费者市场的人数也就有13亿多。另外，消费者吃、穿、住、行、通信、娱乐等需求范围又很广泛，高、中、低档都包括在内，所以这一市场的供应范围很广。

2）交易数量小，交易次数多。消费者是为个人或家庭最终消费而购买，通常一次购买数量较小，属于小型购买，企业经常以零售为主。同时，由于一次购买量小，需多次重复购买，所以企业经常要以高质量的服务鼓励消费者惠顾、购买自己的商品。

3）消费差异大，消费具有层次性，而且消费需求具有无限扩展性。不同类型的消费者，消费需求各不相同。不同年龄、性别、职业、收入、民族和宗教信仰的消费者，其消费习惯互有差异，呈现消费的层次性，消费需求各不相同。而且随着人们收入水平的提高及科学技术的发展，人们的消费水平及消费需求不断提高。

4）需求弹性大，购买流动性大。由于消费者市场需求是直接需求，来源于人的各种生活需要，在当前我国人民收入水平还不高的情况下，购买商品时价格显得较为重要。消费者对多数商品，特别是选购品的价格十分敏感，需求弹性大。另外，消费品的替代性大，也使需求弹性增大。而且，个人和家庭消费的购买力有一定限度，对所需要的商品必然慎重选择，因此，在商品质量、价格、服务方式等因素影响下，购买力可能在不同地区、不同企业或不同品种的商品之间流动。此外，人口的流动也可能造成购买力的流动。

5）消费者需求具有可诱导性，属非专家性购买。消费者有时对自己的需要并不能清楚地意识到，他们一般是自发、分散地作出购买决策，而且其作出购买决策时要受多种因素影响，又属于非行家购买，因而其购买决策易于变化，经常出现今天决定购买，明天可能又放弃；今天喜欢这种品牌的产品，明天又喜欢另一种产品的现象。企业可以通过提供合适的产品和通过促销活动来激发消费者的需要。从这个意义上说，消费者的行为是能够被影响的。应当指出的是，企业影响消费者行为是以其产品或活动能够满足消费者某种现实或潜在的需要，能够给消费者带来某种利益为前提的。很多新产品虽然伴有大规模的广告与促销活动，但最终还是失败了的事实，从反面说明了产品适合消费者需要的重要性。

6）相关性。从消费者需求与满足需求的商品使用价值之间的关系考察，不同的消费需求具有相互关联、补充、替代的关系。这些关系包括3种情况：一是彼此独立不能相互补充或替代的需要，如对于表、电视机、大米的需求；二是彼此关联相互补充的需要，如购买汽车必须同时购买汽油，购买相机需要同时购买胶卷和洗相服务；三是彼此可以替代的需要，如肥皂和洗衣粉，饼干和面包，电风扇和空调等。就市场需求变化考察，独立性需求具有相对稳定性，关联性需求具有同向性，替代性需求具有反向性。如洗衣机的普及使关联性商品——洗衣粉的需求大增，却使替代商品——肥皂的需求锐减；棉、麻、毛、丝绸等纯天然织物备受青睐使化纤品受到排挤；而大米、面粉、食油等基本食品的市场需求就比较稳定，较少受其他商品需求变化的影响。

"先送花生再卖冰水"的营销妙法

第一次世界大战时期，美国有一位叫哈利的大富翁，他是一个做生意的奇才。

15 岁时，他在一个马戏团当童工，主要工作是卖柠檬冰水。为此，哈利动起了小脑筋。

令人不解的是，在马戏开始前，他却站在门口大声喊："来，来，顶好吃的花生米，看马戏的人每人赠送一大包，不要钱。"听到叫喊声，观众被吸引了过去，高兴地拿走了不要钱的花生米，进入戏场看马戏。

不过哈利在炒这些花生米时，特地多加了一些盐，不但吃起来味道更好，而且越吃口越干。就在观众口干时，哈利又出现了。

他提着爽口的柠檬冰水挨座叫卖，几乎所有拿过免费花生米的观众都要买他的柠檬冰水。

二、生产者市场及其特点

生产者市场是组织市场的组成部分。生产者市场，又称产业市场或企业市场，是由一切购买产品或服务，并将其用于生产其他产品，以供销售、出租或供应给他人使用的组织构成。生产者市场是整体市场的中间环节，这些团体或组织并非为最终使用而购买，是非最终使用者市场。

生产者市场与消费者市场相比具有以下特点。

1）购买人数少，购买数量大。在消费者市场上，商品供应者面对的是众多为了满足一家一户一个人需求的购买者；而在生产者市场上，购买者是企业或机构，数量必然比个人或家庭的数量少，每个购买者的购买量相对于最终的个体消费者要大得多。

2）引申需求，缺乏弹性。生产者市场形成这一特点的主要原因是：①产业市场要求的派生性，如轮胎厂生产销售的轮胎，轮胎就是派生需求，只要汽车需求量不变，轮胎价格的变动不会对其总销量产生大的影响；②工业生产者不可能像消费者改变他们的需求偏好那样经常变动他们的生产工艺，因此，即使钢材价格上涨，大多数制造厂家也很难马上转向用塑料或其他什么材料来代替钢材做原料；③一件产品通常是由若干零部件组成的，在总成本中占比重很小的零部件，即使价格上涨，对最终制成品的价格也不会有太大影响，因此，最终产品的需求也不会受到影响；④在生产资料用户购买中，往往对产品规模、质量、性能、交货期、服务及技术指导方面有较高的需求，相比之下，单位价格往往不是决定购买的主要因素，这也使产品的价格需求弹性不会很大。

3）供购关系密切，属专家性购买。因为生产者市场上购买者人数少，买卖双方成交的数额较大，而且直接关系到生产的结果，加之买主选择供应商有一个时间过程，大宗买主对供应商来讲更为重要，这些都促成了供购双方互相依赖，关系密切。另外，大多数生产资料，特别是工业用生产资料，技术复杂，专用性强，对产品的品种、规格都有严格要求，因此，企业一般需要经过良好训练、具备专业知识和一定采购经验的专业采购人员来购买。

4）多数人影响。生产者市场的购买者是企业或单位，是行家购买，通常由采购中心负责购买，而且常常是由买方企业中的各方面人员经过讨论分析后作出购买决策，因此影响购买决策的人较多，决策也更具理性化。

5）直接购买。直接购买即不经过中间商，由买卖双方直接交易。有些产业用品，特别是那些技术复杂，单价很高的产品，或者需要按特定要求制造的产品，适用于生产资料购买者与生产者直接成交。

6）互惠贸易。产业购买者和供应者往往互相购买对方产品，互相给予优惠。如化工原料公司和制药公司互相购买对方产品，建立固定的产销关系，彼此的产品销路就都有了保障。

7）用租赁代替购买。产业用户对一些价值较高的机器设备、交通工具等，可通过租赁形式取得使用权，这既可节省资金，促进技术更新和生产发展，又可避免固定资产的无形损耗。

第二节　消费者购买行为分析

市场营销的目的是为了满足目标消费者的需要和欲望。因此，成功的市场营销必须全面了解目标消费者的需要、购买心理活动和购买行为。

一、消费者购买行为模式

消费者购买行为是指消费者为满足个人或家庭生活需要而购买所需商品或服务的活动以及与这种活动有关的决策过程。

迄今为止，人类对于消费者行为的研究只是最近几十年的事。然而，在这短暂的几十年中，消费者行为引起的各方面的关注程度却是始料不及的，不仅引起不同行业、不同国家和地区人们的瞩目，而且已成为多门类学科探讨的课题。不同的学科从不同的领域研究、探索，提出了各具特色的购买行为模式，这些模式对于企业市场营销活动中弄清特定的购买者行为及其与企业各项营销方针、方法和策略的关系，掌握规律性以诱发有利的购买行为有着重要的参考价值。下面分别介绍几个有代表性的模式。

1. 经济学的效用模式

经济学认为，消费者的购买行为是完全理性的，在自己的收入预算约束内，他们遵循"效用最大化"原则。从效用的角度分析消费者购买行为，企业应注意 4 个因素：一是企业产品和服务的使用价值对消费者效用的满足程度；二是注意消费者的"边际效用递减规律"的作用，企业必须在价格、质量、服务项目、包装、新产品开发等方面增加消费效用；三是需求价格弹性的影响，企业应善于运用价格的变动在满足消费者需要的同时使利润达到最大，企业还要密切注意替代品和互补品价格的变化，它们的变化对消费者购买行为和企业产品的销售量均有显著影响；四是消费者收入的变化，消费者收入的变化一方面可能会导致预算线的移动，另一方面也可能导致消费者的消费档次、消费支出结构发生变化。

2. 心理学的学习模式

消费者在面对多种商品时，依据什么样的心理路径进行购买选样？为什么有的购买行为在其发生后多次重复，而有的购买行为就即行消失？心理学认为，内在需求引起购买某种商品的动机，消费者在发生购买和消费后会产生"学习"行为，即消费者对消费感受的评价在一定程度上决定着这一购买行为是否重复发生。学习模式如图 3.1 所示。

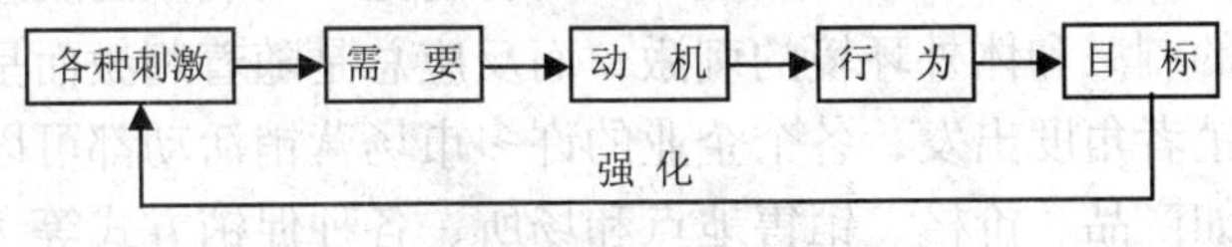

图 3.1 学习模式

各种刺激主要是内在需要和外在刺激，如饥饿、孤独和食物的香味、他人的诱导等。在各种刺激下，人会内在地产生相应的需要。需要在内在需要和外在刺激的交互作用下，使人产生心理或生理的紧张感，并有满足需求的迫切要求和驱策力，这就是动机。当驱策力达到足够的强度，就会把人引向能够满足需求的刺激源，产生实际行为，达到满足需要的目标。消费者对满足效果的评价高低会对是否再次购买相应的刺激物起加强或否定的作用。

3. 社会学的群体模式

社会学认为，群体尽管是由个体构成，但它并不等于个体的简单相加。无论是群体内的个体行为还是作为整体的群体行为，都有异于处于相对独立状态下的个体行为。由此，消费者个体与相关群体的关系就是个体与群体的关系，消费者的购买行为既受到相关群体的影响，同时，消费者个体作为群体的一员，购买行为必然受其自身角色地位的影响。因此，消费者购买模式的分析涉及相关群体的研究，包括群体类别、群体规范、群体压力和集群行为等，此外还涉及社会学的角色理论，这对于特定销售场合的消费者购买行为具有十分重要的意义。

4. 营销学的“黑箱”模式

营销学认为，购买行为是经济变量、心理变量和社会变量交互作用的产物。只有承认这一点，才能认识消费者购买行为的稳定性和变异性。营销学方法是假定消费者的内隐心理是一个“黑箱”，通过输入不同营销因素和环境因素的刺激，观察消费者外显行为的相应变化后作出的相应反应，这就是著名的营销刺激—消费反应模式，如图 3.2 所示。

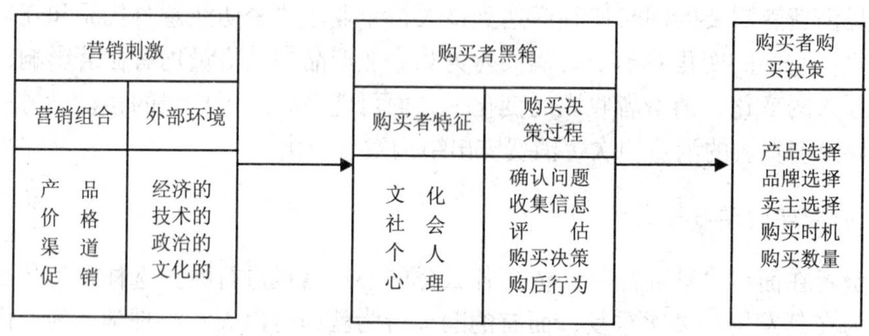

图 3.2 营销刺激—消费反应模式

行为心理学的创始人约翰·华生建立的“刺激—反应”原理，指出人类的复杂行为可以被分解为两部分：刺激、反应。人的行为是受到刺激的反应。刺激来自两方面：身体内部的刺激和体外环境的刺激，而反应总是随着刺激而呈现。按照这一原理分析，从营销者角度出发，各个企业的许多市场营销活动都可以被视为对购买者行为的刺激，如产品、价格、销售地点和场所、各种促销方式等。所有这些，都称之为“市场营销刺激”，是企业有意安排的、对购买者的外部环境刺激。除此之外，购买者还时时受到其他方面的外部刺激，如经济的、技术的、政治的和文化的刺激等。所有这些刺激，进入了消费者的“黑箱”后，经过了一系列的心理活动，产生了人们看得到的购买者反应：购买或是拒绝接受，或是表现出需要更多的信息。如购买者一旦决定购买，其反应是通过其购买决策过程表现在购买者的购买选择上，包括产品选择、品牌选择、卖主选择、购买时机选择和购买数量选择。

尽管购买者的心理是复杂的、难以捉摸的，但这种种神秘的、不易被窥见的心理活动还是可以被反映出来而使人们认识，营销人员可以从影响购买者行为的诸多因素中找出普遍性的方面，而由此进一步探究购买者行为的形成过程，并在能够预料购买者的反应的情形下，自如地运用“市场营销刺激”。

以上几种模式代表了不同学科的研究者对人类的主要动机及购买行为的不同看法。由于产品的差异，不同的模式可能在某种特定的场合显得更重要一些。譬如，心理的学习模式可以对某些消费者吸烟的影响因素解释得很透彻；而经济学的效用模式可能在研究购买者购买住房方面特别有用；对经营一些时尚商品来说，或许社会学的群体模式对营销人员显得更有帮助。但不可忽视常常有这种情形，即同一种产品的几种需要，可能几种分析方法都可以解释。至此，经常遇到的营销人员的疑问“哪一种模式对我的具体工作最有用”，该有答案了。各个模式在不同的产品营销活动中作用有所不同，但它们不是死板地固定在某些产品的消费行为上，作为企业营销人员应因时、因地、因产品而宜。营销人员对各种模式了解得越全面，理解得越透彻，对消费者行为的分析越科学，其营销效果必然越显著。

二、购买行为的形成

在当今市场上要从事有效的营销活动，对一个具体市场购买行为的形成，应详细分析以下几个方面：搞清楚 5 个“W” 1 个“H”是必要的，即“谁”（who）、“什么”（what）、“哪里”（where）、“何时”（when）、“为何”（why）、“如何”（how）。这 6 个方面是研究消费者行为的基本内容。

1.“谁”——为购买主体

“谁”即既要了解消费者是哪些人，又要弄清购买行为中的“购买角色”问题。消费者是谁，指的是企业的目标顾客是谁；购买角色，即研究不同的购买中不同人的位置和作用，严格地说，购买者有别于消费者，而购买者，通常指的是实际完成购买行为的人，他可能是产品的消费者，也可能不是，这在不同的商品购买行动中有很大差异，有些容易分辨。如女青年到化妆品柜台前买面霜，售货员从她挑选的商品及神色上可大致推断出此人既是商品的购买者，又是消费者。但在很多情形下，表现没有这么明显。如一中年顾客到糕点柜台买了 2 斤普通蛋糕，单凭现场表现，很难断言这位“购买者”是不是同时也是消费者。有可能是自己吃，也很可能这位顾客是为自己的父母子女购买的。又如，到仪表商店购置仪器的人，可能是奉企业领导的指示或技术专家的要求来买某些仪器的。从以上各例可以看出，在许多商品的购买活为中，购买者、决策者与消费者是分离的。因此，要搞清楚在消费者的购买行为中，谁是决策者，谁是使用者，谁对决定购买有重大影响以及谁去把商品买回来。这样，企业在确定自己的目标市场时，才能掌握消费者心理，更有针对性地实施产品、价格、渠道以及促销措施。

2.“什么”——为购买的对象

“什么”即了解消费者知道什么、购买什么。如 20 英寸彩电有哪些牌子，哪些厂家生产小型推土机等。通过调查、估评的结果可以了解企业产品的“知名度”。如某土产杂品店在夏季七折出售铜火锅这一行动消费者知道不知道。除此之外，还要了解“买什么”，要搞清产品的被接受性。如调查顾客买了什么牌号的电视机，买了什么香型的香皂等。通过了解，既可以清楚市场占有率和不同牌号的销售情况，也可以搞清楚消费者的爱好，以提供适合需要的商品和服务。

3.“哪里”——为何处购买

“哪里”即了解消费者在哪里购买，在哪里使用。在哪里购买，即了解消费者在购买某类商品时的习惯。如出售祛斑霜就要搞清楚购买此商品的顾客愿意在百货商店里购买还是更相信药店里出售的商品。企业底数清楚，可以据此研究商品及服务的适当的销售渠道和地点。在哪里使用，就是要了解消费者是在什么样的地理环境、气候条件，甚至于什么场所、什么场合使用商品。根据消费者使用的地点、场所的特征，使企业提供的产品和服务更具适应性。

4. “何时”——何时购买

“何时”即了解消费者在一年中的哪季，一季中的哪个月，一月中的哪个星期以及一个星期中的哪一天，一天中的什么时间实施哪类商品的购买行动和需要什么样的商品或服务。例如，春暖花开之时，周六下午食品店的配餐面包销量很大，人们在准备星期天外出郊游时的午餐。食品经营者根据这一情况，除了适时地提供顾客喜欢的面包外，还可搞些其他适合这个季节、时间的食品，如配置肉食、水果、蔬菜的拼盘等。搞清楚消费者什么时候消费哪类商品或服务，对于开发新产品，拓宽服务领域，增加服务项目有重要意义。

5. “如何”——购买者行为模式

“如何”既包括了解消费者怎样购买、喜欢什么样的促销方式，又包括要搞清楚消费者对所购商品如何使用。企业清楚了这两个问题之后，不仅可以针对不同商品的用途突出商品的差异，还可以作出适当的促销决策。有的特定地区、特定阶层消费者更宜接受人员推销方式，企业便可适当减少对这个地区的广告攻势而组织人员销售，以适应这部分人对促销方式的要求。再如，经销调味品的企业就要搞清楚消费者买到酱油后怎样用，是做卤汁用于卤肉制品，还是用作凉拌蔬菜的调料。企业搞清楚这些以后，才能提供多品种的适宜的产品。

6. “为何”——购买目的

“为何”即了解和探索消费者行为的动机或影响其行为的因素。消费者为什么喜欢这个牌号的商品而不喜欢另外一个；为什么单买这种包装、规格的商品而拒绝接受其他种类等。只有探明了消费者购买的原因与动机，企业才可以比较全面地了解消费者的需要。

以上 6 个方面，是企业时常遇到的要解决的题目，但这 6 个题目的难易程度大不相同。企业的营销人员通常可以通过大量的观察和了解，搞清楚前 5 个方面的问题。即出现在市场上谁来购买，消费者要购买什么，在什么时间购买，在什么地方使用和购买，经常采用什么样的方式购买。但至此还不能算作彻底地了解了消费者的行为，原因在于没有解决第六个问题——购买目的。前 5 个问题是消费者行为公开的一面，是消费者购买行为的外部显露部分（即外显现象），可以借助于观察、询问获得较明确答案，而最后一个问题——“为何购买”，却是隐蔽的、错综复杂的和难以捉摸的。这种状况对企业营销者来讲，就像面对着一种照相器材——暗箱一样，明明知道里面运转不停：购买行为的发生或拒绝接受的行动都是这暗箱运转的结果，但从外面却看不到内部的活动，因此，对企业营销者来说是个谜，谜底就在这个神秘的暗箱之中。许多学者试图从不同的角度解开这个谜，企业营销人员更是跃跃欲试，设想在这个“暗箱”内建立一套机械性的理论模式，以解决企业最想知道的消费者“为何购买”的问题。于是各种不同的解释“暗箱”这个消费者心理活动的模式应运而生。这里需要明确的是，把消费者的购买心理视作一个充满问题的“暗箱”，在此基础上来研究种种已知的市场营销影响因素和消费者反应之间的关系，这本身便是在行为主义心理学研究成果的基础上建立的。

三、影响消费者购买行为的因素

消费者的购买行为会受到多种因素的影响，包括消费者的心理因素、个人因素、环境因素等。

（一）心理因素

消费者的心理因素主要包括动机、感知、信念、态度以及学习等。要了解消费者购买行为的起因，就必须研究这些心理因素。按照心理学的一般观点，人的行为是由动机支配的，而动机是由需要引起的。所谓需要，是人在生活中感到有某种缺乏而力求满足的一种内心状态。消费者购买行为的产生总是与人的某种需要相联系的。

当消费者产生某种需要而不能满足时，就会产生一种不安和紧张，成为一种内在驱策力，这种驱策力被引向一种可以减弱或消除它的刺激时，便成为一种动机。例如，张先生看到邻居家买了液晶电视，就会在心理上产生对液晶电视的需要，当需要越来越强烈时，就会产生一种不安和紧张感，成为一种内在驱策力，在这种驱策力的作用下，张先生到商店了解液晶电视的行情，这就是购买动机。所谓购买动机，就是消费者为了满足自己一定的需要而引起购买行为的愿望和意念。人们生理上和心理上的需要是广泛的，因人所处的具体条件而各异。美国心理学家马斯洛在这个基础上将人的需要分为 5 个层次，即：①生理的需要，指与个人生存直接相联系的需要，它涉及最基本生活资料的满足；②安全的需要，指避免生理和心理方面受到伤害而要求得到保护和照顾的需要；③社交的需要，包括归属感、爱情和友谊等方面的需要；④尊重的需要，指通过自己的才华与成就获得他人的尊重；⑤自我实现的需要，指希望个人自我潜能和才华得到极大的发挥，要求自己成为有能力达到的最优秀的人。需要的 5 个层次是按由低到高的顺序排列的。一般来说，当低层次的需要基本满足后，就会出现较高层次的需要。人们就是在不断的追求中，出现新的需要，产生新的行为动机。消费者的购买动机是在需要的基础上产生的。购买动机可以有多种，从营销角度主要有：①求实心理动机，以注重商品的实际价值为主要特征的购买动机，注重内在质量、实际效用，不太注意商品的外观和品牌（如工薪阶层、老年顾客）；②求廉心理动机，以追求廉价商品为主要特征的购买动机，注重商品的价格，对包装、花色、款式不太注意；③求名心理动机，以追求品牌高档商品为主要特征的购买动机，注重品牌、产地和产品在社会上的形象，购买此类产品的消费者基于两种心理，一是信赖名牌产品的质量；二是为了炫耀自己的财富；④求新心理动机，以追求时尚和新潮为主要特征的购买动机，注重商品款式新颖、格调独特和体现社会潮流，对商品的使用价值和价格高低不甚计较（如刚工作的年轻人和年轻的白领阶层）；⑤求美心理动机，以注重商品的欣赏价值或艺术价值为主要特征的购买动机，注重商品本身的造型、色彩和艺术性（如社会素养较高和收入高的阶层）。马斯洛的“需要层次论”和消费者购买动机的特点对于企业营销具有重要的指导意义。有针对性地开展营销活动，可避免营销工作的盲目性。

1. 感知的差别性

消费者产生了购买动机后，他的行为还要取决于对商品刺激物的感知程度。心理学中讲的感知包括感觉和知觉。感觉是人脑对直接作用于感觉器官的客观事物个别属性的反映。感觉是简单的心理活动，人对客观世界的认识，是从感觉开始的。知觉是人脑对直接作用于感觉器官的客观事物的整体反映。知觉是在感觉的基础上形成的，但又不是感觉的简单相加。由于感觉和知觉在时间、空间上联系十分密切，所以心理学中将其统称为感知。任何消费者购买商品，都要通过自己的感觉得到商品的印象，然后用知觉进行整体反映，才能最终决定是否购买。所以，一切产品和广告宣传，只有通过人的感觉和知觉，才能影响消费者的购买行为。人的感知差异性的这个特点反映到同样一个产品上，可能有很大的差别。

2. 态度的倾向性

态度是人们对某种事物的相对稳定的心理倾向。这里是指消费者对某一品牌或商标态度（偏爱或讨厌）的倾向。态度对消费者的购买行为有很大的影响。人们的态度是不易改变的，当产品迎合人们既有的态度时就容易为消费者接受。从市场营销的角度讲，营销人员面对市场、商品、消费者，所做的一切营销策略努力都是为了改变消费者的态度。精明的营销人员有时会发现，改变人们的某种态度，可能会创造出相当大的市场。

3. 学习的促动性

心理学认为，“学习”是由经验所导致的感觉、态度和行为的改变。在这里，学习是指消费者在购买和使用商品的过程中，逐步积累经验并根据经验调整购买行为的过程。对企业来说，就可以通过营销组合策略从外部对消费者学习施加影响。一个企业要扩大产品销售，就要经常通过各种方式，给消费者提供商品信息，加强其对本企业产品的记忆与印象，同时企业必须做到提供的商品和服务自始至终保持优质，这样，消费者才有可能通过学习建立起对企业品牌、商标的偏爱。

购房者的心理分析

随着购房置业被越来越多的居民家庭排上考虑日程，住房市场呈现出不同的需求特点。如何把握市场需求，如何理解消费者，是每个面对市场的开发商要思考的一个重要问题。北京某房地产市场研究公司的研究人员对北京市 400 名未来 3 年内有购房意向的居民进行了一次随机入户调查，力图研究从不同消费心理特征细分市场需求特点出发，为开发商提供一个思考问题的视角。

1. 购房者消费心理分类

通过对比购房者不同的消费心理需求特征，该公司将购房市场消费者分为 3 类：品质追求型、中间型和基本改善型。

1）品质追求型的消费者在购房时注重产品的档次与品位，偏好环境高雅、设施高档、小区绿化环境好的社区，对于价格有较大的承受能力。

2）基本改善型的消费者较关注价格因素，在购房时更注重一些住房基本功能的实现，对于较奢侈的配置由于经济承受能力的限制相对有所舍弃。

3）中间型的潜在购房者各项指标都位于中间，追求住房档次与品质，但在住房品质提高上又不愿多付钱，相对来说较为挑剔。

2. 不同心理需求细分市场的住房需求特点

品质追求型的购房者对住房的需求是以普通商品房为主，兼顾别墅等其他类型，住房需求平均面积 110 平方米，对总房价的需求从 50 万元到 200 万元不等，平均为 60 万元，希望购买的户型是 2～3 室 2 厅 2 卫，购房的考虑因素以地理位置和交通为主，其次是价位和小区绿化环境状况。品质追求型除了希望营造自然绿化的小区氛围以外，还需要所在小区有文化和休闲娱乐的氛围，紧张的工作之外，回到家里他们希望能有一份舒适休闲的好心情。

中间型对住房需求的特点是以经济适用房和普通商品房为主，购房面积平均为 95 平方米，可接受的总房价平均为 40 万元，购房的考虑因素主要是地理位置和价位。

基本改善型主要选择经济适用房，只有少部分人选择普通商品房，他们更愿意购买小面积的住房，平均面积为 88 平方米，60～80 平方米左右是他们的首选，总房价平均为 30 万元，预期的户型以传统的 2 室 1 厅 1 卫为主。价位是最主要考虑因素，对小区周围环境没有太高的要求。

（二）个人因素

个人因素主要包括个人收入和家庭经济状况、职业和文化水平、个性爱好和年龄性别等因素的影响。

1. 经济因素

个人或家庭的经济状况强烈地影响每个消费者的消费水平和消费范围，并决定着个人和家庭的购买能力和消费模式。衡量消费者个人或家庭经济状况的指标有：一定时期内的家庭收入状况，消费者个人收入、个人可支配收入、个人可任意支配收入，储蓄所占的比重，资产情况，能否取得消费信贷及一定时期内市场物价水平的变化。这一切都制约着消费者的购买行为。

2. 年龄性别

不同年龄的消费者有不同的需要和偏好。人们在衣、食、住、行各方面的消费需要，都随年龄的变化而变化。同时企业还要注意，不同性别的消费者，消费需求也会有很大的差别。

3. 职业文化程度

不同职业的消费者，对于商品的爱好和需求往往是不同的。消费者的文化水平和文化素质的差别也会导致其对商品评价的雅俗观和价值观的差别。

4. 个性特征

消费者在选择商品，购买商品的过程中还要受到其个性特征、兴趣爱好的影响。个性是指个体带有倾向性的、比较稳定的、本质的心理特征的总和，包括消费者的兴趣、爱好、个人的气质、性格和能力等。从消费者行为的角度，个性可理解为消费者适应其生活环境的独特行为方式。按消费者不同的个性特征，可以把消费者分成6种类型：理智型、冲动型、经济型、习惯型、情感型和不定型。

5. 生活方式

有些消费者虽然同属于一个社会阶层，来自同一文化层次，具有相似的个性特征，但由于有不同的生活方式，他们的活动、兴趣和见解也会各不相同。所以，营销人员应尽力使自己的产品与消费者的生活方式联系起来，并加强产品对消费者生活方式的影响，使消费者的生活方式更加文明、更加健康。

（三）环境因素

环境因素包括相关群体、社会阶层、文化状况、家庭情况等。

1. 相关群体

相关群体就是影响着一个消费者的价值观，并影响着他对商品和服务的看法及购买行为的人的总称。它可能是个人所属的群体，也可能是个人“心向往之”的群体。相关群体可分为 3 类：①对个人影响最大的群体，如家人、亲朋好友、邻居和同事、同学等；②影响较次一级的群体，如个人所参加的各种社会团体；③个人并不直接参加，但影响有时很显著的群体，如社会名流、影视明星、体育明星等，他们是追星族崇拜、比较和模仿的榜样，所以国内外厂商愿意花很大代价请明星们穿用他们企业的产品，这样可以产生显著的示范效应。

相关群体影响消费者的购买行为，一般表现为以下 4 个方面：①相关群体为每个人提供各种可能选择的新的消费行为和生活方式；②它引起人们的仿效欲望，从而影响人们对某种事物或商品的态度；③它促使人们的行为趋于某种“一致性”，因而影响人们对某种商品花色品种的选择；④相关群体中的“意见领袖”有时有难以估计的示范作用。相关群体会影响消费者的产品选择，不过这种影响要视产品的类别而定。营销人员曾做过调查，在汽车、摩托车、服装、香烟、啤酒、食品和药品等商品上，相关群体的影响较大；而在家具、冰箱、杂志等商品上，相关群体的影响比较弱；对洗衣机、收音机、日用必需品等商品，相关群体几乎没有影响。根据以上的分析，企业必须十分重视相关群体对消费者行为的影响力。在制定生产和营销策略时，要选择同目标市场关系最密切、传递信息最快的相关群体，了解其爱好，做好产品销售工作。

2. 社会阶层

社会阶层是指一个社会按照其社会准则将其成员划分成的不同层次。各个国家社会阶层划分的标准不一样，但大多是根据职业、收入来源、受教育程度、居住区域等标准进行划分。社会阶层是影响消费者购买行为的重要因素之一。由于不同社会阶层中人们的经济状况、价值观念和兴趣爱好不尽相同，他们对商品的品牌、外观、质量、售后服务等也都有各自不同的偏好。

社会阶层的差异会对消费者的心理产生明显影响。这种心理上的差异会直接影响消费者的行为选择，具体表现在以下方面：①对信息的利用和依赖程度的差异，一般来说，社会阶层高的消费者比社会阶层低的消费者能更多地利用不同渠道获取商品信息；②对商店选择的差异，不同阶层的消费者喜欢光顾的商店类型有很大的不同，这一点是显而易见的；③商品投向的差异，处于不同社会阶层的消费者在购买商品的类型、特征上有显著差异。

3. 文化状况

文化是一个社会精神财富的结晶，是决定人们需要的基本因素之一。文化是人类从生活实践中积累起来的价值观念、道德、理想和其他有意义的象征的综合体。人们文化的差异会引起行为上的差异，表现在婚丧、服饰、饮食起居、建筑风格、节日、礼仪等物质和精神生活方面也是各有特点。而这一切也必然反映在不同的消费者行为上。

从市场营销学的角度来看，一个人的消费行为不仅受社会文化的影响，还要受到亚文化群的影响。亚文化群是指一国的人民常常属于同一文化群，但这些属同一文化群的人们又可以根据不同的民族、籍贯、地区、种族、宗教、年龄、性别、职业和社会阶层等标准分为若干不同的更小的文化群。

每个亚文化群都有着自己独特的价值观和风俗习惯，但也有一些与整个社会的基本文化相一致的特点。企业研究社会文化对人们生活的影响，进一步了解不同文化群的消费者的购买行为，便于确定目标市场，制定生产和营销策略。对于进入国际市场的产品，这种分析研究显得尤为重要。

4. 家庭情况

家庭是指以婚姻、血缘或收养关系为基础，经济上互相依赖而共同生活在一起的若干人所组成的社会群体。在消费者的购买行为中，家庭影响是至关重要的。这是因为：①家庭作为一个相关群体，强有力地影响着消费者的态度、信仰和行为；②家庭成员，尤其是父母，为其他家庭成员充当着购买代理人的角色；③家庭本身就是一个消费单位，许多商品和劳务是以家庭为购买单位的。在研究家庭对消费者购买行为的影响时，企业应该注意以下几个问题。

1）家庭规模小型化。从世界范围来讲，家庭规模小型化是一个发展趋势，家庭成员平均人数愈来愈少。按照家庭成员的构成，可以将家庭分为：①单身家庭；②核心家庭；③主干家庭；④扩大家庭。家庭规模不同，家庭消费结构就有很大差别，消费活动也就会有一定的差异。

2）家庭生命周期。其指家庭从建立到结束全过程所经历的时间。在这个时间过程中，包括 6 个阶段，即初婚期、生育期、满巢期、离巢期、空巢期和鳏寡期。与家庭生命周期变化相对应的是家庭需求的变化。处于不同阶段的家庭，由于家庭收入水平不同，家庭的人口负担各异，因而家庭的消费需求是不一样的。

3）家庭决策分工。在一个家庭中，购买不同的产品决策者是不同的。营销人员最关心决策者是谁。根据决策者是谁，赫伯斯特把家庭权威分为 4 种类型：各自做主型、丈夫决定型、妻子决定型、共同决定型。

四、消费者购买决策过程

（一）消费者购买决策过程的参与者

消费者要购买商品尤其是大型的、价值高的、耐用消费品的购买决策通常不是一个人所能作出的，往往涉及较多的人，会在家庭成员间或亲戚朋友间商量而作出。因此，企业应进一步了解各成员在购买决策中所起的作用和影响，以便开展有效的营销活动，使消费者潜在的需求转化为现实的需求。在市场中，影响消费者购买决策者的身份包括发起者、影响者、决策者、购买者和使用者。

1）发起者，是提出要购买某一商品的人。

2）影响者，是对购买这一商品有影响作用的成员。

3）决策者，是对购买这一商品起决定作用的成员，这一成员能掌握开支支配权，能拿出钱来购买，对购买决策起最终决定作用。

4）购买者，是具体到商场采购这一商品的成员。

5）使用者，是使用这一产品的成员。

这些成员的作用可能是交叉的、多重的，营销人员必须分析某一种产品的特性，通过察言观色，仔细揣摩消费者的购买身份，抓住关键顾客，及时施加影响，促进其作出购买决策，使交易能够实现（见图 3.3）。

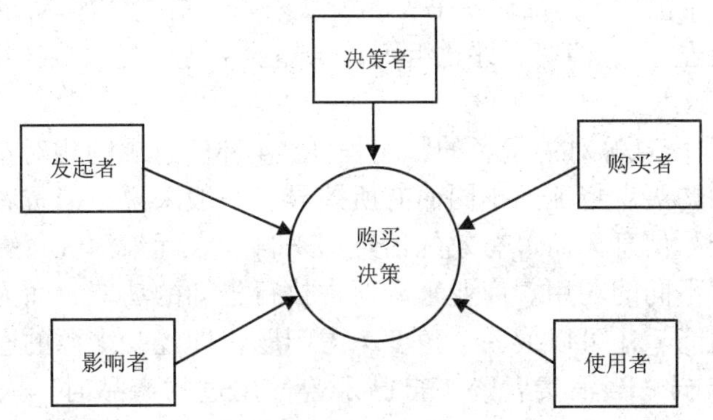

图 3.3　消费决策的影响者

（二）消费者购买决策过程

消费者怎样解决问题指的是消费决策过程，也可以将消费决策过程看作是一个模式，它由产生购买需求与动机、搜集信息、对比评估、决定购买和购后行为组成，如图 3.4 所示，5 个阶段环环相扣，循序渐进，表明消费者的购买行为远在实际购买之前即已开始，直到购买后很久才结束。它告诉营销者，研究消费者的购买行为不仅仅是研究消费者的购买决定，还应该研究购买的整个过程。

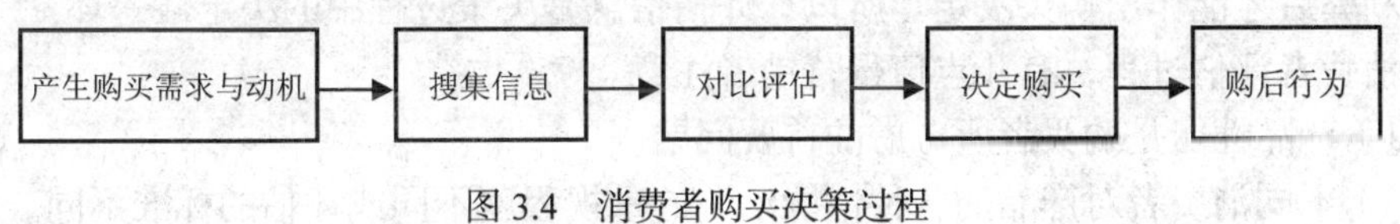

图 3.4　消费者购买决策过程

1. 产生购买需求与动机

产生购买需求与动机是购买行为与决策过程的总起点与行为的原动力。这种需求可以是消费者内在的生理活动引起的，饿了会使人想到食物，从而要购买食物；也可以是受到外界的某种刺激引起的，在街上或从电视上看到别人穿新潮服装，自己也想购买；这种需要还可以是内外两方面因素共同作用的结果。既然消费者的购买行为是从认识需要开始的，企业营销人员就要想方设法不失时机地采取某种方法唤起和激发消费者的需要。

2. 搜集信息

一个确认了需要的消费者，通常情况下会主动搜集与满足需要有关的各种信息，以便进行评估工作。这种搜集信息的积极性会因其需要程度的不同有高有低。消费者需要搜集的信息量取决于其购买情况的复杂程度。在这一阶段，营销者既要千方百计做好商品的广告宣传，吸引消费者注意，又要努力搞好商品陈列和说明，使消费者迅速获得对企业有利的信息。在此阶段营销人员的任务如下。

1）了解消费者的信息来源。消费者的信息源主要有以下 4 类：①人际来源，指家庭、亲朋好友、邻居及其他熟人；②商业来源，指商业广告、售货员介绍、商品陈列展览、商品包装、商品说明书；③公众来源，指大众媒体（如广播、电视、广告、报纸、杂志等）、消费者评比组织；④经验来源，指直接使用该产品得到的经验。

2）了解不同信息源对消费者的影响程度。4 种信息源的相对重要性和影响力随着产品类别和购买者特征的不同而有所差异。一般来说，消费者可从商业来源收集到较多的产品信息，而最有效的信息则来自于人际来源。每一种来源在影响购买决策上都有不同的功用。商业来源通常执行告知的功能，而人际来源则执行认可或评估的功能。还可以换一个角度考虑问题，即经验来源的影响最强，而商业来源的影响最弱。当消费者购买自己未曾使用过的产品时，人际来源的影响最强。

3）设计信息传播策略。在通过商业来源传播信息的同时设法利用和刺激人际来源，尽量使本企业的产品包括在消费者的“认识组合”、“考虑组合”、“选择组合”之中；企业还应进一步了解其他哪些品牌仍然留在消费者的选择组合中，这样才能知道竞争情况并规划其广告宣传。

3. 对比评估

消费者得到了一定的相关信息后，有必要对得到的信息进行分析、评估和选择，权衡利弊后才能作出购买决定。所以，评估信息是决策过程中的决定性一环。

消费者评估过程，有几点值得营销者注意。

1）产品性能是购买者所考虑的首要问题。

2）不同消费者对产品的各种性能给予的重视程度不同或评估的标准不同。

3）消费者心目中既定的品牌信念（品牌现象）与产品的实际性能，可能有一定的差距。

4）多数消费者评估过程是将实际产品同自己理想中的产品相比较。

据此，营销者可采取如下对策。

1）修正产品某些属性，使之接近消费者理想的产品。

2）改变消费者心目中的品牌信念，通过广告和宣传报道努力消除不切实际的偏见。

3）改变消费者对竞争品牌的信念。

4）通过广告宣传，改变消费者对各种产品性能的重视程度，设法提高自己产品占优势的性能，引起消费者对被忽视的产品性能的注意。

5）改变消费者心目中的理想产品标准。

4. 决定购买

消费者对商品信息进行分析、评估和选择后，便产生了购买意图。消费者会作出 3 种决定：各方面满意，作出立即购买的决定；某些方面不满意，作出延期购买的决定；对产品大多数属性不满意，作出不购买的决定。

市场营销者，一方面要向消费者提供更多更详尽的信息，以便消除消费者的疑虑；另一方面要通过提供各种销售服务，方便消费者选购，促进消费者作出购买本企业产品的决策。

5. 购后行为

消费者购买商品以后，购买的决策过程还在继续，他要评价已购的商品。企业应该重视消费者购买后的行为，因为消费者购买后对产品的评价具有巨大的反作用，关系到这个产品的市场命运。西方许多企业信奉一句名言，"满意的顾客是最好的广告。"

购后行为不外乎：满意、基本满意和不满意。西方学者认为：消费者满意程度取决于消费者对产品的预期性能与产品使用的实际性能的比较。购后实际感受符合预期，则感到基本满意；超过预期，则很满意；未达到预期，则不满意或很不满意。

营销者对其产品的广告宣传应实事求是，以便使购买者感到满意；甚至应对产品性能的宣传故意留有余地，以提高购后满意度。

第三节　生产者购买行为分析

企业的市场营销对象不仅包括广大消费者，也包括各类组织机构。这些组织机构组成了原材料、零部件、机器设备、供给品和为企业服务的庞大市场。为此，营销人员必须了解生产者市场的购买行为和购买决策。

一、生产者购买行为类型

生产者购买行为的复杂程度和采购决策项目的多少，取决于采购业务的类型，其可分为 3 种类型：直接再采购、修正再购买和新购。

1. 直接再采购

直接再采购是指采购方按既定方案不作任何修订直接进行的采购业务，这是一种重复性的采购活动，按一定程序办理即可，基本上不用作新的决策。在这种情况下，采购人员的工作只是从以前有过购销关系的供应商中，选取那些供货能满足本企业需要和能使本企业满意的供应商，向他们继续订货。入选的供应商应该尽最大的努力，保持产品和服务的质量，以巩固和老客户的关系，落选的供应商则应努力做一些新的工作，消除买方的不满，设法争取新的订单。

2. 修正再购买

修正再购买是指企业对以前已采购过的产品通过修订其规格、价格、交货条件或其他事项之后的购买。这类购买较直接再购买要复杂，购销双方需要重新谈判，因而双方会有更多的人参与决策。在被列到“名单”中的供应商压力会很大，为了保持交易将加倍努力。而对“名单”之外的供应商来说，这是一次机会，他们将会提供更好的条件以争取新的业务。

3. 新购

新购是指企业第一次购买商品的购买行为。新购的成本费用越高，风险越大，参加决策的人数就越多，所需信息量也越多，制定决策的时间也越长，新购的企业没有可沿用的老供应商，所以对一切供货商来说都是很好的机会。他们应设法接触主要的采购影响者，并向他们提供有用的信息和协助。许多公司设立专门的机构负责对新客户的营销，其被称为“访问使用推销队伍”，并由最好的推销人员组成。

在直接再采购的情况下，生产者购买所作的决策数量最少。而在新购的情况下，他们所作的决策数量最多。购买者必须决定产品规格、价格限度、交货条件与时间、服务条件、支付条件、订购数量、可接受的供应商以及可供选择的供应商。不同的决策参与者会影响每一项决策，并将改变进行决策的顺序。

二、生产者购买决策的参与者

企业营销人员不仅要了解生产者市场的特点以及谁在市场上实施购买行为，而且要了解谁参与生产者购买的决策过程，他们在购买决策过程中充当什么角色、起什么作用，也就是说要了解顾客的采购组织。

各企业采购组织有所不同。小企业只有几个采购人员，而大公司会设置专门的采购部门或采购中心；有些公司的采购经理有权决定采购什么规格的产品、由谁供应；有些采购经理只负责把订货单交给供应商。通常，采购经理只对小产业用品有决策权，至于主要设备的采购，采购经理只能按照决策者的意图办理。

在任何一个企业中，除了专职的采购人员之外，还有其他一些人员也参与购买决策过程。所有参与购买决策过程的人员构成采购组织的决策机构，可称之为采购中心。企业采购中心通常包括 5 种成员。

1. 使用者

使用者是指企业中将使用产品或服务的成员。在许多场合中，使用者首先提出购买建议，并协助确定产品规格。比如，公司要购买办公用的计算机，其使用者是办公室工作人员，他们将根据工作需要提出计算机的配置要求。

2. 影响者

影响者是指影响购买决策的人，他们通常协助确定产品规格，并提供方案评价的情报信息，作为影响者，技术人员尤为重要。

3. 决策者

决策者是指一些有权决定产品需求和供应商的人，在重要的采购活动中，有时还涉及主管部门或上级部门的批准，构成多层决策的状况。

4. 购买者

购买者是指正式有权选择供应商并安排购买条件的人。购买者可以帮助制定产品规格，但主要任务是选择卖主和交易谈判，在较复杂的购买过程中，购买者中或许也包括高层管理人员一起参加交易谈判。

5. 信息控制者

信息控制者是指有权阻止销售员或信息员与采购中心成员接触的人，主要是为了控制采购组织的一些信息不外露。例如，采购代理人、接待员和电话接线员都可以阻止推销员与用户或决策者接触。

在任何企业内，采购中心会随不同类别产品的大小及构成发生变化。显然，参与购买一台重要机器设备的决策人数肯定会比参与购买办公文具的人数要多。作为产品营销人员只要知道如下内容：谁是主要决策的参与者？其影响决策的程度如何？对哪些决策他们具有影响力。摸清客户的这些情况后，才能有针对性地采取促销措施。

三、影响生产者购买决策的主要因素

采购人员在作出购买决策时受到多种因素影响。有些营销人员认为经济因素是最为重要的，而另一些人又认为采购者对偏好、注意力、避免风险等个人因素反应敏感。实际上在组织市场的购买决策中，经济因素同个人因素对采购人员的影响是同样重要的。一般来说，如果所采购的商品效用和价格差异较大，经济因素就会成为采购人员所考虑的主要因素；而如果效用和价格差异很小，个人因素的影响就可能增大。一些采购人员会根据个人所得利益的大小以及个人的偏好来选择供应商。

影响组织购买者的因素可归为 4 类：环境因素、企业因素、人际因素和个人因素。

1. 环境因素

市场营销环境和经济前景对企业的发展影响甚大，也必然影响到其采购计划。

例如，在经济衰退时期，生产者购买会减少对厂房设备的投资，并设法减少存货。企业营销人员在这种环境下刺激采购是无能为力的，他们只能在增加或维护其需求份额上作艰苦的努力。

原材料的供给状况是否紧张，也是影响生产者采购的一个重要环境因素。一般企业都愿购买并储存较多的紧缺物资，因为保证供应不中断是采购部门的主要职责。同样，采购者也受到技术因素、政治因素以及经济环境中各种发展因素的影响。他们必须密切注视所有这些环境作用力，测定这些力量将如何影响采购的有效性和经济性，并设法使问题转化为机会。

2. 企业因素

每一采购企业都有其具体目标、政策、程序、组织结构及系统。营销人员必须尽量了解这些问题。例如，有的地方规定只许采购本地区的原材料；有的国家规定只许买本国货，不许买进口货，或者相反；有的购买金额超过一定限度就需要上级主管部门审批等。

企业内部采购制度的变化也会给采购决策带来很大影响。如对于大型百货商厦来说，是采用集中采购的进货方式还是将进货权下放给商品部或柜组，采购行为会因此有很大差别；一些企业会用长期合同的方式来确定供应渠道，另一些企业则会采用临时招标的方式来选择其供应商。又如，在西方发达国家近年来兴起一种“准时制生产系统”，即适量及时进货，零库存、供量 100%合格的生产系统，它的兴起大大影响了组织采购政策。

3. 人际因素

采购中心通常包括一些具有不同地位、职权、兴趣和说服诱导力的参与者。一些决策行为会在这些参与者中产生不同的反应，意见是否取得一致，参与者之间的关系是否融洽，是否会在某些决策中形成对抗，这些人际因素会对生产者市场的营销活动产生很大影响，营销人员若能掌握这些情况并有的放矢地施加影响，将有助于消除各种不利因素，获得订单。

4. 个人因素

购买决策过程中每一个参与者都带有个人动机、直觉和偏好，这些因素取决于参与者的年龄、收入、教育、专业文化、个性以及对风险意识的态度的影响，因此，市场营销人员应了解客户采购决策人的个人特点，并处理好个人之间的关系，这将有利于营销业务的开展。

四、生产者购买的决策过程

生产者购买作出采购决策的过程与消费者有相似之处，但又有其特殊性。当然，不是所有的企业都会作出一模一样的选择，正如没有两个消费者作出无差别的选择一样。一般认为，生产者购买的采购决策过程可分为 8 个购买阶段。

1. 提出需要

当企业中有人认识到了某个问题或某种需要可以通过某一产品或服务得到解决时，便开始了采购过程。提出需要是由两种刺激引起的。

1）内部刺激。如企业决定推出一种新产品，于是需要购置新设备或原材料来生产这种新产品；企业原有的设备发生故障，需要更新或需要购买新的零部件；或者已采购的原材料不能令人满意，企业正在物色新的供应商关系。

2）外部刺激。主要指采购人员在某个商品展销会引起新的采购主意，或者接受了广告宣传中的推荐，或者接受了某些推销员提出的可以供应质量更好、价格更低的产品建议。可见，生产者市场的供应商应主动推销，经常开展广告宣传，派人访问用户，以发掘潜在需求。

2. 确定总体需要

提出了某种需要之后，采购者便着手确定所需项目的总特征和需要的数量。如果是简单的采购任务，可由采购人员直接决定。而对复杂的任务，采购者要会同其他部门人员，如技术人员、使用者等来共同决定所需项目的总特征，并按照产品的可靠性、耐用性、价格及其他属性的重要程度来加以排列，在此阶段，企业营销人员可通过向购买者描述产品特征的方式向他们提供某种帮助，协助他们确定其所属公司的需求。

3. 详述产品规格

采购企业按照确定产品的技术规格，要专门组建一个产品价值分析技术组来完成这一工作。价值分析的目的在于降低成本，它主要是通过仔细研究一个部件，看是否需要重新设计，是否可以实行标准化，是否存在更廉价的生产方法。最后，该小组要确定最佳产品特征，并把它写进商品说明书中，使它成为采购人员拒绝那些不符合标准商品的依据。市场营销人员应尽早地参与产品价值分析，可以影响采购者所确定的产品规格，以获得中选机会。

4. 寻找供应商

采购者从多处着手，可以咨询商业指导机构；查询计算机信息；打电话给其他公司，要求推荐好的供应商；或者观看商业广告；参加展览会。市场营销人员此时应大做广告，争取在市场上树立起良好的信誉。生产者购买通常是会拒绝那些生产能力不足、声誉不好的供应商；而对合格的供应商，则会登门拜访，察看他们的生产设备，了解其人员配置。最后，采购者会归纳出一份合格供应商的名单。

5. 征求供应信息

采购者会邀请合格的供应商提交申请书。有些供应商只寄送一份价目表或只派一名销售代表。但是，当所需产品复杂而昂贵时，采购者就会要求待选供应商提交内容详尽的申请书。他们会再进行一轮筛选比较，选中其中最佳者，要求其提交正式的协议书。

因此，企业营销人员必须善于调研、写作，精于申请书的展示内容。申请书不仅仅是技术文件，而且也是营销文件。在口头表示意见时，要能取信于人，营销人员必须始终强调公司的生产能力和资源优势，以在竞争中立于不败之地。

6. 供应商选择

采购中心在作出最后选择之前，还可能与选中的供应商就价格或其他条款进行谈判。此外，采购中心还必须确定供应商的数目。许多采购者喜欢多种渠道进货，这样一方面可以避免自己过分地依赖于一个供应商，另一方面也使自己可以对各供应商的价格和业绩进行比较。当然，在一般情况下，采购者会把大部分订单集中在一家供应商身上，而把少量订单安排给其他供应商。这样，主供应商会全力以赴保证自己的地位，而次要供应商会通过多种途径来争得立足之地，以图自身的发展。

7. 发出正式订单

采购者选定供应商之后，就会发出正式订货单，写明所需产品的规格、数目、预期交货时间、退货政策、保修条件等项目。通常情况下，如果双方都有着良好信誉的话，一份长期有效合同将建立一种长期的关系，而避免重复签约的麻烦。在这种合同关系下，供应商答应在一特定的时间之内根据需要按协议的价格条件继续供应产品给买方。

8. 绩效评估

在此阶段，采购者对各供应商的绩效进行评估。他们可以通过 3 种途径来评估，即：直接接触最终用户，征求他们意见，或者应用不同的标准加权计算来评价供应商；通过绩效评价，采购者将决定延续、修正或停止向该供应商采购。

生产者市场是一个富有挑战性的领域，其中最关键的问题就是要了解采购者的需要、购买参与者、购买标准以及购买步骤。了解以上各点，营销人员就能够因势而动，为不同的顾客设计不同的营销计划。

小　结

消费者市场是指所有为了个人或家庭消费而购买商品和服务的消费者所构成的

市场，是生产者市场及整个经济活动为之服务的最终市场。消费者市场具有购买人数多、范围广；交易数量小、次数多；消费差异大、具有层次性、扩展性；需求弹性大、流动快；非专家性购买、相关性等特点。

生产者市场，又称产业市场或企业市场，是由一切购买产品或服务，并将其用于生产其他产品，以供销售、出租或供应给他人使用的组织构成。生产者市场具有购买人数少、数量大；引申需求，缺乏弹性；供购关系密切，属专家性购买；多数人影响；直接购买；互惠贸易；用租赁代替购买等特点。

研究消费者行为的基本内容应详细分析 5“W”1“H”。

消费者的购买行为会受到多种因素的影响，包括消费者的心理因素、个人因素、环境因素等。消费者购买决策过程的参与者包括发起者、影响者、决策者、购买者和使用者。消费者决策过程，由认识需要、搜集信息、对比评估、决定购买和购后行为组成。

生产者市场的购买类型有：直接再采购、修正再购买和新购。生产者购买属于群体购买决策，采购中心一般会由使用者、影响者、决策者、购买者、信息控制者等角色所构成。对生产者市场购买行为的影响因素主要有：环境因素、企业因素、人际因素和个人因素。

生产者市场的购买决策一般经过：提出需要、确定总体需要、详述产品规格、寻找供应商、征求供应信息、供应商选择、发出正式订单、绩效评价等 8 个阶段。

思考与练习

1. 名词解释

消费者市场　生产者市场　购买动机　家庭生命周期

2. 填空题

1）消费者购买行为的分析，主要搞清 5W1H，即(　　)、(　　)、(　　)、(　　)、(　　)、(　　)。

2）消费者的购买行为会受到（　　）、（　　）、（　　）等多种因素的影响。

3）生产者市场的购买类型有（　　）、（　　）、（　　）3 种。

3. 选择题

1）消费者市场具的特点是（　　）。

A. 缺乏弹性　B. 富有弹性　C. 专家性购买　D. 非专家性购买

2）采购中心一般会由（　　）等构成。

A. 使用者　B. 决策者　C. 发起者　D. 购买者

3）生产者市场购买行为的影响因素主要有（　　）。

A. 心理因素　B. 企业因素　C. 个人因素　D. 环境因素

4. 判断题

1）影响生产者购买决策的主要因素是经济因素。(　　)

2）消费者购买属于专家性购买。(　　)

3）生产者市场中可用租赁代替购买。(　　)

5. 思考题

1）消费品市场与生产资料市场各有何特点？

2）影响消费者购买行为的有哪些因素？

3）消费者购买分为哪几个过程？应采取哪些营销措施？

4）生产者采购决策一般会有哪些主要角色所构成？其对生产者购买行为各产生怎样的作用？

5）生产者市场的购买决策一般会经过哪几个主要阶段？

6. 案例分析题

解读“80”后消费

CASON 是一名广告公司的年轻设计师，刚刚买了一部蓝色的索尼爱立信手机，可是 3 个月后，同事就发现 CASON 的手机变成了红色，手机音乐的铃声从《两只蝴蝶》变成了《童话》。正当大家以为 CASON 换了一部新手机时，CASON 得意洋洋地告诉大家，他只不过将手机的外壳换了，并下载了新的手机音乐、新的待机画面，而这些细节的改变，就使他获得拥有一部新手机的感觉。

手机可以更换外壳、MP3 随身听可以变换背景颜色、家具可以自由组合……相比以往，许多产品的设计变得更加灵活多变。而“80 后”消费群对于产品新鲜感追求的倾向性比其他年代消费群更为明显，在这种心理趋势驱动下，许多产品的本身核心功能反倒成了次要因素，而一些额外的附加功能却完全可以成为他们决定购买的关键。对于他们来说，手机不再是通信的工具，而是一种时尚的炫耀品。“好好时尚，天天向上”。这一生活准则不仅反映了“80 后”消费群的突出心理特征，更成为许多企业制定营销策略时考虑的关键因素。

“80 后”消费群对于品牌、时尚的追求，对于产品品牌精神与消费感受的注重，使得许多企业必须对产品赋予新的定义——在产品功能使用的基础上，要想赢得这批年轻一代消费者的青睐，就必须为产品注入一种容易打动他们的品牌精神，如动感地带用周杰伦的“酷”来表现“我的地盘听我的”的理念，百事可乐用 F4 等明星的“时尚”来演绎“年轻一代的选择”的品牌内涵。

“80”后作为一个正在不断崛起的消费群体，他们的消费权利、消费意识、消费话语正在深刻影响着许多企业的市场策略。如何深刻地解读他们的消费心理，把握时代潮流的发展趋势，对于任何一家想要抢占未来市场的企业都具有非常重要的意义。

思考

1）“80 后”有哪些消费特点？

2）影响“80 后”购买行为的因素主要有哪些？

7. 营销实训题

1）以小组为单位对本系或本校同学使用手机情况进行调查，分析一下他们手机的品牌，价格，注重的产品特性、功能，心理等情况，说明青年人购买手机产品动机与行为有何特殊性，并给手机厂家开发产品提供建议。

2）对本班男女同学洗发水的使用情况进行调查，分析男女同学对洗发水的要求特征。

第四章

市场调查与预测

只有善于捕捉信息的人，才能把赚取巨额利润的机遇变为现实。

【学习目标与要求】

知识点

1. 掌握市场调查的内容、程序；
2. 掌握市场调查的常用方法及其优缺点；
3. 掌握调查报告的编写格式；
4. 了解定性与定量预测的常用方法。

技能点

掌握问卷设计技巧，能够设计简单的调查表。

日本卡西欧公司的调查卡

闻名世界的日本卡西欧公司，自公司成立起便一直以新、优取胜，其新、优主要得力于市场调查。卡西欧公司的市场调查主要是销售调查卡，其卡只有明信片一般大小，但考虑周密，设计细致，调查栏目中各类内容应有尽有。第一栏是对购买者的调查，其中包括性别、年龄、职业，分类十分细致。第二栏是对使用者的调查，使用者是购买者本人、家庭成员，还是其他人。每一类人员中又分年龄、性别。第三栏是购买方法的调查，是个人购买、团体购买，还是赠送。第四栏是调查如何知道该产品的，是看见商店橱窗布置、报纸杂志广告、电视台广告知道的，还是朋友告知、看见他人使用等。第五栏是调查为什么选中了该产品，所拟答案有：操作方便、音色优美、功能齐全、价格便宜、商店的介绍、朋友的推荐、孩子的要求等。第六栏是调查使用后的感受，是非常满意、一般满意、普通，还是不满意。另外几栏还分别对机器的性能、购买者所拥有的乐器、学习乐器的方法和时间、所喜爱的音乐、希望有哪些功能等方面做了详尽的调查。如此，为企业提高产品质量、改进经营方式、开拓新的市场提供了可靠依据。

知名的企业不仅是产品营销高手，也是市场调查能手。正是它们对市场入木三分的解剖，才使自己能成功地驾驭市场。

（资料来源：http://article.chinautn.com/20070910/10573.html）

企业在从事市场营销活动过程中，必须要搞清楚市场活动的历史和现状，把握市场变化发展的规律，对市场未来发展变化的趋势要进行分析和判断，作出比较准确的推测，这就需要企业进行市场研究。通过市场研究，可以发现市场营销活动中存在的问题，并收集大量的信息资料，为解决营销中遇到的问题及方案的论证、分析、评价和选择提供科学的依据，有助于提高市场营销效果。很显然，市场研究包括市场调查和市场预测两个部分。

第一节 市场调查

一、市场调查的内容、程序

（一）市场调查的概念

市场调查是通过有目的地对一系列资料、情报、信息的收集、筛选、分类和分析，来了解现有的和潜在的市场，并以此为依据作出经营决策，从而达到进入市场、占有市场并取得预期效果的目的。它是企业开展经营活动的前提，为企业经营决策提供依据。它有助于企业开拓市场，开发新产品；有利于企业在竞争中占据有利地位。市场调查能促进经营管理的改善，增强销售，增加利润。

洗发水市场占有情况调查

宝洁公司长期以来一直牢牢保持着中国洗发水市场的霸主地位。但随着越来越多中外企业的进入，洗发水市场的竞争也愈演愈烈。当前，洗发水品牌数量之多，可谓铺天盖地。新品牌希望以强大的广告攻势迅速争得一席之地；老品牌则力图通过市场细分进一步扩大战果。

根据2001年全国城市消费者调查的结果，2001年每周使用洗发水3次以上的消费者比例占全部洗发水使用者的39.0%，这一数字比2000年提高了4个百分点；同时，每月使用1次及以下者或每月使用2～3次的比例比2000年分别减少了0.4个和1个百分点。洗发水使用频次的小幅提高说明，未来洗发水市场仍有一定的发展空间。

首先，市场集中度仍然较高。2001年洗发水市场是“飘柔”以接近30%的市场占有率笑傲江湖，排在亚军位置的是“海飞丝”，其市场份额在12%左右，“舒蕾”紧随其后，市场占有率接近10%，超过“夏士莲”而呈坐三望二之势。综观排在前10位的品牌，仍然是一些人们熟悉的名字：“潘婷”、“力士”、“沙宣”……

其次，对于不同的消费群体，其消费行为有所不同。例如，从年龄看，20～29岁的消费者洗发频率最高；相对于其他年龄段的消费者，14～19岁的消费者对产品功效和成分配方的重视程度更高；20～29岁的消费者对品牌知名度的重视程度高于其他年龄人群，对价格的重视程度却是各年龄层中最低的；40岁以上的消费者比其他年龄的消费者更看中价格因素；14～19岁的消费者比其他年龄层更易受广告和促销的影响；在所有年龄段中，受购买方便性的影响最小的是20～29岁的消费者，影响最大的是40～49岁的消费者。从性别看，男性使用洗发水的频率明显高于女性；促销对女性购买的影响力要高于男性。从不同区域看，广州消费者使用洗发水的频率要高于北京和上海，因此在广州有更多的人选择750ml包装的洗发水，同时他们对价格的关心程度超过了对品牌知名度的重视，这也与北京和上海的情况不同。

（二）市场调查的内容

市场调查的内容比较广泛，企业所面对的问题不同，调查的内容也有所不同，一般来说，市场调查的内容主要涉及以下几个方面。

1. 市场基本环境的调查

市场基本环境的调查主要是对企业的外部环境调查，也就是宏观环境调查。市场基本环境的调查主要包括以下内容：政治法律环境、经济环境、社会文化环境、自然环境等。

2. 市场需求的调查

市场是企业营销活动的出发点和归宿点，市场需求调查是市场调查中最基本的内容，它包括消费需求量、消费结构、消费动机等内容的调查。

1）人口数量。人口数量是计算需求量时必须考虑的因素，一般来说人口数量多，市场规模就大，对产品的需求量必然会增加。在调查人口数量的同时，还要调查人口数量的变化、人口老龄化趋势、家庭变化、人口流动趋势。

2）购买力调查。购买力的高低直接影响市场需求量的大小，主要的因素是货币收入的来源、数量、需求支出方向以及储蓄状况等。

3）消费结构调查。其是调查消费者将其货币收入用于不同产品支出的比例，它决定了消费者的消费投向。

4）购买动机与行为调查。购买动机是为满足一定的需要，而引起人们购买行为的愿望和意念。消费者购买动机有习惯型购买动机、理智型购买动机、感情型购买动机、冲动型购买动机、经济型购买动机。

市场调查要了解消费者的详细情况

对于一些大公司来说，知道顾客买什么、在哪里买、为什么买和什么时候买的情况，是有效营销的基石。

可口可乐公司通过市场调查发现人们在每杯水中平均放 2.3 块冰；每年平均看到 69 个该公司的商业广告；喜欢售点饮料机放出的饮料温度是 35℃；100 万人在早餐中喝可乐；美国每人每年平均消费 156 个汉堡包、95 个热狗、293 个鸡蛋等。

某一跨国快餐公司了解到，美国的消费者重视快餐店停车位的多少；日本的消费者关心的是快餐店的用餐时间；中国香港地区的消费者则更留意快餐店卫生间的面积；中国内地的消费者更喜欢快餐店的环境和座位的舒适程度。

3. 市场供给的调查

企业在生产过程中除了要掌握市场需求情况外，还必须了解整个市场的货源状况。

1）商品供应来源的调查。市场中商品供应量的形成有着不同的来源，除了对全部供应量进行调查外，还要进一步了解影响供应量来源的各种因素。

2）商品供应能力的调查。商品供应能力的调查主要包括企业商品供应能力、企业设备供应能力、企业资金供应能力、企业员工的工作能力的调查。

3）商品供应范围的调查。商品供应范围实际上就是企业营销的目标市场。在一定时期内市场目标的定位是稳定的，但是随着市场环境和消费者需求的变化，企业的目标也会发生相应的变化，因此及时调查企业产品供应范围的变化，对调整营销策略有着至关重要的作用。

4）市场营销活动的调查。市场营销活动的调查是调查活动中的重要内容，它包括产品调查、价格调查、分销调查和促销调查等。

5）竞争对手的调查。任何产品在市场上都会遭遇到竞争对手，这种竞争来自于同行业的竞争者、潜在的竞争者、替代品的竞争者、卖者讨价还价的竞争和买者讨价还价的竞争。因此要调查分析竞争对手的优势和劣势、市场份额、竞争程度、竞争者的营销战略与策略等。

（三）市场调查的要求

1. 实事求是原则

市场调查工作要把收集到的资料、情报和信息进行筛选、整理，再经过调查人员的分析得出调查结论，供企业经营决策之用。因此要求在调查时必须实事求是，尊重客观事实，切忌主观臆断。

2. 时效性原则

市场调查的时效性表现为及时捕捉和抓住市场上任何有价值的情报、信息，及时分析和反馈，为企业在营销过程中适时地制定和调整策略创造条件。

3. 系统性原则

市场调查的系统性表现为应全面收集有关企业生产和经营方针方面的信息资料。在调查时，不仅要了解企业的生产和经营实际，还要了解竞争对手的有关情况；既要认识到企业内部机构设置、人员配备、管理素质和方式等对经营的影响，也要调查社会环境的各方面对企业和消费者的影响。

4. 经济性原则

市场调查是一项费时费力费财的活动，在调查内容不变的情况下，采用的调查方法不同，费用支出也会有所不同；在费用支出相同的情况下，不同的调查方案也会产生不同的效果。因此，调查也要讲求经济效益，力争以较少的投入取得最好的效果。

5. 科学性原则

市场调查不是简单地收集信息的活动，为了在时间和经费允许的情况下获得更多更准确的情报和信息，就必须对调查的过程进行科学的安排。

（四）市场调查的程序

企业实施市场调查将花费大量的人、财、物及时间，调查的结论及建议要能针对企业实际需要，充分发挥其作用，因此在调查中要建立一套系统科学的程序。一般来说，市场调查程序可分为 3 个阶段，即企划阶段、资料收集阶段和资料整理、分析阶段。

1. 企划阶段

企划阶段是市场调查准备开始工作的阶段，这一阶段的内容主要包括确定调查目标、调查项目、选择调查方法、估算调查费用、编写调查建议书等。

2. 资料收集阶段

拟定的调查企划建议书经企业主管审查批准后，就进入调查资料的收集实施阶段，这个阶段的主要任务是组织调查人员按照调查方案的要求和工作计划的安排，通过案头调查和实地调查系统地收集各种资料数据。

3. 资料整理、分析阶段

资料整理、分析阶段是市场调查全过程的最后一个环节，也是市场调查能否充分发挥作用的关键。它包括资料的整理、分析研究以及市场调查报告的撰写。

二、市场调查的方法

1. 询问调查法

询问调查法是指按事先拟好的调查问卷，通过询问的方式向被调查者了解并收集市场情况和信息资料的一种调查方法。利用这种方法不仅可以了解消费者的消费需求、消费心理、消费习惯等情况，而且还可以对产品质量、价格、性能、技术服务等方面进行了解，并以此为基础对市场进行分析。

询问调查法根据调查人员同被调查者接触方式的不同可分为面谈调查、电话调查、邮寄调查、留置调查等。

1）面谈调查法是指调查人员通过面对面地询问和观察被调查者以获取信息资料的方法，它通常采用个人面谈、小组面谈和集体面谈等形式。面谈调查法的优点：方便、灵活，调查问卷回收率高，有利于沟通，能控制问题的次序，获得较多的资料。面谈调查法的缺点：成本高、时间长，拒访率高，调查的范围有限，被调查者容易受调查人员的影响。

2）电话调查法是指通过电话向被调查者询问有关问题以获取信息资料的方法。电话调查法的优点：获取信息资料的速度快、费用低，容易控制，调查范围较广，被调查者不易受调查者在场的心理压力，能自由回答问题。电话调查法的缺点：无法展示产品、了解问题不够深入、访问时间不能过长、不能调查较复杂的问题、被调查者只限于能通电话的地方。

YY食品集团公司广告效果电话调查

YY食品集团公司系外商投资企业，YY集团公司主要生产销售蛋黄派、薯片、休闲小食品、果汁饮料、糖果××、果冻、雪饼等系列产品，目前形成具有1000余个经销点的强大销量网络，年销售收入逾5亿元。2004年年初，YY集团公司的新产品“××派”出现在电视广告中，为了分析新产品的电视广告效果，集团公司委托一家市场研究公司进行电视广告效果的市场研究。

1. 调研目的

1）了解YY牌“派食品”在全国主要目标市场（城市）的品牌认知度、品牌美誉度、品牌忠诚度。

2）了解YY牌“××派”近段时间的（电视）广告认知度。

3）分析YY“××派”的广告效果，包括广告认知效果、消费者的心理变化效果和唤起消费者购买效果的分析，从而提高产品销售额。

4）消费者媒介接触习惯与背景资料研究，为YY公司下一步调整广告投放策略提供参考。

5）消费者对“派食品”的消费（食用）习惯与需求研究，为调整产品的营销策略提供依据。

2. 研究内容

1）消费者对YY牌“××派”的广告认知率（接触率）。

2）消费者对YY牌“××派”的广告内容评价。

3）消费者对“派食品”的消费动机。

4）消费者购买/食用YY牌“××派”的考虑因素及原因（动机）。

5）消费者不购买/食用YY牌“××派”的主要因素。

6）消费者日常媒介接触习惯。

3. 调查方法

电话随机访问。

4. 抽样方法

将各城区电话号码的全部局域号找到，按所属区域分类排列，此为样本的前3位或4位电话号码，后4位电话号码则从计算机随机抽取出来，前3位或4位电话号码跟后4位电话号码相互交叉汇编组成不同的电话号码。

例如：××城市的电话号码局域号有781、784、786……后4位电话号码库有1976、5689、9871……，则抽样出的电话号码为7811976、7815689、7819871、7841976、7845689、7849871……，以此类推。

5. 调查结论

本调查项目至实地调查结束时，YY牌××派的电视广告已连续播放两个多月，从消费者接触到广告内容，到对YY牌××派了解，产生购买动机，到最终促进消费者的购买行动，每个环节都是两个多月以来电视广告投放产生的效果。从总体来讲，这段时间的广告活动应该是相对比较成功的，对于提高YY牌××派的品牌知名度、促进YY牌××派的销售量起到相当大的作用。

3）邮寄调查法是用邮寄的方法将设计好的调查问卷寄给事先选好的被调查者，要求被调查者根据调查问卷填写后再寄回企业，从而收集信息资料的一种调查方法。邮寄调查法的优点：调查成本低、调查的范围广泛、被调查者可以充分地回答问题。邮寄调查法的缺点：回收率偏低；花费时间较长；由于没有调查人员的指导，被调查者在回答问题时容易出现偏题。

4）留置调查法是指将事先设计好的调查问卷当面交给被调查者，说明填写的要求并留下调查问卷，请被调查者自行填写，再由调查人员定期收回的一种获取信息资料的调查方法。留置调查法的优点：由于调查人员当面送交调查问卷，并说明填写要求和方法，能减少误差，提高回收率；被调查者有充分时间回答问题，能较准确回答问题。留置调查法的缺点：由于受地域、交通等因素限制，不宜广泛进行，且时间较长、调查费用相对较高。

2. 观察调查法

观察调查法是由调查人员直接或通过仪器在现场观察被调查者的行为并记录其行为痕迹来取得第一手资料的调查方法。利用这种方法进行调查，调查人员和被调查者没有直接的接触，调查人员只是通过观察被调查者的行为态度和表现来了解情况。观察法的运用方法有两种：人工观察法和机器观察法。

观察调查法的优点：简便易行、比较灵活，被调查者行为表现自然，可以比较客观、真实地收集第一手资料。

观察调查法的缺点：费用支出较大，不能了解被调查者的内在因素，受时间、空间的限制，只适用于小范围的调查。

环球时装：侦探式销售调查

位于日本服装业之首的环球时装公司，从20世纪60年代创业时的零售企业发展成日本有代表性的大企业，靠的主要是掌握第一手“活情报”。它在全国81个城市顾客集中的车站、繁华街道开设侦探性专营店，陈列公司所有产品，给顾客以综合印象，售货员主要任务是观察顾客的采购动向；事业部每周安排一天时间全员出动，3个人一组、5个人一群分散到各地调查，有的甚至到竞争对手的商店观察顾客情绪，向售货员了解情况，找店主聊天。调查结束后，当晚回到公司进行讨论，分析顾客消费动向，提出改进工作的新措施。全国经销该公司时装的专营店和兼营店均制有顾客登记卡，详细地记载每一个顾客的年龄、性别、体重、身高、体型、肤色、发色、使用什么化妆品、常去哪家理发店以及兴趣、嗜好、健康状况、家庭成员、家庭收入、现时穿着及家中存衣的详细情况。这些卡片通过信息网储存在公司信息中心，只要根据卡片就能判断顾客眼下想买什么时装，今后有可能添置什么时装。侦探式销售调查，使环球公司迅速扩张，其利润率之高，连日本最大的企业——丰田汽车公司自叹不如。

（资料来源：http://article.chinautn.com/20070910/10573.html）

3. 实验调查法

实验调查法是指在调查中，通过在一定条件下改变某些变量而保持其他变量不变，以此来衡量这些变量的影响效果，从而取得第一手资料的调查方法。它常用于研究某种商品在改变包装、价格、广告等因素时所产生的效果。

实验调查法的优点：获得的资料客观、具体，能直接、真实地反映情况，方法科学。

实验调查法的缺点：花费的时间较长、费用较高，容易出现可变动因素，难以准确分析。

4. 网络调查法

网络调查法是通过互联网、计算机通信和数字交互式媒体，按照事先已知的被调查者的E-mail地址发出问卷收集信息的调查方法。网络调查的大规模发展源于20世纪90年代。网络调查具有自愿性、定向性、及时性、互动性、经济性与匿名性。

网络调查的优点：组织简单、费用低廉、客观性好、不受时空与地域限制、速度快。

网络调查的缺点：网民的代表性存在不准确性、网络的安全性不容忽视、受访对象难以限制。

网络调查法是一种新兴的调查方法，它的出现是对传统调查方法的一个补充，随着我国互联网事业的进一步发展，网上调查将会被更广泛地应用。

三、问卷设计技巧

问卷是指调查者根据调查目的与要求，设计出由一系列问题、备选答案及说明等组成的向被调查者收集资料的一种工具。

问卷能把采集信息的程式化问题进一步简洁明了化，它是市场调研中经常用到的方式。问卷的设计技术和问卷的访问技术是调研人员必须掌握的基本功。

（一）调查问卷的主要作用

通过调查问卷的方式把研究目标转化为特定问题，使被调查者更明确问题，通过被调查者选择标准化的答案，可以使调查人员更清楚地记载、记录原始信息，加快资料的收集、整理与分析过程，提高调查工作的效率。

（二）问卷设计的原则

在设计调查问卷时，除了要正确地根据调查目的要求确定调查主题和调查项目之外，还要求遵循以下原则：

1）联系性原则。调查问卷中的每一个问题都必须是和调查主题密切相关的，那些可有可无的问题或者与调查主题虽有一定的关系，但是被调查者无法回答或者不愿意回答的问题，不宜列入调查问卷中。

2）可接受性原则。调查问卷的设计要让被调查者容易接受，为了在调查中得到被调查者的配合，在设计调查问卷的时候，从文字到问题的编排都要考虑到能够使被调查者乐意参与。

3）逻辑性原则。在设计调查问卷时，要注意调查问卷中问题的排列顺序，同类问题放在一起，容易回答的问题放在前面，以提高被调查者回答问题的效率。

4）简明性原则。调查内容要简单明了，调查问卷中的问题不要过多，如果调查内容过多，所花费的调查时间过长，就会引起被调查者的反感，影响调查效果。一般来说，回答问题的时间应该控制在半小时之内。

（三）问卷设计的程序

设计调查问卷的基本步骤如下：

1）明确调查对象的类型。不同的调查对象具有不同的特点，问卷必须针对具体的调查对象的特点进行设计，这样才能够保证问卷的合理性。

2）根据调查目的的要求和确定的调查主题，拟定出调查内容提纲。

3）根据调查主题，确定被调查者项目，被调查者项目并非越多越好，而是要与调查的主题有关。

4）根据调查对象的特点，按照调查内容提纲，罗列出具体的调查细目，即具体的调查问题，要注意项目之间的逻辑性。

5）根据不同的问题，确定不同的命题方式。

6）设计调查问卷的初稿。

7）将设计好的调查问卷初稿在小范围内进行实验性调查，以便发现问题，如果发现问题要及时修改，力求完善。

8）修改后定稿并印刷调查问卷。

（四）问卷的内容

1）问卷开头：问候语、填表说明、问卷编号。

2）问卷的正文：资料收集、被调查者的基本情况和编码。

3）问卷的结尾。

（五）问卷设计的方法

要想通过市场调查准确而有效地搜集到所需要的资料，在调查问卷设计中首先要将调查的问题传达给被调查者，这就必须具备一定的询问调查技术和技巧。问卷设计的方法主要有以下几种。

1. 开放性问题设计方法

对问题的回答未提供任何具体的答案，由被调查者根据自己的想法自由回答。例如：

Q1. 您认为飘柔洗发水质量存在什么问题？

Q2. 您认为飘柔洗发水的包装如何？

1）过滤法：是指调查者对被调查者用一种迂回的询问方式求得回答，然后缩小范围回到主题上来求得回答。

2）回想法：用于测定调查项目的印象、记忆强度的一种方法。例如：

Q1. 请您说出您所知道的洗衣粉的品牌。

Q2. 请您举出在广告中所看到的化妆品的名称。

2. 封闭性问题设计方法

封闭性问题是指对问题事先设计出各种可能的答案，由被调查者从中选择。

1）两项选择法：答案只有两项，要求被调查者选择其中之一。例如：

Q. 您经常使用飘柔洗发水吗？

A. 是　　　　B. 不是

2）多项选择法：对一个问题给出 3 个以上的答案，让被调查者从中选择进行回答。

一是单项选择题：要求被调查者对所给出的答案选择其中一项。例如：

Q. 您认为哪类广告宣传效果最好？

A. 电视广告　　B. 广播广告　　C. 杂志广告

D. 报纸广告　　E. 路牌广告

二是多项选择题：要求被调查者在所给出的问题答案中，选出自己认为合适的答案，数量不受限制。例如：

Q. 您在购买洗发水时，主要考虑什么因素？

A. 价格　　B. 品牌　　C. 产地

D. 质量　　E. 售后服务

三是限制选择型：要求被调查者在所给出的问题答案中，选出自己认为合适的答案，但数量要受一定限制。

3）顺序选择法：答案有多个，但要求被调查者在回答时，对所选的答案按要求的顺序或重要程度加权排列。例如：

Q. 您在购买洗发水时，主要考虑什么因素？

A. 价格　　B. 品牌　　C. 产地

D. 质量　　E. 售后服务

（按重要程度进行排序）________________________________

4）评定尺度法：答案是由表示不同等级的形容词组成，并按照一定的程序排序，让被调查者选择。例如：

Q. 您对飘柔洗发水是否满意？

A. 非常满意　　B. 比较满意　　C. 一般

D. 不太满意　　E. 不满意

5）双向列表法：将两类不同问题综合到一起，通常用表格来表现。

6）一对比较法：在调查项目有多个种类时，将其在好与不好的评价标准下予以排列，请被调查者比较后决定。例如：

Q. 调查某种商品的广告效果时可列出：

甲广告（　）　乙广告（　）

丙广告（　）　丁广告（　）

甲广告（　）　丙广告（　）

丁广告（　）　乙广告（　）

阅读资料

××品牌护发液使用调查

一头秀发会使您拥有从头开始的自信，令您闪亮登场，把握自信！把握成功！——送给您一份精美的礼品，让您了解秀发动人的秘密，了解秀发动人的自信！

性别：	年龄：	职业：

问　　题	回　　答
1. 请问您是否知道××牌护发液	1. 知道　2. 不知道
2. 如果您知道，请问您是怎样知道的	1. 广告　2. 美容院　3. 百货商场　4. 亲戚朋友　5. 其他
3. 您是否使用过××牌护发液	1. 使用过　2. 没有使用过
4. 请问您现在正在使用的护发液的品牌	1. 固定品牌　2. 进口品牌　3. 国产品牌　4. 不一定
5. 如果您以前使用过，而现在不使用了，请您写出原因	原因：
6. 您不使用××牌护发液的原因	原因：
7. 如果您使用过，请问是否有需要改进之处	1. 有需改进之处：　2. 没有

四、市场调查报告

市场调查从制订调查方案、收集资料、资料的统计、分析，到撰写调查报告，是一个完整的活动过程。

1. 市场调查报告的类型

市场调查报告的类型可分为以下几种：

1）一般性报告。一般性报告是对一般性调查写的概括性报告，它要求内容简单明了，对调查方法、资料分析整理过程、资料目录等做简单说明，结论和建议可适当多一些。

2）专题性报告。专题性报告是为特定目的而进行调查后写的报告，它要求报告详细明确，中心突出，对调查任务中所提出的问题做出回答。

2. 市场调查报告的格式

1）扉页（封皮）。调查报告的标题、调查人姓名、所属单位、报告日期。

2）序言。简要说明调查的由来和委托调查的原因，它包括调查的目的、对象的概况、市场规模、主要用户的情况、产品市场占有率和主要竞争者的说明等。

3）正文。从研究的开始到结论的形成及论证。它主要包括本次调查研究的主要目的、调查研究所有的方法、市场调查的背景材料、市场调查的结果与建议等。

4）附件。用来论证、说明或进一步阐述正文的有关情况的资料。

阅读资料

男士化妆品调查报告

一、男士化妆品是一个近在眼前的真实的待挖掘的广阔市场

男士化妆品在全球范围内呈现迅猛增长的势头，据美国《幸福》杂志公布的一份调查结果显示：美国男士 1999 年在美容方面的消费金额为 95 亿美元，平均每 4 个进美容院做美容手术的人中就有一位是男性。国际各大品牌纷纷推出自己的男士护肤用品来抢占市场，如欧莱雅集团、妮维娅公司、迪奥公司、马球运动男士用品系列、美国的契尔氏和瑟雅、法国的力奇，均有良好业绩表现。

中国拥有近亿的成熟男性消费者，随着中国男性对自身外表要求的提高，男士化妆品的市场前景和巨大的潜力已引起化妆品厂家的密切注意。中国国内走高档品牌路线的有羽西公司的阿迪达斯，走中低档路线的有上海家化的美家净、高夫等，但由于营销手段落后，表现平平。面对庞大的目标消费群，而市场却没有一个中国优势男士品牌，有个别的品种也只是依附于女性品牌，不成体系。不争的事实提醒我们，进入男士化妆品领域将大有可为，对企业具有重要意义。

二、男士化妆品开发的可能性

（一）从生理层面看，男女有别

1）男女有别也同样体现在肤质方面，大部分男士脸上的毛孔较为粗大，油脂分泌较多，导致皮肤粗糙、粉刺、暗疮、酒糟鼻等不雅外观，而工作压力大、精神紧张、睡眠不足等多发生在男性身上的都市综合征亦会造成皮肤松弛、晦暗无光等问题。男士的肤质偏油性，而女性护理用品大多是滋润型的，对男士都不适用。纯净简单是男士化妆品的原则，随时保持清爽洁净与毛孔畅通，让油脂分泌正常，就能从根本上远离肌肤问题。男士应选用那些补充水分、清爽而不油腻的专用护肤品、洁面品和沐浴用品。

2）男性头发发质与女性发质也不同，男性发质油性居多，同时成年男人还受脱发的困扰，男性头发健康应受到关注。“100 年内所有的成年男人都将成为秃头!”德国一著名的皮肤科教授的这一预言，虽有点语不惊人誓不休的味道，但也不能不引起人们的警觉。男性洗发护发用品应注重清洁、防脱发、舒缓精神压力的功效。

3）男性因剃须派生出的剃须用品。剃须是许多成年男性的必修课，由此将需求一系列剃须用品。

（二）从心理层面看，男性使用化妆品与女性心理差别悬殊

“爱美之心，人皆有之”，随着生活水平的提高，中国男人越来越重视自己的外表。男性使用化妆品具有以下 4 个方面的心理动因。

1）自我舒适的感受。

2）良好的容貌有助于谋职和获得提升。

3）使自己对女性有吸引力。

4）涉及自我和竞争意识，意识到外表英俊受到“羡慕目光”的注视会使人的自我得到满足。

从性格上讲，男性多数趋向活泼、外向、豪爽、洒脱。

在使用化妆品上，男女在心理上有着很大的差别。女性使用护肤品是追求皮肤的美丽，而男性使用护肤品是追求健康与活力。

男士化妆品多以草木味为主，如松木、麝香、柑橘、檀香、薰衣草等，独特超群。

在包装上，女性化妆品以柔为美，而男士化妆品要突出男性美，要求包装塑造男士阳刚之气，融细腻和粗犷为一体。

关爱自己的身体，呵护自己的皮肤，做一个既愉悦异性又让自我舒适的“新好男人”，男士需要系列化的专用化妆品。开发男士化妆品品牌，要求产品的系列化和品牌的独立性，这也是男士护肤品发展的必然趋势。产品系列化是指产品从洁肤、护肤、保养，到洗发护发、沐浴、香氛、剃须用品等一应俱全，概念一致，外包装风格统一，体现独特个性。

三、男士化妆品开发的指导思想

纯净简单实用是男士化妆品的原则，也是我们开发男士化妆品品牌的基本指导思想。

1. 洗发护发用品、沐浴品

基于洗发护发用品、沐浴品领导品牌的垄断格局已基本形成，将男士品牌进行市场细分，也是国内化妆品企业介入洗发护发用品、沐浴品领域，分享市场份额的理想办法。

根据我们对男性化妆品市场的调查，绝大多数的中国男性已养成使用洗发水洗发、沐浴露或香皂沐浴的习惯，护发用品也拥有一定的消费群，但没有专业的男士品牌，男女混用洗发护发品、沐浴品现象十分普遍。如果能够让我们的目标消费者转而使用专门的男士品牌，这一市场容量将十分巨大，提示男女有别，彰显阳刚之气，男性的心理特点与审美观决定这一转换并非太难。因而洗发护发品、沐浴品将是男士产品开发的重点。

2. 剃须用品

男性肌肤以光洁健康为美，剃须是许多男人每天的必修课程。剃须时容

易给肌肤带来伤害，同时在剃须部位很容易出现暗疮，要解决此问题就应在剃须前使用专用剃须泡沫，剃须后使用一些具收缩作用的须后水、须后蜜，以帮助皮肤柔滑并收紧松弛的皮肤。

3. 洁面用品

洗脸是男士保养肌肤的最重要程序，男性肌肤毛孔粗大，油性偏多，油脂分泌旺盛，容易藏污纳垢，应以清洁力较强的洗颜产品，彻底洗去多余的污垢、油脂，收敛毛孔，随时保持清爽洁净与毛孔畅通。在男士化妆品中，洁面产品占有重要地位。

4. 护肤用品

男士护肤品讲究最基本的保养、滋润，夏天防晒，冬天保湿。去除过多的油脂，保持皮肤的清爽，适度补充肌肤水分，却不增加肌肤负担，成为男性选择保养品时最重要的指针。针对男士肌肤粉刺、暗疮较多的现象，止痘产品、收敛化妆水也必须加以考虑。

5. 香水

使用香水的男性日渐增加，据统计，男性香水的销量已占香水市场总份额的 25%。同时不少年轻女性也喜欢使用“古龙”、“伯龙”等男性香水。作为化妆品中的桂冠，香水是衡量一个品牌是否成功的标志。男士香水以清香和草木香为主，可选择素馨、百合花、薰衣草、松木、麝香、柑橘、檀香等香型，要求香气雅而不俗、清而不混、独特超群。

鉴于国内市场的实际，男性化妆品品牌的高层次部分已被国际品牌占据，国内化妆品企业也不具备冲击顶尖品牌的实力，建议选择高品牌形象、中等价格定位的策略。

四、品牌开发中的关键

1. 产品包装

在产品越来越同质化的今天，要想以明显的产品质量区别于女性化妆品进而赢得目标消费者，已近乎不可能，唯有在品牌形象上做足文章，获取目标消费群的认同。作为品牌形象的重要表现，产品外包装的作用不容忽视。可以这样认为，如果没有一套体现男性美感的产品包装，这个男士品牌就不可能成功。这是我国企业介入男士化妆品领域所必须考虑的首要问题。

2. 香型

男性对香型的喜好与女性截然不同，香型也是男士化妆品区别于女性化妆品的重要因素。男士香型以清香和草木香为主，除香水、沐浴露可以有多种香型外，其余产品的香型应尽可能统一，形成自己品牌的鲜明特色。

3. 产品质量

由于男性与女性肤质的不同，要求男性护肤品应以保持肌肤清爽通畅为原则，在男性洁肤护肤品的制作中必须充分考虑男士的这一特点。在洗发护发用品、沐浴品方面，许多男士使用的都是国际知名品牌的产品，对产品质量的要求很高。我们不可能奢求产品质量超人一等，但务必向大品牌看齐。否则，我们即便赢得了消费者的初次购买，也不可能维持长久的客户关系。

优雅时尚，经典男人。男人重视面子问题，而追求健康的生活才能提升整体形象的品位。在欧美，男士护肤品的市场份额已达30%以上，使用专业男士护肤品早已是欧美男士的生活习惯和消费时尚。在国内，目前男性化妆品尚未出现“旺销态势”，但拥有近亿成熟消费者的市场，若善加引导，其前景将鼓舞人心，引用法国一个著名化妆品公司总裁所说：“男士护肤用品的市场是一条宽阔的大道，这是一个近在眼前的真实的待挖掘的市场”。

（资料来源：http://aopline.anyp.com/uaopline/19906-261704.aspx）

第二节　市场预测

一、市场预测概述

市场预测是指企业在通过市场调查获得一定资料的基础上，针对企业的实际需要以及相关的现实环境因素，运用已有的知识、经验和科学方法，对企业和市场未来发展变化的趋势作出适当的分析与判断，为企业营销活动等提供可靠依据的一种活动。

市场预测是宏观经济管理和微观经济决策的重要职能，是科学组织社会化生产、有效利用市场机制、合理配置资源、提高经济效益的重要手段；是企业按市场经济发展规律，科学制定企业市场营销发展战略和营销计划的客观依据。

（一）市场预测的内容

1. 市场需求变化的预测

市场需求变化的预测主要是指商品的购买力及其投向的预测。它包括生产资料市场购买力预测和消费市场购买力预测。

预测市场需求的变化还需要研究社会潜在购买力，潜在购买力包括两种情况：受货币支付能力或商品供应量的限制而未能实现的需求；居民手中因为种种原因而持有的现金以及居民银行存款。

预测市场需求的变化还必须研究人口变动、基本建设规模、生产力水平、文化水平、货币流通速度以及消费者行为的变化。

2. 消费结构变化预测

消费结构变化预测的主要内容是预测消费品市场的产品构成及其相应比例关系。它包括消费者的消费支出在不同商品之间的分布比例、变动趋势，其中最为关键的是居民消费的恩格尔系数的变化。

3. 产品销售预测

产品销售预测是指对企业本身产品销售前景的判断，包括对销售的品种、规格、价格、销售量、销售额以及销售利润等方面变化的预测。其目的在于使产品适销对路，满足消费需求，提高企业经济效益。

4. 产品价格预测

产品价格预测是指根据企业产品的市场价格以及同类产品的市场价格对企业产品未来市场价格变化的预测。影响产品价格的主要因素有市场供求、市场竞争状况、产品价值以及价格规律。

5. 产品生命周期预测

其是对企业产品在生命周期中所处阶段的预测，即对产品投入期、成长期、成熟期与衰退期的预测。

6. 资源预测

为了保障企业生产的顺利进行，必须对企业所需要的原材料、能源等稀缺资源的供应状况及其变化趋势进行合理的预测，明确资源供应的数量、规格、质量、价格与渠道等，寻找降低资源成本的途径，增强企业竞争力。

企业不仅要对物力资源的供应进行预测，还应加强对企业财力与人力资源的预测。

7. 市场占有率预测

企业产品的市场占有率是企业产品市场竞争能力的综合表现。市场占有率的预测包括企业绝对市场占有率的预测与相对市场占有率的预测。

企业不仅应该预测本身产品的市场占有率及其变化趋势，还应该对同类产品、替代产品的市场占有状况及其变化趋势进行预测。

8. 生产技术的变化趋势预测

生产技术的变化对企业的生存与发展有着十分重要的影响。企业必须时刻关注内外部生产技术的发展趋势，并不断进行技术改革，保持与国际技术的同步发展。技术变化的预测包括企业生产技术变化的预测、国内行业技术发展变化的预测，以及国际先进技术发展变化的预测等。

（二）市场预测的种类

1. 依据预测的性质分类

1）定性预测。研究和探讨预测对象在未来市场所表现的性质。主要通过对历史资料的分析和对未来条件的研究，凭借预测者的主观经验、业务水平和逻辑推理能力，对未来市场的发展趋势作出推测与判断。定性预测简单易行，在预测精度要求不高时较为可行。

2）定量预测。确定预测对象在未来市场的可能数量。以准确、全面、系统、及时的资料为依据，运用数学或其他分析手段，建立科学合理的数学模型，对市场发展趋势作出数量分析。定量预测主要包括时间序列预测与因果关系预测两大类。

2. 依据预测的时间分类

1）短期预测。时间在 1 周到半年之间的预测。

2）近期预测。时间在半年到 1 年之间的预测，帮助企业编制年度。

3）中期预测。时间在 2 到 5 年之间的预测，帮助企业确定营销战略。

4）长期预测。时间在 5 年以上的市场变化及其趋势的预测，为企业制定总体发展规划和为重大营销决策提供科学依据。

（三）市场预测的原则

市场预测的基本原则如下。

1. 连续性原则

进行市场预测就要收集过去和现在的资料，推测出将来的发展变化趋势，常用的预测技术有回归法建立因果关系预测模型和时间序列法建立趋势预测模型。

2. 类推原则

在进行市场预测时利用预测对象与其他事物的类似之处，类推其以后的发展前景。

3. 相关原则

根据事物之间的直接或间接的联系或构成一种事物的各因素之间存在的大或小的相互联系、相互依存、相互制约的关系进行预测。

4. 质、量分析结合的原则

在市场预测的方法上采用定性分析与定量分析相结合的方法。

5. 可控制原则

对所预测的客观社会经济事件的未来发展趋势和进程，在一定程度上可以控制。

（四）市场预测的主要步骤

市场预测具有一定的策略性、长远性和复杂性，为了使市场预测工作更具有科学价值，提高预测工作的效率，提高预测工作的精度和质量，有效地为企业经营决策服务，必须要遵循一定的程序，采用严谨、科学的工作步骤。

1）确定预测目标。进行市场预测，首先要确定预测的对象，对象要具体、准确、清楚；其次要确定预测的目标是短期预测还是长期预测，是需求预测还是销售预测等。

2）收集处理资料。市场预测工作是在市场调查基础上开展的，因此必须重视市场调查工作，通过大量资料的搜集和研究，掌握充分的历史资料和现实情况，打好预测的基础。拥有的资料越充分，分析就能越深刻、越详细，预测的准确度就越高。

3）选择预测方法。在预测时，方法的选择及模型的建立应根据预测内容和目标、市场供需形态和掌握的资料情况而定，并注意连续性、类推性和相关性原则。

4）建立预测模型。预测过程是建立在调查研究或科学实验基础上进行的研究分析，借助于经验的判断、逻辑推理、统计分析、数学模型、电子计算机的运算等，对建立的各种数学模型的有关数据进行必要的修正，剔除由于某些偶然因素而产生的异常数据。

5）评价预测模型。在选定的预测方法和确定的数学模型进行分析计算和预测的过程中，当预测结果和预测值差异较大时，应具体分析产生误差的原因，并及时加以修正、重新测算和预测。

6）预测工作总结。市场预测的最终目的是为决策服务，故预测工作的最后阶段就是对预测工作进行全面的总结。一是为了制订不同的决策方案，并说明各种决策的根据和利弊得失，供决策者进行比较和选择，以便最后择优选定。二是通过预测工作总结出经验和不足，为今后的预测提供依据。

二、定性预测法

定性预测法是依赖于预测人丰富的经验和知识以及综合分析能力，对预测对象的未来发展前景作出性质和程度上的估计和推测的一种预测方法。

定性预测的优点：①操作简单，成本低；②可以了解到消费者的动机及感觉；③定性预测方法往往是定量调查的前提。

定性预测的方法主要有以下 3 种。

1. 经验估计法

经验估计法按照参加预测的人员数量分为个人判断法和集体判断法。

1）个人判断法是预测者根据所收集的资料，凭借自己的知识和经验对预测目标作出符合客观实际的估计与判断。在企业的市场预测中，使用个人判断法的是企业的经营管理人员、销售人员以及一些特邀的专家。

2）集体判断法是由企业集合有关人员依靠搜集到的市场情报、资料、数据，运用科学的思想方法和数学运算手段对预测目标进行分析、讨论，判断市场未来发展趋势的一种方法。它能够集思广益，相互启发，避免预测结果的主观性，可提高预测的精度。

2. 专家预测法

专家预测法又称德尔菲法，它以匿名的方式反复征询参与预测过程的专家意见，并对专家意见进行统计分析。德尔菲法预测的实质就是利用专家的主观判断，通过信息沟通与不断反馈的过程，使预测意见逐步趋于一致，接近实际值。德尔菲法的特点是：匿名性、反馈性、预测结果的统计特性。德尔菲法既可以用于短期市场预测，也可以用于长期市场预测。其预测步骤为：①拟定意见征询表；②选定征询对象；③反复征询专家意见；④作出预测结论。

预测专著销量

某书刊经销商采用德尔菲法对某一专著销售量进行预测。该经销商首先选择若干书店经理、书评家、读者、编审、销售代表和海外公司经理组成专家小组。将该专著和一些相应的背景材料发给各位专家，要求大家给出该专著最低销售量、最可能销售量和最高销售量 3 个数字，同时说明自己作出判断的主要理由。将专家们的意见收集起来，归纳整理后返回给各位专家，然后要求专家们参考他人的意见对自己的预测重新考虑。

专家们完成第一次预测并得到第一次预测的汇总结果后，除书店经理 B 外，其他专家在第二次预测中都做了不同程度的修正。重复进行，在第三次预测中，大多数专家又一次修改了自己的看法。第四次预测时，所有专家都不再修改自己的意见。因此，专家意见收集过程在第四次以后停止。

最终预测结果为最低销售量 26 万册，最高销售量 60 万册，最可能销售量 46 万册。

3. 顾客意见法

顾客意见法是企业为预测顾客的需求变化，对直接使用本企业产品的顾客的购买意向、购买意见进行调查，从而预测顾客的需求变化趋势。由于顾客的购买意向在转化为现实的购买行为之前，会受到各种因素的影响，因此，这种方法多用于预测需求较稳定的生产资料市场的发展变化。

三、定量预测法

定量预测法是根据比较完备的历史和现状统计资料，运用数学方法对资料进行科学的分析、处理，找出预测目标与其他因素的规律性联系，从而推算出未来的发展变化情况。

定量预测法可以分为两大类，一类是时间序列分析法，一类是因果关系分析法，这里主要介绍时间序列分析法。

时间序列是指同一经济现象或特征值按时间先后顺序排列而成的数列。时间序列分析法是运用数学方法找出数列的发展趋势或变化规律，并使其向外延伸，预测市场未来的变化趋势。时间序列分析法应用范围比较广泛，如对商品销售量的平均增长率的预测、季节性商品的供求预测、产品的生命周期预测等。

时间序列分析法的种类主要有简单平均法、移动平均法、指数平滑法、直线趋势法等，下面分别进行介绍。

1. 简单平均法

简单平均法就是将一定观察期内预测目标值的算术平均数作为下一期预测值的一种最简便的预测方法，它包括简单算术平均法和加权算术平均法。

1）简单算术平均法。简单算术平均法是将观察期内预测目标时间序列值加总平均，求得算术平均数，并将其作为下期预测值。用公式表示为

$$\hat{x}=\bar{x}=\frac{x_1+x_2+x_3+\cdots+x_n}{n}=\frac{\sum_{i=1}^{n}x_i}{n}$$

式中：$\hat{x}$ 表示观察期内预测目标的算术平均数，即下期预测值；x_i 表示预测目标在观察期内的实际值；n 表示数据个数。

【例 4.1】 某汽车厂 2008 年 1~12 月汽车销售量分别为 60 万辆、50.4 万辆、55 万辆、49.6 万辆、75 万辆、76.9 万辆、72 万辆、68 万辆、54.5 万辆、44 万辆、43.8 万辆、47 万辆。试利用简单算术平均法预测 2009 年 1 月汽车的销售量。

解：根据全年的销售量进行预测，则

$$\hat{x}=\bar{x}=\frac{x_1+x_2+x_3+\cdots+x_n}{n}=\frac{\sum_{i=1}^{n}x_i}{n}$$

$$=\frac{60+50.4+55+49.6+75+76.9+72+68+54.5+44+43.8+47}{12}$$

=58.0（万辆）

2）加权算术平均法。加权算术平均法是为观察期内的每一个数据确定一个权数，并在此基础上，计算其加权平均数作为下一期的预测值，这里的权数体现了观

察期内各数据对预测值的影响程度。加权算术平均法用公式可以表示为

$$\bar{X}=\frac{w_1x_1+w_2x_2+w_3x_3+\cdots+w_nx_n}{w_1+w_2+w_3+\cdots+w_n}=\frac{\sum w_ix_i}{\sum w_i}$$

式中：$\bar{X}$ 表示预测目标在观察期内的加权算术平均数，即为下期预测值；x_i 表示预测目标在观察期内的实际值；w_i 表示与 x_i 相对应的权数；n 表示数据个数。

使用加权算术平均法预测的关键是确定权数，而权数的确定完全是依据预测者个人经验的判断。一般而言，离预测期越近的数据对预测值的影响就越大，应确定较大的权数，离预测期越远的数据对预测值的影响就越小，应确定较小的权数。

【例 4.2】 根据例 4.1 的资料，并且确定 2008 年下半年各月销售量的相对数为等差数列，试运用加权算术平均法预测 2009 年 1 月份汽车的销售量。

由时间数列的分布可以看出，2008 年下半年各月数据变化不稳定，最大值与最小值差别较大，使用加权算术平均法可以体现出不同数据对平均数的影响。

解：设 2009 年 1 月汽车的销售量为 $\bar{X}$，则

$$\bar{X}=\frac{w_1x_1+w_2x_2+w_3x_3+\cdots+w_nx_n}{w_1+w_2+w_3+\cdots+w_n}=\frac{\sum w_ix_i}{\sum w_i}$$

$$=\frac{1\times72+2\times68+3\times54.5+4\times44+5\times43.8+6\times47}{1+2+3+4+5+6}=49.9\text{（万辆）}$$

按照加权算术平均法预测，该厂 2009 年 1 月份汽车的销售量为 49.9 万辆。

2. 移动平均法

移动平均法是将观察期内的数据由远及近按一定跨越期进行平均，随着观察期的“逐期推移”，观察期内的数据也随之向前移动，每向前移动一期，就去掉最前面一期的数据，而新增的数据为原来观察期之后的那一期的数据，以保证跨越期不变，然后逐个求出其算术平均数，并将距预测期最近的那一个平均数作为预测值。

1）简单移动平均法。简单移动平均法是指对由移动期数的连续移动所形成的各组数据，使用算术平均法计算各组数据的移动平均值，并将其作为下一期预测值。用公式表示为

$$M_t=\frac{x_t+x_{t-1}+x_{t-2}+\cdots+x_{t-(n-1)}}{n}$$

式中：M_t 表示时间为 t 的移动平均数，作为下期 x_{t+1} 的预测值；x_t 表示观察期内的时间序列的各个数据，即预测目标在观察期内的实际值；n 表示数据个数。

【例 4.3】 表 4.1 是某副食商店 2008 年各月食用油的销售量，试用简单移动平均法预测 2009 年 1 月食用油的销售量（设 n=3，4，5）。

表 4.1　2008 年各月食用油销售量

单位：千克

月　份	销售量（x）	三期移动平均（n=3）	四期移动平均（n=4）	五期移动平均（n=5）
2008.1	68.0			
2008.2	84.0			
2008.3	76.0			
2008.4	92.0	76.0		
2008.5	72.0	84.0	80.0	
2008.6	64.0	80.0	81.0	78.4
2008.7	83.0	76.0	76.0	77.6
2008.8	72.0	73.0	77.8	77.4
2008.9	88.0	73.0	72.8	76.6
2008.10	80.0	81.0	76.8	75.8
2008.11	60.0	80.0	80.8	77.4
2008.12	88.0	76.0	75.0	76.6
2009.1		76.0	79.0	77.6

当 n=3 时，则

$$M_4=\frac{x_3+x_2+x_1}{3}=\frac{76.0+84.0+68.0}{3}=76.0\text{（千克）}$$

$$M_5=\frac{x_4+x_3+x_2}{3}=\frac{92.0+76.0+84.0}{3}=84.0\text{（千克）}$$

$$\vdots$$

2009 年 1 月销售量的预测值为

$$M_{13}=\frac{x_{12}+x_{11}+x_{10}}{3}=\frac{88.0+60.0+80.0}{3}=76.0\text{（千克）}$$

2）加权移动平均法。加权移动平均法是对由移动期数的连续移动形成的各组的权数，使用加权平均法计算每组数据的移动平均数，并将其作为下一期预测值。用公式表示为

$$M_{t+1}=\frac{w_1x_t+w_2x_{t-1}+w_3x_{t-2}+\cdots+w_nx_{t-(n-1)}}{w_1+w_2+w_3+\cdots+w_n}$$

式中：M_{t+1} 表示时间为 t 的加权移动平均数，即 x_{t+1} 的预测值；x_i 表示观察期内时间序列的各个数据，即预测目标在观察期内的实际值；w_n 表示与观察期内时间序列各个数据相对应的权数。

【例 4.4】　利用例 4.3 的资料，使用加权移动平均法预测 2009 年 1 月份食用油的销售量（设 n=3，W_1=0.2，W_2=0.3，W_3=0.5）。

解：2009 年 1 月份食用油的销售量如表 4.2 所示。

表 4.2　2009 年 1 月食用油销售量

单位：千克

时　间	销售量	n=3
2008.1	68.0	
2008.2	84.0	
2008.3	76.0	
2008.4	92.0	68.0×0.2+84.0×0.3+76.0×0.5=76.8
2008.5	72.0	84.0×0.2+76.0×0.3+92.0×0.5=85.6
2008.6	64.0	76.0×0.2+92.0×0.3+72.0×0.5=78.8
2008.7	83.0	92.0×0.2+72.0×0.3+64.0×0.5=72.0
2008.8	72.0	72.0×0.2+64.0×0.3+80.0×0.5=75.1
2008.9	88.0	64.0×0.2+80.0×0.3+72.0×0.5=73.7
2008.10	80.0	80.0×0.2+72.0×0.3+88.0×0.5=82.2
2008.11	60.0	72.0×0.2+88.0×0.3+83.0×0.5=80.8
2008.12	88.0	88.0×0.2+83.0×0.3+60.0×0.5=71.6
2009.1		83.0×0.2+60.0×0.3+88.0×0.5=78.0

加权移动平均法中的权数的确定是依据预测者个人经验的判断，但是应该注意的是加权移动平均中各权数之和为 1。

3. 指数平滑法

指数平滑法是市场预测中常用的方法，它是用预测目标历史数据的加权平均数作为预测值的一种预测方法，是加权移动平均法的一种特殊情形。用公式表示为

$$S_{t+1}=\alpha X_t+(1-\alpha)S_t$$

式中：S_{t+1} 表示 t+1 期预测目标时间序列的预测值；X_t 表示 t 期预测目标的实际值；S_t 表示 t 期目标的预测值，也即 t 期的平滑值；α 表示平滑系数（$0\leqslant\alpha\leqslant1$）。

【例 4.5】 某汽车配件厂 2000～2008 年销售额如表 4.3 所示，利用指数平滑法预测 2009 年的销售额。

表 4.3　某汽车厂 2000～2008 年销售额

单位：万元

年　份	销售额	平滑系数 α=0.1	平滑系数 α=0.6	平滑系数 α=0.9
2000	4 000	4 566.7	4 566.7	4 566.7
2001	4 700	4 510.03	4 226.68	4 686.67
2002	5 000	4 529.03	4 804.27	4 956.67

续表

年　份	销售额	平滑系数 $\alpha=0.1$	平滑系数 $\alpha=0.6$	平滑系数 $\alpha=0.9$
2003	4 900	4 576.12	4 921.71	4 866.67
2004	5 200	4 608.51	4 908.68	5 136.67
2005	6 600	4 667.66	5 083.47	6 932.67
2006	6 200	4 860.89	5 993.39	6 036.67
2007	5 800	4 994.8	6 117.36	5 676.67
2008	6 000	5 075.32	5 926.94	5 856.67

解：首先确定初始值 S_t，确定前三期数据的平均数，则有

$$S_1=\frac{x_1+x_2+x_3}{3}=\frac{4\,000+4\,700+5\,000}{3}=4566.7\text{（万元）}$$

当 $\alpha=0.1$ 时，则

$$S_2=0.1\times 4\,000+(1-0.1)\times 4566.7=4510.03\text{（万元）}$$

$$\vdots$$

2009 年销售额预测值为

$$S=0.1\times 6000+(1-0.1)\times 5075.32=5167.79\text{（万元）}$$

当 $\alpha=0.6$ 时，2009 年销售额预测值为

$$S=0.6\times 6000+(1-0.6)\times 5926.94=5970.78\text{（万元）}$$

4. 直线趋势法

直线趋势法将预测目标随时间变化的规律近似为一条直线，通过拟定直线方程描述直线的上升或下降趋势来确定预测值。设直线方程为

$$y_t=a+bt$$

式中：y_t 为预测值；t 为时间序列编号；a，b 为常数。

根据最小二乘法原理，可得

$$a=\frac{1}{n}\left(\sum y_i-b\sum x_i\right)$$

$$b=\frac{n\sum t_i y_i-\left(\sum t_i\right)\left(\sum y_i\right)}{n\sum x_i^2-\left(\sum x_i\right)^2}$$

上式中，t_i 是时间序列的编号，为了简化计算，通常按 $\sum t_i=0$ 的原则编号，这样，原公式简化为

$$a=\frac{\sum y_i}{n}$$

$$b=\frac{\sum t_i y_i}{\sum t_i^2}$$

当 n 为奇数时，则令资料的中间一项为 0，与中间一项对称的其他各期之和也应为 0，则时间序列的时间间隔为 1，即…，−2，−1，0，1，2，…。

当 n 为偶数时，则令资料的中间两项之和为 0，与这两期相邻的其他各期之和也应为 0，则时间序列的时间间隔为 2，即…，-5，-3，-1，1，3，5，…。

【例 4.6】 表 4.4 是一家航空公司 2002～2008 年的总收入情况，试利用直线趋势法预测 2009 年该公司的总收入。

表 4.4 某航空公司 2002～2008 年的总收入

单位：百万元

年 份	总收入（y_i）	t_i	t_iy_i	t_i^2	y_t
2002	2 428	-3	-7 284	9	2 559.82
2003	2 951	-2	-5 902	4	2 904.07
2004	3 533	-1	-3 533	1	3 248.32
2005	3 618	0	0	0	3 592.57
2006	3 616	1	3 616	1	3 936.82
2007	4 264	2	8 528	4	4 281.07
2008	4 738	3	14 214	9	4 625.32
合计	25 148	0	9 639	28	—

解：根据 $\sum t_i=0$，可得

$$a=\frac{\sum y_i}{n}=\frac{25148}{7}=3592.57$$

$$b=\frac{\sum t_iy_i}{\sum t_i^2}=\frac{9639}{28}=344.25$$

则直线趋势方程为

$$y_t=3592.57+344.25t$$

利用直线趋势方程可知 2009 年的总收入，即 $t=4$ 时，则

$$y_t=3\,592.57+344.25\times4=4\,969.57\text{（百万元）}$$

即 2009 年的总收入为 4 969.57 百万元。

小　结

市场调查是通过有目的地对一系列资料、情报、信息的收集、筛选、分类和分析，来了解现有的和潜在的市场，并以此为依据作出经营决策，从而达到进入市场、占有市场并取得预期效果的目的。

市场调查的内容主要包括市场基本环境、市场需求、市场供给等方面。

市场调查程序分为 3 个阶段，即企划阶段、资料收集阶段和资料整理、分析阶段。

市场调查的主要方法有：询问调查法、观察调查法、实验调查法、网络调查法。

市场预测是指企业在通过市场调查获得一定资料的基础上，针对企业的实际需要以及相关的现实环境因素，运用已有的知识、经验和科学方法，对企业和市场未来发展变化的趋势作出适当的分析与判断，为企业营销活动等提供可靠依据的一种活动。市场预测的内容主要包括：市场需求变化、消费结构变化、产品销售、产品价格、产品生命周期、资源、市场占有率、生产技术的变化等方面。

市场预测按性质分包括定性预测和定量预测；按时间分包括短期预测、近期预测、中期预测和长期预测。

思考与练习

1. 名词解释

市场调查　市场预测　个人判断法　集体判断法　专家预测法　顾客意见法

2. 填空题

1）市场调查的内容主要包括（　　）、（　　）、（　　）。

2）市场调查是通过有目的地对一系列资料、情报、信息的（　　）、（　　）、（　　）和（　　），来了解现有的和潜在的市场，并以此为依据作出经营决策，从而达到进入市场、占有市场并取得预期效果的目的。

3）市场预测按性质分为（　　）、（　　）。

3. 选择题

1）市场调查的主要方法有（　　）。

A. 询问调查法　B. 观察调查法　C. 全面调查　D. 非全面调查

2）邮寄调查法的优点是（　　）。

A. 调查成本低　B. 回收率偏高

C. 花费时间少　D. 被调查者可以充分地回答问题

3）问卷设计的方法主要有（　　）。

A. 开放性问题设计法　B. 封闭性问题设计法

C. 顺序选择法　D. 双向比较法

4. 判断题

1）留置调查法是指将事先设计好的调查问卷当面交给被调查者，请被调查者当即填写的调查方法。（　　）

2）网络调查法中网民代表的准确性高。（　　）

3）专家预测法以署名的方式征询参与预测过程的专家意见，并对专家意见进行统计分析。（　　）

5. 思考题

1）什么是市场调查？什么是市场预测？

2）市场调查的内容有哪些？

3）市场调查的方法有哪些？各有何优缺点？

4）市场预测的内容有哪些？

5）市场预测的种类有哪些？

6. 计算题

1）某水泥厂 2002～2008 年的水泥产量如表 4.5 所示。

表 4.5 某水泥厂 2002～2008 年的水泥产量

单位：万吨

年　份	2002	2003	2004	2005	2006	2007	2008
棉花产量	161	172	166	175	181	178	192

试用指数平滑法预测 2009 年的水泥产量（分别取α=0.1 和α=0.6 进行预测，以第一期水平为初始值）。

2）某电视机厂电视机销量如表 4.6 所示。

表 4.6 某电视机厂电视机销量

单位：万台

年　份	2003	2004	2005	2006	2007	2008
销 量	9.5	12.5	14	16	18	21

试用直线趋势法预测 2009 年的电视机销量。

7. 案例分析题

中国眼镜市场调查报告及营销分析

当前，中国社会消费结构发生了重大变化，广大群众对当前的精神文化产品生产提出了更多更高的要求，同时也为文化事业与文化产业的发展提供了前所未有的机遇和良好的发展空间。各地政府大都已经意识到文化消费与文化产业在国民经济中所占的重要地位。

这种文化消费的迅速崛起，有力地拉动了眼镜消费的市场需求。眼镜消费已呈多元化发展态势。这种多元化表现为：消费结构多元化、消费群体多元化、消费观念多元化。

1）就消费结构而言：近年来，随着经济的发展，社会的消费结构发生了重大变化。20 世纪 80 年代人们消费的重点是三大件：自行车、电冰箱、手表；90 年代人们消费的重点是：电视机、手机、计算机；眼下，人们的消费重点是汽车和楼房。这种消费结构的“升级”使眼镜早已由奢侈品变成了必需品和时尚品。

2）就消费群体而言：以前市场分析人员认定的“定向群体观”已经被打破了，眼镜的消费群体呈现出多层化、交叉化。眼下随着人民生活水平的提高,老年大学的开办，农村城市化进程的加快和儿女敬老、爱老意识的提升，中老年也已经成为了重要的眼镜消费群体。因此，眼镜的消费群体必然得到了扩大。

3）就消费观念而言：健康消费、体验消费、时尚消费、整合消费已经成为现代人崭新的消费观念。眼镜在现代消费中已经成为珠宝消费的组合物，成为时装消费的整合物，成为健康消费的必备物，成为休闲消费的时尚物。因此，其消费空间必将大大地扩大。

顺应这种消费观念的变化，国外已经有大量的新品出世。比如，眼枕和眼罩在日本就备受青睐。

这种眼镜消费多元化的发展趋势使眼镜的生产、创新、销售、流通和市场发展也呈现了多元化的发展趋势。这种多元化表现在以下几个方面。

1）眼镜品种多元化：当前的眼镜品种种类繁多，款式各异。各种品牌价位的镜架、镜片应有尽有。既有登喜路、鳄鱼、凯旋门、浪琴、尼康等世界知名品牌，也有时尚经典、威龙、东方鳄鱼等中档眼镜，更有水晶镜、变色镜、抗疲劳老花镜等。而太阳镜由大到小，不仅颜色多样，而且镜框镜腿在设计上也风格各异，充分地体现了多元的文化色彩。

2）眼镜材质多元化：现代科技的发展，使眼镜的材质越来越丰富、越来越多彩了。现代眼镜文化的发展带给眼镜材质的最大变化不是材质本身的变化，而是材质使用观念的变化。这种变化主要体现在 3 个方面，即要注重材质的功能性，要讲究材质的搭配性，要强调材质的环保性。例如，树脂镜片有普通的、加硬的、加膜的、超薄加硬加膜的，它们都具备轻且不易碎的优点，现又推出了树脂变色等特殊性能的镜片。玻璃镜片有各种加膜、变色等种类，还推出具备防水、防尘作用的克雨能镜片和适合高度数的超薄镜片。

3）眼镜功能多元化：科技的飞速发展，不仅使眼镜的功能和用途更加多元化，而且向产业链的上下游进行了大规模的延伸。不仅出现了许多具有特殊功能的眼镜，而且出现了以眼镜为特征的扩展型产品线和产品链。比如，司机防强光眼镜、“鹰健”抗辐射眼镜、让盲人重见光明的眼镜、数字式音乐眼镜、眼镜影院等。

4）眼镜批销渠道多元化：眼镜文化的发展，眼镜市场的扩展使眼镜的批销渠道也发生了重大变化。这种多元化文化影响下的市场发展也具有多元的特色。这种特色表现如下：

一是市场覆盖的广域化。眼镜批发市场是眼镜销售的集散地，是吸引国外客商的聚资地。因此，近年来各地建立了大量的眼镜批发市场。全国已经在北京、上海、深圳、温州、广州、长沙等市形成 20 多个大中型眼镜批发市场。各个市场之间服务、人气、质量、价格将成为比拼的重点。

二是零批扩展的链状化。以批零为主眼镜经销商把市场比拼的重点放在了销售链的扩展上。他们拼命地实行区域覆盖，着力地扩展市场控制点，以图形成品牌优势和龙头优势。其中，扩张速度最快的宝岛眼镜，目前已有连锁店 250 余家，年销售额达到 2.5 亿元人民币。

三是贴牌生产的扩展化。眼镜市场的多元化发展给了很多人一个启示：贴牌的产品既可以加强市场的适应性又可以降低产品成本。因此，贴牌生产大行其道，成了眼镜市场竞争中的一招高棋，大有扩展化的趋势。

5）眼镜经营理念的多元化：国内眼镜业的迅速发展，带来了眼镜消费市场的不断扩大，但也形成了激烈的竞争态势。在这种情况下，国内中小眼镜配售企业和眼镜生产厂商想要保持已有的市场份额，就必须转换经营思路，进行多种营销模式和经营理念的探索。

眼镜文化充分反映了一个国家、民族的思想意识、道德、价值观、信仰、风俗习惯、时尚追求等文化特点，更富含了科技的底蕴和技术的支撑。这种眼镜文化的崛起具有 4 个最明显的特征：

1）既有西方新浪漫主义美学的思维特征，又有东方复古主义的历史情思。

2）既注意了时代个性的充分展现，又注重了关联饰物的协同组合。

3）既延展了品牌的价值厚重，又依托了科技含量的技术支撑。

4）既注重了艺术美学的充分张扬，更体现了引领消费潮流的时代走向。

正是在世界眼镜文化的影响和推动下，形成了浓厚的眼镜新潮的展示空间和展览氛围。特别是，随着现代科技的发展和信息时代的到来，这种展示空间和展览氛围已经多维化、立体化、电子化、时尚化、网络化、国际化，已经成为扩展世界眼镜文化的广阔空间和巨大的传播平台。

但是，长期以来，我国对眼镜文化的研究落后于时代的发展和市场的发展。不仅研究力量单薄，研究范围狭窄，而且研究中存在着一定的偏颇。既没能充分注意到新浪漫主义潮流的时代特征，又没能站在经济全球化的高度审视世界眼镜文化的发展和崛起，更没能从世界眼镜文化发展的趋势和走向上研究中国眼镜文化的价值量和闪光点。鲜见的研究文章，只限于研究镜架的优良程度，镜片的大小、曲线、组合以及色彩、光泽等的精美度；只注重了研究体现在镜架外形、颜色、装饰上的精美程度以及图文含义等方面的发展变化；只注重了中国古代镜盒的表面装饰方面的万字形、宝葫芦形、花叶形图案的变化对中国传统文化中龙凤呈祥等雕刻技艺的展示，而没有注意从这些研究中开发出具有中国特色丰富文化内涵的崭新眼镜造型和创作空间。

综上所述，我国的眼镜业只注重了眼镜文化的历史传承，而忽视了现代眼镜的时代特征；只注重了品牌的价值厚重，而忽视了现代科技的技术支撑；只注重了材质的跟进和式样的模仿，而忽视了传统文化和现代文化的整合；只注重了个别镜框、镜架的微观变化，而忽视了对眼镜文化发展走向的总体把握；特别是：忽视了对眼镜文化、人文特征、时代特征及现代眼镜市场发展状况的前瞻性研究；忽视了根据世界文化潮流开拓民族精品的研究。以致具有最大发展潜力和最大潜在眼镜市场的中国眼镜业，多数只能成为新技术的模仿者，新样式的采购商，成为跨国眼镜集团实施全球战略后的眼镜加工和生产基地，没能开拓和形成具有自主知识产权的核心技术和有引领世界潮流的品牌和产品，这就极大地约束了眼镜文化对眼镜生产力发展的市场张力。

（资料来源：http://shop.haoshifu.org/index.php/archives/2315）

思考

结合该调查报告所提出的眼镜消费的国际国内发展趋势，根据大学生对眼镜消费的需求，分析青年人对眼镜消费利益的追求在哪些方面？消费有哪些特点？

8. 营销实训题

自行设计一份比较完整的关于洗衣粉的问卷，组织调查并进行分析。

第五章

市场细分与目标市场

抱怨竞争加剧，其实是在责怪自己没有太多创意。

【学习目标与要求】

知识点

1. 掌握市场细分的概念；
2. 理解市场细分标准与基本方法；
3. 理解目标市场营销策略；
4. 懂得如何选择目标市场；
5. 明确市场定位；
6. 了解市场竞争战略。

技能点

1. 初步具有市场细分的能力；
2. 学会根据产品特性搞好市场定位。

日本的化妆品，首推资生堂。近年来，它连续名列日本各化妆品公司榜首。资生堂之所以长盛不衰，与其独具特色的营销策略密不可分。20世纪80年代以前，资生堂实行的是一种不对顾客进行细分的大众营销策略，即希望自己的每种化妆品对所有的顾客都适用。80年代中期，资生堂因此遭到重大挫折，市场占有率下降。1987年后，公司经过认真反省以后，决定由原来的无差异的大众营销转向个别营销，即对不同顾客采取不同营销策略，资生堂提出的口号便是"体贴不同岁月的脸"。他们对不同年龄阶段的顾客提供不同品牌的化妆品。为十几岁少女提供的是Reciente系列，20岁左右的是Ettusais，四五十岁的中年妇女则有长生不老Elixir，50岁以上的妇女则可以用防止肌肤老化的资生堂返老还童Rivital系列。针对不同消费者，各路出击，使资生堂长盛不衰。

（资料来源：http://www.emkt.com.cn/article/28/2875.html）

现代企业面对复杂而多变的市场，购买者为数众多，分布广泛，需求多样。任何企业都无法充分有效地满足市场的所有需求。因此，企业不应试图占领整个市场，到处与人竞争；而应该在对市场进行充分细分的基础上选择本企业最有条件的、最能提供有效服务的市场作为目标，实行目标市场营销，并在目标市场上为产品确定适当的竞争地位。

第一节　市场细分和目标市场营销

一、市场细分和目标市场营销的产生

（一）市场细分的概念

所谓市场细分，就是企业根据市场需求的多样性和购买者行为的差异性，把整个市场即全部顾客和潜在顾客，划分为若干具有某种相似特征的顾客群（称为细分市场或子市场），以便选择确定自己的目标市场。换言之，市场细分实际就是分辨不同欲望和需求的顾客群，把他们分别归类的过程。例如，服装市场可按顾客的性别、年龄、收入等因素细分为儿童服装、女式服装、男式服装、中老年服装以及高档、中档、普通服装等若干子市场。

市场细分是市场营销学中一个非常重要的概念，它具有以下内涵。

1）细分的市场代表不同的消费者组群，他们的需求是有差别的。市场营销学中，市场细分概念的核心是区分消费者需求的差别。

2）不同的消费者组群是按相应的细分因素被区别的，所以进行市场细分的关键在于确定适当的细分因素。这样，才能使被细分后的市场具有营销意义。

3）细分市场是企业为了选取相应的消费者组群，作为其营销对象，所以市场细分最重要的意义是选取目标市场。

值得注意的是，市场细分和市场分类是两个不同的概念。虽然市场细分和市场分类都是把特定的整体市场划分成不同的部分，但这两个概念的含义完全不同，具体表现在以下几个方面。

1）市场细分和市场分类在“市场”概念的运用上不同，前者使用的“市场”是指消费者，后者使用的“市场”可以不是消费者。

2）市场细分的行为主体是营销企业，而市场分类可以有不同的行为主体。

3）市场细分的对象是消费者，即把消费者划分开，而市场分类则可以有其他划分对象。

4）按需求被细分后的市场有营销意义，便于企业制定营销策略，而市场分类则不一定有营销意义。

5）市场细分是对特定的产品市场进行划分，如划分自行车市场、洗衣机市场等；而市场分类不一定是针对特定产品的，可按产品（服务）划分，如消费品市场、工业品市场、服务市场等。

（二）市场营销策略的演变

市场细分的目标营销是第二次世界大战后，市场营销思想和战略的新发展；是20世纪50年代由美国市场营销学家首先提出的一个新概念，此后受到广泛重视和普遍应用，现在已成为企业市场营销战略的一个核心内容；是决定企业营销成败的一个关键问题。纵观历史，市场营销战略大致经历了3个阶段。

1. 大量营销阶段

企业面向整个市场大量生产销售同一品种规格的产品，以满足所有顾客对同类产品的需求。例如，我国改革开放前的汽车生产，市场上出现的都是清一色的“解放牌”汽车，不考虑需求的差异性。

大量营销是建立在市场商品供不应求或产品本身差异性极小的基础上。其优点是可节省产品的生产成本和营销费用，取得规模经济效益；缺点是产品形式单一，不能满足市场多样化的需求，缺乏竞争力。

2. 产品多样化营销

企业生产经营多种不同规格、质量、特色和风格的同类产品，以适应各类顾客的需要。但是，这种多样化营销并不是建立在市场细分基础上的，不是以目标市场的需要出发来组织生产经营的。

3. 目标市场营销

企业通过市场细分，选择一个或几个细分部分（子市场）作为自己的目标市场，专门研究其需求特点，并针对其特点设计适当产品，确定适当价格，选用适当的分销渠道和促销手段，开展市场营销活动。

目前，上述 3 种市场营销战略都存在，但随着产品的日益丰富，市场需求差异性愈来愈大，以及卖方竞争的不断加剧，大量营销和产品多样化营销越来越困难，而目标市场营销日益为更多的企业所采用。

（三）目标市场营销的步骤

1）细分市场。在市场调研和预测的基础上，按一定标准进行市场细分。

2）目标营销。选择对本企业最有吸引力的细分部分（子市场）作为自己的目标市场，实行目标营销。

3）市场定位。确定自己产品在市场上的竞争地位，即在目标顾客心目中树立起适当的产品形象，做好市场定位工作。

二、市场细分和目标市场营销的原因

1. 市场需求的差异性以及由此决定的购买者动机和行为的差异性

市场需求的差异性取决于社会生产力发展水平、市场商品供应的丰富程度以及消费者的收入水平。除了某些同质商品消费者的需求总是各不相同的，这是由个性、年龄、地位、文化背景、职业等方面的差异所决定的。这些差异，在社会经济落后、商品匮乏和人们收入微薄的时候并不明显。例如，我国改革开放前市场上商品供应紧张，消费者只要能买到所需产品就很满足了，并不在意产品的型号与颜色。生产厂家在市场供不应求的情况下，考虑的只是扩大产量，并不重视开发新产品。但是，当社会经济发展到一定程度，市场供应比较充足，社会购买力也提高了的时候，需求的差异性便日益鲜明地呈现出来。“多年一贯制”的产品则日益受到冷落。这种严峻的市场形势迫使厂家纷纷研究市场、分析市场、改变营销战略，于是，大量新产品相继推出。例如，我国消费者对饮料的需求，儿童多喜食乳酸菌类饮料，青年人偏爱可乐、啤酒，中老年人多好饮茶。但有些青年人也喜欢乳酸菌饮料，有些中老年人也爱饮可乐、啤酒。这种交叉中的相似性和差异性就使市场具有可聚可分的特性，为企业按一定标准划分市场，从而选择自己的目标市场，提供了可能性。

2. 企业生存和发展的需要

由于现代市场经济的高度发展，买方市场的全面形成和卖方之间市场竞争的日益激化，有厚利可图的市场越来越少，可以利用的营销机会很难寻觅，企业只有依靠市场细分来发掘未满足的市场需要，寻求有吸引力的、符合自己目标和资源的营销机会，才能在激烈的市场竞争中求得生存和发展。

三、市场细分和目标市场营销的作用

市场细分和目标市场营销对企业改善经营，提高效益，更好地为顾客服务，具有重要作用。

1. 有利于提高企业的经济效益

市场细分对提高企业经济效益的作用主要表现在两方面。一方面是在市场细分的基础上，企业可集中人力、物力、财力，投入目标市场，通过集中企业本身的优势，取得理想的经济效益。这一点对中小企业来说特别重要。因为中小企业在市场竞争中是一个弱者，但如果将全部力量集中于某一市场，则可把自己的劣势变为局部市场上的优势，从而提高企业的竞争能力，取得较好的经济效益。另一方面是在市场细分以后，企业可以针对自己的市场，生产出适销对路的产品，既能满足消费者的需求，又可增加企业的收入。

2. 有利于企业发现新的市场机会，形成新的目标市场

市场机会是指市场上客观存在的未被满足或未被充分满足的消费需求。企业在市场营销中，要使自己的产品在市场上站稳脚跟，必须首先根据市场的现状和已经上市的产品在满足社会需要方面不足的情况，以及竞争者的市场占有情况来分析市场被满足的程度，发展那些未得到满足或未被充分满足的需求，以发现新的市场机会，形成新的目标市场。

3. 有利于企业及时调整营销策略，适应消费者的需求

市场细分后，每个市场都变得小而具体，企业比较容易了解营销策略。同时，在细分市场上，信息反馈快，一旦消费者需求发生了变化，企业可以迅速改变原来的营销策略，制定出相应的对策，以适应消费者变化了的需求。这样，可以更好地提高企业的经营管理水平。

4. 有利于开发新市场，满足消费者的潜在需求

企业的产品取得一定的市场占有率以后，要想继续在原有市场上扩大营销，需要付出很大的努力，并且会加剧竞争的激烈程度。而通过市场细分，企业就可以在原有市场的基础上开拓新的市场，通过满足那些尚未被满足的消费需求提高市场占有率，并且通过市场细分，还可以预测企业产品的潜在需求量，为发展企业营销提供方向。

第二节　市场细分的依据和有效的市场细分

一、消费者市场细分的依据

消费者市场上的需求是千差万别的，影响因素也是错综复杂的，对消费者市场的细分没有一个固定的模式，各企业可根据自己的特点和需要，采用适宜的变数进行细分，以求得最佳的营销机会。一般来说，这些影响因素亦即细分变量归纳起来

主要有：地理环境因素、人口统计因素、消费心理因素、消费行为因素、消费受益因素等。以这些变量产生出地理细分、人口细分、心理细分、行为细分、受益细分这 5 种市场细分的基本形式。

1. 地理细分

按地理因素细分，就是按消费者所在的地理位置、地理环境等变数来细分市场。具体变量包括国家、地区、城市、乡村、城市规模、人口密度、不同的气候带、不同的地形地貌等。因为处在不同地理环境下的消费者，对于同一类产品往往会有不同的需要与偏好。例如，对自行车的选购，城市居民喜欢式样新颖的轻便车，而农村的居民注重坚固耐用的加重车等。因此，对消费品市场进行地理细分是非常必要的。

1）地理位置。市场可以按照行政区划来进行细分，如在我国，可以划分为东北、华北、西北、西南、华东和华南几个地区；也可以按照地理区域来进行细分，如划分为省、自治区，市、县等，或内地、沿海、城市、农村等。在不同地区，消费者的需求显然存在较大差异。

2）城镇大小。市场可划分为大城市、中等城市、小城市和乡镇。处在不同规模城镇的消费者，在消费结构方面存在较大差异。

3）地形和气候。市场按地形可划分为平原、丘陵、山区、沙漠地带等；按气候可分为热带、亚热带、温带、寒带等。防暑降温、御寒保暖之类的消费品就可按不同的气候带来划分。如在我国北方，冬天气候寒冷干燥，加湿器很有市场；但在江南，由于空气中湿度大，基本上不存在对加湿器的需求。

2. 人口细分

按照人口统计因素来细分市场叫作人口细分。这方面的具体变量很多，包括年龄、性别、职业、收入、教育、家庭人口、家庭生命周期、国籍、民族、宗教、社会阶层等。由于人口变数比其他变数更容易测量，且适用范围比较广，因而人口变数一直是细分消费者市场的重要依据。

1）按消费者年龄及其家庭生命周期阶段细分。不同年龄阶段的消费者需要的购买力具有明显的差别。如儿童对玩具、少儿读物的需求最多，青年对时装、文化体育用品的需求较多，而老年人多为营养滋补品和医疗保健用品的需求者等。玩具、服装、食品等市场均可按年龄细分。例如，美国一家玩具制造商，按婴儿从 3 个月到 1 岁的需求特点，设计了 12 种玩具，使家长和亲友很容易给孩子买到合适的玩具，从而扩大了玩具销售量。一个家庭生命周期，按年龄、婚姻和子女状况，可划分为 7 个阶段。在不同阶段，家庭购买力、家庭人员对商品的兴趣与偏好会有较大差别：①单身阶段：年轻，单身，几乎没有经济负担，新消费观念的带头人，娱乐导向型购买；②新婚阶段：年轻夫妻，无子女，经济条件比最近的将来要好，购买力强，对耐用品、大件商品的欲望、要求强烈；③满巢阶段 1：年轻夫妻，有 6 岁以下子女，家庭用品购买的高峰期，不满足现有的经济状况，注意储蓄，购买较多的儿童用品；④满巢阶段 2：年轻夫妻，有 6 岁以上未成年子女。经济状况较好，购买趋向理智型，受广告及其他市场营销刺激的影响相对减少，注重档次较高的商品及子女的教育投资；⑤满巢阶段：年长的夫妇与尚未独立的成年子女同住，经济状况仍然较好，妻子或子女皆有工作。注重储蓄，购买冷静、理智；⑥空巢阶段：年长夫妇，子女离家自立，前期收入较高，购买力达到高峰期，较多购买老年人用品，如医疗保健品。娱乐及服务性消费支出增加，后期退休收入减少；⑦孤独阶段：单身老人独居，收入锐减，特别注重情感、关注等及安全保障。

2）按性别细分。性别也是影响消费者行为的一个重要因素，按性别可将市场划分为男性市场和女性市场。不少商品在用途上有明显的性别特征。如男装和女装、男表与女表。在购买行为、购买动机等方面，男女之间也有很大的差异，如妇女是服装、化妆品、节省劳动力的家庭用具、小包装食品等市场的主要购买者，男士则是香烟、饮料、体育用品等市场的主要购买者。

3）按消费者的收入水平细分。消费者的实际收入直接影响其购买力、生活方式以及对将来的期望，因而对消费需求的数量和结构具有决定性影响。家具等耐用消费品、旅游用品、饮食服务业等许多行业均可以此为依据进行市场细分。企业在分析市场时，必须要了解不同消费者的工资水平、家庭收入总额、人均收入状况及其对消费者需求的影响。然而，在现代商品经济发达的国家和地区，人均收入已达到一定水平的情况下，收入并不是影响某种需求的决定性因素。如在美国，普及型的“雪佛兰”牌汽车的购买者并不仅仅是收入较低的工人，许多经理也买来当作备用车；而高档的“凯迪拉克”牌汽车除了收入较高的阶层购买外，劳动者阶层也有不少人购买。因此，在运用收入因素细分市场时，要注意因产品而异，有些产品的市场还要结合其他因素进一步细分。

4）按消费者职业细分。不同职业的消费者，由于知识水平、工作条件和生活方式等不同，其消费需求存在很大的差异，如教师比较注重书籍、报刊方面的需求，文艺工作者则比较注重美容、服装等方面的需求。

5）按民族细分。世界上大部分国家都拥有多种民族，我国更是一个多民族的大家庭，除汉族外，还有 55 个少数民族。这些民族都各有自己的传统习俗、生活方式，从而呈现出各种不同的商品需求，如我国西北少数民族饮茶很多等。只有按民族这一细分变数将市场进一步细分，才能满足各族人民的不同需求，并进一步扩大企业的产品市场。

6）按教育状况细分。受教育程度不同的消费者，在志趣、生活方式、文化素养、价值观念等方面都会有所不同，因而会影响他们的购买种类、购买行为、购买习惯。

7）按家庭人口细分。据此可分为单身家庭（1 人）、单亲家庭（2 人）、小家庭（2～3 人）、大家庭（4～6 人，或 6 人以上）。家庭人口数量不同，在住宅大小、家具、家用电器乃至日常消费品的包装大小等方面都会出现需求差异。

3. 心理细分

按照消费者的心理特征来细分市场叫作心理细分。心理因素十分复杂，包括生活方式、性格、购买动机、价值取向、购买态度等变量。下面重点介绍前3种。

1）生活方式。越来越多的企业，如服装、化妆品、家具、娱乐等行业，重视按人们的生活方式来细分市场。生活方式是人们对工作、消费、娱乐的特定习惯和模式，不同的生活方式会产生不同的需求偏好，如“传统型”、“新潮型”、“节俭型”、“奢侈型”等。这种细分方法能显示出不同群体对同种商品在心理需求方面的差异性，如美国有的服装公司就把妇女划分为“朴素型妇女”、“时髦型妇女”、“男子气质型妇女”3种类型，分别为她们设计不同款式、颜色和质料的服装。

2）性格。消费者的性格对产品的影响很大。性格可以用外向与内向、乐观与悲观、自信、顺从、保守、急进、热情、老成等词句来描述。性格外向、容易感情冲动的消费者往往好表现自己，因而他们喜欢购买能表现自己个性的产品；性格内向的消费者则喜欢大众化，往往购买比较普通的产品；富于创造性和冒险心理的消费者，则对新奇、刺激性强的商品特别感兴趣。

3）购买动机，即按消费者追求的利益来进行细分。消费者对所购产品追求的利益主要有求实、求廉、求新、求美、求名、求安等，这些都可作为细分的变量。例如，有人购买服装为了遮体保暖，有人是为了美的追求，有人则为了体现自身的经济实力等。因此，企业可对市场按利益变数进行细分，确定目标市场。

4. 行为细分

根据消费者不同的消费（购买）行为来细分市场叫作行为细分。消费行为的变量也很多，包括消费者进入市场的程度、购买或使用产品的动机、消费的数量规模、对品牌的忠诚程度等。

1）按消费者进入市场的程度，可将一种产品的消费者区分为经常购买使用者、初次购买使用者、潜在购买使用者等不同群体。一般来说，大企业实力雄厚，市场占有率较高，因而特别注意吸引潜在消费者，使他们成为本企业产品的初次购买者，进而成为经常购买者，以不断扩大市场阵地；而小企业资源有限，无力开展大规模的营销活动，着重于吸引、保持住一部分经常购买者应是上策。

2）按消费购买数量来细分可细分为大量用户、中量用户、少量用户这样几个消费者群。大量用户的人数不一定多，但他们的消费量在消费掉的产品中常占较大或很大的比重。因此，许多企业自然想以大量用户作为自己的目标市场。当然，反其道而行之以取得经营上的成功，也是极有可能的。关键在于对大量、中量、少量用户的消费特点和购买行为要有透彻了解，不仅要推出适宜的变异产品，在价格、包装、销售渠道、销售方式、广告宣传等方面也要区别对待、精心安排。

3）按消费者对品牌的偏好，可将一种产品的消费者划分为下列几个主要群体：①单一品牌忠诚者，这类消费者一贯忠诚某一种品牌，任何时候、任何场合都只购买该种牌号的产品；②几种品牌忠诚者，这类消费者的购买总是限于很少几种品牌；③无品牌偏好者，这类消费者对何种品牌无所谓，购买具有很大的随意性。这种划分法会给营销者如下启迪：凡①②两类品牌忠诚者占较大或很大比重的市场，其他企业很难进入，即使进入了也难以提高市场占有率；相反，则有利于其他企业创立新的品牌，扩大市场份额。而对非品牌偏好者，企业宜在促销方面多下工夫，尽力吸引他们以扩大销售。

4）按消费者购买时间细分。许多产品的消费具有时间性，烟花爆竹的消费主要在春节期间，月饼的消费主要在中秋节以前，旅游点在旅游旺季生意最兴隆。因此，企业可以根据消费者产生需要、购买或使用产品的时间进行市场细分，如航空公司、旅行社在寒暑假期间大做广告，实行优惠票价，以吸引师生乘坐飞机外出旅游；商家在酷热的夏季大做空调广告，以有效增加销量；双休日商店的营业额大增，而在元旦、春节期间，销售额则更大等。因此，企业可根据购买时间进行细分，在适当的时候加大促销力度，采取优惠价格，以促进产品的销售。有些产品从“消费时间”角度来细分市场也是有意义的。例如，居民平时与节假日对食品等产品的消费行为，学生平时与学期开学之际对文具一类产品的购买行为，就存在着较大差异，要求企业相应规划、设计出不同的营销方案。

5）按消费者购买频率可分为经常购买、一般购买、不常购买（潜在购买者）。如铅笔、小学生经常购买，高年级学生按正常方式购买，而工人、农民则不常买。

5. 受益细分

根据消费者期求的利益不同来细分市场叫作受益细分。这是由于消费者们各自追求的具体利益不同，可能会被某种具有不同特性或特征的变异产品所吸引，因而可以细分为不同的消费者群。这就是说，这里的一个个细分市场不是根据消费者的各种特点，而是在一种产品能够提供什么特殊效用，给购买者带来什么特定利益的基础上开发出来的。一个典型的例子是牙膏的营销。根据受益分析，牙膏市场显示出 4 个主要的细分市场，即存在着特别关心味道可口、格外关注防止坏牙、强调保持牙齿光洁、注重经济实惠。当然，会有一部分购买者同时追求几种利益。

进行受益细分，关键在于洞悉消费者对一种产品的多种多样的预期利益。为此，细分活动要从调查一种产品的用户和潜在用户开始，调查的内容是他们使用各种牌号的这种产品得到了哪些益处，现有产品还欠缺哪些益处，什么样的产品特性可能被认为最能密切地和一种益处或一组连带的益处联系起来。然后，就要使自己生产的产品相应地突出紧密联系着某种（组）益处的某一特性，或者生产不同型号的同一产品，各自突出一种特性，并且借助于适当的广告宣传手段，反复宣传这种特性，最大限度地吸引某一消费者群，或几个不同的消费者群。可见，这种调查分析不仅是企业进行受益细分的基础，以这种细分为起点制订整个市场营销组合方案也是极为重要的。

由于人们购买一种特定的产品时总要求获以某种实实在在的益处，例如，购买一台双卡收录机就是为了能转录其他盒式录音磁带，或者兼能连续放两盒录音带。因而，受益细分能够通行于大多数市场，在市场导向情况下具有广阔的实用范围。

经验表明，买主寻求的利益要比前面人口统计等因素更能准确地决定顾客行为。正因为如此，近些年来，在西方国家受到人们广泛关注的细分形式是受益细分。

上面分述了市场细分的 5 种基本形式，但这并不意味着企业应当一一单独地加以应用。在实际的营销活动中，用作细分市场的依据往往是上述各类因素中一连串具体变量的组合。一个企业究竟选用哪些变量作为细分市场的依据，应当仔细分析，匠心独运，视其具体情况而定，切忌生搬硬套，人云亦云。用作市场细分的变量也要适时调整，不能一成不变，以便寻求新的、能够提供更好机会的细分市场。

奇瑞 QQ 的营销策略解析

轿车已越来越多地进入大众家庭，但由于地区经济发展的不平衡及人们收入水平的差距，对汽车的需求走向了进一步的细分。奇瑞 QQ 把目标客户锁定在收入并不高但有知识有品位的年轻人，同时也兼顾有一定事业基础，心态年轻、追求时尚的中年人。一般大学毕业两三年的白领都是奇瑞 QQ 潜在的客户，人均月收入 2000 元即可轻松拥有这款轿车。

许多时尚男女都因为 QQ 的亮丽、高配置和优性价比而把这个可爱的小精灵领回家，从此与 QQ 成了快乐的伙伴。

奇瑞公司有关负责人介绍说，为了吸引年轻人，奇瑞 QQ 除了轿车应有的配置以外，还装载了独有的“I-say”数码听系统，成为了“会说话的 QQ ”，堪称目前小型车时尚配置之最。据介绍，“I-say”数码听是奇瑞公司为用户专门开发的一款车载数码装备，集文本朗读、MP3 播放、U 盘存储多种时尚数码功能于一身，让 QQ 与计算机和互联网紧密相连，完全迎合了离开网络就像鱼儿离开水的年轻一代的需求。

（资料来源：http://blog.sina.com.cn/s/blog_4af071260100067m.html）

二、有效的市场细分

1. 有效细分的条件

对不同行业、不同类型的企业来说，实行市场细分必须具备一定条件。否则，不一定能形成有效的细分市场，很可能徒劳无益，得不偿失。

1）差异性。指对营销策略反应的不同，是指在某种产品整体市场中确实存在着购买与消费上明显的差异，足以成为细分依据。例如，食品、糕点等有必要按汉民和回民细分，而大米、食盐就不必按民族细分。

2）可衡量性。指目标市场容量定量化，是指细分市场的规模及购买可衡量程度的高低。有的细分变数令人捉摸不定，难以衡量和测算，也不能作为细分的依据。

3）可进入性。指企业资源吻合，是指细分出来的市场应是企业营销活动能够抵达的，也即是企业通过努力能够使产品进入并对顾客施加影响的市场。一方面，有关产品的信息能够通过一定媒体顺利传递给该市场的大多数消费者；另一方面，企业在一定时期内有可能将产品通过一定的分销渠道运送到该市场。否则，该细分市场的价值就不大。比如，生产冰激凌的企业，如果将我国中西部农村作为一个细分市场，恐怕在一个较长时期内都难以进入。市场细分的可进入原则包括两个方面：一是政治法律环境对企业进入某个市场没有壁垒阻碍；二是企业的资源能力、竞争能力能够使企业了解和获取该细分市场的情报信息，能够展开市场营销组合策略，使产品及服务通过一定的分销渠道进入目标市场。

4）效益性。指经营有利可图，是指细分市场的容量能否保证企业获得足够的盈利，如果容量太小，销量有限，则不足以成为细分依据，因此，市场细分并不是分得越细越好，而应科学归类，保持足够容量，使企业有利可图。

5）稳定性。指确保投资收回，有效的市场细分所划分的子市场还必须具有相对稳定性。如果市场变化太快，变动幅度又很大，企业还没来得及实施其营销方案，目标市场已面目全非，那么这样的细分毫无意义。

2. 有效细分的程序

美国市场学家麦卡锡提出细分市场的一整套程序，这一程序包括 7 个步骤。

1）选定产品市场范围，即确定进入什么行业，生产什么产品。产品市场范围应以顾客的需求，而不是产品本身的特性来确定。例如，某一房地产公司打算在乡间建造一幢简朴的住宅，若只考虑产品特征，该公司可能认为这幢住宅的出租对象是低收入顾客，但从市场需求角度看，高收入者也可能是这幢住宅的潜在顾客。因为高收入者在住腻了高楼大厦之后，恰恰可能向往乡间的清静，从而可能成为这种住宅的购买者。

2）列举潜在顾客的基本需求。比如，公司可以通过调查，了解潜在消费者对前述住宅的基本需求。这些需求可能包括遮风避雨，安全、方便、宁静，设计合理，室内陈设完备，工程质量好等。

3）了解不同潜在用户的不同要求。对于列举出来的基本需求，不同顾客强调的侧重点可能会存在差异。比如，经济、安全、遮风避雨是所有顾客对住宅共同强调的，但有的用户可能特别重视生活的方便，另外一类用户则对环境的安静、内部装修等有很高的要求。通过这种差异比较，不同的顾客群体即可初步被识别出来。

4）抽掉潜在顾客的共同要求，而以特殊需求作为细分标准。上述所列购房的共同要求固然重要，但不能作为市场细分的基础。如遮风避雨、安全是每位用户的要求，就不能作为细分市场的标准，因而应该剔出。

5）根据潜在顾客基本需求上的差异方面，将其划分为不同的群体或子市场，并赋予每一子市场一定的名称。例如，西方房地产公司常把购房的顾客分为好动者、老成者、新婚者、度假者等多个子市场，并据此采用不同的营销策略。

6）进一步分析每一细分市场需求与购买行为特点，并分析其原因，以便在此基础上决定是否可以对这些细分出来的市场进行合并，或做进一步细分。

7）估计每一细分市场的规模，即在调查基础上，估计每一细分市场的顾客数量、购买频率、平均每次的购买数量等，并对细分市场上产品竞争状况及发展趋势作出分析。

三、市场细分的方法

市场细分的方法主要有单一变量法、综合因素细分法、系列因素细分法等。

1. 单一变量法

所谓单一变量法，是指根据市场营销调研结果，选择影响消费者或用户需求最主要的因素作为细分变量，从而达到市场细分的目的。这种细分法以公司的经营实践、行业经验和对组织客户的了解为基础，在宏观变量或微观变量间，找到一种能有效区分客户并使公司的营销组合产生有效对应的变量而进行的细分。例如：玩具市场需求量的主要影响因素是年龄，可以针对不同年龄段的儿童设计适合不同需要的玩具，这早就为玩具商所重视。除此之外，性别也常作为市场细分变量而被企业所使用，妇女用品商店、女人街等的出现正反映出性别标准为大家所重视。

2. 综合因素细分法

综合因素细分法即用影响消费需求的两种或两种以上的因素进行综合细分，例如，用生活方式、收入水平、年龄 3 个因素可将妇女服装市场划分为不同的细分市场，如图 5.1 所示。

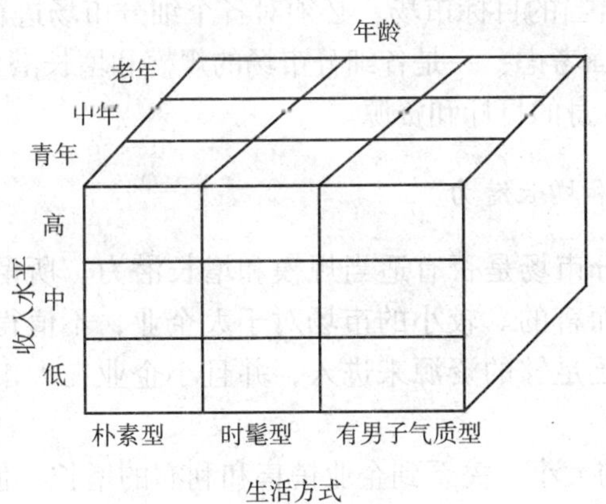

图 5.1　综合因素细分法

3. 系列因素细分法

当细分市场所涉及的因素是多项的，并且各因素是按一定的顺序逐步进行，可由粗到细、由浅入深，逐步进行细分，这种方法称为系列因素细分法。实行这种方法，目标市场将会变得越来越具体。例如，某地的皮鞋市场就可以用系列因素细分法做如下细分（见图 5.2）。

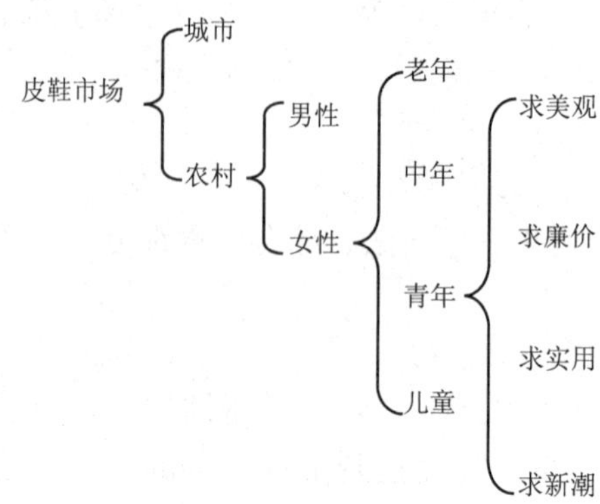

图 5.2　皮鞋市场细分

第三节　目标市场营销策略及其影响因素

市场细分的目的是为了选择目标市场。在市场细分的基础上，企业首先要认真评估各个细分市场部分，然后根据自己的营销目标和资源条件选择适当的目标市场，进而决定自己在目标市场上的营销策略，从而实现市场细分和目标市场营销的作用。

一、评估细分市场

企业为了选择恰当的目标市场，必须对各个细分市场进行评估。企业评估细分市场主要从 3 个方面考虑：一是各细分市场的规模和增长潜力；二是各细分市场的吸引力；三是企业本身的目标和资源。

1. 市场的规模和增长潜力

首先要评估细分市场是否有适当规模和增长潜力。所谓适当规模，是相对于企业的规模与实力而言的。较小的市场对于大企业，不值得涉足；而较大的市场对于小企业，又缺乏足够的资源来进入，并且小企业在大市场上也无力与大企业竞争。

市场增长潜力的大小，关系到企业销售和利润的增长，但有发展潜力的市场也常常是竞争者激烈争夺的目标，这又减少了它的获利机会。

2. 市场的吸引力

吸引力，主要指长期获利率的大小，一个市场可能具有适当规模和增长潜力，但从获利观点来看不一定具有吸引力。决定整体市场或细分市场是否具有长期吸引力的有 5 种力量：现实的竞争者、潜在的竞争者、替代产品、购买者和供应者。企业必须充分估计这 5 种力量对长期获利率所造成的威胁和机会。

如果某个市场上已有为数众多、实力强大或者竞争意识强烈的竞争者，该市场则失去吸引力；如果某个市场可能吸引新的竞争者进入，他们将会投入新的生产能力生产大量资源，并争夺市场占有率，这个市场就不具有吸引力；如果某个市场购买者的谈判能力很强或正在加强，他们强求降价，或对产品和服务苛求不已，并强化卖方之间的竞争，那么，这个市场就缺乏吸引力；如果企业的供应者——原材料和设备供应商、公用事业、银行等，能够随意提高价格或降低产品的服务质量或减少供应数量，该市场就有吸引力。

3. 企业本身的目标和资源

有些市场虽然规模适合，也具有吸引力，但还必须考虑：①是否符合企业的长远目标，如果不符合，就不得不放弃；②企业是否具备在该市场获胜所必要的能力和资源，如果不具备，也只能放弃。

二、目标市场营销策略

企业确定目标市场的方式不同，选择的目标市场范围不同，营销策略也就不一样。归纳起来，有几种不同的目标市场营销策略，可供企业选择，如图 5.3 所示。

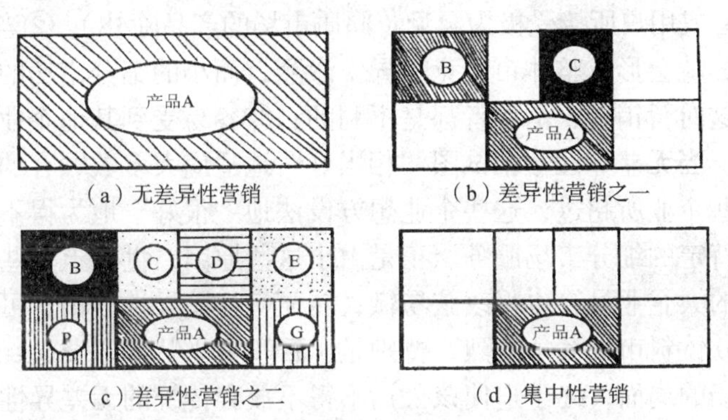

图 5.3　3 种目标市场策略示意图

1. 无差异性营销

如果企业面对的市场是同质市场，或是企业推断（常是正确的）：即消费者们是有差别的，但他们有足够的相似之处而作为一个同质的目标市场加以对等，在这种情况下，企业采用的就是无差异市场策略，开展的就是无差异营销活动。该策略的具体内容是：企业把一种产品的整体市场看作一个大的目标市场，营销活动只考虑消费者或用户的需求方面的共同点，而不管他们之间是否存在差异。因而企业只推出单一的标准化产品，设计一种市场营销组合，通过无差异的大力推销，吸引尽可能多的购买者。

一般来说，这种目标市场策略除适用于市场是同质的产品外，还主要用于广泛需求的，能够大量生产、大量销售的产品。采用这种策略的企业一般具有大规模的单一的生产线，拥有广泛的或大众化的销售渠道，并能开展强有力的促销活动，能进行大量的广告和统一的宣传，因而往往能在消费者或用户心目中建立起“超级产品”的印象。美国可口可乐公司常被引做奉行这种目标市场策略的典型案例：这家世界著名的大公司，由于拥有世界性专利，在 20 世纪 60 年代曾经以单一口味的品种，单一标准的瓶装和统一的广告宣传，长期占领世界软饮料市场。实行这种目标市场策略的企业不搞差异化，但产品实体并没有什么不同。

无差异性营销的最大优点是成本的经济性，主要表现在：①大批量的生产和储运，必然会降低单位产品的成本；②无差异的广告宣传等推销活动可以节省促销费用；③不搞市场细分，也相应减少了市场调研、产品研制、制订多种市场营销组合方案等所要消耗的人力、财力与物力。因此，不但在同质市场上运用这种策略是合理的，而且即使市场异质，但只要产品能够大量生产、大量销售，实行这种策略也具有一定的合理性。这就表明，不能因为这种策略属于产品导向就认为企业不宜采用，弃而不用的观点非但不切合我国许多产品至今仍然是供不应求的具体国情，也不符合发达国家市场营销的实践。

但是，这种策略对于大多数产品并不适用，对于一个企业来说，一般也不宜长期采用。因为①消费需求客观上是千差万别，并不断变化的，一种产品长期为该产品的全体消费者或用户所接受极为罕见（同质市场的产品除外）；②当众多企业者使用这种策略时，就会形成整体市场竞争异常激烈，而小的细分市场的需求却得不到满足的局面，这对营销者、消费者都是不利的；③容易受到其他企业发动的各种竞争努力的伤害。当无差异性营销试图“相当好”地适应大多数顾客的需要时，常常在竞争中被一些企业所超过，这些企业想方设法地“很好”地为得不到满足的顾客服务，也即为特定的细分市场服务。正是由于这些原因，世界上一些曾经长期实行无差异性营销的大企业最终也得改弦易辙，转而实行差异性营销，可口可乐公司就是这样。由于软饮料市场竞争激烈，特别是“百事可乐”异军突起，打破了“可口可乐”独霸市场的局面，终于迫使该公司不得不放弃传统的无差异性营销策略。美国通用汽车公司“雪佛兰”车的介入，使福特汽车公司以一种车占领全市场的梦想破灭。

2. 差异性营销

差异性营销是一种以市场细分为基础的目标市场策略。采用这种策略的企业，把产品的整体市场划分为若干细分市场，从中选择两个以上乃至全部细分市场作为自己的目标市场，并为每个选定的细分市场制订不同的市场营销组合方案，同时多方位或全方位地分别开展针对性的营销活动。例如，某皮鞋厂为不同性别、不同年龄组、不同收入水平、不同偏好的消费者生产不同质料、不同规格、不同款式、不同颜色、不同档次的皮鞋，该厂在皮鞋市场上实行的就是差异性营销。

采用这种目标市场策略，进行的是小批量、多品种生产，具有很大的优越性：

①针对性的营销活动能够分别满足不同顾客群的需要，提高产品的竞争能力，有利于企业扩大销售；②如果一个企业在数个细分市场上都能取得较好的营销效果（连带取得优势通常较为容易），就能树立起良好的市场形象，大大提高消费者或用户对该企业产品的信赖程度和购买频率。在我国，随着经济体制改革向纵深方向发展，这种目标市场策略已经为越来越多的企业家所了解和应用。

不过，这一目标市场策略并非任何企业、任何时候都可采用，原因在于：①实行差异化营销，随着产品品种增加，销售渠道多样化，以及市场调研和广告宣传等营销活动的扩大与复杂化，生产成本、管理费用、销售费用必然会大幅度增加，因此，这一策略的运用必然会限制在这样一个范围内：销售额扩大所带来的利益，必须超过营销成本费用的增加，这就要求企业既不能选错细分市场，也不宜卷入过多的细分市场；②由于存在上述问题，采用这一策略必然会受到企业资源的制约，较为雄厚的财力、较强的技术力量和素质较高的市场营销人员，是实行差异性营销的必要条件，这就使得相当一部分企业、尤其是小企业无力采用此种策略。

3. 集中性营销

企业不是面向整体市场，也不是把力量分散使用于若干个细分市场，而是集中力量进入一个细分市场（或是把该细分市场进一步细分为几个更小的市场部分），为该市场开发一种理想的产品，实行高度专业化的生产和销售，这就是集中性营销。例如，某服装厂专为男性中老年生产服装；某拖拉机厂专门生产宜于山区使用的手扶拖拉机等。采用这种策略通常是为了在一个较小或很小的细分市场上取得较高的，甚至是支配地位的市场占有率，而不追求在整体市场或较大的细分市场上占有较小的份额。

集中性营销主要适用于资源力量有限的小企业，小企业无力在整体市场或多个细分市场上与大企业抗衡，而在大企业未予注意或不愿顾及、自己又力所能及的某个细分市场上全力以赴，则往往易于取得经营上的成功。既由于资金占有少、周转快、成本费用低而能取得良好的经济效益，也因为易于满足特定需求而有助丁提高企业与产品在市场上的知名度，今后一旦时机成熟，更可以迅速扩大市场。可以说，寻求“市场缝隙”，实行集中性营销，以创造宜于自身成长的“小气候”，是小企业变劣势为优势的唯一选择。

这一策略的不足之处是潜伏着较大的风险，一旦目标市场突然不景气，如消费者的需求偏好突然发生变化或者市场上出现了比自己强大的竞争对手，企业就会因为没有回旋余地而立即陷入困境。因此，采用这一策略的企业必须密切注意目标市场的动向，并制定适当的应急措施，以求进可攻、退可守，进退自如。

三、影响目标市场营销策略选择的因素

上述 3 种市场营销策略各有利弊，它们各自适用于不同的情况，企业在选择营销战略时，必须全面考虑各种因素，权衡得失，慎重决策。这些因素主要有以下几种。

1. 企业的实力

企业的实力包括企业的设备、技术、资金等资源状况和营销能力等。如果企业的实力较强，则可实行差异性营销，否则，最好实行无差异性营销或集中性营销。

2. 产品差异性的大小

产品差异性的大小是指产品在性能、特点等方面的差异性的大小。如食盐、食糖、大米等产品，需求的差异是很小的，因而可视为“同质”产品，对于同质产品或需求上共性较大的产品，一般宜实行无差异性营销。反之，对于差异性较大的产品，如服装、化妆品、钟表等则应实行差异性营销或集中性营销。

3. 市场差异性的大小

市场差异性的大小即市场是否“同质”。如果市场上所有顾客在同一时期偏好相同，购买的数量相同，并且对营销刺激的反应相同，则可视为“同质市场”，宜实行无差异性营销战略；反之，如果市场需求的差异性较大，则为“异质市场”，宜采用差异性营销或集中性营销。

4. 产品生命周期的阶段

对处于不同生命周期阶段的产品，应采取不同的目标营销战略，处在投入期和成长期的新产品，营销重点是启发和巩固消费者的偏好，不宜提供太多的品种，最好实行无差异性营销或针对某一特定子市场实行集中性营销；当产品进入成熟期时，市场竞争剧烈，消费者需求日益多样化，可改用差异性营销战略以开拓新市场，满足新需求，延长产品生命周期。

5. 竞争者的战略

一般来说，企业的目标营销战略应该与竞争者有所区别。如果强大的竞争对手实行的是无差异性营销，企业则应实行集中性营销或更深一层的差异性营销；如果企业面临的是较弱的竞争者，必要时可与之“对着干”，采取与之相同的战略，凭借实力击败竞争对手。

当然，这些只是一般性原则，并没有固定模式，营销者在实践中应根据竞争双方的力量对比和市场具体情况灵活选择。

第四节　市场定位与市场拓展策略

企业在市场细分的基础上选择了自己的目标市场，并确定了目标市场营销战略，这就明确了企业的服务对象和经营范围，接下来面临的课题是市场定位。

一、市场定位

（一）市场定位的概念

竞争无时、无处不有，任何一个企业都不可能独霸一个市场。因此，企业在同期目标市场上为自己的产品确定一个位置，树立起一个鲜明的形象，这就是市场定位问题。

所谓市场定位，就是勾画企业产品在目标市场中目标顾客心目中的形象，使企业所提供的产品具有一定特色，适应一定顾客的需要和偏好，并与竞争者的产品有所区别。

许多同类产品在市场上品牌繁多，各有特色，广大顾客有着自己的价值取向和认同标准，企业要想在目标市场上取得竞争优势和更大效益，就必须在了解购买者和竞争者情况的基础上，确定本企业的市场位置，即为企业树立形象，为产品赋予特色，以独到之处取胜。北京"燕莎"友谊商城以购物环境好、货品齐全、优质高档，闻名京城；同仁堂中成药以数百年老店、货真价实驰名全国各地乃至世界华人侨胞之中。

（二）市场定位的步骤与方法

1. 市场定位的步骤

企业的市场定位工作一般应包括3个步骤：一是调查研究影响市场定位的因素，确认目标市场的竞争优势所在；二是选择自己的竞争优势和适当的定位战略；三是准确地传播企业的定位观念。

（1）调查研究影响定位的因素

适当的市场定位必须建立在市场营销调研的基础上，必须先了解有关影响市场定位的各种因素。这些因素主要有以下几种。

1）竞争者的定位状况。要了解竞争者正在提供何种产品，在顾客心目中的形象如何，并估测其产品成本和经营情况。在市场上顾客最关心的，是产品本身的属性（质量、性质、花色、规格等）和价格。因此，企业一方面要确认竞争者在目标市场上的定位；另一方面要正确衡量竞争者的潜力，判断其有无潜在竞争优势，据此明确自己的市场定位。

2）目标顾客对产品的评价标准。要了解购买者对其所要购买产品的最大偏好和愿望，以及他们对产品优劣的评价标准。例如，对服装，目标顾客关心的是式样、颜色，还是质地、价格；对饮料，是重视口味、价格，还是营养疗效。企业应努力搞清楚顾客最关心的问题，并以此作为定位决策的依据。

3）目标市场潜在的竞争优势。企业要确认目标市场的潜在竞争优势是什么，然后才能准确地选择竞争优势。竞争优势有两种基本类型：一是在同样条件下比竞争者定位低；二是提供更多的特色产品以满足顾客的特定需要，从而抵消价格高的不利影响。在前一种情况下，应千方百计地寻求降低单位成本的途径；在后一种情况下，则应努力发展特色产品，提供有特色的服务项目。

（2）选择竞争优势和定位战略

企业通过与竞争者在产品、促销、成本、服务等方面的对比分析，了解自己的长处和短处，从而认定自己的竞争优势，进行恰当的市场定位。例如，以生产中低档手表为主的丹东手表工业公司，认识到自己无力与大企业名牌手表相抗衡，因而避开大城市而选择乡镇市场为目标市场，提出“走下铁路上公路”、“离开城市到农村”的营销战略，树立起符合农村消费者偏好的产品形象，确立了自己的产品定位，因而获得连续 3 年利税有较大幅度增长的好成绩。这就是正确地选择定位战略的结果。

（3）准确地传播企业的定位观念

企业在作出市场定位决策后，还必须大力开展广告宣传，把企业的定位观念准确地传播给潜在购买者，要避免因宣传不当在公众心目中造成 3 种误解：一是档次过低，不能显示出自己的特色；二是档次过高，不符合企业实际情况，使公众误认为企业只经营高档高价产品，而实际上也备有中档产品；三是混淆不清，在顾客心目中没有统一明确的认识，比如对同一产品或同一服务项目，有人认为是高档的，有人认为是低档的。上述种种误解，都是由于定位宣传失误所致，并会给企业形象或经营效果造成不利影响，营销者应注意防止。

2. 市场定位的方法

1）特色定位法，根据特定的产品属性来定位。产品属性包括制造该产品时采用的技术、设备、生产流程以及产品的功能等，也包括与该产品有关的原料、产地、历史等因素。如龙井茶、瑞士表等都是以产地及相关因素定位，而一些名贵中成药的定位则充分体现了原料、秘方和特种工艺的综合。

2）利益定位法，根据满足的需求或所提供的利益来定位。这里的利益包括顾客购买产品时追求的利益和购买企业产品时能获得的附加利益，产品本身的属性及消费者获得的利益能使人们体会到它的定位。如大众汽车“气派”，丰田车“经济可靠”，沃尔沃车“耐用”，而奔驰是“高贵、王者、显赫、至尊”的象征，奔驰的电视广告中较出名的广告词是“世界元首使用最多的车”。又如手机市场中，摩托罗拉向目标消费者提供的利益点是“小、薄、轻”，而诺基亚则宣称“无辐射”。再如，无铅皮蛋、不含铅的某种汽油等将其定为不含铅，间接地暗示含铅对消费者健康不利。有一则广告说，七喜汽水“非可乐”，强调七喜不是可乐型饮料，意在响应美国当时的反咖啡因运动，暗示可乐饮料中含咖啡因，对消费者健康不利。这种定位关键是要突出本企业产品的优势和特点，以及它们对目标顾客有吸引力的因素，从而在竞争者中突出自己的形象。

3）用途定位法，根据产品使用场合及用途来定位。例如，“金嗓子喉宝”专门用来保护嗓子，“丹参滴丸”专门用来防治心脏疾病。为老产品找到一种新用途，是为该产品创造定位的好方法。尼龙从军用到民用，便是一个最好的用途定位例证。

小苏打一度被广泛用作家庭的刷牙剂、除臭剂和烘烤配料等，现在国外开始把它作为冰箱除臭剂、调味汁和肉卤的配料以及夏季饮料的原料之一等。各种品牌的香水，在定位上也往往不同，有的定位于雅致的、富有的、时髦的妇女，有的定位于生活方式活跃的青年人。如防晒霜被定位于防止紫外线将皮肤晒黑晒伤，而保持和补充水分的润肤霜则被定位于防止皮肤干燥。

4）使用者定位法，根据使用者的类型来定位。企业常常试图把某些产品指引给适当的使用者即某个细分市场，以便根据该细分市场的看法塑造恰当的形象。康佳集团针对农村市场的“福临门”系列彩电，充分考虑农民消费者的需求特殊性，定位为质量过硬、功能够用、价位偏低，同时增加了宽频带稳压器等配件产品。又如，强生公司将其婴儿洗发液重新定位于常常洗头而特别需要温和洗发液的年轻女性，使其市场占有率由3%提高至14%。

5）竞争定位法，根据竞争者来定位。可以接近竞争者定位，如康柏公司要求消费者将其个人计算机与IBM个人计算机摆在一起比较，企图将其产品定位为使用简单而功能更多的个人计算机；也可远离竞争者定位，如七喜将自己定位为“非可乐”饮料，从而成为软饮料的第三巨头。

6）档次定位法，不同的产品在消费者心目中按价值高低有不同的档次。对于产品质量和价格比较关心的消费者来说，选择在质量和价格上的定位也是突出本企业形象的好方法，企业可采用“优质高价”定位和“优质低价”定位。在“各种家电产品价格大战”如火如荼的同时，海尔始终坚持不降价，保持较高的价位，这是“优质高价”的典型表现。如劳力士表价格高达几万元人民币，是众多手表中的至尊，也是财富与地位的象征。拥有它，无异于暗示自己是一名成功人士或上流社会的一员。

7）形状定位法，根据产品的形式、状态定位。这里的形状可以是产品的全部，也可以是产品的一部分。如“白加黑”感冒药、“大大”泡泡糖都是以产品本身表现出来的形式特征为定位点，打响了其市场竞争的一炮。

8）消费者定位法，按照产品与某类消费者的生活形态和生活方式的关联定位。以劳斯莱斯为例，它不仅是一种交通工具，而且是英国富豪生活的一种标志。100多年来劳斯莱斯公司出产的劳斯莱斯豪华轿车总共才几十万辆，最昂贵的车价格高达数百万美金。

9）感情定位法，运用产品直接或间接地冲击消费者的感情体验而进行定位。如“田田口服液”以“田田珍珠，温柔女性”为主题来体现其诉求和承诺，由于“田田”这一品牌名称隐含“自然、清纯、迷人、温柔”的感情形象，因而其感情形象的价值迅速通过“温柔女性”转为对“女性心理”的深层冲击。“田田”这一女性化特质的品牌名称，明确将一种感情形象的价值倾向作为其产品定位的出发点，并以此获得了市场商机。

10）文化定位法，将某种文化内涵注入产品之中，形成文化上的品牌差异。文化定位可以使品牌形象独具特色。如万宝路引入“男性文化”因素，改换代表热烈、勇敢和功名的红色包装；用粗体黑字来描画名称，表现出阳刚、含蓄和庄重；并让结实粗犷的牛仔担任万宝路的形象大使，强调“万宝路的男性世界”。不断塑造强化健壮的男子汉形象，终于使万宝路香烟的销售和品牌价值位居世界香烟排名榜首。

11）附加定位法，通过加强服务树立品牌形象。对于生产性企业而言，附加定位需要借助于生产实体形成诉求点，从而提升产品的价值；对于非生产性企业来说，附加定位可以直接形成诉求点。例如，“海尔——真诚到永远”是海尔公司一句响彻全球的口号。

市场定位实际上是一种竞争策略，是企业在市场上寻求和创造竞争优势的手段，要根据企业及产品的特点、竞争者及目标市场消费需求特征加以选择。实际营销策划中往往是多种方法综合运用。市场定位不是一劳永逸的事情，在初次定位之后，还要根据变化了的具体情况进行重新定位。

（三）市场定位策略

市场定位策略是一种竞争策略，它显示了一种产品和同类似的产品或企业之间的竞争关系。定位方式不同，竞争态势也不同，下面介绍4种主要定位方式。

1. 避强定位

避强定位是一种避开强有力的竞争对手的市场定位。这种定位的优点是：能够迅速地在市场上站稳脚跟，并能在消费者或用户心目中迅速树立起一种形象。由于这种定位方式市场风险较小，成功率较高，常常为多数企业所采用。当然，避强定位策略也有明显的缺点：“避实击虚”往往意味着企业放弃某个最佳的市场位置。

20世纪80年代，欧洲空中客车飞机公司仅占10%的世界飞机市场，既然不能够取代美国波音飞机公司而成为世界商用飞机的霸主，那就只能采用“深挖洞，广积粮，缓称王”的定位策略。“空中客车”发现在世界航空客运业竞争日趋激烈导致利润下降的情况下，欧美各大航空公司不愿购买新机种，唯有亚洲对飞机的需求增长仍然很强劲，而“波音”恰恰忽视了亚洲市场。抓住了亚洲这一市场前景就等于保住了自己的未来，“空中客车”乘虚而入，率先与泰国航空公司和新加坡航空公司签订了销售飞机的合同，定位在300座位的中型客机，结果订单纷至沓来。

2. 迎头定位

迎头定位是一种与市场上占据支配地位的，亦即最强的竞争对手“对着干”的定位方式。虽然迎头定位有时会是一种危险的战术，但不少企业认为这是一种更能激励自己奋发上进和可行的定位尝试，一旦成功就会取得巨大的市场优势。在发达国家，这类事例屡见不鲜。如美国的可口可乐和百事可乐都是世界著名的饮料公司，互相争斗了半个多世纪，可口可乐虽然占上风，但谁也未能打败对手。相反，这场世界瞩目的、旷日持久的饮料大战，日益引起消费者的关注，喝可乐的人越来越多。毫无疑问，最大的受益者就是可口可乐和百事可乐。这种竞争真可谓“一荣俱荣，一损俱损”。同样的例子还有“汉堡包王”与麦克唐纳快餐的竞争等。从中可以看出实行这种定位战略的企业，必须具备以下条件：①能比竞争者生产出更好的产品；②该市场容量足够吸纳竞争双方的产品；③比竞争者有更多的资源和实力。

3. 重新定位

重新定位通常是指对销路少、市场反应差的产品进行二次定位。很明显，这种重新定位旨在摆脱困境，重新获得增长与活力。这种困境可能是企业决策失误引起的，也可能是对手有力反击或出现新的强有力的竞争对手而造成的。不过，也有的重新定位并非因为已经陷入困境，相反，却是产品意外地扩大了销售范围而引起的。例如，专为青年人设计的某种款式的服饰在中老年消费者中也流行开来，该服饰就会因此而重新定位。

重新定位得来的柳暗花明——万宝路香烟

成立于1924年的美国菲利普·莫利斯公司，当年生产的万宝路香烟，根据其配方和口味特点，被作为女士专用香烟推向市场，费了不少工夫，销售也未打开，至20世纪40年代初，曾一度被迫停产。第二次世界大战后，美国经济出现繁荣，吸烟人数不断上升，该公司认为良机已到，把万宝路香烟装上刚刚面世的过滤嘴，重新向女子市场推出，结局仍不佳。眼见“芳龄30”的万宝路香烟，依然“养在深闺人不识”，一筹莫展的菲利普·莫利斯公司只得向芝加哥的利奥·伯内特广告公司求助，希望能找到解救良策。利奥·伯内特公司经过周密的市场调查，提出彻底改变万宝路形象，洗尽脂粉，赋予男子汉气概，使之成为男人所喜爱的香烟。该公司接受建议，积极实施，1954年新的万宝路诞生。配方依旧，包装采用当时首创的平开盒式盖，并使用象征力量的红色作烟盒的主色，在广告宣传上改由马车夫、潜水员、农夫、牛仔等人物来强调香烟的男子汉气概，最后用牛仔形象宣传的万宝路香烟投放市场后，一年销量提高了3倍，从一个默默无闻的牌号一跃成为美国销量最大的10种香烟之一，1968年成为美国销量第二的香烟，1975年，销量跃居世界第一。

（资料来源：http://www.cmmo.cn/space.php?uid=3545&do=blog&id=16836）

4. 特色定位

特色定位是指企业通过分析市场中现有产品的定位状况，发掘新的具有鲜明特色的产品，并在市场上找到自己合适的位置，来为企业的产品定位。企业根据市场需求情况与本身条件，尽量突出其产品的特色，本身就是差异性营销。实施这种战略，对企业是否具有差异性营销的条件要求较高，利用特色产品来占领市场最有利的位置是高明的竞争者。实践证明，特色定位策略很容易成功，而一旦成功将给企业带来丰厚的收益。高质量、高价格，突出高品质，从而给消费者仰望的感觉，应该是企业市场定位的最高追求。一些专卖店突出平民化、大众化的格调，2元店或8元店，价钱非常便宜，东西也大都实用，从市场定位的角度来说，虽然非常平淡，但可以说非常成功。

京川宾馆——三国文化主题酒店

京川宾馆是全国首家以三国文化为主题的酒店，作为一个主题酒店，除了应该有同档次酒店相同的服务项目和服务内容外，还应该有和主题相关的特色服务，如博物馆、馆内导游、武士及迎宾等，都是针对三国文化所设立的特色服务项目，这些项目的设立，使客人在享受星级服务的同时，有了一种耳目一新的感觉，使客人产生一种心灵上的共鸣，充分体现了文化特色在酒店服务中的实际价值。一线服务人员以三国人物名字命名工号牌，让客人享受“貂禅”、“大乔”、“小乔”为他们提供的服务。为了把主题文化内涵融入到酒店服务产品的优化创新工作中，酒店从现代旅游经济结构的六大要素入手，创新性地开发出一系列既充分体现酒店功能，又尽显主题文化特色的优势服务新产品，在激烈的市场竞争中，有效增强了酒店的核心竞争优势。

1）“吃”——酒店将三国文化特色融入宴会、菜品的研发之中，并以宫廷宴乐为创新基调，现代餐饮为时尚亮点，推出了主打宴席——三国宴、蜀宫乐宴、龙凤呈祥主题婚宴，同时还配套性地推出了备受社会散客青睐的三国百家菜、养生滋补汤锅系列百姓饮食。

2）“住”——酒店充分利用三国地名、人名和诗词、典故等文化要素，对客房主楼、套房、会议室等进行了个性化命名，收到了出乎意料的惊喜效果。比如，把商务套房以客人姓氏临时命名为赵府、黄府、李府等，让客人既体验到了古典文化中的情趣，又深感到了一种如入家宅的心理舒适。同时，酒店还在室内装饰方面，尤其注重到了房间不同主题特色的欣赏性、舒适性、参与性，既追求环境的雅致、舒适，又营造心情的轻松、愉悦，再加上酒店所提供的国内长途电话免费以及“华容道”游戏有奖参赛活动等个性化服务项目，真正给入住客人带来了精神文化的别样体验、自身价值的尊贵感受和心理需求的超值满足。

3）“行”——酒店的京川金穗旅行社专门为顾客开辟了三国旅游线路，吸引了国内外三国文化爱好者，增添了旅游市场新亮点。

4）“游”——酒店充分利用酒店空间，创作出了许多富于三国文化特色的石雕、壁画、诗赋作品，精心装点出了宾馆的三国主题文化氛围。在这里，顾客足不出户即可欣赏到酒店独创的“刘备入成都”、“桃园结义”等绘画新品，还可以观赏到省市文物单位专门在酒店设立的“蜀汉文物陈列馆”的一些馆藏文物。总的说来，整个宾馆就是一个浓缩的三国文化观景园，客人进入宾馆门，从第一眼看到独具特色的迎宾服装，就会不由自主地沉浸于这一方“三国主题文化天堂”。

5)“购”——为了满足顾客对三国文化的仰慕，宾馆商场组织上百种三国文化纪念商品，以满足客人选购之需。

6)“娱”——酒店专门根据历史记载，编创了一台雅俗共赏的“蜀宫乐宴”晚会，融音乐、舞蹈、戏曲为一体，生动地再现了三国时代歌舞升平、君臣尽欢的盛世美景，以此为同座而饮的各位嘉宾带来忠肝义胆、推心置腹的轻松体验。

京川宾馆通过打造一家独具三国文化魅力的4星级主题酒店，硬是把这座已有着20年经营历史的“老宾馆”激活了，让地域特色文化实现了从文化资源向文化资本的高效转变。特色鲜明的主题文化，为京川宾馆注入了全新的、完全个性化的酒店服务魅力，由此带来了酒店效益的显著增长。酒店主题改造完成以来，开房率从过去的53%迅速上升至83%；客源结构、客源来源均发生了明显变化，特别是散客收入比去年同期增长19.8%；客房、餐饮、康乐及其他收入较去年也同期增长52%。实践证明，京川宾馆向着主题酒店迈进的这一战略举措，是一种完全成功的文化营销，它不仅把文化优势物化成了经济特色，而且凭借文化的精神价值，最终实现了现代酒店服务的品牌效益。

二、市场拓展策略

企业要拓展市场，这是出于战略考虑，一般有两条途径，一是提高市场占有率，二是开拓新市场。为此应对产品、市场两方面进行组合，也就是对现有产品和新产品、现有市场和新市场进行组合，主要有如下4种策略（见表5.1）。

表5.1　市场拓展策略

产品 市场	现有产品	新产品
现有市场	市场渗透	新产品开发
新市场	市场开发	多角化经营

表5.1中4种策略可归纳为扩张性策略和多角化经营策略两类，它们都属市场拓展策略。

1. 扩张性策略

扩张性策略是指在现有产品或现有市场的基础上进行扩张，尽力提高市场占有率的策略。它包括市场渗透策略、市场开发策略和新产品开发策略。

1）市场渗透策略，即采取各种措施，设法在现有市场上扩大销售，进一步提高市场占有率。其方法有：促进现有顾客更多地购买本企业的产品；吸引竞争对手的顾客购买本企业的产品；激发潜在顾客购买动机，使之成为本企业产品的现实顾客。

2）市场开发策略，即通过开拓新市场扩大企业现有产品的销售。其方法有：把原来的潜在顾客变为现实顾客；在现有的销售区域内开辟新的销售渠道；发展新的销售区域（地理区域）。

3）新产品开发策略，即向现有市场供应改进产品或新产品，满足现有市场上的不同需求。

2. 多角化经营策略

多角化经营策略是指企业运用多向发展的新产品与多个目标市场相结合的策略。多角化经营策略说明产品与市场都已进入新的领域，它与扩张性策略有着明显的差别。实际上，企业采取这一策略是为了把自己的经营触角伸向四面八方，以实现企业扩大经营范围、寻求更大发展的目标。许多企业由小变大都采取这种发展策略。

这种策略在一些发达国家和地区已司空见惯。例如，美国杜邦公司最早只是生产炸药这个单一产品，后来发展到经营 1800 多种产品，这些产品涉及基础化工、石油化工、电子、医药、程序控制等多个领域。中国香港中华造船厂有限公司，除承造小型工程船舶外，还承接各种金属构件工程。其中，高层建筑构件和安装已成为一项重要的业务，著名的香港远东金融中心、同德丰大厦、汇丰银行大厦都是由它来承造；另外，一些大型机电、化工设备的安装工程也成为其业务范围。

与单一产品集中经营相比，实施多角化经营策略的优越性如下。

1）能适应瞬息万变的市场。市场上消费者的需求受市场环境多种不可控因素影响，环境因素在不断变化，市场需求也在不断变化。若企业采用多角化经营策略，发展多项新产品，开发多个目标市场，企业就有多种产品、多个市场的基础，来适应市场需求的变化。

2）能更好地减少风险。任何企业经营都存在一定的风险，问题在于企业如何去减少风险、分散风险和增强抗风险能力。企业实施多角化经营策略，使企业的经营范围向各领域扩大，把资金分散经营，企业就有很大的回旋余地，即使某一领域的产品和市场失利，但其他领域的产品和市场在发展，整个企业就仍在发展，不会倒闭。

3）能多方获取利润。由于企业在多个领域开展营销活动，若这些领域都经营得法，企业的利润就会从四面八方流向企业；倘若某些领域亏损，企业的利润亦能维持。

4）能充分地利用有限的资源。多角化经营的最大特点是协同效应。所谓协同效应，是指企业的产品之间或市场之间的“配合性”。有了协同效应能使企业获得“2＋2＝5”的综合效果，即所谓合力大于各个分力之和。协同效应能充分利用企业资源，其表现在如下几方面：①销售协同效应，是指不同的产品可以共用同一销售网络、同一销售行政部门、同一成品仓库、同一套运输工具和运输线路、同一广告和促销活动、同一商誉等，例如，广东的万宝集团在广告宣传万宝冰箱的同时，也宣传万宝电饭煲等其他家用电器；②生产协同效应，是指人员和设备能充分发挥其效能，原材料能综合利用，变废为宝，发展循环经济，最低限度降低成本，取得较好的经济效益和社会效益；③投资协同效应，是指厂房、设备、研究发展等方面能统一考虑、共同使用，避免分散经营导致投资额大的弊病，节约投资费用；④管理协同效应，是指企业各个部门可以共用一个管理指挥系统，这样既避免人浮于事，又培养和锻炼了管理人员，提高了其管理能力和适应性。

以上是多角化经营的优点，只有企业管理层的管理能力相当强，才能发挥出来，否则会导致企业分崩离析，以倒闭告终。

多角化经营策略有以下几种。

1）同心多元化。面对新市场、新顾客，以原有技术、特长和经验为基础增加新业务。比如，拖拉机厂生产小货车，电视机厂生产其他家用电器。由于从同一圆心逐渐向外扩展活动领域，没有脱离原来的经营主线，利于发挥已有优势，风险较小。

2）水平多元化。利用现有市场和现有顾客，采用不同技术增加新业务，这些技术与企业现有能力没有多大关系。比如，原来生产拖拉机的企业，现在准备生产农药、化肥。企业在技术、生产方面进入了全新的领域，风险较大。

3）垂直多元化。企业在原经营业务基础上，向前或向后发展经营的策略。如生产产品的企业可以向前发展产品销售，也可以向后发展生产产品所需要的原材料和配件。

4）综合多元化。企业以新业务进入新市场，新业务与企业现有的技术、市场及业务没有联系，这种做法风险最大。比如，汽车厂同时从事金融、房地产、旅馆等业务。企业在规划新的发展方向时，必须十分慎重。

第五节　市场竞争策略

一、竞争者分析

“知己知彼，百战不殆。”企业要制定正确的竞争战略和策略，首先要了解竞争者，包括竞争者是谁？他们的战略和目标是什么？他们的优势与劣势是什么？他们的反应模式是什么？企业应当攻击、回避谁？

（一）竞争者的识别

识别竞争者似乎是一件很容易的事。但是，企业的现实和潜在竞争者的范围是极其广泛的，如果不能正确地识别，就会患上“竞争者近视症”。从现代市场经济实践看，一个企业更可能被潜在竞争者，而不是当前的主要竞争者打败。

竞争者识别主要是在企业所属的行业环境中进行。根据波特的观点，一个行业中的竞争，不止是在原有竞争对手中进行，而是存在着 5 种基本的竞争力量：潜在的行业新进入者、替代品的竞争、买方讨价还价的能力、供应商讨价还价的能力以及现有竞争者之间的竞争（见图 5.4）。竞争者分析就是要分析这 5 种基本竞争力量的状况及综合强度，它决定着行业的竞争激烈程度、行业最终的获利潜力以及资本向本行业的流向程度，这一切最终决定着组织保持高收益的能力。

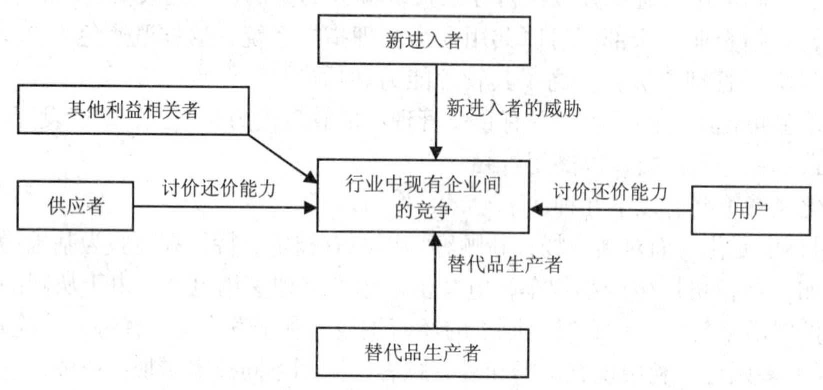

图 5.4 企业面对的 5 种基本竞争力量

1. 潜在的行业新进入者

潜在的行业新进入者是行业竞争的一种重要力量，这些新进入者大都拥有新的生产能力和某些必需的资源，期待能建立有利的市场地位。新进入者加入该行业，会带来生产能力的扩大，带来对市场占有率的要求，这必然引起与现有企业的激烈竞争，使产品价格下跌；另外，新进入者要获得资源进行生产，从而可能使得行业生产成本升高，这两方面都会导致行业的获利能力下降。

2. 替代品的威胁

某一行业与另一行业的企业处于竞争的状况，是因为这些企业的产品具有相互替代的性质。替代产品的价格如果比较低，它投入市场就会使本行业产品的价格上限只能处在较低的水平，这就限制了本行业的收益。本行业与生产替代产品的其他行业进行的竞争，常常需要本行业所有企业采取共同措施和集体行动。

3. 买方讨价还价的能力

买方亦即顾客，买方的竞争力量需要视具体情况而定，但主要由以下 3 个因素决定：买方所需产品的数量、买方转而购买其他替代产品所需的成本、买方所各自追求的目标。买方可能要求降低购买价格，要求高质量的产品和更多的优质服务，其结果是使得行业的竞争者们相互竞争残杀，导致行业利润下降。

4. 供应商讨价还价的能力

对某一行业来说，供应商竞争力量的强弱，主要取决于供应商行业的市场状况以及他们所提供物品的重要性。供应商的威胁手段：一是提高供应价格；二是降低相应产品或服务的质量，从而使下游行业利润下降。

5. 现有竞争者之间的竞争

这种竞争力量是企业所面对的最强大的一种力量，这些竞争者根据自己的一整套规划，运用各种手段（价格、质量、造型、服务、担保、广告、销售网络、创新等）力图在市场上占据有利地位和争夺更多的消费者，对行业造成了极大的威胁。

根据产品替代观念，可以区分4种层次的竞争者。

1）品牌竞争者：将其他以近似的价格向相同的顾客提供类似产品和服务的企业看成自己的竞争者。例如，某自行车企业把生产同一档次自行车的企业视为竞争者。

2）行业竞争者：将制造相同产品或同类产品的企业看成竞争者。例如，某自行车企业把生产不同档次自行车的企业视为竞争者。

3）属类竞争者：将所有提供同一服务的企业都看成竞争者。例如，某自行车企业把生产自行车、电动车、摩托车、汽车的企业都视为竞争者。

4）欲望竞争者：企业把所有可能争夺同一顾客同一笔消费资金的企业都视为自己的竞争者。

（二）判定竞争者的战略和目标

1. 判定竞争者的战略

企业最直接的竞争者是那些处于同一行业同一战略群体的企业。战略群体是指在某特定行业内推行相同战略的一组企业。战略的差别表现在目标市场、产品档次、性能、技术水平、价格、销售范围等方面。区分战略群体有助于认识以下3个问题。

1）不同战略群体的进入与流动障碍不同。比如，某企业在产品质量、声誉和纵向一体化方面缺乏优势，则进入低价格、中等成本的战略群体较为容易，而进入高价格、高质量、低成本的战略群体则较为困难。

2）同一战略群体内的竞争最为激烈。处于同一战略群体的企业在目标市场、产品类型、质量、功能、价格、分销渠道和促销战略等方面差别不大，任一企业的竞争战略都会受到其他企业的高度关注，并在必要时作出强烈反应。

3）不同战略群体之间存在现实或潜在的竞争，包括①不同战略群体的顾客会有交叉；②每个战略群体都试图扩大自己的市场，涉足其他战略群体的领地，在企业实力相当和流动障碍小的情况下尤其如此。

2. 判定竞争者的目标

竞争者的最终目标当然是追逐利润，但是每个企业对长期利润和短期利润的重视程度不同，对利润满意水平的看法不同。有的企业追求利润“最大化”目标，不达最大，决不罢休。有的企业追求利润满足目标、达到预期水平就不会再付出更多努力。具体的战略目标有多种多样，如获利能力、市场占有率、现金流量、成本降低、技术领先、服务领先等，每个企业有不同的侧重点和目标组合。了解竞争者的战略目标及其组合可以判断他们对不同竞争行为的反应。比如，一个以低成本领先为目标的企业对竞争企业在制造过程中的技术突破会作出强烈反应，而对竞争企业增加广告投入则不太在意。美国企业多数按照最大限度扩大短期利润的模式经营，因为当前经营绩效决定着股东满意度和股票价值。日本企业则主要按照最大限度扩大市场占有率的模式经营，由于贷款利率低，资金成本低，所以对利润的要求也较低，在市场渗透方面显示出更大的耐心。

竞争者的目标由多种因素确定，包括企业的规模、历史、经营管理状况、经济状况等。

（三）评估竞争者的优势与劣势

评价竞争者的优势和劣势是竞争者分析的重要内容。知己知彼才能百战百胜。对竞争者的评估可分 3 步进行。

1）收集信息。收集竞争者业务上最新的关键数据，主要有：销量、市场份额、产品质量、企业信誉（或情感份额、心理份额）、成本、利润、生产技术、人员素质、财务实力（如现金流量）、投资回报率、新投资、设备利用率等。收集信息的方法是查找第二手资料或通过市场调研获取第一手资料。

2）分析评价。根据所得资料对竞争者的优势与劣势进行综合分析。

3）优胜基准。优胜基准是指找出竞争者在管理和营销方面的最好做法作为基准，然后加以模仿、组合和改进，力争超过竞争者。福特汽车企业总裁曾指示属下的设计师根据顾客认为最重要的特征组合新汽车，模仿和改进竞争者的最佳特征，如座位、外形、发动机、操作系统等，造出在当时最先进的、最受顾客欢迎的新汽车。确定优胜基准的步骤为：确定优胜基准项目，确定衡量关键绩效的变量，确定最佳级别的竞争者，衡量最佳级别竞争者的绩效，衡量企业绩效，制定缩小差距的计划和行动，执行和监测结果。

（四）判断竞争者的反应模式

在了解竞争者目标和优劣势的基础上，需要进一步判断竞争者对企业策略可能作出的反应模式。竞争者反应模式不仅受其目标、优劣势的制约，还受到企业文化、企业价值观、营销观念等因素的影响。竞争中常见的反应类型有以下 4 种。

1）从容型竞争者，是指对某些特定的攻击行为没有迅速反应或强烈反应。可能原因是：认为顾客忠诚度高，不会转移购买；认为该行为不会产生大的效果；缺乏作出反应所必需的资金条件等。

2）选择型竞争者，是指只对某些类型的攻击作出反应，而对其他类型的攻击无动于衷。比如，对降价行为作出针锋相对的回击，面对增加广告费用则不作反应。了解竞争者会在哪些方而作出反应，有利于企业选择最为可行的攻击对象和攻击策略。

3）凶狠型竞争者，是指对所有的攻击行为都作出迅速而强烈的反应。这类竞争者意在警告其他企业最好停止任何攻击。

4）随机型竞争者，是指对竞争攻击的反应具有随机性，有无反应和反应强弱无法根据其以往的情况加以预测。

（五）确定攻击对象和回避对象

根据竞争双方的情况选择适当的竞争对手，或避免与某些竞争者交锋是竞争策略的重要内容。竞争者不外乎有下列3种类型。

1. 强竞争者与弱竞争者

攻击弱竞争者所耗费的资金和时间较少，但市场占有率的提高和利润增加的也较少。攻击强竞争者风险较大，但可以提高自己的生产、管理和促销能力，更大幅度地扩大市场占有率和利润水平。

2. 近竞争者与远竞争者

多数企业重视同近竞争者对抗并力图摧毁对方，但是竞争胜利可能招来更难对付的竞争者。美国的战略研究专家波特在其所著的《竞争战略》一书中举了两个毫无意义的“胜利”的例子：鲍希和隆巴公司曾积极同其他软镜头生产商对抗并且取得了很大的成功，然而却导致失败者纷纷把资产卖给露华浓、强生等较大的企业，使自己面对更强大的竞争者；一家橡胶特种用品生产商把另一家橡胶特种用品生产商当作不共戴天的仇敌来攻击，并抽走股份，给这家企业造成很大损失，结果几家大型轮胎企业的特种用品部门乘虚而入，很快进入了特种橡胶制品市场。

3. “好”竞争者与“坏”竞争者

“好”竞争者的特点是：遵守行业规则；对行业增长潜力提出切合实际的设想；按照成本合理定价；喜爱健全的行业，把自己限制在行业的某一部分或某一细分市场中；推动他人降低成本，提高差异化；接受为他们的市场份额和利润规定的大致界限。“坏”竞争者的特点是：违反行业规则；企图靠花钱而不是靠努力去扩大市场份额；敢于冒大风险；生产能力过剩仍然继续投资，总之，他们打破了行业平衡。企业应支持“好”的竞争者，攻击“坏”的竞争者。

最后，需要指出的是，竞争者的存在会给企业带来一些战略利益，如增加总需求，导致产品更多的差别，为效率较低的生产者提供了成本保护伞，分摊市场开发成本，服务于吸引力不大的细分市场，减少了违背反托拉斯法的风险，等等。

二、企业的市场竞争定位与市场营销策略

按照企业在所属行业中的竞争地位不同，可以把企业分为 4 类：市场领导者、市场挑战者、市场追随者和市场利基者。不同的竞争地位是制定市场营销战略的基础。

（一）市场领导者的竞争战略

市场领导者是指在相关的产品市场中占有最大市场份额，在价格变化、新产品开发、分销覆盖面和促销强度方面对本行业其他企业起着领导作用的企业，并为同行业所公认。如我国电视机行业的长虹集团、电冰箱行业的海尔集团、计算机行业的联想集团、微波炉行业的格兰仕集团，等等。

市场领导者虽是行业中占有最大市场份额的企业，但并不总是竞争力最强的企业。因为市场领导者在一个行业中有最大的投资额，由于投资量大，在市场需要变化时，投资的报酬率会下降，从而削弱其再投资或是维持现有市场地位所需的资金；市场领导者的营销情况往往在竞争中更容易为别人知道和了解，因此它有来自四面八方的攻击使其难以应付；此外，市场领导者如果没有经常性的组织制度革新，往往可能患“大企业病”，即企业的应变能力和管理效率降低。因此，作为市场领导者，需要对自身的弱点经常地进行检讨，并正确地选择竞争战略。

市场领导者要保持自己的市场占有率和在行业中的经营优势，有以下 3 种主要的战略可供选择。

1. 扩大市场总需求的战略

该战略属于发展战略类型，即采用“欲望竞争”的观念，积极寻找扩大市场总需求的方法，市场领导者占有的市场份额最大，在市场总需求扩大时受益也最多。扩大总需求的途径是开发产品的新用户、寻找产品的新用途和增加顾客使用量。

2. 保持现有市场份额的战略

该战略属于维持性战略。市场领导企业应采取较好的防御措施和有针对性的进攻，来保持自己的市场地位。保持现有市场份额的战略是市场领导者经常要实行的竞争战略。因为在一个市场领导者的周围，总是存在着不少意欲侵入其市场领域的竞争者。市场领导者就需要进行适当的防御。市场领导者的防御战略手段主要有 6 种。

1）阵地防御。采取阵地防御是在现有市场四周构筑起相应的“防御工事”。典型的做法是企业向市场提供较多的产品品种和采用较大的分销覆盖面，并尽可能地在同行业中采用低定价策略。这是一种保守的竞争做法，因缺少主动进攻，长期实行会使企业滋生不思进取的思想和习惯。美国的福特汽车公司和克莱斯勒汽车公司都曾由于采取这种做法而先后从顶峰上跌了下来。我国的海尔集团没有局限于赖以起家的冰箱市场，而是积极从事多元化经营，开发了空调、彩电、洗衣机、计算机、

微波炉、干衣机等一系列产品，成为我国电器行业的著名品牌。

2）侧翼防御。侧翼防御是指市场领导者对在市场上最易受攻击处，设法建立较强的业务经营实力或是显示出更大的进取意向，借以向竞争对手表明：在这一方面或领域内，本企业是有所防备的。例如，20世纪中期，当IBM公司在美国连续丢失个人计算机市场和计算机软件市场份额后，对行业或是组织市场用户所使用的小型计算机加强了营销力度，率先采用改良机型、降低产品销售价格的办法，顶住了日本和联邦德国几家计算机企业在这一细分市场上的进攻。

3）以攻为守。以攻为守是指在竞争对手尚未构成严重威胁或在向本企业采取进攻行动前抢先发起攻击以削弱或挫败竞争对手。这是一种先发制人的防御，企业应正确地判断何时发起进攻效果最佳以免贻误战机。例如，日本精工公司在世界各地市场分销达2 300种钟表产品，使竞争对手很难找到涉足的领域。日本本田公司，素以生产摩托车闻名，该企业从20世纪中期开始进入轿车生产领域，但仍然保持每年推出几款新型摩托车产品。每当有竞争对手生产同样摩托车产品时，本田公司就采取首先降价的防御措施，因此该企业在摩托车市场的领先地位得以长久保持。

4）反击式防御。当市场领导者已经受到竞争对手攻击时，采取主动的，甚至是大规模的进攻，而不是仅仅采取单纯防御做法，就是反击式防御。如日本的松下公司，用大幅度降价的做法，以保持该企业在电视、录像机、洗衣机等主要家电产品的市场领先地位。

5）运动防御。运动防御是指市场领导者将其业务活动范围扩大到其他领域中，一般是扩大到和现有业务相关的领域中。如美国施乐企业为保持其在复印机产品市场的领先地位，从1994年开始，积极开发计算机复印技术和相应软件，并重新定义企业是“文件处理企业”而不再是“文件复制企业”，以防止随着计算机技术对办公商业文件处理领域的渗入而使企业市场地位被削弱。

6）收缩防御。收缩防御是指企业主动从实力较弱的领域撤出，将力量集中于实力较强的领域。当企业无法坚守所有的市场领域，并且由于力量过于分散而降低资源效益的时候，可采取这种战略。其优点是在关键领域集中优势力量，增强竞争力。如可口可乐企业在20世纪80年代放弃了企业曾经新进入的房地产业和电影娱乐业，以收缩企业的力量对付饮料业越来越激烈的竞争。

3. 扩大市场份额的战略

该战略属于用进攻方法达到防御目的的战略。在市场需求总规模还能有效扩大的情况下，市场领导者也应随市场情况变化调整自己的营销组合，努力在现有市场规模下扩大自己的市场份额。

一般而言，如果单位产品价格不降低且经营成本不增加，企业利润会随着市场份额的扩大而提高。据有关研究认为，市场份额在10%以下的企业，其投资报酬率在9%左右，而市场份额超过40%的企业将得到30%的平均投资报酬率，或者为市场份额在10%以下的企业的平均投资报酬率的3倍左右。

扩大市场份额战略的主要做法如下：

1）产品创新。产品创新是市场领导者主要应该采取的能有效保持现有市场地位的竞争策略。20 世纪 80 年代中期，日本松下公司平均每 6 个月对其录像机产品进行更新，Intel 公司每 6 个月会更新其 CPU 产品。

2）质量策略。质量策略也是市场领导企业采用较多的市场竞争策略，即不断向市场提供超出平均质量水平的产品。这种竞争策略，或者是为了直接从高质量产品中得到超过平均投资报酬率的收入；或者是在高质量产品的市场容量过小时，不是依靠其获得主要营销收入，而仅仅是为了维持品牌声誉或保持企业产品的市场号召力，从而能为企业的一般产品保持较大市场销售量。

3）多品牌策略。此策略为美国的宝洁公司首创。即在企业销路较大的产品项目中，采用多品牌营销，使品牌转换者在转换品牌时，仍是在购买本企业的产品。

4）增加或是大量广告策略。市场领导企业往往可以在一定的时期，采用高强度多频度的广告来促使消费者经常保持对自己的品牌印象，增加其对品牌熟悉的程度或产生较强的品牌偏好。

5）加大销售促进力度。如采取各种促销手段，不断加强售后服务，提供更多质量保证，建立更多的销售和顾客服务网点等。

（二）市场挑战者的竞争战略

市场挑战者是指在行业中占据第二位及以后位次，有能力对市场领导者和其他竞争者采取攻击行动，希望夺取市场领导者地位的企业。市场挑战者往往可以采取两种竞争战略：一是向市场领导者发起进攻，夺取更多的市场份额；二是固守已有的市场地位，使自己成为不容易受到其他竞争者攻击的对象。

市场挑战者在本行业要寻求进一步的发展，进攻战略是市场挑战者主要奉行的竞争战略。市场挑战者的进攻战略主要有 5 种。

1. 正面进攻

该战略是正面地向对手发起进攻，攻击对手真正实力所在，而不是它的弱点。即便不能一役以毙之，也可极大消耗对手实力。进攻的结果取决于谁的实力更强或更有持久力，采取的是实力原则。正面进攻的常用做法有：①产品对比，将自己的产品和竞争对手的产品用合法形式进行特点对比，使竞争者的顾客相信，应重新考虑是否有必要更换品牌；②采用攻击性广告，即使用同竞争者相同的广告媒介，拟定有对比性的广告文稿，针对竞争者的每种广告或广告中体现的其他的营销定位因素进行攻击，如在巴西占市场份额第二位的剃刀片制造商，向占市场第一位的美国吉利公司发动进攻时，用了这样的广告："它的价格是最低的吗？""不！""它的包装是最好的吗？""不！""它是最耐用的吗？""不！""它给经销商最优惠的折扣吗？""不！"表现出咄咄逼人的攻势；③价格战，既是传统竞争手法，也是今天市场挑战者在比较极端的情况下仍会考虑采用的竞争战略，价格战的结果是难以预料的，尤其是可能使参战的每一方都受到损失，甚至严重损失，所以，在现代营销活动中，价格战并不是市场挑战者所首选的战略。价格战有两种做法：一是将产品的价格定得比竞争者价格更低，或是调整到低于竞争者的价格。如果竞争者没有采取降价措施，而且消费者相信本企业所提供的产品在价值上和其他竞争者尤其和市场领导者的产品相当，则此种方法会奏效；二是采用相对降低价格的做法，即企业通过改进产品的质量或提供更多的服务，明显提高产品可觉察价值，但保持原销售价格。这要求企业必须在提高质量的同时，采取降低成本的方法，以保持原来盈利水平；必须能使顾客相信或有相应的价值感觉，使顾客能认为该企业的产品质量高于竞争者；必须是为“反倾销”立法所允许的，即在法律许可的范围内。20 世纪 80 年代中期，当日本企业在世界市场上参与竞争而进行正面进攻时，几乎都采取过价格进攻策略，但是日本企业都是首先大幅度降低成本后才降低价格的。

2. 侧翼进攻

侧翼进攻采取的是“集中优势兵力攻击对方的弱点”的战略原则。当市场挑战者难以采取正面进攻时，或者是使用正面进攻风险太大时，往往会考虑采用侧翼进攻。侧翼进攻包括两个战略方向——地理市场或细分市场。

1）地理市场战略方向。选择对手忽略或绩效较差的产品和区域加以攻击。比如，一些大企业易于忽略中小城市和乡村，进攻者可在那里发展业务。

2）细分市场的战略方向。按照收入水平、年龄、性别、购买动机、产品用途和使用率等因素辨认细分市场并认真研究，选择对手尚未重视或尚未覆盖的细分市场作为攻击的目标。

侧翼进攻使各企业的业务更加完整地覆盖了各细分市场，进攻者较易收到成效，并且避免了攻守双方为争夺同一市场而造成的两败俱伤的局面。保健品补血市场被红桃 K 牢牢地控制达 10 年之久，后起之秀血尔选择了挑战策略。在挑战红桃 K 之前，血尔做了详细的市场调查。针对红桃 K 的许多弱点，血尔有针对性地正面攻击。红桃 K 的消费人群不分男女老少，血尔选择了主攻城市女性目标市场；红桃 K 强调补血快，血尔突出补血持久；红桃 K 广告主要集中在城乡结合处，血尔大举进攻城市；经销红桃 K 的代理商利润率低，血尔为代理商留下了红桃 K 几倍的价格空间。血尔成功了，并一度位居行业第二。

3. 包围进攻

包围进攻是在对方市场领域内，同时在两个或两个以上的方面发动进攻的做法，会使被攻击者首尾难顾。该战略要求本企业确实具有比竞争对手更大的资源优势。包围战略奉行的是“速决速胜”原则，要尽快使攻击奏效，不陷入“持久战”的泥潭中。日本索尼公司在向原由美国几大企业控制的世界电视机市场进攻时，采用了此种做法，即提供的产品品种比任何一个美国企业提供的产品品种都齐全，使当时这些老牌大企业节节败退。

4. 迂回进攻

迂回进攻即尽量避免正面冲突，在对方所没有防备的地方或是不可能防备的地方发动进攻。对于市场挑战者来说，有 3 种可行方法：①多样化，即经营相互无关联的产品；②用现有的产品进入新的地区市场发展多样化；③以新技术为基础生产的产品来代替用老技术生产的产品。其中，以新技术生产产品的做法最容易获得进攻成功。

5. 游击进攻

游击进攻是采用“骚扰对方”、“拖垮对方”的战略方法。适宜实力较弱、短期内没有足够财力的企业在向较强实力对手发起攻击时采用。此做法的特点是：进攻不是在固定的地方、固定的方向上展开，而是“打一枪换一个地方”。如有选择地降价、开展短促的密集促销、向对方采取相应的法律行动等。游击进攻不是企图取得直接胜利，企业不可能靠“游击方法”彻底地战胜竞争对手。所以，有时市场挑战者往往是在准备发动较大的进攻时，先依靠游击进攻作为全面进攻的战略准备，迷惑对手，干扰对手的战略决心或者是“火力侦察”。

（三）市场追随者的竞争战略

市场追随者是指那些在产品、技术、价格、渠道和促销等大多数营销战略上模仿或跟随市场领导者的企业。在很多情况下，追随者可让市场领导者和挑战者承担新产品开发、信息收集和市场外发所需的大量经费，自己坐享其成，减少支出和风险，并避免向市场领导者挑战可能带来的重大损失。许多居第二位及以后位次的企业往往选择追随而不是挑战。当然，追随者也应当制定有利于自身发展而不引起竞争者报复的战略，主要可分为以下 3 类。

1. 紧密跟随

紧密跟随是指在尽可能多的细分市场和营销组合中模仿市场领导者的做法。在这种情况下，市场追随者很像是一个市场挑战者，但是市场追随者采取避免直接发生冲突的做法，使市场领导者的既有利益不受妨碍或威胁。

2. 距离跟随

距离跟随是指在基本方面模仿领导者，但是在包装、广告和价格上又保持一定差异的企业。如果模仿者不对领导者发起挑战，领导者不会介意。在钢铁、肥料、化工等同质产品行业，不同企业的产品相同，服务相近，不易实行差异化战略，价格几乎是吸引购买的唯一手段，价格敏感性高，随时可能爆发价格大战。正因如此，各企业常常模仿市场领导者，采取较为一致的产品、价格、服务和促销战略，市场份额保持着高度的稳定性。

3. 选择跟随

选择跟随是指在某些方面紧跟市场领导者，在某些方面又自行其是的企业。他们会有选择地改进领导者的产品、服务和营销战略，避免与领导者正面交锋，选择其他市场销售产品。这种跟随者通过改进并在别的市场壮大实力后，有可能成长为挑战者。

（四）市场利基者的竞争战略

1. 市场利基者的含义与利基市场的特征

市场利基者是指专门为规模较小的或大企业不感兴趣的细分市场提供产品和服务的企业。市场利基者拾遗补缺，见缝插针，虽然在整体市场上仅占有很小的份额，但是比其他企业更能充分地了解和满足某一细分市场的需求，能够通过提供高附加值而得到高利润和快速增长。规模较小且大企业不感兴趣的细分市场称为利基市场。

作为市场补缺者，在竞争中最关键的是寻找到一个或多个安全的和有利可图的补缺基点，即利基市场。理想的利基市场应该具有的特点是：①有足够的市场需求量或购买量，从而可以获利；②有成长潜力；③为大的竞争者所不愿经营或者是忽视了的；④企业只有此方面的特长，或者可以很好地掌握补缺基点所需要的技术，为顾客提供合格的产品或服务；⑤本企业在顾客中建立了良好的声誉，能够抵御竞争者入侵。

2. 市场利基者竞争战略的选择

市场利基者发展的关键是实现专业化，主要途径如下：

1）最终使用者的专业化。企业专门为最终使用用户提供服务或配套产品。如一些较小的计算机软件企业专门提供防病毒软件，成为“防病毒专家”。

2）纵向专业化。企业专门在营销链的某个环节上提供产品或服务。如专业性的设备搬运企业、清洗企业等。

3）顾客类型专业化。市场补缺者可以集中力量专为某类顾客服务，如在产业用品的市场上，存在许多为大企业所忽视的小客户，市场补缺企业专为这些小客户服务。某些小型装修企业专门承接家庭用户的住房装修业务，这些是大型装修企业所不愿意为之的。

4）地理区域专业化。企业将营销范围集中在比较小的地理区域，这些地理区域往往具有交通不便的特点，为大企业所不愿经营。

5）产品或产品线专业化。企业专门生产一种产品或是一条产品线，而所涉及的这些产品，是被大企业看作市场需求不够、达不到经济生产批量要求而放弃的。

6）定制专业化。当市场领导者或是市场挑战者比较追求规模经济效益时，市场补缺者往往可以碰到许多希望接受定制业务的顾客，专门为这类客户提供服务，构成一个很有希望的市场。近年来，我国城市中的许多家庭，在住房装修、家具等产品和服务方面，越来越倾向于定制，就为许多小企业或个体业主提供虽是分散、却是数量极大的营销机会。

7）服务专业化。其是指专门为市场提供一项或有限的几项服务。近年来我国城市中出现的许多“搬家服务企业”、“家教服务中心”，农村的“农技服务企业”、“种子服务企业”等，就是小企业采用这类专业化发展的做法和实例。

小　结

市场细分就是企业根据市场需求的多样性和购买者行为的差异性，把整个市场即全部顾客和潜在顾客，划分为若干具有某种相似特征的顾客群（称为细分市场或子市场），以便选择确定自己的目标市场。

市场营销战略大致经历了大量营销、产品多样化营销、目标市场营销 3 个阶段。

消费者市场细分因素包括地理环境因素、人口统计因素、消费心理因素、消费行为因素、消费受益因素等。

生产者市场细分的因素包括最终用户、用户规模、参与购买决策成员的个人特点、用户的购买状况、用户所处的地理位置。

有效的市场细分应具备差异性、可衡量性、可进入性、效益性、稳定性等条件。

企业评估细分市场主要从 3 方面考虑：一是各细分市场的规模和增长潜力；二是各细分市场的吸引力；三是企业本身的目标和资源。

目标市场营销策略包括无差异性营销、差异性营销、集中性营销策略 3 种。

市场定位就是勾画企业产品在目标市场中目标顾客心目中的形象，使企业所提供的产品具有一定特色，适应一定顾客的需要和偏好，并与竞争者的产品有所区别。市场定位的方法有特色定位法、利益定位法等。

企业要拓展市场，有市场渗透、市场开发、新产品开发、多角化经营 4 种策略。

按照企业在所属行业中的竞争地位不同，可以把企业分为 4 类：市场领导者、市场挑战者、市场追随者和市场利基者。企业不同的竞争地位所制定的市场营销战略是不同的。

思考与练习

1. 名词解释

市场细分　差异性目标市场营销策略　无差异性目标市场营销策略

集中性目标市场营销策略　市场定位

2. 填空题

1）市场细分主要是根据消费者需求的（　　）性来进行的。

2）企业根据消费者需求的差异，分别制订不同营销方案以满足不同消费者的需要，这种目标市场营销策略属于（　　）。

3）市场细分所依据的细分变量主要有（　　）、（　　）、（　　）、（　　）和（　　）5 类。

3. 选择题

1）企业专门针对某一类市场开发其所需要的产品，除去特殊的营销策略，以提高在该市场的占有率，这是（　　）目标市场营销策略。

A. 差异性　　B. 无差异　　C. 集中性

2）企业针对市场上占据支配地位的，也即最强的竞争对手“对着干”的定位方式，属于（　　）。

A. 特色定位　　B. 避强定位　　C. 迎头定位　　D. 重新定位

3）企业采取各种措施，设法在现有市场上扩大销售，进一步提高市场占有率，这是市场拓展策略里的（　　）策略。

A. 市场开发　　B. 市场渗透　　C. 多角化营销

4. 判断题

1）企业产品在生命周期的成熟期，一般采取差异化目标市场营销策略。（　　）

2）企业以原有技术、特长和经验为基础增加新业务这是混合多元化。（　　）

5. 思考题

1）什么是市场细分？如何衡量市场细分的有效性？

2）目标市场营销策略有哪几种？如何选择？

3）消费品市场的依据有哪些？

4）企业如何进行市场定位？

5）不同市场地位的企业应采用何种营销策略？

6. 案例分析题

江中制药公司差异化战略

江中制药公司是消化药市场的领导企业。江中健胃消食片，横跨成人、儿童助消化药两个市场。一直以来江中公司内部都存在着是否要对该药进行细分的争论。首先，从医学专业角度来看，似乎没有必要。江中健胃消食片的产品配方的主要成分如山楂、麦芽等，都属于“药食两用”的植物，安全绿色，治疗范围同时适用于成人及儿童两个人群。其次，江中制药公司内部认为，儿童助消化药市场已经成熟，趋于稳定，其最大份额为江中健胃消食片所占据，推出儿童助消化专用产品，是“从左口袋到右口袋”，抢夺的不过是江中健胃消食片自己的市场。在渠道、推广等系列营销成本成倍增长的同时，并不能使市场份额有大幅增长。最后，江中健胃消食片过去并没有遭遇过对手的侧翼进攻，自主选择这样一种战略，仿佛是为细分而细分。江中制药公司长期采取了一个产品覆盖两个细分市场的战略。

2003 年 4 月危机凸显。山东省的百年老厂宏济堂，在中央电视台六套等媒体，投放了神方牌小儿消食片的一条新广告片，通过市场细分直接切入小儿消食片市场。

实际上成人、儿童助消化药两个市场在消费上还是存在差异的。对成人而言，健胃消食片主要解决“胃胀、腹胀”的问题，而对于儿童，则主要解决“孩子不吃饭”（儿童厌食）的问题。不难看出宏济堂此次行动的用意——直接针对江中健胃消食片，细分其儿童市场。这条宣战式的广告片在江中制药公司上下引起了轩然大波。神方小儿消食片的突袭，使江中制药公司第一次真切地感受到，江中健胃消食片在儿童用药市场的份额随时可能失去，推出儿童助消化药新品已是势在必行。江中制药公司为此主动细分市场，加快儿童专用助消化药品的上市，趁儿童助消化药市场的竞争尚不激烈，尚无竞争品牌占据消费者的心智，全力将新品推向全国市场，使自己成为儿童助消化药这个新品类的代表品牌，从而巩固其市场主导权。

2003 年年底，在技术、生产等各部门的全力配合下，儿童装江中牌健胃消食片正式面市。2004 年中，上市前铺货、电视广告片拍摄等市场准备工作基本完成；2004 年年底，销售额过 2 亿元，并初步完成对儿童市场的防御。对于一个 OTC（非处方药）新品，面市半年，就在全国范围全线飙红，完成超过 2 亿元的销售额，这样一份成绩，充分证明了实施战略细分的强大威力。

（资料来源：http://www.honcome.com/(9)%202010-03.html）

思考

1）江中制药公司采取的是什么样的目标市场营销策略？

2）这种策略的优点是什么？

7. 营销实训题

1）实训内容：假设你是某汽车公司的营销经理，准备开发一款轿车，针对你所经营的产品，分析研究“谁是你的客户”，找准你的目标市场，实施市场定位策略。

实训组织：以实地调查为主，配合在图书馆、互联网查找资料来得出相关资料，集体讨论、分析，最终以报告形式得出结果。

实训要求：在市场调研与分析的基础上，确定并描绘你的客户。根据以上资料，确定这一产品的市场定位，并拟出市场定位建议书。

2）通过互联网收集资料，通过对不同年龄层次消费者的调查，分析消费者对牙膏效用的追求，并将他们进行市场细分。

第六章

产品策略

人们买的不是东西，而是他们的期望。

【学习目标与要求】

知识点

1. 掌握产品整体性的概念；

2. 理解产品组合的要素及类型，掌握分析评价产品组合的方法，知道产品组合的调整与优化策略；

3. 掌握品牌、商标的含义，理解品牌、商标的作用与策略，了解商标设计的原则，理解包装的含义、作用、策略及设计原则；

4. 理解产品生命周期的含义及其各阶段的特点与企业营销方针、策略；

5. 理解新产品的含义与类型，知道新产品开发方向与策略，掌握新产品开发的程序；了解新产品的采用过程，知道新产品的采用过程，掌握新产品的扩散理论。

技能点

1. 学会利用产品整体性的概念来分析企业产品问题；

2. 学会有效利用商标策略。

福建是我国的第一产茶大省，其所产的铁观音、大红袍、坦洋工夫等是举世公认的名茶，铁观音作为待客名茶在日本更是家家有之。然而产茶大省却陷入了有名品无名牌的境地。出口茶叶中，福建茶多是被当作原料茶，价格非常低廉。在世界上做红茶生意的都知道福建武夷山的红茶，但它多作为原料茶出口，每千克仅卖十几元，而英国不产红茶，但其立顿红茶将进口的原料茶进行加工后，由于其品牌附加值高，目前立顿红茶的年销售额已突破28亿美元。由于意识问题，福建茶叶企业不注重品牌，有的连品牌都被抢注，更严重的是福建茶叶已陷入一流原料、二流技术、三流包装、四流价格的尴尬局面。由此推知，我国是服装生产大国，是世界工厂，却缺少国际知名品牌，其产品给人们的印象是物美价廉，中国的产品遍布世界，中国的企业却利润微薄，为什么？就是缺乏对产品概念的准确把握。

市场营销以满足市场需要为中心，而市场需要的满足只能通过提供某种产品或服务来实现，因此，产品是企业营销组合中最重要的一个因素。产品策略直接影响和决定着其他营销组合策略，关系到企业营销的成败。

第一节　产品整体性

一、产品与产品分类

所谓产品，是指企业生产的提供给市场满足人们某种需要和欲望的一切东西，包括实物、场所、组织、思想等。没有产品便没有营销，现代社会高度发达与社会丰富的物质和形形色色的、琳琅满目的产品是分不开的。产品种类不同，营销的战略与策略也就不同，如卖茶叶与卖飞机在卖法上有很大差异。因此，在营销活动中需要按不同的特征对产品进行分类，为每一类产品制定合适的营销战略和策略。

对产品进行分类，可使用不同的分类标准进行。按购买的目的，可将产品分为消费品和产业用品两类。

消费品是指为家庭和个人的消费需要而进行购买和使用的产品和服务。消费品是最终产品，它是社会生产的目的所在。

产业用品是指为了生产和销售其他的产品或服务而购买的产品和服务。由于产业用品是为了生产和销售最终产品而购买的，所以产业用品是中间产品。

对于消费品和产业用品，根据产品的特征，可进一步将它们分为不同的类别。

1. 按耐用程度分类

1）非耐用品。凡是在一定的时期内只能一次或有限几次使用的产品为非耐用品。非耐用品的使用时间短,消费速度快,重复购买频率高，大多数日常生活用品都属此类。其相应的营销策略是：销售网点要多，定价时单位产品的毛利率低，多做提示性广告，要培养消费者的品牌偏好。

2）耐用品。凡是在一定的时期内能充分多次使用，并且使用期限长的产品，就是耐用品。耐用品使用时间长，消费速度慢，重复购买频率低，单位产品价值高，如家具和家用电器等。其相应的营销策略是：产品要有较高的质量保证，要提供更多的附加服务，需要更多介绍性广告。

2. 按购买习惯分类

研究消费者的购买行为是营销者的基本功，按消费者的购买习惯对消费品分类并制定有效的营销策略是消费品营销的重要内容。

1）方便品。指顾客经常购买和基本不作购买计划，随时可能购买的产品。在购买中，顾客也不会为之作购买努力，如顾客购买饮料、肥皂等。方便品又可进一步分为日用品、冲动品和应急品。其适宜的营销策略是：营销者应广设销售网点，以满足消费者的日常所需，如日用杂货的销售，常在居民区设立杂货铺进行销售；需经常做广告，以培育消费者品牌偏好，如伊利集团对它的奶类制品的销售经常配合大量的广告来培育消费者的品牌偏好。

2）选购品。选购品是指在购买过程中，要对产品的适用性、质量、特色、样式和价格进行比较、挑选后才购买的产品。选购品一般价格较高、较耐用，所以耐用消费品一般属于选购品。消费者不常购买也不急于购买，因其品种、规格、型号、款式、品质、价格复杂多样，选择性强，购买时还不熟悉产品的具体特征，未形成固定的消费习惯，需要货比三家。如电视、计算机、家具、服装等是典型的选购品。企业在营销活动中一般用选择性渠道模式，应注意产品的差异化，同时在宣传中应提供大量的关于产品的信息，帮助消费者进行购买决策，也应突出性价比，使消费者感到物有所值或物超所值。

3）特殊品。指有独特的特征，有品牌标志，可以满足消费者的特殊需要，消费者愿意为之作出特殊的购买努力的产品。如中国的“茅台”酒、“五粮液”酒，法国的“波尔舍”葡萄酒，它们有特殊产地特征；钓鱼爱好者的渔具，音乐发烧友的音响，其顾客对这些产品有独特的追求，顾客购买频率低，购买慎重，愿意花很多时间、精力寻觅；消费者对商品特色已熟悉，形成很强的偏好，最关心能否买到真正的、“正宗”的产品，不接受替代品，不在乎售点和竞争产品的价格。特殊品一般定价高，应更多地采用独家经销和专门委托经销的方法，在销售中要有办法对产品“验明正身”。

4）冷门品。指消费者没有听说和虽然知道但不感兴趣、不想购买的产品。例如，刚上市的新产品、人寿保险、百科全书等。冷门产品的特点决定了企业应加强广告、推销工作使顾客对这些产品有所了解，激发潜在顾客的购买兴趣，扩大销售。

3. 按有形与否分类

1）有形产品。指有一定物质实体的产品。有形产品在消费前一般是需要先生产出来，然后通过交换使消费者消费。

2）服务。指用于出售或连同产品一起出售的活动、利益或满足感。与有形产品相比的最大特点是它的无形，其特质与组成元素往往是让人不能触摸或凭肉眼看见其存在，如医疗服务、企业咨询等。产品的概念已远远超出传统的有形实物的范畴，思想、策划、主意作为产品的重要形式也能卖钱，购买它们实际是在购买它们所带来的利益，即是购买服务。

二、产品整体性概念

现代市场营销理论认为，对产品的理解应该超越传统有形产品界限，应抓住整个产品本质和消费者对产品的全面要求来认识，以便更好地进行产品创新和营销创新，这就是产品整体性概念。产品整体性概念认为产品包含核心产品、有形产品和附加产品 3 个层次。

1. 核心产品

核心产品是指消费者购买某种产品时所追求的核心利益，是顾客真正要买的东西。它是产品整体性概念中最基本、最主要的部分。消费者购买洗衣机，并不是为了买到洗衣机上的电机、洗衣缸体、涡轮、开关等，而是为了买到其省时省力洗衣、甩干衣物和美化居室等功效或利益。妇女买口红，不是为买它的颜料与化学油脂的混合物，而是为买到一种希望，即使自己变得更美丽的希望。所以营销者在形式上出售的是产品，但在本质上出售的是顾客的核心利益或服务，营销者实际上是顾客利益的提供者。

2. 形式产品

形式产品是核心产品的载体和表现形式，也就是产品出现在市场的实体和面貌，包括产品的结构、产品的材料、外观造型、质量水平、品牌和包装等。产品的基本效用和核心利益必须通过某些具体的形式才能得以实现。营销者应首先着眼于顾客购买产品的核心利益，再去寻求利益得以实现的形式，进行产品设计。对有形产品如服装，应考虑它的面料、款式、做工、品牌与包装等有形产品要素；对于服务，应注意服务设施、服务内容、服务环境、服务人员、服务氛围等要素。只有围绕核心利益来设计安排形式产品的要素，所得到的产品才是有效的。

3. 附加产品

现代营销要使顾客真正满意，营销者还必须注意产品的附加层次。所谓附加产品，是指顾客购买形式产品时所能得到或期望得到的附加服务与利益，体现了产品的服务性。它包括产品的售前、售中、售后各种技术性、商业性服务项目，如举办消费知识讲座、提供咨询、培训使用与维修人员、代客设计；邀请顾客参观企业、举办展览、示范表演；提供消费信贷、代客包装、送货；免费安装调试、提供零配件，提供说明书，提供包退、保换、包修服务等。附加产品的概念来源于营销者对市场的深入认识，购买者的目的是为了满足某种需要，因而他们希望得到与满足该项需要有关的一切。由于现代企业都具有很强的学习模仿技术能力，因此现代许多行业的竞争不是生产什么产品、怎样生产的竞争，而是各个企业为其产品能提供何种附加利益的竞争。可见附加产品对于企业的重要性。

企业营销："不怕做不到，就怕想不到"的新营销策略

变色毛巾——上海萃众毛巾厂生产的"变色毛巾"成了市场上的抢手货。这种毛巾的表面图案上是猪八戒背丑媳妇，毛巾一浸到水里丑媳妇变成了孙悟空，可毛巾一离开水又成了丑媳妇。"变色毛巾"由于迎合了人们求新好奇的消费心理，从而在竞争激烈的毛巾市场上一枝独秀，其销量比普通毛巾高出5倍。

红萝卜馒头——我国有家个体饭店几十年所产清一色的馒头始终销路平平，店老板灵机一动，买来本地特产红萝卜切碎，将红萝卜汁渗入面中，推出了"红萝卜"馒头。由于这种馒头很有特色，而且品尝起来还有一种特殊的香味，使昔日冷冷清清的小店顾客盈门。

石壳手表——瑞士有家制表商别出心裁地用石头做表壳，根据石料的特性，不可能生产出两块完全一样的手表来，由此满足了西方人贪求稀奇古怪的心理，很快博得青睐，尽管每块"石壳手表"的售价高达195美元，产品仍供不应求。

彩色旅游鞋——中国台湾有位老板在准备到大陆投资办厂前夕，对大陆市场进行考察，发现市场上的旅游鞋几乎是白色一统天下，毫无特色，于是这位老板果断决定投资办一家鞋厂，专门生产一种"彩色旅游鞋"。这种鞋投产后几乎销到哪里就热到哪里，这位老板也很快赚了大钱。

三、产品的差异化策略

产品差异化是指企业设计和突出一系列产品差异，来区分竞争对手产品的营销行为。现代市场竞争，必须避免同质化问题。企业要突出自己产品和竞争对手产品之间的差异性，要做到"人无我有，人有我优，人优我转"。如何来实现差异化，应综合应用产品整体性的概念。即从构成产品层次的要素上，去研究和改变产品的形成要素来实现与对手的产品相区别。要么改变产品的核心产品，要么从形式产品要素方面采用更好、更新、更快、更便宜策略与对手相区别，要么在附加利益方面使企业更胜对手一筹，要么综合应用 3 个层次的差别来实现对产品的全新改变。总的来说有 4 个方面的差异策略：

1）核心产品差异策略。即产品使用价值（或效用）不同。要在产品的特性、工作性能、质量、耐用性、可靠性、易修理性、式样等方面加以改变和超越来实现与对手的差异。奔驰的出名在于它卓越的性能与质量，茅台酒的有名在于它的产地与独特的工艺。

2）服务差异策略。即企业提供与众不同的服务实现与对手的差异。

3）人员差异策略。指企业通过雇用、培训比竞争对手更优秀的员工，来赢得强大的竞争优势。例如，新加坡航空公司的航空小姐美丽优雅，迪斯尼公司的员工态度非常乐观，IBM 公司的员工技术水平很高，这都使他们的公司产品独特、服务卓越，从而有很强的竞争力。即使其他竞争因素都相同，但由于公司或品牌的形象不同，购买者也会作出不同的反应，这就是形象的差别化。

4）形象差异策略。指通过形式产品构成的各要素与竞争对手的差异化。如彩电俗称黑家电，康佳则推出“七彩小画仙”系列产品。

第二节　产品组合策略

一、产品组合的要素

产品组合也称产品集合，是指一个企业在一定时期内生产经营的各种不同产品的全部产品大类、产品项目的组合。它包括以下 4 个要素。

1）宽度。指企业的产品线总数。产品线也称产品大类、产品系列，是指一组密切相关的产品项目。产品组合的宽度说明了企业的经营范围大小，跨行业经营，甚至实行多角化经营程度。增加产品组合的宽度，可以充分发挥企业的特长，使企业的资源得到充分利用，提高经营效益。此外，多角化经营还可以降低风险。

2）长度。指一个企业的产品项目总数。产品项目是指列入企业产品线中具有不同规格、型号、式样或价格的最基本产品单位。通常，一个产品线中包括多个产品项目，企业各产品线的产品项目总数就是企业产品组合长度。

3）深度。指企业各产品线平均包含的产品项目数等。它等于产品组合的长度除以宽度。例如，某企业有 4 条产品线，它们的产品项目数分别是 6、8、5、3，则该企业的产品组合的宽度为 4，长度为 22，深度为 5.5。产品组合的长度和深度反映了企业满足各个不同细分子市场的程度。增加产品项目，增加产品的规格、型号、式样、花色，可以迎合不同细分市场的消费者的不同需要和爱好，招徕、吸引更多顾客。

4）关联性。指一个企业的各产品线在最终用途、生产条件、分销渠道等方面的相关联程度。较高的产品的关联性能带来企业的规模效益和企业的范围效益，提高企业在某一地区、行业的声誉。

二、产品组合的分析方法

不同的产品组合包括了不同的组合质的结构和量的比例关系。由于市场需要和偏好的经常变化，竞争者不断进出市场和各企业市场营销决策的改变与调整，给企业的某些产品线带来机会，给另外一些产品线带来威胁，表现为有些产品线的利润增加，有些产品线的利润减少。因此，企业只有不断分析评价产品大类，调整和优化产品组合，才能实现企业产品组合的最佳状态。

1. BCG 法

BCG 法又称为四象限评价法、波士顿矩阵法，是美国波士顿咨询公司在咨询一家造纸企业时提出的一种投资组合分析方法，它应用的市场增长率/占有率矩阵，把企业生产的全部产品和业务作为一个整体进行分析，可用于企业产品组合分析（见图 6.1）。该矩阵的纵坐标为销售增长率，是指企业某产品线或产品项目的前后两年市场销售额增长的百分比。它表示产品线或产品项目所在市场的吸引力。在分析中，通常以销售增长率 10%为高、低的界限，10%以上为高增长率，10%以下为低增长率。横坐标为相对市场占有率，即本企业的市场占有率与同行业最大竞争对手的产品的市场占有率之比。相对市场占有率以 1 为界限，1 以上为高市场占有率，1 以下为低市场占有率，某项产品线或产品项目的相对市场占有率越多，表示企业的竞争地位强，在市场中处于领先地位；反之，则竞争地位弱，在市场中处于从属地位。这样就形成了 4 种组合、4 个象限、4 类产品。

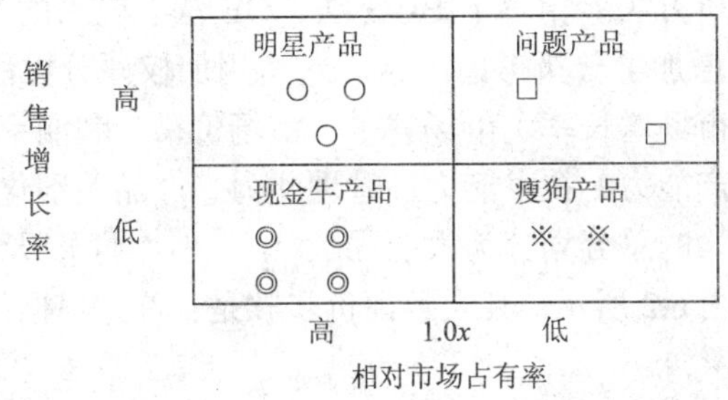

图 6.1 波士顿矩阵

1）明星产品。销售增长率高，相对市场占有率高的产品，也称热门产品。在企业的产品组合中，明星产品在增长与获利方面有着极好的长期机会，但它们是企业资源的主要消费者，需要大量的投资。为了保持与扩展明星产品线或产品项目的业务在增长的市场中占主导地位，企业应优先供给它们所需的资源，支持它们继续发展。

2）现金牛产品。销售增长率低，但相对市场占有率高的产品，也称企业的支柱产品、厚利产品。这类产品处于成熟的低速增长的市场之中，市场地位有利，盈利率高，本身不需要投资，反而能为企业提供大量资金，用以支持其他产品的发展。

企业对于现金牛产品的投资策略通常为维持策略，即维持或保持企业现有的市场地位和产品的竞争力，通常的经费开支与促销力度。

3）问题产品。销售增长率较高，但相对市场占有率低的产品，也称风险产品，处于最差的现金流状态。一方面，所在行业的市场增长率高，需要企业大量的投资支持其生产经营活动；另一方面，其相对市场份额低，能够生成的资金很小。因此，企业对于问题产品的进一步投资需要谨慎，应判断使其转移到明星产品所需要的投资量，分析其未来的盈利，研究是否值得投资。企业可以采用积极扶持，或者暂时维持，或者提前淘汰的策略。

4）瘦狗产品。销售增长率和相对市场占有率都很低的产品。这类产品处于成熟的低速增长的市场之中，竞争激烈，可获利润很低，不能成为企业资金来源。如果企业这类产品的业务还能自我维持，则应缩小经营范围，加强内部管理。如果这类业务已经彻底失败，企业应及时采取措施，清理该类业务，或者退出经营。

一个企业应有健康的产品组合。所谓健康的产品组合，是指企业有足够的现金牛产品以提供现金，有较多的明星产品成为企业未来发展的希望，而只有较少的问题产品和瘦狗产品的产品组合。如果企业的产品组合中瘦狗产品、问题产品大大多于明星产品和现金牛产品，企业的经营状况就会恶化。因此，企业优化自己的产品组合的策略是：支持明星产品成为现金牛产品，支持有前途问题产品成为明星产品，维持或舍弃瘦狗产品。

2. GE 法

GE 法又称通用矩阵、行业吸引力矩阵、九象限评价法，是美国通用电气公司设计的一种投资组合分析方法。相对于 BCG 法，GE 法有较大的改进，在两个坐标轴上增加了中间等级，增加了分析考虑因素。它运用加权评分方法分别对企业各种产品的行业引力（包括市场增长率、市场容量、市场价格、利润率、竞争强度等因素）和企业实力（包括生产能力、技术能力、管理能力、产品差别化、竞争能力等因素）进行评价，按加权平均的总分划分为大（强）、中、小（弱），从而形成 9 种组合方格以及 3 个区域，如图 6.2 所示。其大致评价步骤是：首先根据每个因素的相对重要

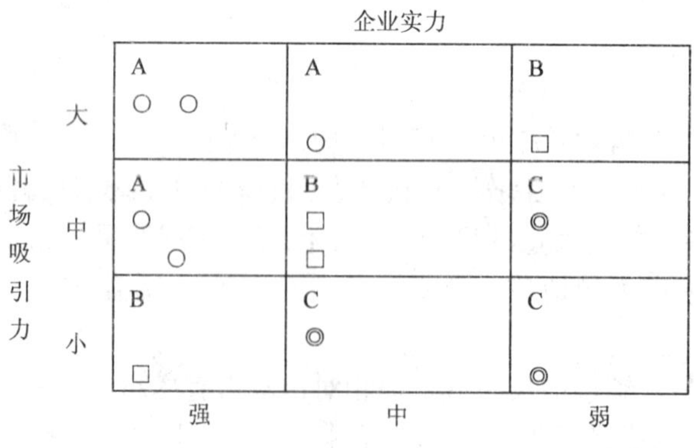

图 6.2　GE 矩阵

程度定出各因素的权数；然后定出各因素的等级评分，通常用 1、2、3、4、5 来表示，考虑各因素的状况为每个产品线或产品项目进行打分；最后用权数乘以等级得分，得出每个因素的加权值，并将各因素的加权值汇总，即为每个产品线或产品项目的行业引力或企业实力得分。

从矩阵 9 个方格的分布来看，处于左上方 3 个方格属于 A 区，即还是分布于 A 区的产品线或产品项目最适于采取增长与发展策略，企业应优先分配资源；处于右下方 3 个方格属于 C 区，即还是分布于该区的产品线或产品项目，一般应采取停止、转移、撤退战略；对于处于对角线 3 个方格的产品线或产品项目，应采取维持或有选择地发展的战略，保护原有的规模，同时调整其发展方向。

3. *产品线销量与利润分析*

企业产品组合的短期决策，常常应用销量与利润分析，来决定产品项目的策略与取舍。应看到，在每一个产品线中不同的产品项目所提供的销售额和利润额有所不同。假设企业某一产品线包括 4 个产品项目，其相应的销售收入和利润情况如表 6.1 所示。

表 6.1 某企业产品销售利润状况

项目 \ 产品项目	A	B	C	D	合 计
销售收入/万元	100	300	400	1 000	1 800
利润/万元	30	30	-100	150	110
销售利润率/%	30	10	-25	15	6.1

产品 A 销售利润率最高，说明很有潜力，若想法提高它的销售量，就可很快增加产品组合的利润。产品 B 的销量与利润均较低，应该提高。产品 D 销量与利润均较好，是产品组合中的主打产品，应维持其现有状况。产品 C 亏损严重，它是整个产品线的“累赘”，因为正是它拖累了整条产品线的利润贡献，营销管理人员可以考虑撤销这个产品项目。

三、产品组合策略类型

企业在调整和优化产品组合时，依据情况的不同，可选择如下决策。

1. *扩大产品组合*

扩大产品组合主要包括扩大产品组合的宽度和加强产品组合的深度。当企业预见到现有产品线的销售额和利润额在未来一段时期内有可能下降时，或认为某一行业有企业发展的新机会，就应考虑在现有产品组合中增加产品线，或加强其中有发展前景的产品线；当企业打算增加产品特色，或为更多的细分市场提供产品时，则可选择在原有产品线中增加产品项目。一般而言，扩大产品组合可以更加充分地利用企业资源，分散经营风险，提高竞争能力。

2. 缩减产品组合

当市场繁荣时，采取扩大产品组合策略往往是适宜的，但当市场不景气或原料、能源供应紧张，或更强的竞争对手进入企业的某细分市场时，缩减产品组合反而是明智之举。这是因为从产品组合中剔除了那些获利很少甚至亏损的产品线或产品项目，使企业可以集中力量经营获利多的产品线和产品项目。

3. 产品延伸

每一企业的产品都有其特定的市场定位。产品延伸策略是指全部或部分地改变原有的市场定位，具体方式有向上延伸、向下延伸、双向延伸 3 种。

1）向上延伸。指企业原来生产低档产品，未来要增加高档产品的生产。其主要是因为：高档产品的需求增长较快，或高档产品还是市场的空白；企业经过低档产品的生产已积累了经验，能在生产技术、产品质量等方面做较大改进，同时又具有与高档产品竞争的实力；企业想使自己成为生产种类全面的企业。

2）向下延伸。指企业原来生产高档产品，后来决定生产低档产品。其主要的原因是：企业在高档产品的市场需求不足，增长缓慢，因此不得不将其向下延伸；或者在低档产品市场存在明显的空白点；或者企业已经通过经营高档产品项目树立了市场声誉，容易在低档产品市场上获得成功；企业的高档产品受到激烈竞争，必须用侵入低档产品市场的方式反击竞争者。

3）双向延伸。即原定位于中档产品市场的企业掌握了市场优势以后，决定向产品线的上下方向延伸，一方面增加高档产品，另一方面增加低档产品，扩大市场的范围。

在现代的营销活动中，企业的产品线有不断延伸的趋势。生产能力的过剩、推销人员和经销商的期望、为追求更高的销售额与利润促使企业的产品线的产品项目越来越多，规格、型号、式样越来越全面。但是，一家企业所能达到的最大的产品线长度并不一定是产品线的最佳长度。在产品线过度增长的情况下，设计费用、工艺装备的费用、仓储费、转产调整费用、订货费用、运输费用及新产品的促销费用等也会较大幅度上升，即使增加了销售收入，也可能被更快增加的上述费用所抵消。可见产品线并非越长越好，关键在于把握产品线延伸的度。

4. 产品线的现代化

在某些情况下，虽然产品组合的宽度、长度都很恰当，但产品线的生产方式、产品的功能、风格、式样、技术等都已过时，这时必须对产品线实施现代化改造。现代机械制造技术早已进入数控制造、CAD、CIMS，而企业还主要依赖 20 世纪六七十年代的半自动机床进行加工生产，这必然影响到企业的制造速度与制造质量；在现代高度信息技术、知识经济下，作为玩具制造商如不利用信息技术对玩具进行技术提升，赋予玩具以新的知识内涵，市场之路只会越走越窄。因此，产品线的现代化就是利用现代技术改造传统的产品与生产制造技术，使之充满新的活力。

吉利轿车的向上延伸

吉利汽车作为中国民族汽车的骄傲，一直致力于造中国老百姓买得起的车，让吉利车走遍全世界。吉利现拥有吉利豪情、吉利美日系列经济车型，美人豹，华普三大子品牌系列，两厢、三厢经济型轿车，都市跑车等 7 个汽车品种。在自由舰之前，吉利轿车多属于中低档产品，吉利的产品联系最多的两个词便是“低端，质次”，吉利豪情更创出了 2.98 万元的低价。依靠低端产品吉利完成了原始积累。随着吉利集团的快速发展，吉利在产品结构上提出 “在巩固低端市场的基础上向中高端市场进军”。担当吉利上述新战略布局“排头兵”角色的是两大新款车型吉利金刚和吉利远景。2009 年吉利更是推出了帝豪系列，进军国内的公务轿车市场；借助金融危机，“以蛇吞象”收购了沃尔沃，开始了吉利生产高端汽车的历程。

第三节　产品的形象策略

在现代商品的生产经营中，企业应特别注意产品形象策略，给产品取适当的名字，设计一个适宜的品牌，向政府申请注册商标，并对产品进行恰如其分的包装，可以增加产品的价值，对于产品的传播和扩散有非常重要的意义，甚至在某种程度影响到营销的成败。

一、产品的品牌和商标策略

（一）品牌和商标的含义及作用

1. 品牌与商标的含义

由文字、图形、符号或其组合所构成，用以区别不同生产企业或经营者的产品或劳务的标记叫作品牌。它是一个综合体，包括品牌名、品牌标志和商标 3 部分。品牌名是指品牌中可以用语言称呼的部分。例如，奔驰、可口可乐、金利来都是著名的品牌名。品牌标志是指品牌中可以被识别但不能用语言称呼的部分。比如，海尔产品中的那两个拥抱的儿童形象，麦当劳快餐店的金色大 M 招牌等。商标是经过合法注册的名字、标志、符号及合法注册的品牌，即企业将与品牌有关的内容在政府有关部门注册以后，就享有使用某个品牌名和品牌标志的专用权，其他任何企业不得仿冒使用。因此，品牌是一个商业名称，而商标是一个法律名称，它们结合在一起形成了一种商品区别于另一种商品的特殊标志。

2. 品牌与商标的作用

在商品的生产与经营中，品牌与商标对于企业和消费者都具有重要的作用。对于消费者来说，品牌与商标代表不同的产品来源、质量、信誉和服务以至商品的价值。消费者面对世界各地的数以万计、琳琅满目的商品，只能靠识别品牌与商标来购买自己所喜欢的商品。现今已进入品牌消费的时代，决定消费者购买决策的最重要的因素不仅是商品本身，而是一个企业独特鲜明的产品品牌形象。

随着商品化水平的提高，随着经济全球化的发展，各国各地贸易往来的增加，市场竞争的加剧，品牌与商标对于企业营销的作用越来越大。企业可以借助于品牌和商标将自己的产品与竞争者的产品区别开来，并将品牌与商标策略和各种营销策略综合应用起来，树立本企业产品的独特形象。由于商标是企业的工业产权，受到法律的保护，因此企业可以运用商标来维护自身的合法权益，防止国外抢先注册或仿冒企业产品品牌。由于品牌与商标也是企业信誉的标记，所以它可以作为企业有效的广告宣传工具。品牌的美誉度可以促进产品的销售，消费者也愿意为知名品牌付出比普通商品更多的货币。今天品牌与商标已不再是一个指认商品的标记，而是企业所拥有的一项重要的无形资产。

商标防御

商标是企业的无形资产，驰名商标更是企业的巨大财富。正因为如此，商标抢注、抢占他人无形资产的行为愈演愈烈。然而企业在警惕商标抢注的同时，却忽视了另一种倾向，这就是“类似商标注册”。孔府家酒先投巨资在中央电视台做广告，使孔府家酒家喻户晓，1994 年在全国酒类市场独占鳌头，出口创汇第一。1995 年山东又出了个孔府宴酒，宴酒家酒，一字之差，叫人难分伯仲，莫辨你我，而且 1995 年宴酒压倒了家酒。海南有“椰树牌”椰奶，牌子老，靠“世界首创，中国一绝”的广告而名冠中华；1995 年，电视广告中又冒出了个“椰风”牌，凭着一句“椰风挡不住”同样风靡全国，这两种椰奶也是一字之差，叫人难以区分。

这种类似的商标、品名，只要一家做广告，另一家也会受益，一家出名，另一家也跟着沾光。因此，如何防止别人的商标与你的商标雷同，相似或相近，利用你的知名度和你投入的广告宣传费而出名、搭你的便车、分享你的无形资产，是企业必须关注的问题。而防止他人搭便车的有效手段就是采用联合商标和防御性商标注册。

所谓联合商标注册，即注册与使用相同或相似的一系列商标。具体地说就是注册一系列文字、读音、图案相同或相似的商标，保护正在使用的商标或以后备用。红豆集团的商标策略是把与“红豆”中文发音相同的、含义相近的文字注册：如“虹豆”、“相思豆”。结果，1994 年在与天津某旅游工艺品厂申请注册“思豆”商标纠纷中，经国家工商局商标评审委员会裁定，“红豆”获胜，同时红豆集团还在国外 54 个国家和地区申请了商标注册。

商标防御的另一种方法就是采用防御商标注册，就是同一商标运用于完全不同种类的产品或不同行业，防止他人在不同产品或产业上使用自己的商标。因为同一商标使用的商品类别有一定限制，产品跨行业、跨种类时，就必须分别注册。例如，三九集团的“999”系列注册商标价逾七亿三千多万元，注册商标应用范围涉及三九集团八大产业。甚至将来准备涉足的领域，均以“999”注册了商标，就连深圳市首批注册颁布的服务商标，也有“999”。再如前文提及的红豆集团，在国内 34 类商品上全部注册了“红豆”商标。

如果企业的产品和商标出了名，就应及时采取防御策略，补充注册一些相似的商标，补充注册已出名产品商标的应用范围，防止被其他企业搭便车或抢注你的商标。

（资料来源：http://www.newmaker.com/art_3135.html）

（二）品牌与商标设计的原则

1. 简单醒目，易于识别，有艺术性

品牌与商标设计应简单醒目，好认、好看、好听、好读、好记。品牌名应该简短、通俗，顺口顺耳，无不良含义，外文译文也应易懂；图案应简洁、单纯、醒目，有视觉冲击效果，易于理解；图、文应美观协调，与商品一致，有象征性、寓意性、启发性，有艺术感染力，文化含量高，适应消费者的心理和当地的风俗习惯。较成功的例子如：Sony 取自拉丁文“声音”与“光明”，在世界各地的读音都相同，无异议；美国的 Coca Cola 现译为“可口可乐”，而最初译名为“口渴口腊”；我国有种婴儿米粉叫“贝因美”，字面含义与寓意都很好。

2. 新颖别致，独具个性

品牌与商标设计应与其他品牌有明显的差别，反映企业产品的特色，切忌模仿。如我国早期的“雪花”牌冰箱，“永久”牌自行车，品牌明显地突出了产品的特色。现代商标设计出现了无含义的纯文字化、标记化的趋向，因为纯文字越有创造性，越容易注册，越有利于区别商品，得到法律的保护，成为“强商标”。有含义的商标为“弱商标”，容易与其他注册商标相近，难于获准注册。我国使用有含义的商标如“英雄”、“长城”、“熊猫”、“凤凰”等以及用产地命名，但同一产地出产相同种类产品多，缺乏显著个性。商标设计时一定要详细了解、掌握国内外市场上有效商品的使用情况，避免雷同。在同种或类似的商品上使用名称发音与语意、标志的形状相同或相近的商标，很难获准注册，即使注册成功，也可能引起日后纠纷。至于有的企业故意模仿知名商标，企图鱼目混珠，则是不正当的竞争行为和违法的侵权行为，例如，仿“果珍”的“果真”，仿“三枪”的“双枪”，仿“可口可乐”的“可可可乐”。防止其他企业搭便车的有效手段是防御性商标注册，将一系列相似或相近的商标进行注册。如“娃哈哈”注册了“哈哈娃”、“哈娃娃”等一系列商标。

3. 合规合法，符合风俗，易于接受

品牌与商标设计必须符合商标法及有关法规的规定，不违背国际惯例。只有合法才能获准注册，受到法律的保护。不能使用国名、国旗、国徽、军旗、军徽、勋章及其他官方标志，政府间国际组织的旗帜、证章、徽记；不能使用本商品的通用名字，如申请“葡萄酒”商标、“DVD”商标；不能使用直接表示商品质量、主要原料、功能、用途、重量、数量等特点的商标，例如：“35 度白酒”、“高粱酒”、“最好”等；不能使用夸大并带有欺骗性的商标和带有有害社会公共秩序，或有其他不良影响的商标，如“健”牌香烟，“川岛芳子”牌内衣。公众知晓的地理名称，未经许可的他人姓名、艺名、肖像或企业名称、标志以及艺术形象，也属不能用作品牌与商标之列。另外，商标一般不宜使用以下标志：极其简单、常见的标记如点、线、圆、勾等；无特色的字母、数字，如以前计算机芯片的 286、386、586，现在改为“奔腾”；某些政治性名词；重要节日名称；常见普通姓氏。产品品牌与商标设计应注意符合国内外风俗，品牌名称、图案、符号和颜色不与当地的风俗习惯相冲突，应避开其寓意不妥之处。如中国人忌讳的“绿帽子”；中国人视为国宝的熊猫，在东南亚、欧洲等地也大受欢迎，但伊斯兰国家却对它有厌恶之感；通用汽车公司曾开发一种新车 NOVA（新星）牌，在拉美国家没有销路，因为西班牙语中 NOVA 是“走不动”的意思；我国的“芳芳”（Fang-Fang）爽身粉、“山羊”（Goat）牌闹钟，“紫罗兰”（Pansy）化妆品，在国外均有不良含义，分别是“狼牙”与“毒牙”、“色鬼”、“同性恋的男人”。

金利来的诞生

“金利来”创始人曾宪梓先生，在初涉领带行业时就已意识到品牌的重要性，为产品取名“金狮”。领带作为男性服饰，必须体现男子汉气质，“金狮”看起来就有一种阳刚之美，并且也符合东方传统的审美心理。

然而，曾宪梓的朋友在一次家访中说“香港社会物欲横流，人人都想发财，谁都想讨个吉利，但“金狮”在发音上与粤语的‘尽输’极其相似，人们在购买时，心中总有些不舒服，长此以往，可不是好兆头”。这席良言对曾宪梓触动很大，于是，他决定为产品易名。中国香港人多熟悉英语，也普遍使用英语，“金狮”的英文拼写“gold lion”中的“lion”在粤语发音中，酷似“利来”。金利来，金利俱来，正应了港人朝思暮想的发财梦。

（资料来源：http://www.789name.com/view_new.asp?lx=16）

（三）品牌和商标策略

1. 无品牌商标策略

使用品牌和商标有助于消费者识别本企业产品，有助于产品宣传，但也会给企业增加相应的成本费用。企业首先要决定用还是不用品牌、商标，通常是根据产品的性质、消费者购买习惯及权衡使用和不使用的利弊大小来决定。下列产品通常可以采用无品牌商标策略：尚未定型，属于试产、试销的产品；临时、一次性产品；附产品；小范围内销售的产品；生产工艺简单、无技术标准的产品；超市出售的简装、价廉的产品；均质的产品如自来水、煤气、电力、水泥等；消费者习惯上只认货不认品牌的商品如盐、糖、粮食、铁钉等。当然，近几年随着市场竞争的不断加剧，我国出现了品牌化趋向，即一些企业为了促进销售，对一些传统上不使用品牌的产品也开始使用品牌和商标，注重包装，尽管成本增加了，但的确起到了很好的促销效果。

2. 品牌使用者策略

当企业决定使用品牌后，就必须决定是采用自己的品牌还是中间商的品牌。企业对自己的产品采用自己的品牌，可以建立起企业的市场信誉与形象，建立与培养消费者对本企业产品的忠诚，为以后扩展市场打下基础。日本 Sony 公司的创始人曾说过，如果公司产品在早年的产品晶体管收音机上使用美国经销商的品牌，恐怕现在世界上的人还不知道有一个公司叫 Sony，可见使用自己品牌与商标对企业长期发展的重要性。但是生产商常常面临着如何打开市场的难题，许多知名度不高，实力不雄厚的企业，为使产品更好更快地进入市场，更倾向于使用经销者的商标。如青岛三菱重工海尔空调器公司的产品内销采用海尔商标，外销用三菱商标。确定是使用自己的品牌还是中间商的品牌，应衡量自己商标和经销商商标的声誉、费用开支、企业的未来发展等因素。

3. 家族品牌商标策略

企业如果决定其大部分或全部产品都使用自己的品牌名称，还要决定其产品是统一使用一个品牌商标，还是分别使用不同的品牌商标。这种家族品牌策略，至少有以下几种选择。

1）统一品牌策略，即企业所有产品都使用统一的品牌商标。如日本东芝家用电器公司，其全部的产品均采用“Toshiba”。使用统一品牌有利于企业统一产品形象，便于公众识别、记忆企业，尽快提高企业知名度，有利于新产品进入市场，同时还可节约品牌与商标的设计和广告促销费用。但缺点是某个产品的声誉不好会影响整个企业的形象。

2）差异化品牌策略，即企业决定其各种不同的产品分别使用不同的品牌与商标。如五粮液集团针对它的系列白酒产品就使用不同的品牌和商标。此策略有助于消费者从商标上区分商品的档次、质量和价格差异，有利于占领市场，扩大销售额，满足不同消费者的需求；企业的整个声誉不致受到个别商品的声誉的影响。但其缺点也十分明显，对每一个品牌与商标都需分别做广告，促销费用与分销费用都会增加；不利于品牌与商标的管理，不便于企业树立统一的市场形象。

3）各大类产品单独使用不同的品牌商标。希望集团针对其饲料使用“希望”牌，但对其火腿肠、白酒就采用“美好”。这主要是因为，饲料与火腿肠、白酒属两类完全不同的市场，如果使用统一品牌商标，会给消费者造成不必要的混淆与误会，甚至在心理上无法接受。

4）企业名称与个别名称并用策略。即企业决定其各种不同的产品分别使用不同的品牌名称，并在各种产品的品牌名称前面还冠以企业名称。如海尔对它的冰箱系列产品“海尔—大王子”、“海尔—帅王子”、“海尔—小王子”推出时，就用了该策略。企业采用此策略的好处是：在各种不同的新产品的品牌名称前冠以企业名称，可以使新产品享受企业的信誉，而不同产品分别使用不同的品牌名称，又可使不同产品代表不同的特色。

5）品牌扩展策略。指企业利用其成功品牌名称的声誉来推出改进产品或新产品，包括推出新的包装规格、香味和式样等。例如，“金利来”从领带扩展到皮带、衬衣，以至男式用品；“本田”从摩托车扩展到汽车、割草机等。企业采用这个策略，可以节省宣传新产品的费用，使新产品能迅速、顺利地打入市场。

6）多品牌策略。这种策略是宝洁公司首创的，是指企业同时经营两种或两种以上互相竞争的品牌。传统的市场营销认为，单一品牌延伸策略能使企业减少宣传成本，易于被顾客接受，便于企业形象的统一。但宝洁认为，单一品牌并非完全之策。因为一种品牌树立之后，容易在消费者心中形成固定印象，不利于产品延伸，尤其对于像宝洁这样的横跨多种行业、拥有多种产品的企业更是如此。多品牌策略使企业拥有多个个性鲜明的产品去满足不同的消费群体的需求，从而使各个品牌都在消费者心中占有一定的位置。如“海飞丝”的定位在于去头屑，“飘柔”的定位是使头发光滑柔顺，“润妍”的定位是使头发又黑又有光泽，“潘婷”的定位则是对头发的营养保健。多品牌造成对竞争对手的威胁，形成合围之势；使消费者形成公司实力雄厚的印象，有利于树立企业形象。

7）品牌重新定位策略。由于市场环境变化，或者企业原有品牌定位出现偏差，企业往往需要重新定位。品牌重新定位，一般需要改进产品性能，或改变产品的外观；有时只改变品牌形象，也可达到重新定位的目的。可口可乐为什么要更换字体？原因是目标消费者更加年轻了，对时尚的要求更加苛刻了；肯德基为什么开始喊均衡营养？原因是目标消费者对健康的需求更高了，越来越在乎更加科学的营养了。

二、产品的包装策略

大多数物质产品在从生产领域流转到消费领域的过程中，都要有适当的包装。包装可以是指保护产品的容器、材料及辅助物等，也可以是指设计、采用容器、材料和辅助物，应用一定的方法与技术包、装、扎、接产品的过程。用于制造包装容器和构成产品包装的材料称为包装材料，包装内所装的产品称为内装物，产品经过包装所形成的总体叫作包装件。包装与装潢密切相连。装潢是对物品、包装的装饰与美化，是包装的附加部分，常常是包装的重要内容之一。

包装有许多种类，但按市场营销的观点，完整的产品的包装一般由以下 3 方面包装组成：①首要包装，即产品的直接的包装，构成产品实体，是产品不可分割的组成部分，如牙膏皮、饮料瓶等；②次要包装，即保护首要包装的包装物，它是以销售为目的的包装，如牙膏盒、胶卷盒，包装 10 包香烟的小纸盒；③运输包装，即为了便于储运、识别某些产品的外包装。

1. 产品包装的作用

随着商品生产的发展，产品包装的功能从最初的保护产品运输，发展到促进产品销售，增加产品附加值等功能。随着科学技术的进步，包装材料的发展日新月异，包装方法与技术已成为一门专门的学问。包装对于营销的作用越来越重要，许多营销人员把包装称为营销组合的第五个“P”。其主要作用如下。

1）保护商品，便于储运。这是包装最基本的作用。有效的包装使产品实体有防潮、防热、防冷、防挥发、防污染、保鲜、防破碎、防变形等系列保护产品的作用，使产品不致损坏、变质、散落，保证产品的使用价值。

2）美化产品，促进销售。现代商品包装装潢已成为市场营销的一种重要手段，产品包装是产品无声的推销员，建立顾客对产品的第一印象；它能说明产品的特色，教会消费者使用产品；精美的包装能美化整个产品，提升产品的形象；它能吸引顾客的注意力，激发其购买兴趣与热情。总之，在顾客心中形成一个有利的总体产品的印象，最终促进销售。

3）好的包装能提升产品的价值。由于消费者收入水平和生活水平的提高，消费者一般愿意为好的包装带来的方便、美感、可靠性和声望多付些钱。所以，好的包装可以避免出现“一等商品、二等包装、三等价格”，实行优质优价，提升产品的价值。

2. 包装设计的要求

企业设计包装的基本要求是要符合目标市场消费者的要求，符合储运业和中间商的要求，符合政府和社会公众的要求。其具体要求有如下几个方面。

1）要按照有关法规、标准的要求，做到标签、说明齐全。标签是附（印、贴、挂）在包装物上的文字、符号、图案，它标明包装内容和产品的主要成分、规格、数量、质量、特性等。应使标签真实、完整、标准化、易认、耐用、防伪。运输包装一般应包含收发货标志、指示标志和警告标志。销售包装上应有必要的文字说明，说明产品名称、生产厂注册的厂名和厂址，产品的质量标准与质量等级，说明产品的特点与使用要求等。文字说明应实事求是。销售包装上还应有装潢画面和商品条码，形成多功能的信息标贴系统。

2）要做到科学、适用和安全。包装设计要符合产品的物理、化学、生物特性的要求，符合储、运、销的要求，方便计量、计价、陈列，方便顾客识别、选购、携带、使用、保管，结构与造型合理，确保安全。为防止产品被假冒，可积极采用目前常用的激光、荧光、磁性、温变防伪标志，还可采用全国电码防伪专用标志。揭开该标志表面，拨打防伪热线电话，输入标志上的数字编码，即可被告知贴有标志的商品的真假。

3）力求美观、新颖、独特。设计时应考虑消费者的审美习惯，使消费者能从包装中获得美感。包装装潢上的文字、图案、色彩等不能和目标市场的风俗习惯、宗教信仰发生冲突。要敢于打破常用的设计构思，应尽量显示商品的特点和企业的风格，有自己的个性，防止仿冒。

4）要做到经济、实用和绿色包装。包装物的价值应与商品的价值相配套，适度包装、绿色包装是人类爱护资源、保护环境，可持续发展的客观要求。一般情况下，包装费占商品单价的 15%是适度的。要避免过度包装，禁止虚假包装和欺骗包装。要提倡“3R-reduce,reuse,recycle”包装观念，即：合理简化包装，使包装减量化，甚至适当实行“零（无）包装”；尽量利用耐用的，可回收、重复使用的，以及能循环再造（再生）使用的包装材料，减少与限制使用一次性包装，努力提高包装物的后处理性、后利用性。

绿色营销要求减少直至淘汰使用会造成固定废弃物污染的包装与包装材料，积极开发、推广使用具有挥发性、水溶性、生物降解性、可食性和可作饲料的包装材料，进行产品的绿色包装。

3. 产品包装策略种类

好的包装往往与包装策略结合在一起才能发挥应有的作用。可供企业选择的包装策略有以下几种。

1）类似包装策略。企业的各种产品采用相似的图案、颜色，相同的造型甚至相同的包装材料进行包装。其优点在于能节约设计和印刷成本，便于消费者识别出本企业产品。但类似包装策略只能适用于质量相同的产品，对于品种差异大、质量水平悬殊的产品则不适用。

2）差异包装策略。企业各种产品都有自己的独特包装，在设计图案、色彩、风格、材料等方面各有明显差别。这种策略能使产品之间有较强的独立性，避免因某一产品的销售失败而影响其他产品的声誉。但不足之处是要增加包装设计费用和促销费用。

3）相关包装策略。相关包装策略即将多种相关的产品配套放在同一包装物内，如大礼包、化妆盒、针线包、什锦糖果、文房四宝等。这可以便于消费者购买、使用、携带，带动多种产品的消费。

4）再使用包装策略。指包装内的产品使用过之后，包装物本身还可作其他用途使用，如糖果包装的铁盒。这种策略的目的是通过增加给消费者的附加利益而扩大产品的销售。

5）附赠品包装策略。即在包装上或包装内附赠奖券或奖品，或包装本身可以换取礼品，以吸引顾客惠顾。

6）分等级包装策略。即对同一商品的不同等级产品采用不同的包装，以适应不同购买水平消费者的需要。常见的如茶叶，礼品高等级茶叶和一般自用茶叶包装差别很大。

7）改变包装策略。使用新包装可以使顾客对本质同样的商品产生新鲜感；改进原有产品的市场形象，弥补原有包装的缺陷，也是企业使用改变包装策略的初衷。

8）附带标志语包装策略。它是一种宣传策略。标志语有提示性标志语，如写上“新鲜”、“软”等字眼；有解释性标志语，如日本快速面袋上标明“无漂白”、德国的速溶咖啡袋标明“无咖啡因”，法国的花生油瓶上标明“不含黄曲霉素”，我国的粮食、蔬菜、水果上标明“绿色产品”，都起到消除消费者对商品所含成分的顾虑。

9）透明包装策略。通过透明的包装材料，能看见部分或全部内装商品的实际形态，透明商品的新鲜度和色彩，增添商品的风采，使顾客放心选购。

10）错觉包装策略。它是利用人们对外界实物的观察错觉，进行产品的包装。例如，两个容量相同的果酱包装，扇形的看起来就比圆形的大些、多些；笨重物体的包装，宜采用淡颜色，会使人感到轻松一些。

11）趣味包装策略。趣味包装或称幽默包装主要是在造型及装潢上采用比喻、夸张、拟人等手法以及别出新裁的构思设计，增加包装趣味性和幽默感，强化对顾客的吸引力。例如，中国台湾有家饮料公司，在每包饮料的包装上印有一则动人的，富有诗意的爱情故事，很快吸引了众多的男女青年，他们边喝饮料边欣赏包装上的小故事，产品销路由此打开。美国也有一家食品公司，在水果罐头的罐盖上印有谜语，并注明打开罐头，吃完东西，谜底就在罐底。我国的趣味包装在儿童产品方面居多，如包装物上绘以卡通漫画等。绍兴特产加饭酒及茴香豆也采用趣味包装，其包装容器为毛竹筒，筒上绘有绍兴“老乡”脸孔，头戴绍兴毡帽，既富有浓郁的地方特色，又具有诙谐幽默的情调，对消费者和游客有很大的吸引力。

第四节　产品生命周期

一、产品生命周期的主要阶段

产品在市场上的销售与获利能力随着时间的推移而变化。其变化正像一个人一样，要经历从诞生、成长到成熟，最终将走向衰亡的过程。在营销学中，把产品从进入市场开始，直至最终退出市场为止所经历的全部时间，叫作产品生命周期。产品生其命周期指的是产品的市场寿命，而不是产品的使用寿命。它以产品经历研究开发、试销后，正式进入市场作为起点。产品退出市场，标志其生命周期结束。

典型的产品生命周期一般包括 4 个阶段：投入期、成长期、成熟期和衰退期，如图 6.3 所示。

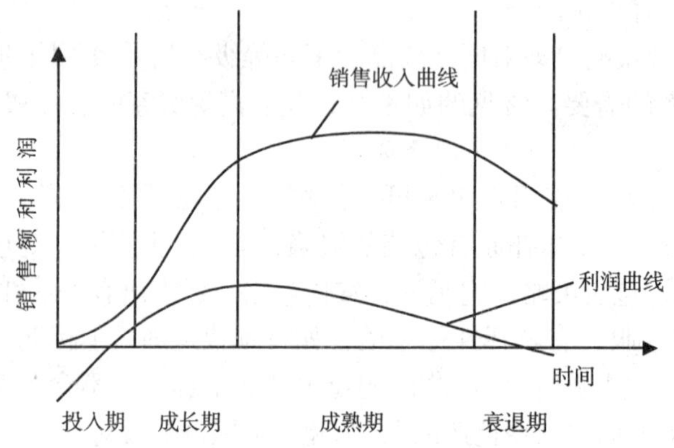

图 6.3　典型的产品生命周期曲线

产品的生命周期各阶段的划分是相对的，一般来说，各阶段的划分根据是产品的销售额和利润额的变化情况。在投入期，产品销量增长缓慢，产品刚进入市场，需要较高的促销费用，利润增长慢，有时为负值。一旦销售量开始迅速增加，利润由负变正，就标志着投入期的结束，进入成长期。当销售量的增长减慢，利润增长值接近于零，预示已经进入成熟期。在成熟期，产品的销量由缓慢增长到缓慢下降，利润逐渐减少。当销售量开始迅速递减，利润较快地下降时，说明产品已进入市场衰退期。

产品之所以会有生命周期，可以用“需求/技术生命周期”理论来说明。营销不是以产品为起点的，而是以需要为起点的。当需要涉及满足方式，需要就变成为需求，需求是消费者支付的一种满足需求的方式。而满足需要，是以当时的可以实现的技术为条件的。需求/技术生命周期是指由某种技术提供的满足需求方案的时间期限。该理论认为，在这个期限中，使用这种技术的产品可以满足需要；而当新技术出现以后，使用原有的技术的产品在满足需要时就开始具有缺陷甚至完全行不通，就要采用新技术的产品方案来替代。比如，计算尺被电子计算器所替代，大部分的电影消费被电视消费所取代等。

实际上，各种产品生命周期的曲线形状是有差异的，生命周期的跨越时间也有长有短。有的产品一进入市场就快速成长，迅速跳过投入期；有的产品生命周期很长，可达千年；有的产品一夜风行，而又突然一夜之间消失得无影无踪；还有的产品经历了成熟期以后，又返老还童，进入第二个快速成长期。

产品的生命周期曲线还与产品定义范围有直接关系。产品种类有最长的生命周期，产品形式一般表现出比较典型的生命周期过程。产品品牌的生命周期一般是不规则的，受到市场环境、企业营销决策、品牌的知名度等影响。如电视机已进入市场几十年，但作为产品大类它还会在市场存在多少年恐怕谁也说不清楚；最古老的黑白 14 英寸电视机，现在市场上几乎绝迹；至于品牌电视机，在最近的 10 年不知道有多少已不复存在，而四川长虹牌电视机不仅在中国家喻户晓，而且远销世界各地。

二、产品生命周期的营销策略

产品也像人一样，在不同的生命周期阶段有不同的市场特点，因此应针对不同的阶段采用与之相适应的对策。很难想象，如果一个产品已进入衰退期采用“地毯式”的广告会取得成功。适宜的生命周期策略关系到企业经营的成败。

1. 投入期的营销策略

投入期的产品是企业的新产品，经过开发、研制、试销以后进入市场，消费者与中间商对此产品还不了解、不放心，产品分销渠道不畅，销路未打开，销量小，销售慢，销售增长率低；产品设计、生产工艺等尚不成熟，产品质量、性能不稳定，废次品率高，产品未大批量生产，规模效益低，生产成本高，促销费用高，销售利润常常很低甚至为负值；竞争企业少，一般只有少数企业、甚至独家生产；产品前途未卜，市场风险大，失败率高。企业营销重点应放在建立完善渠道网络、抓好促销工作方面，要进行较大的促销投入，包括促销人员和促销经费的投入。促销主要目的是介绍产品，吸引消费者试用，企业必须把销售力量直接投向最有可能的购买者，尽量缩短介绍期的时间。因此，投入期企业营销策略要突出一个字“短”。依据定价高低和促销费用高低的组合（见图 6.4），投入期产品的市场营销策略一般有以下 4 种可供选择。

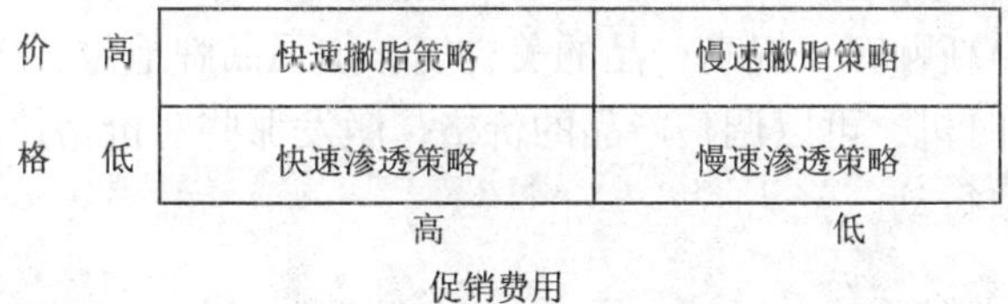

图 6.4　新产品价格促销组合

1）快速撇脂策略。这种策略采用高价格、高促销费用，以厚利支持促销和渠道，迅速拓展市场，较快收回投资。一般适用于产品有一定的市场环境，如大多数顾客还不熟悉产品的技术和价值，急于求购，忽视产品的价格。但企业面临竞争者的威胁，应该迅速建立消费者对自己产品的偏好。

2）慢速撇脂策略。其即高价格、低促销策略，以求得到更多的利润。一般适用于产品总体的市场规模有限，购买者愿意出高价，较低的促销费用除了因为目标顾客绝大部分都已知道该产品无须强力促销外，还在于竞争者加入该产品的市场有困难。

3）快速渗透策略。其即低价格、高促销策略，迅速打入市场，取得尽可能高的市场占有率。在市场容量很大，消费者对本企业产品品牌不熟悉，竞争激烈，有较多的现实和潜在竞争者，企业随着市场规模的扩大可以降低单位生产成本的情况下适宜采用此策略。

4）慢速渗透策略。该策略采用低价格、低促销来退出新产品。一般适用于市场容量大，消费者熟悉该产品，对价格反应很敏感，选择余地大，竞争激烈的产品。

2. 成长期的营销策略

该时期消费者、中间商对产品已经熟悉，销售渠道增加，大量的新顾客开始购买产品，销售增长很快；产品设计、工艺基本定型，已具备大量生产的条件，生产成本相对降低；促销费用增加，但由于销量增长较快，所以平均促销费用下降，营销利润也以较快速度增长，产品显示较大的市场吸引力；竞争者不断仿制和跟随，纷纷加入市场进行竞争，随着竞争的加剧，新的产品特性开始出现，产品市场开始细分。针对成长期的特点，企业营销策略要突出一个字“快”。企业为维持其市场增长率，使获得最大利润的时间得以延长，企业可以采用以下对策。

1）做好生产方面的管理。生产应与市场销量的增长同步，确保市场供货，严防脱销，同时应注意提高质量。

2）更加广泛的渠道策略。随着市场的扩大，渠道的发展，网点的增加，推销队伍的壮大，渠道的管理必须完善。

3）改进产品，增加新的功能，改变产品造型和款式；寻找新的细分市场，开发系列产品和衍生产品，迅速进入这一新的细分市场。

4）改变广告宣传的重点。把广告宣传的重点从介绍产品转到建立产品形象上来，维系老顾客，吸引新顾客，提高产品的美誉度，加强品牌地位，树立名牌。

5）在适当的时机，可以调整产品的价格，激发那些对价格比较敏感的消费者产生购买动机和采取行动。

3. 成熟期的营销策略

进入成熟期的产品广为人知，被大多数消费者接受，放心、果断购买，认品牌购买者多，销量大，但销售增长率下降，市场趋于饱和，即销量增长缓慢，逐步达到最高峰，然后缓慢下降。产品完全成熟，技术、管理完善，产品质量稳定，产能达到最大；市场竞争激烈，竞争手段也复杂化，甚至出现激烈的价格战。成熟期企业营销策略要突出一个字“争”。成熟期适宜的营销对策如下。

1）市场改良。这种策略不是改进产品本身，而是发现产品的新用途或改进推销方式等，以使产品销售量增加。其具体策略可从如下方面考虑：①寻找新的细分市场，把产品引入尚未使用过的市场，发现产品的新用途，应用于其他领域；②寻找能够刺激消费、增加产品使用率的方法，如“海飞丝”宣传去头皮屑每周两次效果更佳；③市场重新定位，寻找有潜在需要的新顾客。

2）产品改良。这种策略是以产品自身的改变来满足顾客的不同需要，整体产品的任何层次的改良均可归为该策略范畴。其包括根据顾客潜在需要改善产品设计，改变产品的品质、特性与适用范围；增加产品的款式、规格，改变产品的品牌与包装；提供更加完善的服务，对附加产品改良等策略。

3）营销组合改良。企业市场营销组合策略不是一成不变的，这种策略是通过改变市场营销组合因素来延长产品的成熟期。如适当减价，更加灵活的价格策略；扩大分销渠道，广设销售网点；促销方式不断更新，广告的内容与表现方式的改变，媒体增加策略，重视营业推广等。

4. 衰退期的营销策略

产品已广为人知，但由于新产品进入市场使处在衰退期的产品技术显得老化，日益不合需求，消费者和中间商的兴趣逐渐转移，销量急剧下降；生产能力过剩，生产效率下降，生产成本上升，加上促销费用增加，单位产品成本上升，企业利润持续下降，甚至亏损；竞争者纷纷退出市场，市场竞争减弱。衰退期企业营销策略要突出一个字“转”。对衰退期的产品应具体问题具体分析，通常有以下几种策略可供选择。

1）继续策略。如果产品有适度的利润，可继续按原来的市场细分定位、营销组合策略经营下去，直到这种产品完全退出市场为止。当然，有时候企业也可能因为行业退出障碍、经营者的感情等原因采用此策略。

2）集中策略。把企业的资源集中在最有利的细分市场和销售渠道上，从中获利。

3）收缩策略。大幅度降低促销水平，尽量减少销售和推销费用，尽量减少在该产品上的亏损，弥补企业整体的固定费用，以待该产品的市场复苏。

4）放弃策略。对于衰落比较迅速的产品，应该当机立断，放弃经营。在放弃的方式上可以选择逐步放弃和完全放弃。

第五节　新产品的开发

一、新产品的含义和类型

不创新，毋宁死。创新是企业持续、快速发展的原动力，是企业生命力的源泉。根据产品生命周期理论，企业总是要不断地在市场上推出新产品。新产品开发是满足新的需求、改善消费结构、提高人民生活质量的基础，是企业具有活力、竞争力与创造力的表现。新产品开发会给企业的市场营销带来机会，也会给企业的经营带来风险，因此企业必须高度重视新产品的开发工作。

对新产品的定义可以从企业、市场和技术 3 个角度来进行。对企业而言，第一次生产销售的产品都叫新产品；对市场来讲则不尽然，只有第一次出现的产品才叫新产品；从技术方面看，在产品的原理、结构、功能和形式上发生了改变的产品才叫新产品。营销学的新产品包括了前面三者的成分，但更注重消费者的感受与认同，它是从产品整体性概念的角度来定义的。凡是产品整体性概念中任何一部分的创新、改进，能给消费者带来某种新的感受、满足和利益的相对新的或绝对新的产品，都叫新产品。很明显，营销学中的新产品是已推向了市场的，并以消费者的感受认为是新的产品。

新产品按地理范围可分为国际新产品、国家新产品、地区新产品和企业新产品。按产品变革的程度、新颖度可大致分为全新产品、换代新产品、改进新产品、仿制新产品。

精工对石英表的开发

——利用科技成果，转换生产技术，创新开发划时代的新产品

20 世纪 60 年代初，开始进入海外市场的日本机械手表，无论是在其质量上还是在其价格及品种类型上都难以与历史悠久的瑞士手表相抗衡。拥有高度的企业间垂直分工零部件生产和最终组装的生产系统以及丰富的优秀熟练工人等资源，使瑞士手表制造业最大限度地享受着分工协作带来的低成本、大量生产的好处。为了与瑞士表制造业竞争，精工公司首先购买瑞士制造的一般机械设备，将其改制成手表生产设备，从而打破用禁止出口手表生产设备的办法来保护本国利益的瑞士政府产业政策。其后，还引进了美国天美时公司的手表自动组装生产线，并于 1972 年开发出自己的自动组装系统。通过实行大规模的生产工艺创新，在产品制造成本上，逐渐取得了匹敌于瑞士厂家的竞争力。但就技术含量而言，与瑞士表相比，精工表的自动上弦机械表要滞后 15 年，高振动机械表要落后两三年。日本手表业抓住石英技术，通过开发高精度手表实现了超越瑞士手表制造业的目标。

瑞士厂家虽于 1967 年与精工同时开发出石英手表的展示品，但认为它的价格过高，只把它当成一种市场有限的高档产品，而没有看到其未来的市场前景，他们仍把主要精力放在提高机械式手表性能上面。1969 年年底日本精工在世界上首次开发出模拟式石英手表。其后，该公司充分利用半导体等周边技术的进步，改良原有的机械手表自动组装生产线，进一步实现了模拟式石英手表的小型化和低成本化，确立了大量生产低价石英表的体制。接着，1973 年该公司运用美国科学家的成果开发出液晶显示的数码式手表，完全掌握了有关石英电子表的制造技术。其后，该公司大规模地把产品从机械式转换为石英式，到了1982年时已有大约80%的产品实现了石英化，但瑞士厂家石英化的步子却迟缓了许多。随着机械手表使用人数的锐减，瑞士手表厂家不得不进行大规模的人员缩减和企业重组，1983年完成的石英表的自动组装系统，只能生产一些设计新颖的低价表，这比精工晚了14年，这些厂家因此付出了昂贵的代价，他们的产品在世界市场占有率由1970年的40%以上跌至1985年的6%。这一事例表明，在一个行业新技术、新材料出现时及时抓住机遇，开发新产品是企业取得竞争优势的最佳机遇期。

（资料来源：知信网 CEO 职业经理人）

二、新产品开发的原则与方向

新产品开发有较大的风险，开发成功会给企业带来巨大的利益，开发失败会给企业带来巨大的损失。美国铱星卫星电话系统的失败，就充分说明了这一点。新产品开发的失败率较高，往往10次开发成功只占二三次。新产品失败的原因主要有：市场调研不充分，对市场的需求把握不准；产品无特色或质量不好；开发成本过高，定价过高；产品的渠道不当，广告宣传没有跟上去；同行企业的新产品捷足先登，竞争力度太强等。但是，在新产品开发遭遇困难与风险的同时，同样孕育了无限商机。

为了保证新产品开发的成功，企业在进行新产品开发时，一定要注意新产品开发的原则和方向。新产品开发至少应遵循以下“五有、五性”原则：①有需求，以市场为导向，适销对路，使用的配套设施、条件具备，有足够的市场需求；②有潜力，产品的发展前景良好；③有特色，别具一格，优点明显；④有竞争力，企业具有生产、营销等方面的实力与优势；⑤有效益，项目的经济效益理想，不过度开发而浪费资源。同时，开发的产品具有：①先进性，产品所采用的技术有一定的领先性；②层次性，新产品的定位层次准确，产品的系列分布适度，质量水准把握适度；③实用性，产品满足消费者的基本功能需要，附加功能适度，没有过剩功能；④适宜性，产品符合国情、地情，与产品地使用条件相吻合；⑤合法性，产品符合国家的法律法规，最好受到政策的鼓励与保护。

在当今环境下，市场竞争日益激烈，顾客需求日益多样化，企业在选择新产品发展方向时必须有更多的考虑。新产品的发展方向可以有如下多个方向：

1）多功能化。即一种产品具有多种功能和多种用途。一物多用可使消费者节约时间和空间，带来多种使用价值和利益。例如，现代电视上可显日历、可玩游戏、可带立体声音响等。

2）复合化。即把功能上相互关联的不同单体产品发展为复合产品。例如，将电话与台灯复合的电话台灯，将电话与电视复合的可视电话，集办公（文字处理、电话、传真）、计算、娱乐为一体的多媒体计算机等。

3）小型化与轻便化。即改变产品结构，减少产品的零部件，缩小产品的体积，减轻其质量，使之便于携带、操作、运输。这样还可以节省大量的资源和能源，降低成本。日本专家认为自20世纪90年代到2000年是产品向“轻”、“薄”、“短”、“小”发展的时代。今天计算机的普及与计算机的小型化、轻便化（微型计算机、笔记本电脑、掌上电脑）的应用有极大的关系。很多日本的企业都采用这种新产品开发策略，取得了极大成功，如丰田的节油小型车，索尼、松下的晶体管收音机，东芝的笔记本电脑。

4）智能化与知识化。即把一般人需要长期学习才能掌握的知识和技术转化到产品中去，使产品更便于使用。这可以使许多专业性的产品转化为大众产品，从而大大扩大产品的市场。典型的例子是“傻瓜”照相机，这种照相机把以往一个生手需学习一两个月以上、并废掉几卷胶卷的照相技术蕴藏进照相机，使任何一个不懂照相技术的人都拿起来就会用。

5）艺术化与品味化。即从产品造型、色彩、质感和包装等方面使产品款式翻新，风格各异，体现独特的艺术个性。产品的艺术化、品味化的研究已经成为产品研究与开发中的重要组成部分。不仅服装、汽车、家具这些具有一定观赏性的产品，就连洗衣机、马桶、盥洗用具，以至扳手、螺丝刀等实用产品也在追求尽善尽美，以求在竞争中赢得顾客。

6）多样化（系列化）。即产品尽量多品种、多式样、多规格和型号，以满足消费者的不同需求。

7）绿色化。即新产品必须节约能源和材料，其生产与使用过程中对环境没有污染，不产生公害。21世纪是“绿色营销”的时代，“绿色产品”将受到普遍欢迎。

三、新产品开发的方式和策略

（一）新产品开发的方式

在现代市场上，企业要得到新产品，并不意味着必须由企业独立完成新产品的创意到生产的全过程。企业新产品的开发方式有两大类。

1. 获取现成的新产品

这种方式又可分为以下几种。

1）联合经营，即几家小企业联合开发与经营一种有吸引力的新产品，或是某个研究所或小企业开发出新产品，去与大公司联合，借助大公司雄厚的资金和销售力量扩大该产品的影响，提高自己的知名度，大公司则可以节省开发新产品的一切费用。

2）购买专利，即企业向有关科研部门或别的企业购买某种产品的专利权。这种方式可以节省时间，赢得市场的先机，这对于复杂多变的现代市场极为重要。

3）经营特许，即企业向别的企业购买某种新产品的特许经营权。如世界各地的不少公司争相购买美国可口可乐公司的特许经营权。

2. 自己开发

这种方式有以下两种基本形式。

1）独立研制开发，即企业依靠自己的科研力量来完成产品的构思、设计、试制和生产工作。

2）委托开发，即委托独立的研发机构或企业为自己开发某种产品。

（二）新产品开发的策略

新产品开发的策略总体来讲分为两类，一类是主动式开发策略；另一类是被动式开发策略。所谓主动式开发策略，是指企业充分利用人力与资本资源，开拓潜在市场，抓住市场趋势开发新产品。此策略重在把握市场先机，具有先到品牌的竞争优势，然而风险与成本也很大。此策略的实施又有 4 种分策略。

1）研究开发策略。这种策略是以未来需求为着眼点，期望通过大量研究经费的投入来保持科技领先。如 IBM 在 1985 年花在研究上的费用就高达 31 亿美元，施乐每年在研究开发上的支出为 5 亿美元，美国电话电报公司所属的贝尔试验室有多人获诺贝尔奖。

2）营销出击型策略。这是最常用的主动式新产品开发模式，尤其是日用消费品公司，常常以消费者的需求为开发新产品的前提。如宝洁公司每年花费大量的费用调查市场，了解消费者的生活形态，以及对现有产品的意见，根据中国人头皮屑多推出“海飞丝”，根据中国人喜欢头发又黑又亮，推出“润妍”。

3）内部创业型策略。企业鼓励有新构想及有创业精神的员工，在企业的支持下开发新产品。如著名的不干胶贴纸是美国 3M 公司鼓励内部创业的产品之一。

4）引进策略。其即主动引进先进技术开发生产新产品。如“高露洁”买下黑人牙膏在中国市场生产销售，上海大众汽车与美国通用汽车合作生产畅销的别克轿车。

所谓被动式产品开发策略，是指企业静观其变，等待竞争品牌即将退出新产品之际，立刻推出类似产品分享市场的策略。该策略有 3 种分策略。

1）防卫型策略。当竞争品牌成功推出新产品时，为捍卫市场占有率，对现有产品稍加改变，或者减价促销，对新产品进行迎头痛击。

2）模仿型策略。当市场领导者推出新产品之际，市场追随者立刻制造出类似的产品，与市场领导者争夺市场。现代服装行业竞争非常激烈，竞争者模仿很快，产品款式需要不断推陈出新，法国巴黎最新时装发布会上的款式，在发布后不到一周，就可在东京或北京买到大致相同款式的时装。可见许多服装企业在采用模仿型策略。

3）模仿改进型策略。这种策略与完全模仿不同，通常是等竞争厂商的新产品一进入市场，立即加以模仿并加以改进。该策略可以节省大量的产品开发费用，而且具有灵活性与高效率。如“冷酸灵”在国内推出第一支抗过敏牙膏后，现在有多家牙膏制造厂推出具有类似功能的品牌，只是在牙膏的配方上稍作改变。

四、新产品开发的过程

新产品上市成功与否，与企业的成长息息相关。一旦上市失败，企业付出的代价就很大，有时甚至是致命的。因此新产品开发过程应遵循一定科学严密步骤，才能最大限度规避风险。一般来说，新产品开发的过程应遵循 8 个步骤，即寻求创意、构思筛选、产品概念的形成与试验、制定营销规划、商业分析、产品实体开发、市场试销、商业化。

1. 寻求创意

新产品开发是从寻求产品创意开始的。所谓创意，就是所要开发产品的设想与构思。任何一种产品的开发都是从创意开始的，没有创意就没有新产品开发。企业在广泛收集新产品创意之前，有关领导应首先明确新产品开发的目标和要求：如企业的目标市场是什么，准备打入哪些市场，期望达到的目标是什么，准备拿出多少钱用于下一个开发项目等。在此之后，工作人员就可以有的放矢收集产品创意。新产品创意的来源如下。

1）企业内部。它包括企业内部的开发设计人员、营销人员、生产人员及其他部门的职工。有关调查显示，新产品开发的创意中有 55%来自于企业内部。由于企业内部人员了解企业的实际情况，所以来源于内部的创意不致与企业的实际情况严重脱节。

2）顾客。只有适合顾客需要的新产品才能卖出去，顾客最清楚自己需要什么产品。顾客是征集新产品创意的主要来源，据国外的一项不完全统计，顾客提出的新产品创意，被企业采纳的占 28%。从顾客那里获得创意的方法，就是调查消费者或用户对现有产品的购买、使用、印象、意见等情况。日本松下公司，长期聘请一些家庭妇女为公司提出新产品开发的初步设想，松下甚至为这些妇女长期支付薪水。

3）竞争者。在开发新产品时，应密切注意竞争者的动向。收集竞争者的产品目录、使用说明书、广告宣传品，购买竞争者的产品，调查竞争者的用户和经销商，收集对产品的意见，研究竞争者产品的成功和失败之处，往往可以获得新产品的创意。

4）企业自己的经销商。向企业自己的经销商了解对新产品的看法，也是获得新产品创意的有效之策。这些人经常同消费者打交道，处于市场竞争的一线，最了解顾客意见，也最清楚竞争产品的优势与劣势。

5）其他。包括科研机构、大专院校、市场调研机构、广告公司、学术会议、技术鉴定会议、展销会、学术交流、文献专利等。

为了打破习惯思维模式，进一步开发创意，企业还可借助以下一些创意方法。

1）产品属性列举法，指将现有产品的属性逐一列举，探索改进每一属性，从而得到新产品的创意。

2）希望点法，将有代表性的一些顾客召集在一起，请他们谈对现有产品的一些希望，从顾客的希望中获得新产品的创意。

3）强行关系法，指列出若干不同物体，然后考虑每一物体与其他物体的关系，从中引出更多的新产品创意。

4）头脑风暴法，企业的主管人员挑选若干性格、专长各异的人员座谈，自由地交换看法，无拘无束地讨论，以发展新产品构想。使用该方法应注意几个要点，一是不准批评，无论是多么离谱的构想都不批评和嘲讽，多提建设性意见；二是鼓励联想，要敢于异想天开；三是追求创意数量；四是注意对创意的组合与改良。

流水声音卖高价

费涅克是一名美国商人。在一次休假旅游中，小瀑布的水声激发了他的灵感。他带上立体声录音机，专门到一些人烟稀少的地方逛游。他录下了小溪、小瀑布、小河流水、鸟鸣等声音，然后回到城里复制出录音带高价出售。想不到他的生意十分兴隆，尤其买“水声”的顾客川流不息。费涅克了解许多城市居民饱受各种噪声干扰之苦，却又无法摆脱。这种奇妙的商品，能把人带入大自然的美妙境界，使那些久居闹市的人暂时忘却尘世的烦恼，还可以使许多失眠者在水声的陪伴下安然进入梦乡。真可谓留心处处皆商机。

2. 构思筛选

构思筛选主要是对从各个渠道和应用各种方法收集来的创意进行筛选，决定哪些构想应舍弃，哪些创意应保留，选出真正有保留价值的创意。在这个过程中应注意避免两种错误，一种是误弃，另一种是误用。误弃就是把有发展潜力的创意舍掉了。犯该错误的原因是决策人思想太保守或是没有统一的评判标准。误用就是将一个没有发展前途的创意付诸开发并投放市场。这种失误往往给企业带来人力、物力、财力、时间上的重大损失。为了避免上述失误，要求企业领导干部和有经验的专家应对每一新产品的创意，从产品性能、质量、技术先进程度、市场需求、竞争能力、原材料供应、设备和人力资源利用、开发周期、开发成本、制造费用，以及最后的经济效益等方面进行评价，以供最后决策。

该步骤可分两步进行，一是初选，二是精选。初选就是依据工作人员的经验把那些有明显缺陷的创意直接筛选掉。精选就是用定性与定量的方法，通过创意优劣的比较或得分的高低来评价创意。为提高评估的科学性，可运用多因素综合评价方法，对各创意的各因素进行评分，记入新产品构思的评价表，根据预先确定的标准确定其优劣。因素的选择应着重考虑两个方面：①该创意是否与企业的战略目标相适应；②企业是否有能力开发这个创意。

3. 产品概念的形成与试验

经过筛选后的创意需要进一步形成完整的产品概念。消费者购买的不是产品创意，而是具体产品，企业要开发的也是具体的产品。所以要把产品创意转化为产品概念。例如，某一饮料厂获得一个利用银杏叶为原料生产饮料的创意，这种创意可以衍生出许多具体的产品概念，如是生产含银杏汁营养成分的汽水，还是生产含银杏汁营养成分的可乐、银杏粉等。产品概念是企业从消费者的角度对产品创意的详细描述，一般应包括产品的目标顾客、为目标顾客所带来的利益及使用环境等方面。如中老年人随时可饮的抗衰老的健康银杏汽水，年轻人的健康银杏可乐，强身健体的少儿银杏冲剂等。企业应对这一系列的产品概念进行评价，确定哪些概念有进一步开发的价值，哪些无价值；哪些概念是现有市场上独有的，哪些与现有竞争者产品相冲突或重复；哪些应立即开发，哪些应下一步开发等，从而确定产品定位或品牌定位。

在确定出最佳产品概念之后，还应当对其进行市场验证，这就是产品概念试验。方法是将前面的产品概念的文字描述或据此制作的实体模型，展示于目标顾客面前，观察他们的反应。如有一出版商想创立一种新的杂志，他就将杂志名字连同杂志主要设立的版面与内容描述给目标顾客，问顾客假如有这样一本杂志他是否会买，并且定价多少他会感兴趣，他最感兴趣的内容是什么，还应添加一些什么内容等。通过产品概念的试验，企业可以更好地选择与完善产品的概念。

4. 制定营销规划

企业新产品开发部门对已经形成的产品概念制定营销规划是新产品开发过程中的重要步骤。这个规划将在以后开发阶段中不断完善。营销规划包括 3 个部分。

1）目标市场的规模、结构、行为，新产品在目标市场上的定位，市场占有率及头几年的销售额和利润目标等。

2）新产品的价格策略、分销策略和第一年的营销预算。

3）新产品的中长期销量和利润目标及不同时期的营销组合。

5. 商业分析

在初步制定的营销规划的基础上，新产品进入正式的开发启动程序之前，还需进行商业分析。其主要内容是估计新产品将来的销售额、成本和利润，看看它们是否满足企业的目标。

1）销售额估计。新产品的销售额估计没有历史资料，企业一般是依据类似产品的销售情况和目标市场的情况，结合市场竞争的状况推算出新产品的销售额。估计时应注意对于任何产品都要估计首次销售额，对于消费者有重复购买行为的产品还要估计其重复购买量。

2）成本和利润估计。在新产品的销售额估计之后，继而要估算其成本和利润。这需要由研究开发部门、生产部门、市场营销部门和财务部门共同讨论分析，采用一定的方法估算。常用的方法是现金流量表分析和损益表分析，在前面讨论的基础上，在基本确定了营销战略、营销组合、营销预算和开发建厂或项目预算的基础上，有经验的管理会计师就可以大致估算出新产品的成本与利润。

6. 产品实体开发

新产品的实体开发是将新产品概念转化为新产品实体的过程，它使新产品进入实质性开发阶段。它包括新产品的实体设计、试制、测试与鉴定等工作，主要由企业的研究所、试验室、设计部、试制部门承担。能否在规定的时间、规定的开发费用内开发出预想的产品，实体开发过程的管理极其重要。产品实体开发包括以下几个步骤。

1）对新产品进行技术设计。该步骤把产品概念中规定的新产品性能、指标和要求具体化，即把新产品从原理、参数、结构、组成、尺寸型号、材料设计出来，确定新产品的制造工艺要求、构件的种类和数量，制定出各种技术文件。该过程中包括了产品设计相关的大量的研究工作，对于全新产品，所采用原理、参数、结构、材料，有时均需进行大量的试验确定可行后才可在新产品中加以应用。新产品的设计对新产品开发十分关键，新产品的质量的60%～70%取决于产品设计工作，产品成本的高低也很大程度上取决于产品设计工作。因此，拥有一流的研究设计人其员往往是企业成功开发新产品的关键。

2）样品试制与测试。其就是要根据新产品的设计图纸、工艺文件和工艺装备试制出新产品的样品，通过样品试制找出设计方面的缺陷。样品出来之后应对该样品进行测试，主要从产品的性能和消费者的需求方面来进行分析，测试内容包括：样品是否符合产品概念的要求；在正常条件下，产品能否可靠地发挥其功能；制造成本是否超出了预算。

3）样品鉴定。样品测试与修改之后，样品符合设计要求，企业还须组织领导者、技术人员、营销人员对新产品进行鉴定，对试制品作出肯定或否定意见，并提出修改意见。

4）小批试制与鉴定。在样品试制与鉴定之后，应对产品图纸进行一次系统的修改，并系统地编制工艺文件，制造一定数量的工艺装备，接着进行小批产品的试制；试制完成后同样要组织相关人员进行对小批试制品的鉴定。鉴定的目的除了继续完善产品结构性能、修改产品的外形与包装之外，主要检查产品的工艺文件的完备性，是否适合批量生产的要求。

7. 市场试销

新产品是企业的孩子，凝聚着开发者的大量心血，对其偏爱有加是可以理解的。

但能否真正成功还需要接受市场的检验。通过市场试销将产品投放到有代表性的目标市场进行试销，企业才能真正了解新产品市场销售前景。通过试销，可以对新产品进行全面的检验，可为新产品是否全面上市提供依据，也为新产品的改进和市场营销策略的完善提供指导。但是试销也有增加成本、给竞争者可乘之机、延缓上市时间等缺点，而且试销成功并不意味着市场销售就一定成功，因为各国和各地的消费心理可能有很大差异，不易准确把握，另外还有竞争的复杂多变等因素。因此，对试销结果的运用应考虑一个误差范围。

新产品市场试销通常需要面临以下几个方面的决策。

1）决定是否试销。并非所有的新产品都要试销，确定方法是试销的利弊分析。一般认为市场前景非常肯定、竞争影响较弱的产品，新颖程度不是太高的改进产品、系列产品，企业仿制产品等无须试销。但大多数公司都倾向于对新产品进行试销。

2）如果决定试销，要制订试销方案。试销方案包括试销市场范围、试销的营销组合、试销市场试验方法、试销预算等。试销方案的选择余地很大，需要进行精心策划。

3）对试销技术的选择。在试销方案的确定过程中面临试销技术选择。消费品常用的试销技术有人员推销、展销、邮寄产品介绍等，此外也可选用模拟商店法、有控制市场试验、销售波动调查法、试验市场等试销技术进行试销。工业品常用的试销方法是产品使用试验、贸易展览会、批发商和零售商陈列室等。

4）试销控制与试销信息的资料处理。无论选用什么试销技术，新产品试销过程的控制是必须很好解决的一个问题。试销是一个观察试销结果，不断调整试销计划的过程。试销人员必须采取必要的措施，逐步把试验结果引向所期望的方向，即使促销的效果、试销的费用、试销时间以及试销的目的都处于受控状态。试销过程可为企业提供大量的原始资料，对这些资料要做好收集、整理、加工和分析等工作，方能得到有用的信息。这些信息通常包括以下一些指标：新产品试销量及市场占有率，消费者的试用率与重复购买率，不同类型消费者的购买频率，消费者对新产品的性能、品质、包装、价格、促销方式、分销渠道等的反应，竞争对手对新产品的反应，分析影响购买与否的原因，评定消除新产品的销售障碍的可能性等。

8. 商业化

新产品在试制与试销完成之后，根据试制、试销中所发现的问题及时改进，最大限度地降低了新产品全面上市的风险。这些工作完成之后，就可以着手新产品的全面上市工作了。将新产品投放市场，企业会面临着再次的巨额资金投入，一是批量生产产品所需的生产设备及相应设施的投入，一是市场营销费用，即在新产品的广告、促销、渠道等方面的费用。如通用于 1985 年上市的林荫大道（Electra）新车花费 10 亿美元，美国某公司 1978 年上市一种洗发精的广告支出高达 3000 万美元。

为了确保企业的巨额投资不致打水漂，上市之前需要做周密的策划，明确制定生产、广告、促销、价格、渠道等策略，制订相应的上市计划，并按计划有效地执行。营销计划中应注意以下几个问题。

1）推出新产品的时机。新产品上市的时机是一个关键问题，要决定什么时候将新产品投放市场最适宜。如果某种新产品的市场需求有高度季节性，就应在销售季节来临之前将这种新产品投放市场；如果某种新产品是用来替代老产品的，就应等老产品的存货被处理得差不多的时候再将这种新产品投入市场；如果这种新产品还存在着可改进之处，就不必急于上市，应等到完善之后再投放市场。有时新产品投放市场是居于竞争方面考虑，相对竞争对手而言，想“先发制人”，则应该抢在对手的前面进入市场；为了“后发制人”，了解对手新产品的缺陷及真正的市场容量，进而修改自己的产品和上市计划，则应该后期上市；当然还可平行进入，与竞争对手共享开发市场的好处，共同承担新产品上市的促销费用等。

2）推出新产品的地点。能够把新产品在全国市场上一次性全面投放的企业是不多见的。一般是先在主要地区的市场推出，占领市场取得立足点，然后再扩大到其他市场。如海尔的“小神童”洗衣机开发出来之后，就首先选择上海作为它投放的市场，然后进入其他城市市场。企业应制订新产品的市场投放计划，找出最有吸引力的市场先投放。

3）推出新产品的对象。新产品上市企业应将营销目标对准最有希望购买新产品的创新采用者和早期采用者，通过他们去带动其他顾客群，既使新产品得到迅速扩散和采用，又使新产品的推广人员获得鼓舞。

4）推出新产品的方法。新产品的上市一定要进行精心的策划，在明确前面几个问题的基础上，制定出包括营销组合策略、营销费用、营销活动的营销计划，并加以有效地组织和控制，才能最大限度地保证新产品上市成功。

五、新产品的市场扩散

新产品上市以后，实际上就开始了它的生命周期历程。新产品开发的成功不仅是上市时的成功，而是整个生命周期的成功。有许多新产品上市出现了市场的轰动效应，但在其以后市场历程中表现很差甚至失败。因此，企业不仅应研究一件、一时新产品怎样被消费者接受，而且应站在产品生命周期这一整体的角度去审视企业所有产品怎样使消费者长期被说服、接受，从而有针对性地进行营销管理，这就是新产品的采用与扩散。

（一）新产品的采用过程

所谓新产品的采用过程，是指消费者个人由接受新产品到成为重复购买者的各个心理阶段。从潜在消费者发展到采用者要经历 5 个阶段，即知晓、兴趣、评价、试用、正式采用。营销人员应仔细研究各个阶段的不同特点，采取相应的营销策略，引导消费者尽快完成采用过程的中间阶段。在这个过程中，营销者应采取一定的办法让消费者充分认识到新产品的特性，才能使消费者作出购买新产品的决策。这些特性表现在以下几个方面。

1. 相对优越性

相对优越性即创新产品被认为比老产品好。创新产品的优越性越多，就越容易让消费者采用。应该着重指出的是，这个相对优越性是指消费者对新产品的认识程度。换句话说，一个实实在在的创新产品如不能被消费者所认识，便会失去其相对优越性。

2. 适用性

这是指产品与目标市场消费者价值观、消费行为一致的程度，如果有较大差异，消费者接受起来就很难且过程要很长。

3. 复杂性

这是指新产品在认识与使用中的困难程度。产品越复杂，说服消费者接受就越困难，营销中要做的说服工作就越多，工作就应做得越细。如个人计算机使用较其他家用电器复杂，故而需要营销者更多和更长时间的努力才能让消费者接受。

4. 可试用性

可试用性即创新产品在一定条件下可以试用。提供较多的机会让消费者使用、试用新产品，让消费者切实感受到新产品的优越性，可以让消费者很快接受新产品。如宝洁在推广新配方的“汰渍”洗衣粉时，展示其去污效果就通过提供给消费者大量的“汰渍”免费赠品，让消费者试用，使市场很快接受了这个产品。

5. 可传播性

这是指新产品的使用效果可被观察或向他人描述的程度，显然新产品优点的可传播性越强，采用的速度就越快。

（二）新产品的扩散过程与管理

所谓新产品的扩散，是指新产品上市以后随着时间的流逝，被愈来愈多的消费者所采用的过程。新产品的采用过程与新产品的扩散过程有很大区别。前者站在微观角度研究消费者由接受新产品到成为重复购买者的各个心理阶段；后者站在宏观即整个产品生命周期角度研究新产品如何在整个市场上传播并被市场所采用的过程。不同的潜在消费者对新产品采用过程所花费的时间长短是不一样的，为此，可将新产品的采用者分为 5 种类型，即创新采用者、早期采用者、早期大众、晚期大众和落后采用者，如图 6.5 所示。从新产品上市算起，采用者按采用时间大体服从统计学中的正态分布。

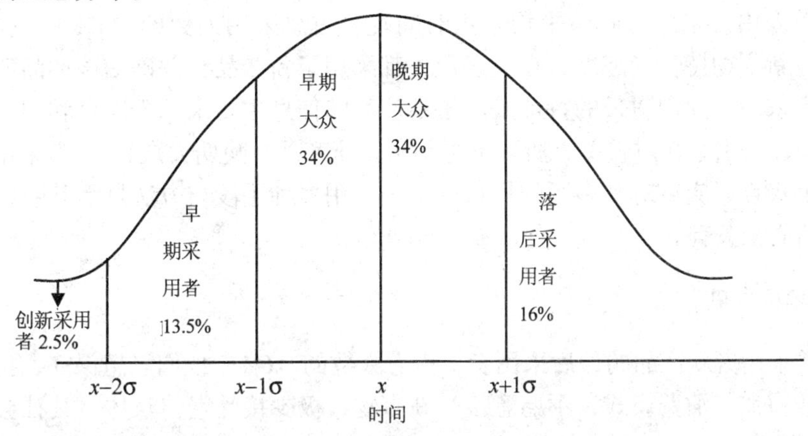

图 6.5　新产品采用者分布曲线

1. 创新采用者

该类采用者处于平均采用时间两个标准差以左的区域内，占全部采用者的 2.5%。这些人被称为时尚的带头人，对新事物极为敏感，收入、社会地位和受教育程度高，极富有冒险精神，信息灵通。新产品都是由少数采用者率先使用。营销人员在向市场推出新产品时，应把促销手段和传播工具对准创新采用者，如果他们采用效果好，就会大肆宣传，影响后来的使用者。

2. 早期采用者

早期采用者占全部采用者的 13.5%，他们是第二类采用新产品的群体，新产品从首次投放市场阶段到成长阶段的最重要的动力，对后来的采用者影响很大。由于他们对新产品的扩散有着决定性的作用，所以在成长期寻找到合适的早期采用者并有针对性地营销是特别重要的。他们的特点是大多是某个群体中具有很高威信的人，常常去收集有关新产品的各种信息来源，成为某个领域里的舆论领袖，受到周围人的追随。

3. 早期大众

这类采用者采用新产品的时间较平均采用的时间要早，占总采用者人数的 34%。其特征是：态度谨慎，深思熟虑；决策的时间长；受过一定的教育；有较好的各种环境和固定的收入；对舆论领袖表现出较强的追随性，往往是赶时髦者。由于早期大众与晚期大众占总人数的大多数，研究他们的消费心理和购买习惯，对于加速新产品的扩散，获取最大的市场份额具有重要意义。

4. 晚期大众

这类采用者采用时间较平均采用时间晚，占总采用人数的 34%。其主要特征多疑。对新事物持怀疑态度，在大多数人都采用了新产品，并确信该产品值得购买后才决定采用。他们附带的特征是对于新产品的信息主要来源于同事和朋友，受教育程度和收入水平相对较差，所以不主动接受新产品。晚期大众是 5 类采用者营销中的一个难点，应针对其多疑的特点下工夫，用多种手段与方法打消其顾虑，坚定其购买信心是关键。

5. 落后采用者

这类采用者新产品的最后采用者，占总人数的 16%。他们思想保守，拘泥于传统的生活习惯与消费模式，不愿意接受新事物，极少接受宣传媒体，其社会地位和收入水平最低，与一般人存在着社会经济地位、个人因素和沟通行为差异。所以他们在产品进入成熟期后期甚至进入衰退期时才会购买。

新产品的扩散过程的管理是指企业通过采取一定的策略，使新产品扩散过程符合既定目标的过程。依据最佳的产品生命周期曲线，新产品扩散管理的目标应该是：①在投入期销售额迅速起飞；②成长期的销售额快速增长；③成熟期产品的市场渗透最大化；④衰退期尽可能维持一定水平的销售额。然而实际的新产品扩散过程并非如此，通常是投入期销售额增长很慢，成长期的增长率也较低，而且进入成熟期不长的时间，销售额就开始下降。这其中的原因是扩散过程除受到外部如竞争、消费者行为、经济形势等不可控因素影响外，还受到企业如产品质量、人员推销、广告、价格策略、渠道等市场营销因素的制约。

为了使新产品的扩散过程达到其管理目标，要求企业市场营销管理部门必须按照产品寿命周期各阶段的特点，采取适宜的营销策略。在研究采用的策略与措施的过程中，还应注意以下几个问题。

（1）舆论领袖对扩散的影响

在新产品的扩散过程中，有关信息和影响是怎样从市场营销人员那里传递到目标市场的呢？起初，人们认为是借助于宣传媒体的力量直接传递到消费者那里的，即一级流动过程。后来研究发现，信息的流动并非一级流动过程而是二级流动过程。新产品常常是从宣传媒体传递到舆论领袖，然后再由舆论领袖传到其追随者，追随者受舆论领袖的影响远远超过宣传媒体的影响。在这里，宣传媒体是信息源，追随者是信息受众，而舆论领袖对受众接受信息有着重要作用，加速了信息的流动。

舆论领袖的作用有：告知他人或追随者有关新产品的信息；提供建议以降低他人的购买风险；向购买者提供积极的反馈或证实其决策的正确性。不过，舆论领袖只是一个或几个消费领域的领袖，在有限的领域内施加影响，离开这些领域，他们就不再是领袖，也就没有影响了；同时每一社会阶层都有自己的舆论领袖，在一般情况下，信息是在每一阶层内水平流动而不是在阶层之间垂直流动的。

舆论领袖同其追随者有着显著不同的特征：①舆论领袖的交际广，同宣传媒体和各种交易中间商有着密切的联系；②舆论领袖乐于创新，尤其当整个社会提倡创新时更是如此；③具有较高的社会经济地位，但又与其追随者之间的差距不很悬殊；④很容易被接触，并有机会和能力影响他人。

（2）扩散理论与新产品的扩散

自 1969 年扩散理论问世以来，将其应用于创新扩散研究，引起了学术界的极大兴趣。其研究的一些基本的观点对新产品的扩散具有极大的价值。创新扩散被定义为一种创新以一定方式随时间在社会系统的各种成员间进行传播的过程。由此，扩散过程由 4 个要素组成：创新、传播渠道、时间、社会系统。

作为传播理论的一个分支，扩散理论强调在新产品的扩散中，应注意创新、传播渠道、时间和社会系统四要素的统一。强调产品的创新，独特的卖点，产品的定位，传播手段与方式方法的创新。焦点在于传播渠道，即有关创新的信息在社会系统内进行多次传播的途径。传播渠道有两种，即大众传播媒体和人际传播。其中人际传播（包括非文字叙述）对社会系统中扩散过程的速度和形态具有重要影响。在扩散时间方面应有周密的规划与计划，细致的安排，考虑消费者对产品的采用过程所处的阶段，针对性的策略。同时，扩散过程还应注意新产品信息在社会各个不同层次的消费者之间传播的差异性。传播应是立体的，全方面的，否则其传播效果极其有限。

小　结

产品整体性概念认为产品包含核心产品、有形产品和附加产品 3 个层次。产品差异化是指企业设计和突出一系列产品差异，来区分竞争对手产品的营销行为。总的来说有 4 个方面的差异策略：形式产品差异策略、服务差异策略、人员差异策略和形象差异策略。

产品组合也称产品集合，是指一个企业在一定时期内生产经营的各种不同产品的全部产品大类、产品项目的组合。它包括宽度、长度、深度和关联性 4 个要素。产品组合的分析评价方法包括 BCG 法、GE 法、产品线销量与利润分析。

产品的形象策略包括商标策略和包装策略。

把产品从进入市场开始，直至最终退出市场为止所经历的全部时间叫作产品生命周期。典型的产品生命周期一般包括 4 个阶段：投入期、成长期、成熟期和衰退期。在各阶段企业采取的营销策略有所差异。

新产品的发展方向可以有多个即多功能化、复合化、小型化与轻便化、智能化与知识化、艺术化与品味化、多样化和绿色化。新产品开发的过程应遵循 8 个步骤，即寻求创意、构思筛选、产品概念的形成与试验、制定营销规划、商业分析、产品实体开发、市场试销、商业化。

思考与练习

1. 名词解释

产品组合　产品线宽度　产品线深度　品牌　产品生命周期

2. 填空题

1）产品整体性概念包括（　　）、（　　）、（　　）3个层次。

2）产品组合涉及（　　）、（　　）、（　　）、（　　）4个因素。

3）成熟期企业营销策略要突出一个字——（　　）。

3. 选择题

1）包装最原始的功能是（　　）。

A. 便于产品销售　　B. 便于运输

C. 便于识别产品　　D. 保护产品

2）（　　）是指一个企业所生产经营各类产品的平均项目数。

A. 产品组合的相关性　　B. 产品组合的深度

C. 产品组合的广度　　D. 产品组合的宽度

3）企业过去主要生产低档产品，现在努力增加高档产品生产，这种策略称为（　　）。

A. 向下延伸策略　　B. 双向延伸策略　　C. 向上延伸策略

4. 判断题

1）产品生命周期是指产品从新用到旧，直至报废的整个过程。（　　）

2）百科全书属特殊品。（　　）

3）在投入期企业营销策略要突出一个字——“快”。（　　）

5. 思考题

1）产品组合的要素有哪些？如何分析产品组合？怎样应用产品组合策略？

2）产品生命周期各阶段应采用什么样的策略？

3）新产品开发的程序有哪些？每个步骤对企业开发新产品有什么意义？

6. 案例分析题

“奔驰”奔驰

迄今，在对世界近万名消费者的抽样调查中，奔驰车得分仅次于可口可乐和索尼，堪称“世界名牌第一车”。作为许多国家元首和知名人士的重要交通工具的

"奔驰 600"高级轿车一诺万金:"如果发现奔驰车发生故障,中途抛锚,将获赠 1 万美金。"面对日本车的强大压力,奔驰车竟能增加对日本的出口,并能始终在日本市场上保有一块地盘,从 1990 年开始连续 4 年勇夺日本进口车销售冠军!奔驰车的年产量一直控制在 70 万辆左右,仅为美国通用车的 1/9 左右,不求多生产、多赚钱,怪!

(一)中国人心目中的奔驰

随着经济的发展,中国居民的收入水平提高,汽车消费已经走入寻常百姓家。汽车已成为时下的热门话题,汽车的型号、质量、款式、价格都成为人们讨论的焦点。在最近一次的"消费者心目中的名牌车"调查中,结果显示中国居民对名牌车的心理及情感占有率都在 80%以上。奔驰车以其优美的形象,优良的服务质量,深得消费者的推崇。拥有一辆奔驰,被视为财力和地位的象征,成为显示身份及资信的最好凭证。

(二)全球汽车大战

半个多世纪以来,世界经济危机此起彼伏,汽车业市场竞争愈演愈烈,汽车厂家生生死死层出不穷。光是高档轿车市场就涌现出了美国的克莱斯勒,英国的劳斯莱斯,德国的宝马、奔驰,意大利的菲亚特等品牌。汽车市场呈现品牌林立的局面。为了建立和巩固品牌形象,汽车厂商不惜重金,制作大量的品牌广告和企业形象广告。

世界汽车市场一直处于不断的变化发展之中,众多的影响因素如供求关系、政府的关税政策、环保法规、经济形势、原材料和能源的价格等更是加大了汽车市场的复杂性与不确定性。现在汽车厂商所采取的市场策略主要来自从竞争态势、消费者、环保问题 3 个视角着手的分析。

1)竞争态势。不同的汽车品牌占据着不同的细分市场,在技术标准、全面质量和设计上互相进行着激烈的竞争,这使得生产者想生产出区别于竞争对手的各方面都很出色的产品变得愈发的困难。为了巩固品牌的地位,必须引进领导潮流的创新技术,并保持价格优势,所以各汽车厂商为了刺激业绩成长,不断推出新车款,并尝试开发新的市场。

2)消费者。20 世纪 90 年代的消费者比任何时期的消费者都复杂多变。人们拥有一辆汽车不仅仅是想拥有一种可以有效、舒适、安全地把人们从一个地方运到另一个地方的代步工具,还想满足自身对于舒适、方便、力量、风格、冒险、时髦等的需求。为了满足顾客的不同需要,生产商设计出各式各样的车种,如家庭车、越野车、跑车、旅行车等,并把汽车诠释为一种个人主义生活方式的象征。假如忽视了顾客的心声,将会失去市场。

3)环保问题。汽车厂商在帮助公众认知环境问题的重要性方面扮演着愈发重要的角色。保持空气、水源与泥土的清洁,处理废物垃圾,保护气候,原材料的循环再利用，节约能源，造福子孙等环保问题的呼声越来越大。

汽车厂商必须协调消费者的需求与环保问题之间的冲突，争取在经济利益与生态目标上统一起来，表明对环保问题的关切成为各汽车厂商的诉求重点。

（三）奔驰的策略

1. 奔驰的定位——元首座驾

在汽车行业众多的品牌中，定位观点是各不相同的。宝马车强调的是“驾驶的乐趣”，马自达的是“可靠”，SAAB 的是“飞行科技”，TOYOTA 的是“跑车外型”，菲亚持的“精力充沛”，而奔驰的定位则是“高贵、王者、显赫、至尊”，奔驰的 TV 广告中较出名的系列是“世界元首使用最多的车”。

奔驰公司一向将高品质看成是取得用户信任和加强竞争能力的最重要的一环，讲究精工细作，强调“质量先于数量”，要“为做得更好，最好而斗争”。该公司除了由计算机控制的质检系统检查外，还有一个占地 8.4 公顷的试验场，场里有各种不同路面的车道、障碍物等。每年要用 100 辆崭新的汽车，做各种破坏性试验测试，如以时速 35 英里去冲撞坚固的混凝土厚墙等。

高品质、信赖性、安全性、先进技术、环境适应性是奔驰造车的基本理念，凡是公司所推出的汽车均需达到这 5 项理念的标准，缺少其中任何一项或未达标准者均被视为缺陷品。

奔驰公司对在价格定位上，也选取了高价位，与日本车的价格相比，一辆奔驰车的价格可以买两辆日本车。价值定价成为奔驰公司最重要的制胜武器。无怪乎消费者为了得到身份与地位的心理满足感不惜重金。

2. 大打“安全”牌

据统计，每年全球因交通事故死伤的人数高达 25 万人，汽车的安全问题尤其突出。奔驰公司一向重视交通安全问题，它首创的吸收冲击式车身、SRS 安全气囊等安全设计被汽车工业界引为标杆，并导致各汽车大厂竞相投入研究开发的行列。

翻开奔驰公司的历史，从 20 世纪 50 年代开始它就致力于安全问题的研究。1953 年奔驰公司发明的框形底盘上的承载式焊接结构使得衡量车身制造的标准朝着既美观又安全的方向迈出了第一步。在 600 型的基础上，奔驰公司又研制出“安全客舱”：载客的内舱在发生交通事故时不会被挤瘪，承受冲击力的是发动机箱和行李箱这两个“缓冲区”，为了不让方向盘挤坏驾驶员，转向柱是套管式的，可以推弄到一起；每一部小轿车上，从车身到驾驶室部件，共有 136 个零部件是为安全服务的。

3. 环保至上

尽管汽车给人们带来很多的好处，但遗憾的是，汽车也加速了环境的污染。汽车马达的发动增加了城市的噪声，汽车排出的废气污染了人们呼吸的空气，环境污染成为汽车的两大克星之一（另一是能源危机）。专家们预言，未来的汽车是环保汽车，如利用电能的电车，石油、太阳能、煤、核能、水力、风力都可以用来发电，这就使得汽车能源不局限于某一种能源，并可彻底消除噪声与废气的污染。

奔驰公司把对环保问题的关切作为其诉求重点，长期以来重视环保技术的研究，研制节能和保护环境方面的新型汽车。石油危机发生后，奔驰公司着力研究汽车代用能源，例如，乙烷、甲烷、电子发动或混合燃料发动装置。

奔驰公司每年定期推出强化企业形象的广告，表现其对环境问题的高度关心是它的重要内容。一般汽车公司是以美国环保法规为最终标准，多数的商品开发也以满足美国的标准为前提，但奔驰公司除了这些之外，另外制定了一套比美国标准还严格的品质管理规定。"使你加入节约能源及环境保护的工作"就是奔驰广告的口号。

4. 破天荒的广告承诺

有哪家汽车公司敢有此重达万金的承诺呢？奔驰600型汽车的广告词就是："如果发现奔驰车发生故障，中途抛锚，将获赠1万美金。"这充分体现出奔驰公司对品质和服务质量的追求。如果车辆在途中发生意外故障，开车的人只要就近向维修站打个电话，维修站就会派人来修理或把车辆拉到附近不远处的维修站去修理。无处不在的售后服务，使奔驰车主绝无半点烦恼。

5. CS策略从生产车间开始

在以消费者为中心的营销时代，顾客满意（CS）促销方兴未艾。它是指从顾客的需要出发，从产品结构、产品质量、销售方式、服务项目、服务水平等方面为顾客服务，满足顾客的各种不同的需要，使顾客完全满意。

一般的CS都是售后的，而奔驰公司DOCS从生产车间就已经开始。工厂里在未成型的汽车上挂有一块块的牌子，写着顾客的姓名、车辆型号、式样、色彩、规格和特殊要求等。不同色彩、不同规格，乃至在汽车里安装什么样的收录机等千差万别的要求，奔驰公司都能一一给予满足。据统计，奔驰车共有3700种型号，任何不同的需要都能得到满足，顾客买奔驰车首先买到的是满意的质量。

6. CS服务策略是服务人员和生产人员一样多

奔驰公司的售后服务无处不在，使奔驰车主没有任何后顾之忧。在德国本土，奔驰公司设有1700多个维修站，雇有5.6万人做保养和修理工作，在公路上平均不到25公里就可以找到一家奔驰车维修站。国外的维修站点也很多，据统计，它的轿车与商业用车在世界范围内共有5800个服务网点，提供保修、租赁和信用卡等服务。国内外搞服务工作的人数竟然与生产车间的职工人数大体相等！

奔驰车一般每行驶7500公里需要换机油一次，行驶1.5万公里需检修一次，这些服务都可以在当天完成。从急送零件到以电子计算机开展的咨询服务，奔驰公司的服务效率令顾客满意、放心。

7. 培养品牌忠诚者——奔驰模型车送给儿童

奔驰公司十分重视争取潜在的客户。它瞄准未来，心理争夺战竟从娃娃开始做起。每个来取货的顾客驱车离去时，“奔驰”都赠送一辆可做孩子玩具的小小奔驰车，使车主的下一代也能对奔驰车产生浓厚的兴趣，争取一代代都成为奔驰车的客户。这样客户对奔驰品牌的忠诚就世代地继承下来，从小喜爱奔驰车的幼童渐渐地被培养为终生喜爱奔驰车的客户。

8. 在职培训——人的质量是根本保证

奔驰公司在国内设有52个“培训中心”，培训范围包括新招学徒工的基本职业训练、企业管理的培训和在职职工的技术提高。受基本职业训练的年轻人常年维持在6000人左右。公司在招收青年学徒工时优先挑选本厂职工的子弟，原因是这些年轻人从小就受到家庭技术的熏陶。这些青年职工一般要具有9年或10年制的中专毕业的文化程度。进入公司后，还要培训3年到3年半，经考试合格后才能正式参加工作。培训期的要求非常严格，学员必须学会做钳工、火炉锻打、手工翻砂造型、焊接、热处理和开机床等，此外公司还特别注意培养学徒工养成良好的操作习惯，树立重视产品质量的观念。公司的职工以及从工长到经理等管理人员的定期轮流脱产培训，保证了公司的业务经营“在同世界竞争时取得最好的经济效果”。

近年来，德国奔驰集团在中国市场上投放了大量的广告以争夺中国的客户，它在日本市场上所面临的竞争也愈发激烈，让我们期待着这个百年的老厂始终吉星高照，稳居汽车业界的领导地位。

思考

1）奔驰产品的整体性概念中包含了一些什么内容？它的独特性何在？

2）试访问几家奔驰车的经销商，了解奔驰车应用了哪些产品组合策略？

3）奔驰的名牌是如何形成的？从奔驰案例探讨企业要创名牌产品应注意哪些基本环节？

7. 营销实训题

1）制订各自的新产品开发方案。

实训目的：使同学们了解产品策略的制定过程、方法，培养产品策略的制定能力。

实训任务：将本班同学分为由学生自由组合成4～6人为一组的研究性学习项目小组，并确定负责人，扮演不同公司，如彩电类长虹公司、海尔公司、创维公司；乳品类蒙牛公司、伊利公司、光明公司；手机类诺基亚公司、摩托罗拉公司、三星公司等。

实训要求：由小组组织市场调研，针对样本产品的整体概念、市场生命周期等问题收集市场信息、确定所研究产品的整体概念和市场生命周期阶段。根据研究结论，针对该产品的竞争和营销现状提出改进方案。其主要包括：①该产品的产品整体概念可以怎样表达；②该产品处于生命周期的什么阶段；③该产品有何进一步开发的机会。

2）形象代言人的选择：假设你是某公司男性化妆品品牌推广经理，请你从中挑选一位形象代言人，一位是黑脸张飞，一位是贾宝玉，并简单解释一下自己的想法。

将本班同学分为两组，分别代表张飞、贾宝玉，各自讨论后进行辩论。

讨论：①你产品独特的卖点是什么？②如何发掘和打造你的独特卖点？③你为什么选择张飞（贾宝玉）？

第七章

产品的定价策略

每个市场上有两个蠢人，一个是定价太高，
一个是定价太低。

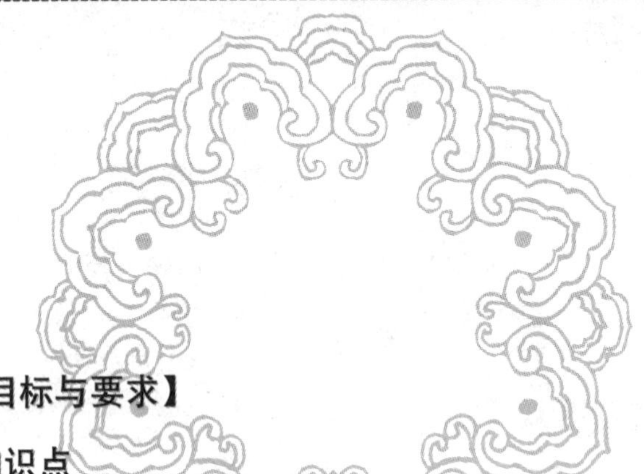

【学习目标与要求】

知识点

1. 掌握价格的概念；
2. 了解价格的重要性；
3. 掌握影响企业定价的基本因素，定价的方法和定价的策略；
4. 能根据定价目标，确定相应的定价方法和策略。

技能点

能有效使用相关定价策略和方法，减少和避免营销中的价格失误。

在微波炉市场上，格兰仕素有“价格杀手”、“价格屠夫”的称号。通过多次降价，格兰仕不断抢占竞争对手的市场。格兰仕的绝对底价不仅令消费者趋之若鹜，同时又对竞争对手产生强大的威慑力，最终成就了它在世界微波炉市场上的霸主地位。1996年8月，格兰仕为了扩大自己的市场占有率，率先在全国宣布大幅度降价，降幅达45%。但是一些国外品牌在华经销商及国内竞争对手没有意识到这是格兰仕人抢先一步争夺市场份额的狠招，反而错误自负地认为格兰仕降价销售是在清理积压品。等到他们醒悟过来时，格兰仕已远远地冲在前面，与他们拉开了距离，使那些国内外品牌再也无力追赶。通过降价，该月格兰仕创造了超过50%的市场占有率，全年的占有率也达到了35%。1997年春节后，格兰仕的促销手段更是一招狠似一招，花样翻新、层出不穷。在北京、上海这两座中国最大、最有影响力的城市，格兰仕实施了“买一送一”的营销策略，即买一台微波炉同时送一台价值380元的电饭煲。这项活动取得的成效之大甚至都超出了格兰仕人自己的期望，以至于最后出现赠品远远不够的情况。正是通过这种降价促销，格兰仕获得了长足的发展。2008年中国微波炉市场容量约为1050万台，其中格兰仕微波炉突破了650万台，创造了内销历史新高，销量同比增幅高达56%。2009年3月18日，全球知名市场研究机构GfK董事总经理赵新宇亲临格兰仕，向格兰仕公司颁发No.1奖项，认定“格兰仕是2008年中国微波炉市场销售量第一品牌”。

（资料来源：http:www.sina.com）

由此可见价格策略对企业营销活动至关重要，企业应该根据自身情况及市场环境及竞争情况制定恰当的营销策略，才能在市场竞争中出奇制胜。

第一节　定价的概念与影响定价的因素

一、定价的概念

对于产品价格，以经济学和市场营销学的观点来看，其含义是不同的。

1. 从经济学的观点看

价格是严肃的，是商品价值的货币表现形式，是不可随意变动的，价格总是与利润的实现紧密联系在一起，即价格＝总成本＋利润，从经济学的角度来看，定价是一门科学。

2. 从市场营销学的观点看

价格是活泼的，是可以随时根据需要而变动的。定价对整个市场的变化也应当作出灵活反应，可变也可不变，价格必须依据消费者能否接受为出发点。价格是决定企业盈利的重要因素，但绝不是唯一的决定性因素。经济学着重研究产品的理论价格，它通常把各种具体的市场现象进行抽象；市场营销学研究的价格则是在产品理论价格的基础上，从企业角度，结合不断变化的市场情况，着重研究产品进入市场、占领市场、开拓市场的一种具体应变价格。企业定价是为了促进销售，获取利润，因而要求企业定价时，既要考虑成本的补偿又要考虑消费者的接受能力，从而使定价具有买卖双方决策的特征。正因如此，定价不仅是一门科学而且是一门艺术，企业要研究定价的策略和技巧，发挥市场价格的杠杆作用。

二、定价的重要性

哈佛商学院的雷曼德·考利认为，“定价是极其重要的——整个市场营销的聚集点就在于定价决策”。定价是管理者每天都关心的问题，是营销活动中最活跃的因素。企业的定价决策决定着企业的生存与发展。企业制定适当的价格，就有利于扩大销售增加盈利，提高市场占有率，开拓、巩固和扩大市场，增强产品的竞争力。

1. 价格影响着顾客的购买行为

企业销售产品与顾客购买产品都是在一定的交易条件下进行的。交易条件是由企业提供由购买者进行选择的，交易条件主要包括 6 个方面的内容，即产品的功能、产品的质量、产品的类型、交货期限、销售服务以及产品价格。在实际生活中，上述 6 个方面的交易条件往往很难同时满足顾客的要求，但只要能够较好地满足顾客侧重关心的方面，交易就能够实现。在不同的时间、地点和购买对象上，顾客对交易条件中各个因素的取舍很不一致，有些因素可能被排除在外，但其中的价格因素通常是不会被忽略的。实际情况表明，同其他因素相比，价格对顾客购买行为的影响最为直接，并且总是作用于顾客作出购买决定的关键时刻。因此，价格影响着顾客的购买行为，关系着市场对产品接受的程度和需求的数量。

2. 价格影响着竞争者的营销行为

除了完全垄断市场之外，在其他几种类型的行业市场上，一个企业的定价和调价都会对竞争者的行为发生影响，使他们作出一定的反应，从而改变着竞争的态势，使该企业的市场地位发生有利或不利的变化。

3. 价格影响着企业及其产品的市场形象

市场定位的一个重要目的就是要树立企业及其产品特定的市场形象，市场定位的战略目的是依靠制订有效的营销组合方案来加以实现的。因此，价格作为市场营销组合中的一个重要因素，必然会对企业及其产品的市场形象发生重要影响。

4. 价格制约着市场营销组合中其他因素的安排

价格水平的不同会改变顾客对交易条件中其他几个方面因素的评价、取舍和接受情况。价格水平高，顾客就会对其他几个方面的交易条件提出较高的要求；价格水平较低，顾客就会降低对其他几个方面交易条件的要求。以上讲到的几个方面的交易条件是与企业市场营销组合中的各个因素相对应的，因此交易条件的各个因素之间应保持协调性，实际上也就是说市场营销组合中的各个因素要保持协调性。所以，价格水平的不同会改变顾客对交易条件中其他几个方面因素的评价、取舍和接受情况，实际上指的就是价格因素对市场营销组合中其他因素制约和影响的情况。

5. 价格制约着企业的生存与发展

价格通过对以上一些方面的影响，决定着企业产品的销售量、市场占有率、价值补偿、利润水平和企业目标的实现，制约着企业的生存与发展。

三、影响企业定价的因素

商品的价格受多种因素的影响和制约，研究影响商品价格的因素是企业确定定价目标，运用定价策略和方法的前提条件。影响企业定价的因素很多，包括企业的内部因素和外部因素。内部因素主要是产品成本、产品特征、分销渠道、促销策略、营销目标等；外部因素主要是供求状况、货币流通状况、市场竞争、消费心理和经济、政治、法律、文化、自然等环境因素。在这些因素中有 7 种主要因素，具体如下。

1. 定价目标

任何企业都不能孤立地制定价格，而必须按照企业的目标市场战略及市场定位战略的要求来进行。假如企业管理人员经过慎重考虑，决定为收入水平高的消费者设计、生产一种高质量的豪华家具，这样选择目标市场和定位就决定了该产品的价格要高。此外，企业管理人员还要制定一些具体的经营目标，如利润额、销售额、市场占有率等，这些都对企业定价具有重要影响。企业的每一可能价格对其利润、收入、市场占有率也均有不同的含义。假如企业要求税前利润最大化，则价格应略高一些；假如企业希望销售收入最大化，则价格应略低一些；假如企业希望市场占有率最大化，则应定更低的价格。企业定价目标主要有以下几种。

1）维持生存。如果企业产量过剩，或面临激烈竞争，或试图改变消费者需求，则需要把维持生存作为主要目标。为了确保工厂继续开工和使存货出手，企业必须制定较低的价格，并希望市场是价格敏感型的。利润比起生存来要次要得多。许多企业通过大规模的价格折扣，来保持企业活力。只要其价格能弥补可变成本和一些固定成本，企业的生存便可得以维持。

2）当期利润最大化。有些企业希望制定一个能使当期利润最大化的价格。他们估计需求和成本，并据此选择一种价格，使之能产生最大的当期利润、现金流量或投资报酬率。假定企业对其产品的需求函数和成本函数有充分的了解，则借助需求函数和成本函数便可制定确保当期利润最大化的价格。

3）市场占有率最大化。有些企业想通过定价来取得控制市场的地位，使市场占有率最大化。因为，企业确信赢得最高的市场占有率之后将享有最低的成本和最高的长期利润，所以，企业制定尽可能低的价格来追求市场占有率领先地位。企业也可能追求某一特定的市场占有率。例如，企业计划在一年内将其市场占有率从 10%提高到 15%。为实现这一目标，企业就要制定相应的市场营销计划和价格决策。当具备下述条件之一时，企业就可考虑通过低价来实现市场占有率的提高：①市场对价格高度敏感，因此低价能刺激需求的迅速增长；②生产与分销的单位成本会随着生产经验的积累而下降；③低价能吓退现有的和潜在的竞争者。

4）产品质量最优化。企业也可以考虑产品质量领先这样的目标，并在生产和市场营销过程中始终贯彻产品质量最优化的指导思想。这就要求用高价格来弥补高质量和研究开发的高成本。产品优质优价的同时，还应辅以相应的优质服务。

古井贡酒不涨价

1987 年 7 月，全国名酒统一调价：茅台 200 多元一瓶，泸州老窖、五粮液 100 多元一瓶，就是古井贡酒国家也规定提价为 48 元一瓶。但古井贡酒厂在其他名酒厂纷纷涨价的情况下，不仅不涨价，还降价销售。55 度型产地零售价为 20 元，38 度型为 15 元，古井特曲为 6 元。名酒还是名酒，价格一降，销量大增。1990 年销售额升至 1.56 亿元，1991 年仅用半年时间就销售 1.5 亿元，实现利税 6400 元，分别比上年同期递增 204%和 86%。古井贡酒的成功是因为古井贡酒厂充分考虑到需求与价格间存在密切关系，价格下降，需求必然增加，销量必然扩大，于是在其他名酒涨价之时，古井贡酒反其道而行之，予以降价薄利多销，提高了市场占有率，扩大了销售，使企业利润大涨，实现了预期目标。

2. 产品成本

产品成本是影响和制约企业定价的最重要的内部因素，是企业定价的基础，是价格构成中最基本、最主要的因素。在一般情况下，成本决定着产品价格的下限，价格再低不能低于成本。

企业进行定价时，考虑的成本因素主要有短期成本和长期成本。

短期成本与长期成本的不同，不是单纯指时间的长短，而是指生产要素是否调整。短期是指企业在这段时间内不能调整生产要素。因此，短期成本可以分为固定成本和变动成本。固定成本不随产量的增减而增减，如固定资产折旧费、房地租、管理费等项费用，这种成本在企业未开工生产时也需负担。变动成本随产量的增减而增减，如原燃料消耗、储运费、生产人员工资等项费用，如果企业不开工生产，变动成本等于零。这两者构成了总成本（商品的售价应不低于总成本），如果企业不开工生产，总成本等于固定成本。

长期是指这样一个时期，企业在这段时间可以调整生产要素，从而一切都是可变成本。这样，长期成本没有固定成本，一切成本都是可变成本。产量为零时，成本也为零。它而不像短期成本那样，产量为零时，仍有一定的成本。在不同的生产规模或不同生产经验的条件下，长期成本会有所不同。

1）生产规模与成本的关系。每一种产业都存在一个最适生产规模，在这个规模上，产品单位成本最低、盈利最高。当低于这个生产规模时，就不能充分发挥生产设备和管理的效率，单位成本会上升；当高于这个生产规模时，管理上就会发生困难，单位成本也会上升。如图 7.1 所示，当企业生产量为日产 Q_0 千台时，虽然短期单位成本最低，但长期单位成本达到最低，只是在这时企业取得最佳规模效益，当日产量超过 Q_2 千台时，单位成本反而上升。

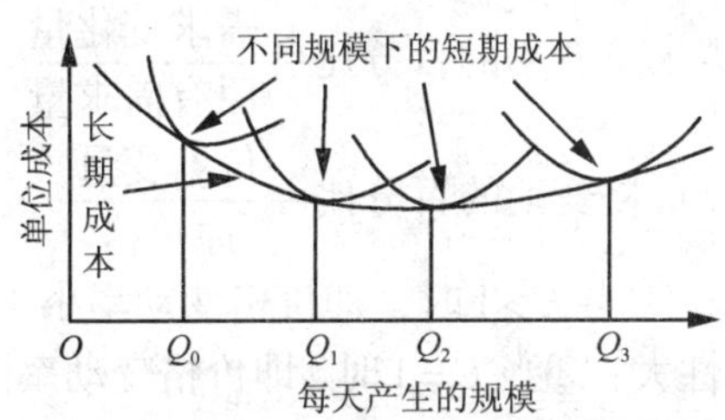

图 7.1　不同生产规模下单位成本的变化

2）生产经验与成本的关系。对于作为市场主体的企业，随着生产与销售量的增加，生产经验逐渐积累，工人的操作技能逐渐熟练，管理水平逐渐提高，生产条件逐渐完善，那么生产水平和效率会相应提高，这样，单位成本会逐渐下降如图 7.2 所示。

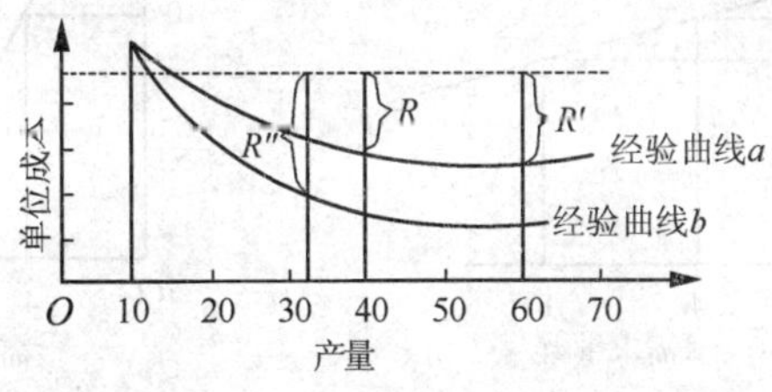

图 7.2　不同累计产量下单位成本变化的经验曲线

企业充分重视通过适度扩大生产规模，不断提高生产水平和管理水平，降低长期成本，提高经济效益。从而为企业采用低价策略、提高产品竞争力创造基础条件。

3. 市场需求

一般情况下，市场需求状况是影响企业定价的最重要外部因素，它决定着产品价格的上限。需求与价格呈反比关系，即价格越高，需求水平越低。在考虑需求对定价的影响时，应把握以下几个方面。

1）供求关系。当商品需求与商品供给相等时，商品的需求价格与供给价格相等，这种相对静止的价格叫作均衡价格。而需求与供给都在不断的变动，这必然引起价格的变动，按照市场机制，需求增加，价格会上升，需求变动引起价格同方向变动；供给增加价格会下降，供给引起价格反方向变动。

2）需求价格弹性。需求的变动会引起价格的变动，反过来，价格的变动会引起需求量的变动。然而，不同的产品，其需求弹性往往不同。比如，食盐价格下降 20%，其需求量一般不会增加 20%，而金银饰品的价格下降 20%，其需求量的增幅很可能超过 20%。因此说金银饰品的价格弹性大于食盐的价格弹性。需求弹性理论说明了价格变动与需求量变动之间的量的关系，如图 7.3 所示。通常用需求价格弹性系数表示需求价格弹性的大小。其计算公式为

$$需求的价格弹性(E)=\frac{需求量变动的百分比}{价格变动的百分比}$$

其中：

$$需求量变动的百分比=\frac{需求变化量}{原有需求量}$$

$$价格变动的百分比=\frac{价本变量}{原价格}$$

计算结果有 5 种情况：①当 $E>1$ 时，即价格变动率小于需求量变动率时，此产品富于需求弹性或称为弹性大；②当 $E=1$ 时，即价格变动率同需求量的变动率一致，此产品具有一般需求弹性；③当 $E<1$ 时，即价格的变动率大于需求量的变动率时，此产品缺乏需求弹性或者非弹性需求；④当 $E=0$ 时，需求对价格的变化毫无反应，需求完全无弹性；⑤当 $E\to\infty$ 时，表明价格不变或极小变动，会引起需求无限变化，需求具有完全弹性，对价格非常敏感。

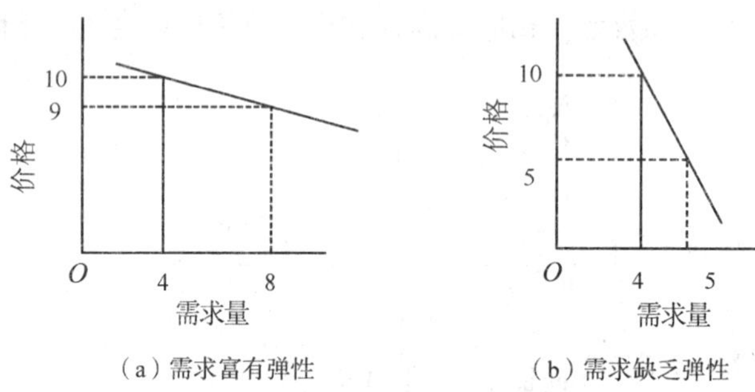

图 7.3　需求价格弹性

上述 $E\to\infty$ 和 $E=0$ 的情况，在现实生活中极为少见。但有些商品的需求弹性可以近似地看作 $E\to\infty$ 或 $E=0$。例如，某公司每月付给电话公司固定数量的电话费，而不管打电话的距离、次数和时间，这时的需求弹性即可看作 $E\to\infty$。而生活饮用水和食盐的需求，有很大程度上类似完全无弹性，即 $E=0$。影响需求弹性大小的主要有 3 个因素：商品替代品的数目和相近程度；商品在消费者收入中的重要性以及商品有多少用途。不同产品的弹性大都可以通过市场调查得到。有些产品之间容易

比较弹性的大小，例如：①普通的生活必需品需求弹性小，如普通的大米、面粉、食油、食盐、食糖等，非必需品需求弹性大；②产品的可替代性，如果产品的其他可替代产品少，则需求弹性小，反之需求弹性大；③产品的品质和知名度，品质优良、独具特色、适用性强的产品或名牌产品，需求弹性小，反之需求弹性大。当然，一种商品的需求弹性并不是一成不变的，有时因市场、时间、品牌和价格水平等因素的变化而变化。比如，一种新式电子打火灶，在城市市场缺乏弹性，在农村市场可能富有弹性；在上市初缺乏弹性，到了成熟期可能富有弹性；在一定价格水平以下缺乏弹性，超过了这个价格水平，则可能富有弹性；需求达到饱和以前缺乏弹性，需求饱和以后又可能富有弹性。

3）消费心理与感受价值。在消费者心目中，对产品价格常有一种主观的估价，即消费者理解的商品的价值和价格，也称预期价格。这个预期值往往是一个价格范围。消费者的心理感受价值与产品价格可能会不一致。如某商店一件衣服的标价是“150 元”，但消费者无论从质料、款式等各方面都认为只值“70 元”，这就是一种感受价值。企业定价如高出预期值，消费者会嫌贵，低于这个范围，又会怀疑产品的质量。所以企业在定价时，应当考虑需求心理因素的影响，预先测定目标消费者的感受价值，并通过优化产品品质、改进营销策略、改善销售环境等办法来提高消费者对产品的感受价值，同时相应地提高产品定价，便可获得更大的销售收益。

4. 市场竞争

市场竞争因素是企业竞争性定价的决定因素。在竞争激烈的情况下，竞争性定价对实现企业的经营战略极其重要，然而不同的市场竞争格局和状态对定价的影响是不同的。

1）完全竞争市场，是一种竞争绝对不受任何阻碍和干扰的市场。在这种市场上，买卖双方都只是价格的接受者，而不是价格的决定者，价格完全由供求关系决定。买卖双方的行为只受价格因素的支配，所有的促销活动都只会增加商品的成本，因而促销活动成为不必要的事情。但这种市场实际上是不存在的。十分明显，在这种市场上，生产者企业不可能采用提价的办法多得到利润，只能靠提高自己产品的生产效率，降低各种消耗从而降低成本的办法取得更多的利润。

2）完全垄断市场，又称独占市场，由一家企业完全控制某种产品，而这种产品在市场上又没有一个现成的代替品的全部市场。在实际生活中，完全垄断的市场也属少见，只见于某些国家特许的独占企业，如公用事业（包括邮政、电话、自来水等企业），对某种产品拥有专利权或拥有独家原料开采权的企业，也属于独占企业。在某些特殊的地区，由于运输成本或其他因素的影响，使得当地的出售者可以在一定时期内在一定的价格范围实行垄断。在这种垄断的市场条件下，垄断企业没有另外的竞争者与之抗衡，企业可以在法律允许的范围内随心所欲定价，这时的价格一般比完全竞争状态下的价格高得多。

3）垄断竞争市场，是指一种既有竞争又有垄断的市场。引起垄断竞争的基本条件是同种产品的不同品种在质量、形式、花色、式样、商标、卖主地址、服务态度以及对顾客的心理刺激等方面存在差别，由较多的厂商生产销售。在这种市场条件下，各个卖主对其产品有很大程度的垄断，能控制其产品价格。卖主已不是价格的“接受者”，而是强有力的价格“决定者”。

4）寡头垄断市场，是指少数几家厂商控制某一行业的市场，也是一种不完全竞争的市场。在这种市场下，有少数几家大公司供给该行业的大部分产品，这几家大公司的产量在该行业的总产量中各占较大份额，它们有能力影响和控制市场的价格。寡头垄断之间既存在着竞争，又密切联系、相互影响。一个企业价格的变动，会马上影响竞争对手的价格变动，因此，任何一个寡头垄断企业在定价时都必须密切注意竞争者的反应。所以各寡头一般不轻易变动已确定的价格和市场范围。在寡头垄断的市场条件下，整个行业的市场价格比较稳定，企业的定价很谨慎。只是在广告、促销等方面下工夫竞争。

5. 商品的市场特点

1）消费者购买频率。购买频率大的商品如日用工业品，一般存货量大和周转率高，适宜薄利多销；反之，如特殊品等存货量小和周转率低的商品，利润率应高一些。

2）标准化程度。标准化程度较高的产品，价格变动的可能性一般较小，而非标准化的产品，价格变动的可能性一般较大。

3）商品的易腐性、易毁性和季节性。这些特性较强的商品的价格变动性也很大。

4）商品在市场竞争中的地位。如果在竞争中处于优势，可以适当采用提高价格的策略，反之，则应采取低价策略。

5）市场需求弹性。需求弹性大的商品，价格一经调整会立即影响市场需求，而需求弹性小和无弹性的商品，调整价格一般对销售量无大影响。

6. 销售数量

对企业的单个产品来说，如果成本费用不变，则价格越高，盈利越多。但是，某一种产品的单位产品所带来的盈利水平高并不一定必然使企业总盈利水平高，总盈利水平还与销售数量有关。其计算公式为

企业盈利＝全部销售收入－全部成本费用

＝产品销售数量×（单位产品价格－单位产品成本费用）

＝产品销售数量×单位产品盈利

可见，企业盈利与单位产品价格与销售数量有关，而这两个因素又密切相关。就一般情况而言，价格与需求（即销售量）之间存在着逆向的相互作用，价格过高，导致需求减少，从而减少企业盈利。这样，客观上就存在着一定的价格与销售数量的组合，企业盈利取决于这种组合。考虑这种组合的有效方法，是把握边际收益、边际成本的概念。

边际收益是指销售量每变动（增加或减少）一个单位使企业总收益所产生的变动额，即销售量最后增加的那个单位产品所花费的成本。

边际成本是指销售量每变动一个单位所发生的总成本的变动额。

考虑销售数量对产品价格的影响，就要从价格、收益、边际收益与边际成本的关系中把握价格及其变化规律。

7. 品牌

价格和品牌的关系就像“鸡生蛋、蛋成鸡”一样，两者相辅相成，不分主次。例如，好品牌一般认为产品的价格应该可以高一些，而高的价格也往往让人联想到好品牌，但好品牌与高价并不能画等号，低价也未必是差品牌。事实上，很多市场领先的品牌会采取各种手段维持自己的地位，将自己的产品定位低价就是手段之一。诺基亚手机依靠自己低成本的供应链管理在手机市场中“笑傲江湖”，经常利用一些低价产品“清理市场”。在市场上，估计很少有企业会低估自己的品牌，大多数是高估自己的品牌，由此延伸的定价策略也会受到这种品牌认识的影响，影响的结果会直接通过价格体现出来，通过市场的接受程度反映出来。

此外，产品的生命周期、市场营销组合因素、企业状况（规模与实力、销售渠道、信息沟通、营销人员素质与能力）、政府的政策法令、消费者的消费特点和购买特点等，都影响着企业产品的定价。在市场营销活动中，企业应对上述因素综合考虑，以符合市场营销的实践，提高企业的竞争能力。

第二节　定价的基本方法

企业定价受多种因素影响，应全面考虑这些因素。企业定价又是一项复杂的工程，要在定价和调价之前，必须按照科学的程序，有条不紊地进行。

一、企业的定价程序

企业制定产品价格一般需采取以下 6 个步骤。

1. 选择定价目标

定价目标是指企业通过制定产品价格所要达到的目的。企业在为产品定价时，首先必须要有明确的目标。不同企业、不同产品、不同市场、不同时期有不同的营销目标，因而也就要求采取不同的定价策略。但是，企业定价目标不是单一的，而是一个多元的结合体。主要有 8 种选择：投资收益率目标、市场占有率目标、稳定价格目标、防止竞争目标、利润最大化目标、渠道关系目标、度过困难目标、塑造形象目标（又称社会形象目标）。

2. 测定需求

企业商品的价格会影响需求，需求的变化影响企业的产品销售以至企业营销目标的实现。因此，测定市场需求状况是制定价格的重要工作。

3. 估算成本

企业在制定商品价格时，要进行成本估算。企业商品价格的最高限度取决于市场需求及有关限制因素，而最低价格不能低于商品的经营成本费用，这是企业价格的下限。在成本估算中，离不开对“产量—成本—利润”关系的分析，而其中一个重要的概念是分析“边际成本”。因为边际成本影响到企业的边际收益，所以企业必须对其表示极大的关注。

4. 分析竞争状况

对竞争状况的分析，包括 3 个方面的内容：①分析企业竞争地位；②协调企业的定价方向；③估计竞争企业的反应。

5. 选择定价方法

企业要根据定价目标、产品的性质、需求情况及竞争状况等因素，选择合适的定价方法。

6. 选定最后价格

在最后确定价格时，必须考虑是否遵循以下 4 项原则：①商品价格的制定与企业预期的定价目标的一致性，有利于企业总的战略目标的实现；②商品价格的制定符合国家政策法令的有关规定；③商品价格的制定符合消费者整体及长远利益；④商品价格的制定与企业市场营销组合中的非价格因素是否协调一致、互相配合，为达到企业营销目标服务。

二、定价的主要方法

这里所探讨的是企业对第一次的产品或服务如何定价的问题，即为产品或服务确定一个初始价格的方法。在一般情况下，主要是考虑企业产品的成本，市场需求情况和竞争情况 3 个主要因素。因此，定价方法也可分为 3 类：成本导向定价法、需求导向定价法和竞争导向定价法。

（一）成本导向定价法

成本导向定价法是以产品的总成本为中心定价的一种方法，是一种按卖方意图定价的方法。其主要理论依据是：在定价的时候，首先要考虑收回企业在生产经营中投入的全部成本，然后再考虑取得一定的利润。这一类定价法有多种具体形式，比较常见的有以下两种。

1. 成本加成定价法

成本加减定价法又叫加额法、标高定价法或成本基数法，是成本导向定价法的

基本形式。其原理是按产品单位成本加上一定比例的毛利定出销价。计算公式为

单位产品价格＝单位产品总成本×（1＋加成率）

其中，加成率即预期利润占产品总成本的百分比。

例如：单位产品总成本为1200元，加成率为15%，则

单位产品价格＝1200×（1＋15%）＝1380（元）

成本加成定价法多用于零售业。采用成本加成定价法的关键，是确定一个合理的成本利润率（加成率），而成本利润率的确定，必须考虑市场环境、行业特点等多种因素。成本加成定价法的优点是：对买方“将本求利”，公平合理；对同业者可缓和竞争，减少矛盾。其缺点是只从卖方的角度考虑，忽视了市场需求和竞争。因此，所定价格不一定符合消费者心理需求，不一定有利于促进销售。

2. 盈亏平衡定价法

盈亏平衡定价法是运用损益平衡原理实行的一种保本定价方法。这种方法利用收支平衡点来确定价格水平，即销量达到一定水平时，企业应如何定价才不至于发生亏损，反过来说，已知价格在某一水平上，该产品应销售多少才能保本。因此该方法的主要问题是，确定总收入等于总支出时的价格，若实际价格超过收支平衡价格，企业就可以盈利。其计算公式为

$$盈亏平衡点价格=\frac{总固定成本}{销量}+单位变动成本$$

$$盈亏平衡点销量=\frac{总固定成本}{单位产品价格-单位变动成本}$$

例如，某产品生产的固定成本为150 000元，单位产品变动成本为15元，若销量为3000件，则价格应定多少才不会亏损？若销售价格为40元，则企业必须销售多少才能保本？

计算方法为

$$盈亏平衡点价格=\frac{150\,000}{3000}+15=65（元）$$

$$盈亏平衡点销量=\frac{150\,000}{40-15}=6000（件）$$

由此，当价格为65元时，企业不盈不亏；当价格为40元时，企业必须销售6000件产品，才不赚不赔。

很明显，盈亏平衡定价法的出发点是在订货不足或市场不景气的情况下，保本销售总比停工损失要好。由此可知，在什么产量的情况下，什么价格是保证不亏本的最低程度。但是该种方法来说明，在这种价格下，这个产量能否销售出去。

（二）需求导向定价法

需求导向定价法是依据买方对产品价值的感受和需求强度来定价，而不是依据卖方的成本定价。其特点是，企业产品价格随买方对产品价值的感受和需求强度的

变化而变化，与成本因素关系不大。如一瓶名牌法国香水，其成本不过十几法郎，而售价高达数百法郎，就因为它是法国香水。其他普通牌子的香水即使质量已赶上并超过该名牌产品，也卖不了那么高的价格。需求导向定价法主要包括消费者感受价值（认知价值）定价法和需求强度定价法。

1. 消费者感受价值定价法

感受价值是买方在心理上和观念上认同的价值，并非产品的实际价值。感受价值是一个动态的概念，它是一个消费前、中、后全过程的感知；同时也是一个整体性概念，是消费者对企业产品、服务、形象等整体价值的感知。感受价值比客户满意度更能实时地反映消费者对企业产品与服务的满意程度。但卖方可以针对买方的需求特征，设法用优质的产品、优良的服务、优美的装潢、优雅的环境、优秀的广告等去影响买方的心理活动和观念态度，提高其感受价值，据此将产品价格确定在感受价值的水平上，提高经济效益，同时又使买方感到物有所值，买卖双方均满意。

感受价值定价的关键应把握两条，一是如何用营销策略去影响买方的感受价值，二是如何准确测定买方感受价值的程度。一瓶葡萄酒商场销售几十元，而供星级酒店饮用则定价超过百元，是因为豪华优雅的环境和气氛提高了顾客的感受价值。1985年在巴黎世界博览会上，中国瓷器精品每套价格仅为 300 法郎，那些本想购买闻名于世的中国瓷器作珍藏品和观赏品的顾客，一看标价便扫兴而去，这是因为定价低于顾客的感受价值。因此，要准确测定买方感受价值的程度，应对顾客的购买心理和行为进行深入调查，请顾客表达真实感受：一是请顾客通过直接判断提出产品可以作价多高；二是可以请顾客给产品评分定级或给予不同价格水平的概率，然后推算感受价值的程度；三是可以请顾客对产品的各种属性评判分值和重要度，然后定量测算出感受价值。

2. 需求强度定价法

需求强度定价是依据需求总量的大小和急缓来确定价格。此方法首先要测定需求强度，一般来说，需求旺盛定价较高，需求疲软定价较低。在需求定价实践中，有强度差别定价和需求倒推定价两种方法。强度差别定价又称“区别需求定价法”，是指因需求特性的不同，在同一时间、对同一商品制定两种或多种以上的价格。需求特性不同主要表现在：购买力、需求量、需求强度、需求时间、需求层次、需求地点、需求偏好、商品用途、产品生命周期所处的阶段、需求弹性、用户类型等方面，此外还要受到国家政策导向的影响。例如，季节性商品，在旺季定较高的价格。需求倒推定价又称“反向定价法”或“零售价格定价法”，是企业测定目标市场的可销零售价，然后扣除零售商批零差，推得批发价，再扣除批发商购销差率有关费用，推得企业的出厂价。需求强度定价准确与否，关键在于可销零售价的确定。

例如，某产品在市场上的零售价为 15.60 元，批零差率和购销差率分别为 20%和 30%，则批发价格为 13 元[15.60/（1+20%）]，企业出厂价格为 10 元[13/（1+30%）]。即企业以 10 元价格出厂，经过批发、零售两个环节后，零售价格为 15.60 元，若出厂价格超过 10 元，零售价就会超过 15.60 元，产品就可能在市场上滞销。

需求强度定价法在运用时，应注意以下几点：①要考虑同种产品的供求状况；②要考虑需求价格弹性；③要注意价格的稳定，避免由于需求的波动频繁变价。

天价咖啡

日本东京“TOMSON”咖啡屋推出了一种 5000 日元一杯的高级咖啡，这确实让东京人大吃一惊。因为在当时的东京，一杯普通的咖啡只要 100 日元左右，5000 日元一杯的咖啡的确太昂贵了。如此昂贵的咖啡，会不会无人问津？可事实上，自从推出这种高价咖啡后，咖啡屋一改往日“人烟稀少”的局面，店里忙得不可开交，究其原因，是因为特别的高价引起了人们的关注，刺激了人们的好奇心理，产生了非要尝尝这种咖啡的强烈愿望。咖啡价格虽比普通咖啡高出 50 倍，但卖这种咖啡并无厚利可图，甚至所获利润比其他价位的咖啡还要低。

“TOMSON”的咖啡是用世界上最高级、最豪华的法国咖啡杯盛的，每只杯子价值 4000 日元，等消费者喝完咖啡回去时，店员就把这种杯子包好送给消费者。当然，杯子里所装的咖啡也是货真价实的，味道特别好。为什么无利可图，还要推出这么高级的咖啡？该店老板木元二郎说：“卖 5000 日元一杯的咖啡，我们是不赚钱的，我们要靠卖其他便宜的饮料来维持。然而这 5000 日元一杯的咖啡比任何宣传都有效，它能吸引成千上万好奇的顾客来光临，卖掉更多的果汁、饮料和一般咖啡。”

（资料来源：http://www.stockbus.cn/books/yq/sjgg/013.htm）

（三）竞争导向定价法

竞争导向定价是以竞争者的价格为主要依据来确定本企业产品的价格。定价时所注重的是竞争者的价格动向，而不太注重自己的成本和需求。在竞争激烈的市场上，企业为了应付竞争局面争取得到顾客订货，往往采取竞争导向定价法。其主要有以下几种形式。

1. 随行就市定价

随行就市定价又称“流行价格定价”，是以当地当时的市场行情为依据确定价格。这种定价方法简单易行，风险不大，不会加剧价格竞争，适合于无特色的一般化产品的定价，或中小企业跟随大企业价格的定价。在完全竞争和寡头垄断的市场结构时较普遍。采用随行就市定价，对许多企业都比较重要。竞争越激烈，其运用价值就越高，意义就越大。首先，流行价格水平代表了整个行业或部门中所有企业的集体智慧，在成本接近、产品差异小、交易条件基本相同的条件下，采用这种定价方法，可以保证各企业获得平均利润。其次，各企业保持一致，易于与同行竞争者和平相处，避免价格战和竞争者之间的报复，也有利于在和谐的气氛中促进整个行业的稳定发展。最后，在竞争激烈、市场供求复杂的情况下，单个企业不易了解消费者和竞争者对价格变化的反应，采用随行就市定价既可以为企业节省许多调研时间和费用，又避免了因价格贸然变动所带来的风险，是一种较为稳妥的定价方法。

2. 垄断定价

垄断定价是由处于垄断地位的少数几家企业结成同盟协商形成的价格。一方面，他们将自己的产品定价很高；另一方面，他们又将获取原料的价格压得很低。但由于消费者的坚决反对及法律法规的限制，垄断定价不能过高。而且，垄断企业虽然占有绝大的市场份额，但为了不引起消费者的不满，防止中小企业的竞争，有时也将价格定得适中。他们的价格变动，往往会引起其他企业的价格随之改变。这种定价实质上是一种非正式的卡特尔定价。在钢铁、汽车、煤炭、机床、丝绸、烟草、石化等行业，都相当普遍地实行着这种定价方法，甚至连一些较小的服务行业也不例外。

3. 密封投标定价

这种定价方法就是一个企业根据招标方的条件，主要考虑竞争情况来确定标的价格的一种方法。它通常用于建筑包工、大型设备制造、政府大宗采购等。招标投标市场有一个基本特点，即招标方只有一个，处于相对垄断地位，而投标方有多个，处于相互竞争地位。一个企业能否中标，在很大程度上取决于该企业与竞争者投标报价水平的比较。一般情况下，报价高，利润大，但中标机会小；反之，利润低，但中标机会大，其机会成本可能大于其他投资方。在买方招标所有投票者中，报价最低的投标者通常中标，而它的报价就是承包价格。表 7.1 列出了 4 种递价的企业盈利、中标概率及期望利润，以递价 210 000 元的期望利润 14 000 元为最高，因而选择此种递价方案较好。

表 7.1　投标递价期望利润比较

单位：元

投标企业递价	企业利润（1）	中标概率/%（2）	期望利润（1）×（2）
180 000	1000	90	900
195 000	5000	85	4250
210 000	20 000	70	14 000
230 000	46 000	10	4600

在该方法中，企业定价主要以竞争者的可能标价为依据。

4. 拍卖定价

此法是由卖方预先发表公告，展出拍卖物品，买方预先看货，在规定时间公开拍卖，由买方公开竞争叫价，不再有人竞争的最高价格即为成交价格，卖方按此价格拍板成交。这是西方国家一种古老的传统买卖方式，现在一般在出售文物、旧货以及处理破产企业财务时使用此法。拍卖价格与投标价格有所不同，其区别在于，前者是买方公开竞价，后者是卖方密封定价。

第三节 定价策略

前述定价方法都可以为某一产品制定一个基本的价格。然而，企业在选定最终价格时，还要针对不同市场情况与营销目的，考虑消费者心理，顾客所在地区，付款的早迟，顾客购买的数量、时间，促销的需要，产品线的不同品目的价格结构等，实行灵活多变的定价策略，以产生一个可执行的价格。

一、新产品定价策略

新产品定价是企业定价的一个重要方面，新产品定价合理与否，不仅关系到新产品能否顺利地进入市场，占领市场，取得较好的经济效益，而且关系到产品本身的命运和企业的前途。常见的新产品定价策略有 3 种截然不同的形式，即撇脂定价、渗透定价和适中定价。

1. 撇脂定价

新产品上市之初，将价格定得较高，在短期内获取厚利，尽快收回投资。这一定价策略就像从牛奶中撇取其中所含的奶油一样，取其精华，所以称为“撇脂定价”策略。一般而言，对于全新产品、受专利保护的产品、需求的价格弹性小的产品、流行产品、未来市场形势难以测定的产品等，可以采用撇脂定价策略。例如，圆珠笔在 1945 年发明时，属于全新产品，成本 0.5 美元一支，可是发明者却利用广告宣传和求新求异心理，以 20 美元销售，仍然引起了人们的争相购买。

利用高价产生的厚利，使企业能够在新产品上市之初，即迅速收回投资，减少了投资风险，这是使用撇脂定价策略的根本好处。此外，撇脂定价还有以下几个优点。

1）在全新产品或换代新产品上市之初，顾客对其尚无理性的认识，此时的购买动机多属于求新求奇。利用这一心理，企业通过制定较高的价格，以提高产品身份，创造高价、优质、名牌的印象。

2）先制定较高的价格，在其新产品进入成熟期后可以拥有较大的调价余地，不仅可以通过逐步降价保持企业的竞争力，而且可以从现有的目标市场上吸引潜在需求者，甚至可以争取到低收入阶层和对价格比较敏感的顾客。

3）在新产品开发之初，由于资金、技术、资源、人力等条件的限制，企业很难以现有的规模满足所有的需求，利用高价可以限制需求的过快增长，缓解产品供不应求状况，并且可以利用高价获取的高额利润进行投资，逐步扩大生产规模，使之与需求状况相适应。

当然，撇脂定价策略也存在着某些缺点，具体如下：

1）高价产品的需求规模毕竟有限，过高的价格不利于市场开拓、增加销量，也不利于占领和稳定市场，容易导致新产品开发失败。

2）高价高利会导致竞争者的大量涌入，仿制品、替代品迅速出现，从而迫使价格急剧下降。此时若无其他有效策略相配合，则企业苦心营造的高价优质形象可能会受到损害，失去一部分消费者。

3）价格远远高于价值，在某种程度上损害了消费者利益，容易招致公众的反对和消费者抵制，甚至会被当作暴利来加以取缔，诱发公共关系问题。

从根本上看，撇脂定价是一种追求短期利润最大化的定价策略，若处置不当，则会影响企业的长期发展。因此，在实践当中，特别是在消费者日益成熟、购买行为日趋理性的今天，采用这一定价策略必须谨慎。

2. 渗透定价

渗透定价是与撇脂定价相反的一种定价策略，即在新产品上市之初将价格定得较低，吸引大量的购买者，扩大市场占有率。利用渗透定价的前提条件有：①新产品的需求价格弹性较大；②新产品存在着规模经济效益。日本精工手表即是在具备这样两个条件的基础上，采用渗透定价策略，以低价在国际市场与瑞士手表角逐，最终夺取了瑞士手表的大部分市场份额。

采用渗透价格的企业无疑只能获取微利，这是渗透定价的薄弱处。但是，由低价产生的两个好处如下：

1）低价可以使产品尽快为市场所接受，并借助大批量销售来降低成本，获得长期稳定的市场地位。

2）微利阻止了竞争者的进入，增强了自身的市场竞争力。

康柏电脑的降价策略

1983 年，菲弗尔出任康柏公司副总裁，主管除北美以外的国际业务。他不负众望，开拓了国际业务，特别是在欧洲市场，康柏赢得了声誉，占有额居第二位。美国《商业周刊》形容他是“康柏欧洲动力源泉背后的动力”。

值得菲弗尔骄傲的业绩建立在 1991 年以后，当年，他出任康柏公司总裁，在短短的 3 年时间里，他取得了举世公认的成就。

1）1994 年康柏个人计算机在 1994 年头两季度的销售跃升为世界第一；市场占有率增至 12.4%。

2）康柏便携机在 1992 年的全年销售额只名列全球第四位，但在 1993 年成为世界第一，市场占有率升至 12%。

3）1993 年，世界权威计算机周刊 NETWORK WORLD 把康柏 Prosignia 和 systempr0/XL 服务器评选为 LAN 服务器和 SUPERSERVER 类别之冠，并授予企业科技大奖。

4）1993 年，康柏公司营业额为 72 亿美元，1994 年前 6 个月已达到 48 亿美元。

在菲弗尔辉煌的业绩面前，实业界人士瞠目结舌，他们知道在菲弗尔出任康柏公司总裁时，正是康柏出现亏损的第一个季度，解雇工人 120 人，相当于其总数的 14%。那时，由于康柏计算机以贵族计算机自居，面向大亨富豪，又由于经济不景气，所以购买价格昂贵的康柏计算机的人越来越少。沧海横流，方显出英雄本色，“一定要重振康柏计算机”，菲弗尔一上任就立下了豪言。

菲弗尔的信心绝不是一时冲动，他有丰富的市场营销经验，对市场有着深刻的洞察力。他认真地总结了康柏公司存在的问题，提出了新的发展战略，即坚持发展个人计算机，使个人计算机普及化。他认为企业要有个性，用个性去抢占市场。康柏的个性在于发展个人计算机，因为那时大多数计算机公司对这个市场没有给予足够的重视，个人计算机方兴未艾正是康柏抢占这个市场的大好时机。况且，康拍已是个人计算机世界中的名牌。在看到康柏优势的同时，菲弗尔还清楚地晓得康柏公司经营中的问题：它的个人计算机价格太贵，超出一般消费者的购买力。于是，菲弗尔作出了大胆的决定：把康柏计算机售价降低 1/3。按照传统，康柏通过批发商向大公司推销产品，但调查结果表明，消费者很难买到康柏的产品，于是，菲弗尔在销售计划中大量增加零售代理商。

降低售价的做法能成功吗？人们对此拭目以待。果然不出菲弗尔所料，康柏个人计算机降价成了新闻，因为康柏是名牌计算机，消费者大喜，个人计算机首次降价，而且降到令人难以置信的价位，以非名牌机子的价格购买名牌计算机，市场就这样被康柏占领了许多。为保证盈利并满足日益增长的需要，菲弗尔要求生产的各个环节降低成本，并要求工厂 24 小时连续生产。菲弗尔说：他不是不要利润，利润与市场占有份额紧密地联系在一起，没有市场，价格定得再高，也实现不了利润，营销的关键问题在于打开市场，而要打开市场取决于几个要素，一是品牌形象好；二是便宜。康柏在具备了品牌优势后，要大发展，就要降价。当其他生产名牌个人计算机的公司醒悟到菲弗尔降价之举的道理之后，纷纷仿效，一时间，名牌个人计算机的售价都降了下来。然而，并不是所有的公司都经得起降价的考验，在菲弗尔挑起的价格大战面前，不少公司因财力不支而倒闭，而康柏计算机在降价后不仅没赔本，反而从 1992 年起，使康柏成为业界少有的连年盈利的公司。记者就此问菲弗尔的经营之道，他说："对于康柏来说，降价与降低生产成本和进行规模生产是并行的，只有这样，才能既减轻顾客的负担，又使康柏获得理想的利润。"在康柏转入批量生产时，每一道工序的造价都尽可能地降低。1993 年，当年生产量从 150 万台提高到 300 万台时，全部生产成本几乎下降了 1000 万美元。业界人士评价道："个人计算机走向普及之路是与菲弗尔的功劳分不开的。"

（资料来源：http://www.cnstp.com/mishu/scyxgl/1/9/050509003.htm）

对于企业来说，撇脂策略和渗透策略何者为优，不能一概而论，需要综合考虑市场需求、竞争、供给、市场潜力、价格弹性、产品特性、企业发展战略等因素才能确定。在定价实务中，往往要突破许多理论上的限制，通过对选定的目标市场进行大量调研和科学分析来制定价格。

3. 适中定价

适中定价策略既不是利用价格来获取高额利润，也不是让价格制约占领市场。适中定价策略尽量降低价格在营销手段中的地位，重视其他在产品市场上更有力或有成本效率的手段。当不存在适合于撇脂定价或渗透定价的环境时，公司一般采取适中定价。例如，一个管理者可能无法采用撇脂定价法，因为产品被市场看作是极其普通的产品，没有哪一个细分市场愿意为此支付高价，同样，它也无法采用渗透定价法，因为产品刚刚进入市场，顾客在购买之前无法确定产品的质量，会认为低价代表低质量（价格—质量效应）；或者是因为，如果破坏已有的价格结构，竞争者会作出强烈反应。当消费者对价值极其敏感，不能采取撇脂定价，同时竞争者对市场份额极其敏感，不能采用渗透定价的时候，一般采用适中定价策略。

采用适中定价策略还有另外一个原因，就是为了保持产品定价策略的一致性。例如，通用汽车公司的雪佛兰汽车的定价水平是相当大一部分市场都承受得起的，市场规模远远大于愿意支付高价购买它的"运动型"外型的细分市场。这种适中定价策略，甚至当这种汽车的样式十分流行，供不应求时仍数年不变，为什么呢？因为通用汽车跑车生产线上已经有一种采取撇脂定价的产品——克尔维特，再增加一种产品不仅是多余的，还会影响原来高价产品的销售。将大量购买者吸引到展示室尝试驾驶雪佛兰的意义远比高价销售雪佛兰能获得的短期利益要大得多。

虽然与撇脂定价法或渗透定价法相比，适中定价法缺乏主动进攻性，但并不是说正确执行它就非常容易或一点也不重要。适中定价没有必要将价格定得与竞争者一样或者接近平均水平。从原则上讲，它甚至可以是市场上最高的或最低的价格。

东芝笔记本电脑具有高清晰度的显示器和可靠的性能，认知价值很高，所以虽然产品比同类产品昂贵，市场占有率仍然很高。与撇脂价格和渗透价格类似，适中价格也是参考产品的经济价值决定的。当大多数潜在的购买者认为产品的价值与价格相当时，纵使价格很高也属适中价格。

二、心理定价策略

心理定价是企业定价时运用心理学的原理，依据不同类型的消费者在购买商品时的不同的心理需要和对不同价格的感受，有意识地采取多种价格形式，以诱导消费者增加购买，扩大企业销量。其具体策略包括以下几种。

1. 整数定价策略

此策略是指企业把原本可以定为零数的商品价格，定为高于或低于这个零数价格的整数。整数定价常常以偶数，特别是“0”作尾数。例如，一件钻石戒指宁可定1200元，而不定1198元，因为消费者购买钻石戒指并不过分追求便宜，所以并不在乎多支出这2元钱，而且通过1200元的价格除了使消费者产生“一分价格一分货”的感觉外，还可以在消费者心目中产生一种购买1200元以上高档商品的满足感，提高商品形象。此策略一般适用于精品店、高级文化娱乐城、咖啡屋、著名宾馆等高档消费场所。

2. 尾数定价策略

尾数定价策略也称“缺额原则”，即针对消费者对一般商品求便宜、怕上当的心理，当商品价格为整数或略高于整数时，宁可减下一些，使其价格的尾数为零头。比如，把一种毛巾的价格定为2.9元，而不定为3元；将台灯价格定为19.80元，而不定为20元，可以在直观上给消费者一种便宜的印象，容易激起消费者的购买欲望。此策略一般用奇数作尾数，多适用于低档品、低价品、需求弹性大的商品，以及购买频率较高的日用品。

3. 声望定价策略

此策略又称“声誉定价，”是指在定价时，根据消费者对某些商品或企业的信任心理，把在顾客中有声望的商店、企业的商品价格定得比一般的商品要高，以显示名贵和声望，是高档次、高声望商店采用的高价定价策略。在世界民族工艺品市场上，印度尼西亚妇女制作的手工艺品——巴厘克，久负盛名，颇受欢迎。一位印尼商人带着巴厘克到日本推销，举行了轰动一时的巴厘克时装表演，许多日本名流、贵妇人光临欣赏，对巴厘克大加赞赏，但就是没有人购买。后来，一个日本销售商抛出谜底，认为是定价太低，上层妇女买了会觉得脸上无光，有失身份。不久，印尼商人就把价格提高到原来的4倍，使巴厘克身价倍增，声誉雀起，很快被抢购一空。

使商品形成并维持声望价格，通常需要适当控制市场拥有量，具体方法主要有高价、厚利、限销。声望定价如果使用得当，可以满足某些顾客崇尚名牌、炫耀高贵身份的心理需求，同时也有助于提高产品和企业的声望。

4. 习惯性定价策略

有些商品在顾客心目中已经形成了一个习惯价格，这些商品的价格稍有变动，就会引起顾客不满，提价时顾客容易产生抵触心理，降价会被认为降低了质量。曾有商家出售白酒，一瓶为 2.80 元，消费者早已习惯，但因厂家涨价，零售商标价为 3.00 元，消费者就受不了了，极其愤怒，扭头就走。若降低 0.2 元，消费者则认为质量变差而犹豫不决。可想而知，经营中其商品降价后，反而吃力不讨好，因此，对于这类商品，企业宁可在商品的内容、包装、容量等方面进行调整，也不采取调价的方法。日常生活中的饮料、大众食品一般都适用这种策略。

采用习惯定价对企业有以下 3 个好处。

1）价格在某种水平上固定不变，给消费者留下了价格稳定、合理的印象，易于为他们所接受，有利于形成一个稳定、正常均衡的市场供求。

2）可以保证生产同类产品的企业，在基本条件相同的情况下，获得相对平均的利润。

3）各企业都采用习惯定价，可以把价格竞争降低到最小程度，使竞争者之间和平共处，避免价格战，促进整个行业的稳定发展。如果某个企业偏离习惯价格定价，只会给自身的生产经营带来巨大的风险。

5. 吉利定价策略

吉利定价策略是根据顾客的宗教信仰和文化习俗，有意将价格定为吉利数字，以促使成交。吉利价目前在我国零售业也较为流行，在中国香港更是盛行。例如，在零售商店用吉利数“6”、“8”、“9”标价。在商务谈判中，买卖双方也常常以吉利数成交，以满足双方希望“顺利、发达、长久”的心理自慰，皆大欢喜。

6. 透明定价策略

秀明定价策略是将商品的单位成本（或进价）、利润和销价公布于众，透明于世，诚待顾客，取信顾客，有利于消除顾客怀疑商品质价不符的心态。“十点利”定价即是一种透明定价，为此许多商家取得了显著的经营效果。

7. 招徕定价策略

招徕定价策略又称促销定价策略或特殊品定价策略，是指商业企业利用人们求廉的心理，故意对某些商品定价很低，以吸引顾客，目的是招徕顾客购买低价商品时，也购买其他商品，从而带动其他商品的销售。比如，在一定的季节和节日，或为了特殊目的，企业对部分产品实行“大减价”、“大甩卖”、“大派送”。招徕定价还有一种情况，是故意把原价说高，把现价压低，用直观的形式反映降价的幅度之大，以诱惑顾客购买。如“优质羊毛衫原价 180 元，现价 78 元”。顾客很可能认为价格剧降，已经很便宜了，于是纷纷购买，但这种羊毛衫也许连 78 元都不值。

用来招徕定价的降价品，还应该与残次、过时商品明显区分开来。招徕定价的降价品，必须是品种新，质量优的适销产品，而不是处理产品，它与处理品的降价目的完全不同，所以达到的效果也不一样。

8. 最小单位定价策略

最小单位定价策略是指企业同种产品按不同的数量包装，以最小包装单位量制基数定价，通常包装愈小，实际单位数量产品价格愈高，包装愈大，实际单位数量产品价格愈低。例如，湖北白云边股份有限公司生产的冰酒，根据消费者的饮酒量以 125mL、250mL、500mL 的体积数量包装定价，满足不同消费者的心理需求。

9. 期望定价策略

消费者在购买商品时，对商品价格的期望会有所不同。比如礼品，消费者是买去送人的，在他购买之前，往往就打算了要送 100 元或 200 元的礼物，因此，企业在生产或出售产品时，要根据消费者所期望的价格来定价，并根据需求习惯考虑与之相适应的质量和包装，以迎合消费者的心理。

三、地区定价策略

地区定价策略是指企业根据商品的销售市场和产地市场地理位置的差异而制定的不同的价格策略。一般来说，产品都存在异地销售的问题。为了在价格上灵活反映和处理运输、装卸、仓储、保险等费用的支出，需要有几种不同的地区价格。

一次意外的收获

几个月前，某珠宝店店主易麦克特（维吾尔族）购进了一批由珍珠质宝石和银制成的手镯、耳环和项链。与典型的绿松石造型的青绿色调不同的是，珍珠质宝石是粉红略带大理石花纹的颜色。就大小和样式而言，这一系列珠宝中包括了很多种类，有的珠宝小而圆，式样很简单，而有些则要大一些，式样别致、前卫。与以前的货相比，易麦克特认为这批珍珠质宝石制成的首饰的进价还是比较合理的，他对这批货十分满意，因为它比较独特，可能会比较好销。在进价的基础上，加上其他相关的费用和平均水平的利润，他确定了一个价格，他觉得这个价格应该十分合理，肯定能让消费者觉得物超所值。

这些珠宝在店中摆了一个月之后，销售统计报表显示其销售状况很不好，易麦克特十分失望，不过他认为问题原因并不是在首饰本身，而是在营销的某个环节没有做好。于是，他决定试试在中国营销传播网上学到的几种销售策略，比如，令店中某种商品的位置有形化往往可使消费者产生更浓厚的兴趣。因此，他把这些珍珠质宝石装入玻璃展示箱，并将其摆放在该店入口的右侧。可是，位置改变之后，这些珠宝的销售情况仍然没有什么起色。他认为应该在一周一次的见面会上与员工好好谈谈了。他建议销售小姐花更多的精力来推销这一独特的产品系列，并安排了一个销售小姐专门促销这批首饰。他不仅给员工们详尽描述了珍珠质宝石的特征，还给他们发了一篇简短的介绍性文章以便他们能记住并向消费者做介绍，不幸的是，这个方法也失败了。就在此时，易麦克特准备外出选购产品，由于对珍珠质宝石首饰销售状况感到十分失望，他急于减少库存以便给更新的首饰腾出地方来存放，于是他决心采取一项重大行动，将这一系列珠宝半价出售。临走时，他给副经理留下了一张字条，告诉她："调整一下那些珍珠质宝石首饰的价格，所有价格都降价一半。"

回来的时候，易麦克特惊喜地发现该系列所有的珠宝已销售一空。"我真不明白，这是为什么，"他对副经理说，"看来这批首饰并不合消费者的胃口，下次我在新添宝石品种的时候——定价会慎之又慎"。"但为何你还敢于提价呢？"副经理对易麦克特说，她虽然不懂为什么要对滞销商品进行提价，但还是严格按指示办了。易麦克特不解地问："什么提价？我留的字条是说价格减半啊！""减半？"副经理吃惊地问，"我认为你的字条上写的是这一系列的所有商品的价格一律按双倍计。"结果，副经理将价格增加了一倍而不是减半。

1. FOB 产地定价策略

FOB 产地定价即离岸价格，是指卖方在约定的装运港将货运到买方指定的船上交货，并承担此前的一切风险和费用。交货后的一切风险和费用则由买方承担。这种方法由顾客担负从产地到目的地的费用，似乎合情合理，但这种定价方法有可能失去远方顾客，因为远途顾客必须承担较高的费用。

2. 统一交货定价策略

与 FOB 产地定价相反，这种定价方法没有地区差别，对全国不同的顾客，不论远近，都实行一个价。因此，这种定价又叫邮资定价。产品运输、保险费等，全部由卖方承担，而卖方已将销往各地的运输费用加以平均化计入售价中。这样便于卖方进行总成本核算和价格控制，增加销售量，扩大市场，也避免了不同市场之间的产品倒卖行为。实行统一交货定价比较成功的是青岛海尔冰箱的全国统一售价，在国内任何地方买海尔冰箱都是一个价格，成本差额部分由海尔冰箱厂负担。该公司借此控制产品的最终销售，避免了边远地区因冰箱价格过高而影响销路。但是，从另一方面看，实行统一运送定价，平均计算产品运输费用，使距离较近的消费者支付了一部分运费，实质上是一种变相的“价格歧视”。近距离的买方可能不合算，情愿上门采购，自办运输，而不愿卖主送货。

3. 区域定价策略

区域定价又叫“分区定价”，即把产品的销售市场划分为两个或两个以上的区域，在每个区域内定一个价格，不同的区域市场采用不同的价格。商品由卖方统一运送，运费按该区域内所有顾客的平均运费计算。这有点类似于邮政信件、包裹和长途电话划定区域，按区域和距离的远近收费，所以，又称“邮政定价法”。分区定价既避免了产地定价时的买主自运、远距离运费过高影响销售的弊病，又基本缓解了实行统一运送定价在不同顾客之间负担不公平问题。但是，统一运送定价所带来的运费负担不公平，在分区定价中仍未完全解决，有时反而更加严重。因为即使在同一价格区域内，不同顾客离卖主也有远近之分，较近的顾客就不合算。另外，位于不同价格区域接壤地带的买主，虽然彼此相距不远，甚至只有一步之遥，但价差却相当大，比统一交货定价还不合理。区域定价主要适用于市场销售具有明显的区域性和相对集中性的产品及运费成本相对售价比较低的产品。

4. 基点定价策略

企业指定一些城市为基点，按基点到顾客所在地的距离收取运费，而不管货物实际上是从哪里起运的。商品由卖主负责运输，费用由买主承担。不管卖主从哪个生产地点起运产品，买主承担的运输费用都只从某个基点起算。按基点定价与按生产地点定价（产地定价）相比，对大多数买主是有利的，即按基点定价通常低于按生产地点定价，但对少数买主，基点定价可能会高于生产地点定价，因为买丰有时要多支付一些。有些公司为了提高灵活性，选定许多个基点城市，按照顾客最近的基点计算运费。

5. 免收运费定价策略

有时急于同某个顾客或某个地区做成生意，企业自己负担部分或全部实际运费，而不向买方收取运费。这些卖主认为，如果生意扩大，其平均成本就会降低，因此足以抵偿这些费用开支。采取免收运费定价，可以使企业加深市场渗透，并且能在竞争日益激烈的市场上站稳脚跟。

四、折扣与折让定价策略

折扣与折让定价策略是企业为调动各方面积极性或鼓励顾客作出有利于企业的购买行为的常用策略。常用于生产厂家与批发企业之间，批发与批发之间以及批发与零售或批、零企业与消费者之间。常见策略有以下 5 种。

1. 数量折扣

数量折扣又称批量作价，是指企业对大量购买产品的顾客所给予的一种减价优惠。一般购买量越多，折扣也越大，以鼓励顾客增加购买量，或集中向一家企业购买，或提前购买。数量折扣有一次性数量折扣和累计数量折扣两种类型。

1）一次性数量折扣，又称“非累计性数量折扣”，是规定一次性购买或订货达到一定数量或金额时，给予折扣优惠。这种方法只考虑每次购买量，而不管累计购买量。比如，企业规定，一次购买 100～200 台，按标价折扣 10%，200 台以上折扣 15%，不足 100 台不给折扣。若某商场第一次购买 130 台，第二次购买 300 台，则第一次只能折扣 10%，第二次才能享受 15%的折扣。一次性数量折扣不仅可以鼓励顾客大批量购买，而且有利于节省销售、储存和运输费用，促进产品多销、快销。同时，计算简便，有利于中小企业日常操作使用。一次性数量折扣对短期交易的商品、季节性商品、零星交易的商品，以及过时、滞销、易腐、易损商品的销售比较适宜。

2）累计数量折扣，规定顾客在一定的时间内，购买量累计达到一定数量或金额时，就能享受相应的折扣优惠。比如，企业规定购买量累计达到 10 000 件，价格折扣 6%；达到 20 000 件，价格折扣 8%；超过 30 000 件，价格折扣 10%。如果某市场第一批购货 12 000 件，企业已给 6%的折扣，第二批又购货 19 000 件，那么，企业就应该按累计量 31 000 件的标准，给 10%的折扣。累计数量折扣有利于稳定顾客，鼓励顾客经常购买、长期购买。这种折扣特别适用于长期交易的商品、大批量销售的商品，以及需求相对比较稳定的商品。

2. 季节折扣

季节折扣也称季节差价，一般在有明显的淡、旺季商品或服务行业中实行，是指卖方为鼓励买方在淡季购买而给予的折扣，目的在于鼓励淡季购买，减轻仓储压力，利于均衡生产。例如，服装生产经营企业，对不合时令的服装，给予季节折扣，以鼓励中间商和用户提前购买、多购买；旅游公司在旅游淡季，给旅客以价格折扣，是为了招徕更多的生意。季节折扣比例的确定，应考虑成本、储存费用、基价和资金利息等因素。

3. 现金折扣

现金折扣也称付款期折扣，是指卖方为鼓励买方尽快支付货款给予的折扣。例如，“2/10，*n*/30”，表示付款期 30 天，如客户在 10 天内付清，给予 2%的折扣。其目的在于鼓励购买者尽早付款，加速企业资金周转，减少信用成本和呆账。采用现金折扣一般要考虑 3 个因素：折扣比例大小；给予折扣的时间限制；付清全部货款的期限。比如，现金折扣比例和违约罚款比例，一般应高于银行利率，以致有的顾客即使向银行贷款，也要按照期限尽早付款。

4. 业务折扣

业务折扣也称同业折扣或功能折扣，是生产厂家根据中间商（批发商和零售商）在产品分销过程中所承担的功能、责任和风险，对不同的中间商给予不同的折扣。例如，生产厂家报价："100 元，折扣 40%及 10%"，表示给零售商折扣 40%，即卖给零售商的价格是 60 元，给批发商则再折 10%，即 54 元。因为批发商和零售商功能不同。业务折扣主要有两个目的：一是对中间商经营有关产品的成本和费用进行补偿，并让中间商有一定的盈利，因为中间商付出了劳动，提供了服务，承担了风险，应该得到合理的报酬；一是，鼓励中间商大批量订货，扩大销售，多争取顾客，并与生产企业建立长期、稳定、良好的合作关系。

5. 价格折让

价格折让就是根据价目表给顾客以价格折扣的另一种类型，是减价的一种形式。例如，新产品试销折让，如商品标价 115 元，去掉零头，减价 5 元，顾客只付 110 元；以旧换新折让，当顾客买了一件新产品时，可交还同类商品的旧货，在价格上给予折让。促销折让是卖主为了报答经销商参加广告和支持销售而支付的款项或给予的价格折让。当今的企业为了促销，拿出了五花八门的减价让利措施，特别是对滞销产品，让价形式越来越多，让价幅度越来越大，可消费者认为，大家都让等于没有让，让多了也有假。所以，企业在采用让价策略时，也不能太随心所欲。

值得注意的是，这里分析的折扣与折让策略，与国内市场上较为普遍的"回扣"现象是决然不同的。价格折扣是写进合同的、规范的、合法的、公开进行的交易行为，而"回扣"是不写进合同的、秘密进行的、混乱的甚至是违法的交易行为。

在采用折让价格策略时应注意以下原则。

1）折让幅度既要能引起消费者的注意，又不致使消费者产生疑虑。一般来说，商品降价幅度以 10%～30%为宜，降价超过 50%时，顾客的疑虑会显著增强。

2）保持价格相对稳定。

蒙玛公司的"无积压商品"

意大利蒙玛公司以"无积压商品"而闻名，其秘诀之一就是对时装销售实行分段定价。它规定新时装上市，以 3 天为一轮，凡一套时装以定价卖出，每一轮按原价削价 10%，以此类推，那么到 10 轮（一个月）之后，蒙玛公司的时装就削到了只剩 35%左右的成本价。这时的时装，蒙玛公司就以成本价售出。时装上市一个月，价格已跌到了 1/3，谁还不买？所以一卖即空。蒙玛公司最后结算，赚钱比其他时装公司多，又没有积货的损失。

五、产品组合定价策略

产品组合定价又称“系列产品定价”、“综合定价”，是指企业从全局出发，根据产品的关联性，为系列产品确定能使企业总销量或总利润最大的价格结构，以及各种产品最适宜的价格水平。产品组合定价可以分为 5 种情况。

1. 产品线定价策略

产品线定价即利用顾客对产品线系列产品的价格的理解来定价。对产品线内的不同产品，要根据产品的质量和档次、顾客的不同需求及竞争者产品的情况确定不同的价格。如服装商店对男士西服定价 220 元、650 元、1100 元 3 个水平，顾客自然会以 3 个质量等级来对应选购 3 种价格的产品。营销者的任务就是使顾客确信本企业是按质论价：“一分钱，一分货。”但是，企业在进行产品线定价时应该注意，产品线中不同产品的价差要适应顾客的心理需求，价差过大，会诱导顾客趋向于某一种产品，价差过小，会使顾客无法确定选购目标。

2. 非必需附带产品定价策略

非必需附带产品是主要产品的附带产品，它与主要产品有关，但又不是必须连带购买的产品。如汽车与收录机，餐厅与酒水、烟等。这些相关产品的定价与主要产品兼顾，企业有两种选择：一是将主要产品的价格定得高些，将附带产品的价格降低，吸引顾客购买；如饭店里将饭菜价格定得较低，而酒水价格定得较高，靠低价饭菜吸引顾客，以高价酒水赚取厚利；二是将附带产品价格包含在主要产品价格中，促使顾客购买。

3. 连带产品定价策略

其又称必需附带产品定价，是指必须与主要产品一同使用的产品。如电筒与电池、计算机硬件与软件、胶卷与相机等，企业一般将主产品定价获利低一些，而将其连带产品定价获利高一些。顾客购了主产品，必须购连带产品才能使主产品发挥作用，企业现时可通过连带产品销售获得长期利益。如吉列公司就曾将剃须刀架定价偏低，而刀片定价偏高；邮电局降低电话装机费而不降低通话费等。

4. 新老产品定价策略

应该根据需求差异和生命周期的不同阶段确定价格。一般来说，如果老产品的生命周期处于衰退阶段，应定价低一些，如老式加重自行车和新式山地自行车，前者定价较低。

5. 主副产品定价策略

很多企业在生产主产品的同时，在生产流程的不同阶段会产生出一些副产品。如大米加工过程中产生的米糠。一般企业对主产品确定的价位较高，对副产品确定的价位较低。实际上，副产品的作用仍然很大。如米糠不仅是一种紧俏的饮料原料，还可用来加工高档烹调油，而生产糠油后剩下的副产品糠粕，又可以用来生产一种医药化工原料——肌醇。随着科学技术的发展，过去被视为廉价的副产品，现在也应变废为宝了。

六、差别定价策略

差别定价是根据环境的不同，对同种产品定不同的价格，以适应顾客的不同要求。

1. 顾客差别定价策略

针对不同的用户或顾客，制定不同的价格。比如，对老客户和新客户、内宾和外宾、女性和男性、儿童和成人、残疾人和健康人、大学生和非大学生等，分别采取不同的价格。例如，"六一"到来之际，企业为了促销儿童用品，规定凡"六一"这天出生的14岁以下的儿童，购买本企业产品均实行半价优惠，非"六一"这天出生的儿童就无法享受这种优惠。不过，顾客差别定价在有些国家会受到法律对"价格歧视"的限制。

2. 空间差别定价策略

它是指相同产品按不同的销售地点采用不同的价格。空间差别定价的原因是：各个地区产品的运输和中转费用不同，各个地区有不同的爱好习惯及文化背景和社会心理，因而同一产品在不同的地区有不同的需求弹性。

3. 时间差别定价策略

对相同的产品，按需求时间的不同而制定不同的价格。例如，电影院在白天和晚上票价有别，旅游业在旺季和淡季制定不同的价格，月饼在中秋节前后价格迥然不同。流行商品在流行初期借助轰动效应定高价，流行期一过，为了商品尽快脱手，价格必须逐渐降低，甚至大幅度降价低。

4. 产品形式差别定价策略

对同样质量、同样成本，而不同花色、不同款式、不同包装的产品定不同的价格。同样的茶叶改用高档包装，同样的香水改装华贵奇特的瓶子，价格可以成倍上升。

5. 服务部位差别定价策略

对同一类服务的不同服务部位定不同的价格。火车卧铺的上下铺票价不同，剧院前后排座位票价不同，酒店的雅座与普通座价格不同。

6. 用途差别定价策略

同一种商品，因用途不同，也可以制定不同的价格，以鼓励或限制某一种需求。比如，电价对工业用户与居民用户有所不同，棉纺织品卖给纺织厂和卖给医院的价格可能不一样。工业用水、浇灌用水和居民用水的收费往往有别。这种定价策略，其目的是增加新用途，开拓新市场。

实行差别定价，需要具有一定条件：①存在着细分市场，并且不同的细分市场之间的需求程度有明显的差别；②可以采取措施，能防止低价细分市场的买主向高价细分市场转售；③在高价市场的竞争中，竞争对手不可能采取低价竞争策略；④差别定价要符合法律政策，并且不会引起顾客的不满。

第四节　价格的调整

产品在定价以后，由于企业处在一个不断变化的环境中，为了生存和发展，经常需要对价格进行调整。调整有两种：一是市场供求环境发生了变化，企业认为有必要对自己产品的价格进行调整，这称为主动调整；二是竞争者的价格发生了变动，企业不得不作出相应的反应，这称为被动调整。

一、企业主动调整

企业主动调整包括提价和降价两种策略。

（一）企业提价的原因与方式

提价是指在市场营销活动中，企业为了适应市场环境和自身内部条件的变化，而把原有价格调高。

1. 企业提价的原因

1）应付成本上涨。这是产品涨价的最主要原因，如果企业的原材料、工资等费用上升，企业成本增大，产品继续维持原价，势必妨碍取得合理的收益，甚至影响到再生产的进行。这时企业只有通过提价来转嫁部分负担，减轻成本上涨的压力。

2）产品供不应求。企业产品供不应求，顾客会因为该产品短缺而抱怨，这时，可以用提价的方式抑制需求，缓解市场压力。

3）通货膨胀。由于通货膨胀，货币贬值，使企业产品的市场价格低于商品价值，迫使企业不得不通过价格上涨来减少因货币贬值而造成的损失。

4）改进产品。由于企业通过技术革新提高了产品质量，改进了产品性能，增加了产品的功能，因而使产品在市场上的竞争能力大大增强，企业提价既可以增加收入，又不会失去顾客。

5）维持竞争能力。虽然同行业的竞争，经常发展成为削价求售的“价格战”，但也有以提价来维持竞争能力的。消费者在专业知识不足的情况下，通常以价格作为衡量产品质量的依据。也就是说，人们习惯于认为，产品质量水平与价格成正比，这也说明了提高价格可以提高竞争能力的道理。

6）策略的需要。有的企业产品涨价，并非前面几个原因，而是由于策略的需要。它将产品价格提高到同类产品价格之上，使消费者感到该产品是以质取胜。

2. 企业提价的方式

1）公开真实成本。它是指企业通过公共关系、广告宣传等方式，在消费者认识的范围内，把产品的各项成本上涨情况真实地告诉消费者，以获得消费者的理解，使涨价在没有或较少抵触的情况下进行。

2）提高产品质量。为了减少顾客因涨价感受到的压力，企业在产品质量上多下工夫，如改进原产品，新设计同类产品，在产品性能、规格、式样等方面给顾客更多的选择机会，使消费者认识到，企业在提供更好的产品，制定高价是应该的。

3）增加产品含量，它是指涨价的同时，增加产品的量，使顾客感到，产品的量增多了，价格自然要上涨。

4）附送赠品或优惠。涨价时，以不影响企业正常的收益为前提，随产品赠送一点小礼物，提供某些特殊优惠，如买一赠一、有奖销售等。这种方式在零售商店最常见。

（二）企业降价的原因与方式

企业降价是指企业为了适应市场环境和内部条件的变化，把原有产品的价格调低。

1. 企业降价的原因

企业降低价格的原因比较复杂，有市场方面因素，也有企业内部的因素，以及社会其他方面的因素。归纳起来有如下几条。

1）企业的生产能力过剩，因而企业需要扩大销售，但是企业又不能通过产品的改进和加强销售工作等来扩大销售。在这种情况下，就必须考虑削价。

2）在强大的竞争压力之下企业的市场占有率下降，迫使企业降低价格来维持和扩大市场份额。

3）企业的成本费用比竞争者低，企图通过削价来控制市场，或者希望通过削价来提高市场占有率，从而扩大生产和销售量。

4）考虑竞争对手的价格策略。如果其他竞争企业降低价格，企业毫无选择地也要相应降低价格，特别是与竞争者的产品区别不大的产品。

5）需求曲线的弹性。需求曲线是有弹性的，说明价格下降可以引起需求量的大幅度增加。在这种情况下，削价可以扩大销售量，增加收入。

6）经济形势。在通货紧缩的经济形势下，由于货币升值，价格总水平下降，企业的产品价格也应降低，因为与之竞争的产品的价格同时也在降低。

2. 企业降价的方式

即使企业产品具备了必须降价的条件，但因不同企业产品所处的地位、环境以及引起降价的原因不同，企业选择降价的方式也会不同，具体来说有以下几种。

1）增加额外费用支出。在价格不变的情况下，厂商增加运输费用支出，实行送货上门或者免费安装、调试、维修等。这些费用本应该从价格中扣除，因此实际上降低了产品价格。

2）馈赠物品。某种商品定价不变，但购买此商品时，馈赠免费的购货券或其他物品，如玩具、器皿、工艺品等礼品。赠送物品的支出也应从商品价格中补偿，企业实际上也降低了商品的价格。

3）改进产品的性能，提高产品的质量，增加产品的功能。在价格不变的情况下，企业产品质量提高，性能改进，功能增加，实际上也就降低了产品本身的价格。

4）增大各种折扣的比例。在企业价格策略中往往采用各种折扣或回扣策略，如现金折扣、商业折扣、数量折扣。

二、企业调价的反应

企业调价必然影响顾客和竞争者，企业对调价所产生的相关影响必须进行认真的分析。除此之外，企业调价要符合国家的法律、法规。

1. 顾客对企业调价的反应

衡量调价成功与否的重要标志是企业所确定的价格能否被消费者所接受，并能促使其接受产品。为此，企业必须重视顾客对企业调价的反应，并根据反应制定相应的策略。

顾客对企业降价作出的反应是多种多样的。有利的反应是认为企业让利于顾客。不利的反应有：这是过时的产品，很快会被新产品所替代；这种产品存在某些缺陷；企业资金周转出现困难，可能难以继续经营下去；产品的价格还将继续下跌。

当企业提价时顾客也会出现各种反应。有利的反应是认为企业产品的质量提高，价格自然应该提高，或认为这种产品畅销，供不应求，因此提高了售价，而且价格还可能继续上升，不及时购买就可能买不到等。不利的反应是认为企业想通过提价获取更多的利润。顾客还可能作出对企业无害的反应，如认为提价是通货膨胀的自然结果。

正是因为顾客对企业调价有不同的反应，因此，企业在进行调价前，必须慎重研究可能出现的顾客对调价行为的反应，特别是不利的反应，以便在进行调整的同时，加强与顾客的沟通，争取顾客的理解与支持。

2. 竞争者对企业调价的反应

在竞争的市场上，企业调整价格的效果还取决于竞争者的反应。当企业采取降价策略而竞争对手不做任何调整的情况下，降价可以扩大市场份额，提高市场占有率；而企业降价时竞争对手采取“反价格战”，降价幅度更大，不仅会抵消企业降价效果，甚至会恶化企业销售环境。同样，企业调高价格后，如果竞争者并不提高价格，则对企业来说，原来供不应求的市场可能变成供过于求的市场。鉴于此，企业在实施价格调整行为前，必须分析竞争者的数量、其可能采取的措施及反应的剧烈程度。

小　　结

价格是商品价值的货币表现形式。影响企业定价的因素很多，包括企业的内部因素和外部因素。内部因素主要是产品成本、产品特征、分销渠道、促销策略、营销目标等；外部因素主要是供求状况、货币流通状况、市场竞争、消费心理和经济、政治、法律、文化、自然等环境因素。

企业制定产品价格一般需采取以下 6 个步骤：选择定价目标、测定需求、估算成本、分析竞争状况、选择定价方法、选定最后价格。

定价方法可分为 3 类：成本导向定价法、需求导向定价法和竞争导向定价法。

新产品定价策略有撇脂定价、渗透定价和适中定价 3 种。

心理定价是企业定价时运用心理学的原理，依据不同类型的消费者在购买商品时的不同的心理需要和对不同价格的感受，有意识地采取多种价格形式，以诱导消费者增加购买，扩大企业销量。其具体有：整数定价策略、尾数定价策略、声望定价策略、习惯性定价策略、吉利定价策略、透明定价策略、招徕定价策略、最小单位定价策略、期望定价策略。

地区定价是指企业根据商品的销售市场和产地市场地理位置的差异而制定的不同的价格策略。它包括 FOB 产地定价、统一交货定价、区域定价、基点定价、免收运费定价。

折扣与折让定价策略包括数量折扣、季节折扣、现金折扣、业务折扣、价格折让。

产品组合定价包括产品线定价、非必需附带产品定价、连带产品定价、新老产品定价、主副产品定价。

差别定价是根据环境的不同，以对同种产品定不同的价格，以适应顾客的不同的要求。它具体包括顾客差别定价、空间差别定价、时间差别定价、产品形式差别定价、服务部位差别定价、用途差别定价。

企业的价格调整分为主动调整和被动调整两种。企业主动调整价格有提价和降价两种策略，各有不同的原因，调整时应考虑消费者、竞争者的反应。

思考与练习

1. 名词解释

定价目标　价值规律　盈亏临界点定价法

2. 填空题

1）从经济学角度讲，价格＝（　　）＋（　　）。

2）（　　）是影响和制约企业定价的最重要的内部因素，是企业定价的基础。

3）成本导向法是以产品的（　　）为中心定价的一种方法。

3. 选择题

1）（　　）是影像产品价格的重要因素。

A. 市场状况　　B. 商品形象　　C. 心理因素　　D. 购买行为

2）价格调整的主要形式有（　　）两种。

A. 降价　　B. 重新定价　　C. 提价　　D. 进行价格组合

3）在赊销情况下，为了尽快收回货款企业采取的折扣属（　　）。

A. 现金折扣　　B. 推广折扣　　C. 交易折扣　　D. 数量折扣

4. 判断题

1）渗透定价是利用了消费者的求新心理。（　　）

2）价格需求弹性小于1，说明这种产品的价格需求弹性大。（　　）

3）新产品上市之初，将新产品价格定得较高，这是撇脂定价法。（　　）

5. 思考题

1）影响企业定价有哪些因素？

2）新产品有哪些定价策略？

3）如何进行心理定价？

4）企业可采取哪些折扣折让策略？

5）企业调价的原因是什么？

6. 案例分析题

零售业大王的定价艺术

吉诺·鲍洛奇是20世纪六七十年代的美国食品零售业大王。鲍洛奇的推销才干在他10岁那年就显露出来了。那时他还是个矿工家庭的穷孩子，他发现来矿区参观的游客们喜爱买当地的东西作纪念，就拣了许多五颜六色的铁矿片向游客兜售，游客们果然争相购买。不料其他的孩子立即群起仿效，鲍洛奇灵机一动，把精心挑选的矿石装进小玻璃瓶，阳光之下，矿石发出绚丽的光泽，游客们简直爱不释手，鲍洛奇也乘机将价格提高了4倍。

鲍洛奇认为，以降价促进销售、击垮竞争对手，是零售业一种重要的销售手段，但是，他绝不一味地搞降价销售。如果产品的品质的确比别人高出一头的话，按优质优价的原则，价格当然要比别人高；另外，有许多因素促使顾客购买某件商品，一件商品定价与别人雷同，是不能吸引顾客的注意力的，哪怕定价稍高，若消费者认为物有所值，一样会趋之若鹜的。

鲍洛奇深知，优质高档产品所带来的利润是低档产品所无法比拟的，高档高价便有高回报。所以，鲍洛奇绞尽脑汁，在怎样才能使顾客对其产品形成高档产品印象上大做文章。一方面，他在产品的品质和广告宣传上下工夫。鲍洛奇曾生产一种中国炒面，为了给人耳目一新的感觉，他在口味上大动脑筋，以浓烈的意大利调味品将炒面的味道调得非常刺激，形成了一种独特的中西结合的口味，生产出了优质的中国炒面。同时，用第一流的包装和新颖的广告展开大规模的宣传攻势，打出“中国炒面是三餐之后最高雅的享受”的口号，把中国炒面暗示成家庭财富和社会地位的象征。鲍洛奇这一做法相当成功，他把注意力主要集中在中等收入的家庭上。他认为，中等收入的家庭，一般都讲究面子，他们买东西固然希望物美价廉，但产品只要有特色，哪怕价钱贵一些，他们也认为物有所值，他们是中国食品生意的主要对象。所以针对他们的心理，鲍洛奇在包装和宣传上花了很多精力。果然不出所料，中等家庭的主妇们皆以选购中国炒面为荣，尽管鲍洛奇的定价很高，她们依然不以为贵。另一方面，鲍洛奇很会揣摩顾客的心理，常常利用较高的价格吸引顾客的注意力。由于新产品投放市场之初，消费者对这种相对高价格商品的品质充满好奇，很容易激发他们的购买欲，并且，一种产品的定价较高，可以为其他产品的定价腾出灵活的空间，企业就能占据主动。当然，这一切都是建立在产品的品质的确不同凡响的基础上的。有一次，鲍洛奇生产的一种蔬菜罐头上市的时候，由于别的同类产品的价格几乎全在每罐5角钱以下，所以公司的营销人员建议将价格定在4角7分到4角8分之间。但鲍洛奇却将价格定在5角9分，一下子提高了20%！鲍洛奇向销售人员解释说，5角钱以下的类似商品已经非常之多，顾客们已经根本感觉不到每一种商品有什么特别、并在心理上潜意识地认为它们都是平庸的商品。如果价格定在4角9分，顾客自然会将它划入平庸之列，而且还认为你的价格已尽可能地定高，你已经占尽了便宜，甚至产生一种受欺诈的感觉；若你的产品定价5角以上，立即就会被顾客划入不同凡响的高级货一类，定价至5角9分，既给人感觉与普通货的价格有明显的差别，从而品质也有明显差别，还给人感觉这是高级货中不能再低的价格了，从而使顾客觉得厂商很关照他们，顾客反而觉得自己占了便宜。经鲍洛奇这么一解释，大家恍然大悟，但总还有些将信将疑。后来在实际的销售中，鲍洛奇掀起了一场大规模促销行动，口号就是"让一分利给顾客"，于是更加强化顾客心中觉得占了便宜的感觉，蔬菜罐头的销售大获全胜，这5角9分的高价非但没有吓跑顾客，反倒刺激了顾客选购的欲望，公司的营销员不得不佩服鲍洛奇真正工于心计。

后来，随着鲍洛奇经营中国食品的成功，效仿者日益增多，这已对鲍洛奇的高价策略产生了严重威胁。即使这样，鲍洛奇也绝不轻易降低产品的价格，道理很简单，如果商品价格总是下降，谁还敢抢先购买这种产品呢？而且，高价商品降到低价商品的价格，在消费者心中还有什么信誉？顾客还会有一种被欺骗的感觉。一旦产品积压，许多平庸的商人都会选择降价推销的老套路，但鲍洛奇绝不轻易如此，那么，如何处理积压的产品呢？他采取赠送奖券、发放纪念品等形式，将产品堂而皇之地赠送给顾客。这样，既吸引了顾客，又保护了产品的定价。鲍洛奇的这种做法维护了自己的产品声誉，并为公司以后的发展留下了后路，是似拙实巧的一步妙棋，合理地运用定价艺术，使他在竞争中获得相当大的主动权。

鲍洛奇是个不折不扣的推销天才，在他看来，推销就是一门艺术。有一个小例子可以进一步说明这位天才是如何善于攻心的。一次，鲍洛奇推销豌豆罐头、他把许多老客户请到自己的办公室，大家一进门，见办公室里人来人往，忙碌的搬运工人进进出出地搬着豌豆罐头，各家公司的代表正在与鲍洛奇大声地争吵，办公室搞得乱七八糟，当然这是事先安排好的。鲍洛奇挥舞着手，站在办公桌上大声地叫喊取货人的名字。这些老客户正在犹豫不定之际，又听到其他人正纷纷议论马上就要涨价的消息。老客户们这才恍然大悟，随之也加入了抢购的队伍。就这样，不到一天，300箱豌豆罐头一抢而空，价钱比平常还要高出一截，正好应验了涨价的传闻。其实所有一切都是鲍洛奇的精心安排，滴水不漏，天衣无缝。

思考

鲍洛奇是如何使用定价策略的？

7. 营销实训题

实训项目：掌握价格策略的制定。

1）实训目的：熟悉影响企业定价的主要因素、掌握基本的定价方法、学习应用定价的技巧、变价的策略。

2）实训组织：教师给学生市场上某行业某类产品的价格竞争现状的基本资料。学生以小组为单位在市场上收集该类产品中相近产品的不同企业的定价情报，了解存在的问题

3）实训要求：以实际市场情报为依据，为其中的一项产品提出变价的依据，并拟出相应的变价策划方案。

第八章

分销渠道策略

并不是所有的渠道都适合你的产品。

【学习目标与要求】

知识点

1. 掌握分销渠道的类型；
2. 掌握分销渠道的概念；
3. 了解影响分销渠道选择的因素；
4. 掌握分销渠道设计与管理。

技能点

有效进行中间商的选择以及分销渠道的设计与管理。

区域产品独家代理是联想神州数码确立的一种渠道策略。联想1998年销售自有品牌的Modem时的市场份额只占2.4%，目前已经做到了国内Modem厂商前三强。以往联想主要按区域梳理渠道，有总代理、一级代理、二级代理等，每一级代理可以销售多类产品，这种渠道模式，代理与代理之间会有竞争。有竞争原本是好事，但把握不当就会出现恶性压价的情况。这种状况从表面看是代理的利益受损，但归根结底是原厂商受损，因为代理没有利润或者利润很低，他就不再情愿代理该厂商的产品，这是联想搞区域"独家代理"的初衷。独家代理固然可以保证厂商的利润和市场的有序，但弄得不好会造成垄断，还会带来资金 的紧张（代理没有资金可以"吃"下这么多产品）。所以联想对"独家"搞了两个限定——"区域"和"产品"，即：这个"独家"的范围不大，只是某一个区域、某一个产品。譬如南京和苏州各有不同的代理，并且这些代理是依照台式机、笔记本和内置式等不同类型的Modem来划分的。代理按区域的不同各管一段，同一个区域的代理销售不同的产品，这就避免了重复与交叉，保证了市场秩序和代理商的利润，也提高了代理的积极性。同时，产品的价格也是决定是否采取区域独家代理的重要参数。对于价格在几百元之内的Modem产品来说，一个月卖几百台，独家代理没有问题，但如果销售的是价值上万元的产品，独家做，可能就无法支撑。同时每个产品销售的成功还将取决于品牌、利润曲线、代理商素质、策划、运作等多种因素。因此，联想对每个区域市场会视具体情况而决定采用何种销售模式。

渠道属于营销学 4P 中的重要范畴，是产品通往消费者的途径，但也是营销 4P 中最难掌控、最容易产生变数的一个环节，中国企业普遍面临着渠道混乱、网点忠诚度不高的问题。因此，搞好渠道管理就显得尤为重要。

第一节　分销渠道概述

一、分销渠道的概念

在现代商品经济条件下，在商品交换的一方，制造商能够设计并生产出适销对路、能满足消费者需要的产品，而且为这个产品制定合理的价格；在商品交换的另一方，消费者对这一产品有着潜在或现实需要，而且有足够的购买力持币代购。对买卖双方而言，如果存在及时地、面对面的一手交钱，一手交货，则双方不需借助任何中间环节，则能成功实现交换。但是，在现实生活中，这种交换是少数，由于信息沟通不畅，双方在时间、地点、数量和所有权等方面的差异和矛盾，需要借助或经由一定的中介机构进行中转与传递，消除双方矛盾与差异，以实现商品交换，达到营销目的。

分销渠道也称分配渠道、流通渠道，是指产品从生产领域转移到消费领域所经过的路线、途径、环节与组织机构的总称。对生产企业来说分销渠道管理决策的重要性与复杂性主要表现为以下几个方面。

1. 分销渠道是企业生产经营活动得以正常进行的基础

在现代社会经济条件下，由于企业目标市场范围的不断扩大，所以大部分生产企业并不是将产品全部直接销售给最终消费者或用户，而是借助于一系列中间商的转卖活动进行的。企业只有合理地选择和利用分销渠道，才能将生产出来的产品以最高的效率和最低的费用送到适当的地点，在适当的时间以适当的价格销售给消费者和用户，通过满足他们的需要实现商品的价值，保证企业生产经营活动的正常进行。

2. 分销渠道的选择，直接制约和影响着企业其他方面营销策略的确定

分销渠道的选择与目标市场策略、市场定位策略、产品策略、价格策略、促销策略等方面密切相关。例如，分销渠道的选择会影响到价格制定，因为产品价格的确定不仅要考虑产品的生产成本而且要考虑流通费用的补偿，而不同类型的分销渠道以及分销渠道运行的状况直接影响着流通费用的多少。因此，企业在做分销渠道决策时不仅要分析渠道本身的利弊优劣，还要考虑到分销渠道策略与其他营销策略之间的关系。

3. 分销渠道策略的成功，有赖于外部市场营销渠道企业的合作与协调

分销渠道策略的成功，不仅取决于企业内部各方面的支持与配合，而且取决于企业外部有关市场营销渠道企业的合作与协调。

如果没有这些外部市场营销渠道企业的合作与协调，分销渠道就建立不起来，即使建立起来了也难以有效地运行。然而，与企业外部有关的市场营销渠道企业的合作与协调关系的建立与维持是较为困难的。

4. 分销渠道的选择是一种相对长期的决策

分销渠道按照一定的模式建立并相对稳定下来后，要想改变或替代原有的模式与经销关系难度是很大的，因此分销渠道的选择是一种相对长期的决策。企业的营销管理部门在进行分销渠道决策时，既要考虑现实需要又要着眼于企业内外环境长期发展变化可能提出的新要求。

5. 分销渠道反馈回来的市场信息，是企业调整生产经营行为的重要依据

对一个生产企业来说，分销渠道不仅是“产品输送”的工具，而且要很好地实现“市场信息反馈”的功能。分销渠道选择不当，市场信息不能反馈、传递滞后或变形失真，将给企业的生产经营决策造成不良影响，以致使企业蒙受巨大损失。

二、分销渠道的类型

分销渠道可以从不同角度划分成多类型，了解这些类型可以使企业作出正确的渠道类型选择。

（一）直接渠道和间接渠道

分销渠道按照商品在流通过程中是否经过中间商，可以分为直接渠道和间接渠道。消费资料市场典型渠道模式如图 8.1 所示。

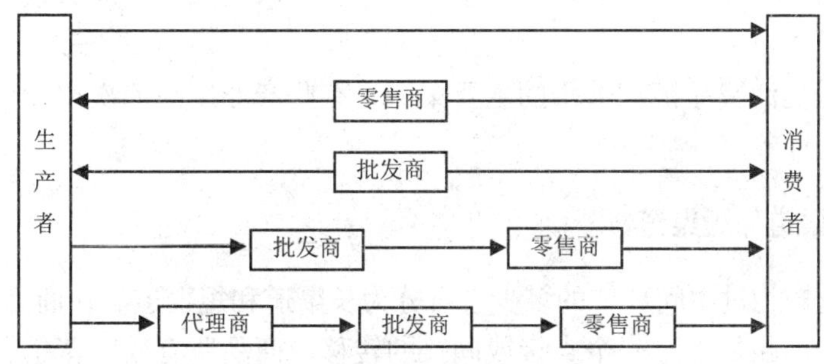

图 8.1　消费品市场销售渠道模式

1. 直接渠道

直接渠道是指生产者不经过任何中间环节，将产品直接销售给最终消费者或用户的分销渠道。直接渠道是最简单、最直接的一种渠道。其优点是产销直接见面，环节少，有利于降低流通费用，及时了解市场行情，便于生产企业开展维护服务等。其不足表现在：由于生产企业自办销售直接为用户服务，所以必须承担销售所需的全部人力、物力和财力；在市场相对分散的情况下，将使企业背上沉重的负担，会给企业的生产经营活动带来不利影响。

直接渠道是产业用品销售采用的主要渠道，原因如下。

1）产业用品的用途比较单一，厂家必须与用户见面，了解他们的需要，根据他们的要求来组织加工和供货。

2）多数产业用品的技术比较复杂，特别是那些高技术产品，需要厂家给予安装、维护、指导使用和培训人员等方面的协助。

3）产业用品的用户比较集中而且购买批次少、批量大，易于集中供货。

直接渠道不太适应于消费品的销售，除鲜活商品、某些手工业品以及少数使用复杂、维修不便的高档电器产品可以在一定程度上采用直接销售形式外，大多消费品都采用间接销售的形式。

2. 间接渠道

间接渠道是指生产者通过若干中间环节，包括经销商、代理商、批发商、零售商等，把产品销售给最终消费者或用户的分销渠道。

间接渠道的优点如下。

1）为生产企业缩短了买卖时间，在一定程度上帮助生产企业节约了资金，有利于生产企业把人、财、物等资源集中用于发展生产。

2）中间商具有较丰富的市场营销知识和经验，又与顾客保持着密切而广泛的联系，了解市场情况及顾客的需求特点，因而能够有效地促进商品的销售，弥补生产企业销售能力弱的缺陷。

3）在间接渠道中，中间环节承担了采购、运输和销售的任务，起到了集中存储、平衡与扩散商品的作用，进而调节了生产与消费需求之间的商品数量、花色品种和等级方面的矛盾。

间接渠道是消费品销售采用的主要渠道，有些产业用品如次要设备、零备件等也经常使用这种渠道。

（二）长渠道与短渠道

分销渠道按经过中间环节的多少，可分为长渠道和短渠道。在商品流通过程中，从生产者开始商品每经过一个直接或间接的转移，商品所有权的营销过程就称之为一个流通环节或一个中间层次。分销渠道的长度取决于商品在整个流通过程中经过的流通环节或中间层次的多少，经过的流通环节或中间层次越多分销渠道就越长，反之分销渠道就比较短。长渠道是经过两道以上中间环节后到达消费者手中的渠道，而短渠道是指产品直接到达消费者或只经过一道中间环节的渠道。

不同长度的渠道其优缺点不同。渠道长，中间环节多，它的优点在于使企业的分销能力大大增强。例如，企业在开发某一区域市场时，把产品销售给一个一级批发商，然后一级批发商再把产品分销给 10 个二级批发商，每一个二级批发商把产品再分销给 50 个零售店，很快企业就能够把产品摆上几百个、上千个零售店的柜台，这样企业的分销能力就会变得很强。其缺点为：最重要的一点就是鞭长莫及。销售网络越长，企业对销售网络的控制能力就越差，企业可以控制一级批发商，但是一级批发商下面的二级批发商、零售商，企业就无法控制。如果企业无法控制二级批发商、零售商，就会给企业造成许许多多的问题。例如，降价倾销、窜货等。渠道较短，其优点：企业对其控制能力很强。例如，企业直接把产品卖给消费者，就不存在不正当竞争，就不会存在经销商之间压价、倾销、窜货这些问题。如果企业采用直营制，像可口可乐一样直接面向零售店铺供货，那么就不存在降价倾销、窜货的问题。而短渠道最大的特点，也就是它的缺点：分销能力差。例如，在上海市场上有 4 万家左右的零售店，如果企业要想直接面向 4 万家零售店铺供货，那么企业该需要多少人呢？企业该需要多少费用呢？企业该需要多强的管理能力呢？

在实际的营销活动中不能简单地说长渠道好还是短渠道好。分销渠道长度决策的关键在于企业选择的渠道类型应具有较高的分销效率和经营效益。一般情况是在长渠道中商品分销的职能分散在多个市场营销机构的身上，在短渠道中商品分销的职能相对集中地由少数市场营销机构来承担。例如，一家服装加工厂决定改由自己的推销机构直接向消费者出售商品，这样一来这家服装加工企业就要把原来由批发商、零售商替他承担的储存、运输、包装、拼配、资金周转、风险承担等多项职能统揽起来。因此，企业在选择分销渠道时，关键是要针对自身条件和环境要求，权衡利弊得失，选择出适合本企业和产品的渠道。

（三）宽渠道和窄渠道

按渠道使用同类中间商的数量，可分为宽渠道和窄渠道。分销渠道的宽度，取决于分销渠道内每个层次上使用同种类型中间商数目的多少。在分销渠道的每个层次上，使用同种类型中间商数目越多分销渠道越宽，反之分销渠道就比较窄。生产者在某一环节选择两个以上的同类中间商销售商品，称为宽渠道。只选择一个中间商经销商品，称为窄渠道。例如，某种产品的制造商通过较多批发商、零售商将其产品销售给广大地区的消费者，这种产品的分销渠道就比较宽；某种产品的制造商只通过较少的批发商、零售商经销其产品，或者在某一地区仅授权给一家批发商或零售商经销其产品，这种分销渠道就比较窄。由此可见，分销渠道的宽度问题实际上是对商品流通过程的一种横向性考察。

分销渠道的宽度是渠道选择中一个不容忽视的方面。企业在销售其产品时，在每一个环节中到底要使用多少批发商或零销商，往往与企业的销售战略有关。一般来说，按照渠道的宽窄，企业可采用的分销渠道策略有以下 3 种。

1. 密集覆盖式分销策略

它是指企业尽可能地扩大批发商、零售商的数量，以密集的销售网点推销其产品，以求扩大市场覆盖面或快速进入并覆盖一个新市场。这种策略比较适合于便利品（如日用品、低值易耗品等）的销售，产业用品中的通用机具也经常采用这种策略。

采用这种策略其优势在于：在密集分销中，由于销售网络的高市场覆盖率，从而最大限度地便利消费者，推动销售的增长。密集分销中最重要的假定之一就是对分销的占有率等同于对市场的占有率。产品的分销越密集，销售的潜力也就越大。其不足在于：在某一市场区域内，密集分销容易导致经销商之间为争夺市场机会而进行竞争，造成销售努力的浪费。竞争的结果常常会损坏企业的利益，如经销商之间为了争夺销售机会而压价倾销，到处窜货，扰乱企业的市场秩序。竞争的加剧也会导致经销商对制造商忠诚度的降低，价格竞争的激烈又致使经销商对消费者服务水平的下降。同时，制造商所能提供服务的经销商数目总是有限的，制造商不得不花费大量的精力对经销商进行培训、对分销支持系统等进行评价，以便及时发现其中的不足。

2. 选择式分销策略

其是指企业在某一地区仅选择几个合适的有信誉的中间商经销自己的产品，目的在于维护产品的品牌信誉，建立稳固的市场，形成比较固定的消费群体。这种策略比较适合于消费品中的选购品的销售，如时装、家用电器等，尤其是一些新产品在试销阶段适宜采用这种策略。

选择这种策略其优势在于：选择分销比密集分销能够取得经销商的更大支持，同时又比独家分销能够给消费者购物带来更大的方便。其不足在于：选择分销中常见的问题是如何确定经销商的区域重叠度。区域重叠度决定着在某一给定区域内选择分销与独家分销、密集分销的接近程度。高重叠率会造成经销商之间的一些冲突，但可以给消费者以方便；低重叠率会增加经销商的忠诚度，但却降低了消费者的方便性。

3. 垄断式分销（独家销售）策略

其即企业在某一地区只选择一个中间商经销自己的产品，双方通过签订经销合同的方式来确定各自的权利与义务，以达到调动中间商的积极性，扩大经营规模，充分利用中间商的商誉和经营能力，有效地控制市场的目的。这种策略比较适合于特殊品的销售，如专利产品、具有品牌优势的产品，面向专门用户的产品等。

吉利汽车的独家分销

吉利汽车主要以生产经济型轿车为主，过去吉利汽车在各地的销售采取选择式分销，一个规格的汽车由许多经销商经销，为了争夺顾客，各经销商相互杀价，导致恶性竞争，这样既不能保证公司营销策略的一致性，又损害了经销商的利益。从2005年开始，吉利汽车对某一规格的汽车在一个地区实行独家分销的制度，保证了价格的稳定，防止了恶性竞争的出现。

采用这种策略的优势在于：独家分销可以确保该经销商的利益，避免了与其他竞争对手作战的风险；能够调动经销商的积极性，而且从事独家分销的制造商还希望通过这种方式取得经销商强有力的销售支持，可以使经销商无所顾忌地增加销售开支和人员，以扩大自己的业务；可以有效地管理和控制经销商。其不足在于：如果企业只有一家经销商，那么市场掌握在经销商的手中，经销商就可能会挟市场以令企业。此外，由于缺乏竞争会导致经销商力量减弱，出现市场空白点，丧失许多销售机会。独家分销商在市场中占据垄断地位，因此容易使其认为他们可以支配顾客，对于顾客来说，独家分销使他们在购物时不太方便。

（四）企业的多渠道分销与双重分销策略

1. 多渠道分销策略

多渠道分销策略具体情况如下。

1）制造商通过多条不同的渠道将同一种产品送到不同的市场，即各条渠道向自己对应的特定市场提供某种产品。

2）制造商通过多条不同的渠道将其同一种产品送到同一个市场，即多条渠道都对应着同一个市场部分并向其提供同一种产品，其中，前者着眼于增加渠道的覆盖面，以便确保产品能够有效地进入多个不同的市场分部；后者则着眼于增加渠道在一个特定市场的密集度，以便引起经销商之间的竞争，增强产品的市场渗透力，增加产品在一个市场部分的销售量。

2. 双重分销策略

双重分销策略有以下两种方式。

1）制造商通过多条不同的分销渠道销售一种品牌的某一种产品。

2）制造商通过多条不同的分销渠道销售两种以上品牌的某一种产品。其中，前者与多渠道策略相近，后者与多品牌策略相同。

（五）传统渠道与新型渠道

产品的分销渠道，按照渠道内成员之间相互关系的状况，可以分为传统渠道和新型渠道。

1. 传统渠道

20 世纪 70 年代以前，在流通领域中占统治地位的是传统渠道，70 年代以后，随着市场经济的不断发展，市场竞争愈演愈烈，传统渠道的弊病日益显露出来。西方国家的大企业为了控制和占领市场，实现集中和垄断，在商品流通方面首先采取了工商一体化的联合经营方式；广大中小制造商、批发商、零售商为了与大企业相抗衡，在激烈的竞争中求得生存和发展，也纷纷组织起来通过建立工商联营网走上了联合经营的道路。

传统渠道与新型渠道在组织结构、运行方式等方面有着明显不同。传统渠道是一种分离度很高的组织网，渠道上的各个成员之间彼此独立、各自为政、各行其是，购销交易是建立在自身利益、讨价还价、相互竞争基础上的，因此联系松散、交易关系很不稳定。这样虽然保持了各企业的独立性，但由于缺乏共同目标，因而影响了局部与整体运行效率和经营效益。新型渠道则是一种专业化管理和集中计划的组织网，渠道上的各个成员之间采取了不同程度的一体化经营或联合经营的方式，从而形成了经营规模，加强了交换能力，提高了整体运行效率和经营效益，有效地增强了环境适应力和市场竞争力。

商品流通领域中的一体化经营或联合经营主要有以下两种基本形式。

1）分销渠道系统内的有关成员采取前向或后向一体化联合经营的方式，从而形成了纵向联合销售系统（垂直渠道系统）。

2）分销渠道系统中同一层次上的若干制造商、批发商、零售商之间采取水平一体化联合经营的方式，从而形成了横向联合经营系统。

近年来，商品流通领域中的这两种一体化或联合经营的方式都得到了很大的发展，尤其是垂直渠道系统在经济生活中占有重要的地位，发挥着重要作用。

2. 新型渠道

新型渠道按主导企业对渠道的控制程度可以分为以下 3 种类型。

1）公司型。公司型系统是指一家公司拥有并统一管理若干生产企业、批发机构和零售机构，综合经营生产、批发和零售业务，以此控制分销渠道的若干层次甚至控制整体分销渠道的垂直渠道系统。实际上，当一条分销渠道中两个或两个以上环节存在着共同所有权，或者一个层次的职能被另一个层次的成员所取代时，也就形成了公司系统。

公司型系统有两种形成方式或经营方式：一是由生产企业拥有和统一管理若干生产单位、商业机构所形成的工商一体化的经营方式；一是由商业企业主导形成的有若干生产单位、商业机构所形成的商工一体化经营方式。尽管建立公司型系统需要较大的投资，但由于公司型系统将不同所有权企业的松散合作变为同一所有权企业的内部分工，因而可以使渠道内部各种职能的协调性和管理工作得到改善，减少工商之间、批零之间的利益冲突，节约经营费用，大大提高整体运作效率和经营效益，最重要的是公司型系统可以有效地增强企业的环境适应力、竞争力和控制市场的能力。

2）管理型。在西方国家采用公司型系统的企业只是少数，因为大多数企业没有财力这样做，而且在一些情况下也没有必要这样做。为了获得垂直渠道系统的好处，一些享有声誉的大制造商往往采用在管理上处于支配地位而不改变渠道内成员所有权关系的方式，建立管理型的垂直渠道系统。在管理型系统的运行中，通常都有一个由制造商与批发商、零售商共同商定的全面的商品交易计划；制造商需要建立一个统一的管理中心，通过这个中心与分销渠道上的有关成员在促销策略、库存管理、定价与成本控制、商品展示、购销活动等方面协调关系或给予帮助和指导；为了加强分销渠道内各成员之间的联系，建立长期稳定的合作关系，在资金融通、技术咨询、管理协助等方面，制造商通常给渠道上的成员提供一定的优惠条件。由于管理型系统不是通过所有权和合同，而是在有关成员自愿加入、互利合作的基础上，通过相互尊重、相互支持来协调与维持系统的存在与运行，因而在制造商拥有深受广大消费者或用户欢迎、赢得顾客依赖的产品或品牌，各方面利益都有所保障的情况下管理型系统才易于成功。

3）合同型。合同型系统是指不同层次的生产企业的销售企业，以契约为基础建立的一种关系较为紧密的联营分销系统。合同型系统一般有 3 种形式。一是特许经营。一些大的生产企业或服务公司，为了控制其产品在某一地区的销售，与一些批发商和零售商签订合同，授予他们对其产品的经销特许权。被授予经销特许权的批发商或零售商，在经销这些生产企业的产品时，可以使用这些生产企业的商标或标志，但必须遵守契约中的对销售、服务、特许权使用费等方面的规定。采用这种形式，批发商或零售商可以依靠生产企业较高的商业信誉以较少的资金投入迅速发展起来，生产企业也可以迅速打开市场，同时又可以保持对产品经销商的控制和监督。二是自愿连锁。自愿连锁是一种由批发商倡办，若干独立的中小零售商为了竞争和生存自愿加入，以合同为基础的联营组织。在自愿连锁的形式下，联营各方仍是独立的经济实体，但都承担着合同规定的权利和义务，在共同的批发采购中心的统一管理下实行"联购分销"制。自愿连锁与零售商业的一般连锁商店不同，一般的连锁店通常都隶属于一些大的零售商公司，是这些大公司的分店或联号。三是零售店合作社。一些独立经营的中小零售企业，为了同大零售竞争，经常采用零售店合作社的形式联合起来。参加零售店合作社的企业要缴纳一定的股金，成立联合经营的批发机构，形成联营组织。零售店合作社将以共同名义为各零售商统一采购货物、统一进行广告宣传、统一培训职工。

第二节 中 间 商

中间商是指处于生产者和消费者之间，参与商品交易活动，促进买卖行为发生和实现的具有法人资格的经济组织或个人。中间商按其在流通过程中所起的不同作用可以分为批发商和零售商，按其是否拥有商品所有权可以分为经销商和代理商。在商品流通过程中，中间商所起的作用非常重要，他们是生产者和消费者之间的纽带与桥梁。实际上，分销渠道策略的中心问题就是中间商的选择以及生产者与中间商、最终消费者或用户之间关系的协调问题。

一、批发商

批发商是指那些主要服务于生产者和零售企业，满足其产品销售、商业用途需要的专业化、大批量经营的中间商。

（一）批发商的职能

当前，随着科学技术的迅猛发展，尤其是以计算机为基础的信息技术的广泛应用，给传统的流通结构、流通方式带来了巨大的冲击，对传统的批发业提出了严峻挑战。尽管如此，由于批发业享有专业化和规模经济优势以及在商品流通过程和社会经济运行中发挥着特殊的职能作用，因而仍有其存在的必要性。批发商的社会经济职能主要有以下几个方面。

1）销售与促销职能。批发商通过其销售人员的业务活动，可以使制造商有效地接触众多的小客户，从而可以发挥促进销售的作用。

2）采购与搭配货色职能。批发商代表顾客选购产品，并根据顾客需要将各种货色进行有效的搭配，从而可以缩短顾客选购产品的时间。

3）整买零卖职能。批发商整批地买进货物，然后根据零售商需要的数量批发出去，从而可以降低零售商的进货成本。

4）仓储服务职能。批发商将货物储存到出售为止，从而可以降低供应商和零售商的存货成本与风险。

5）运输职能。批发商一般距离零售商较近，能够很快地将货物送到零售商手中，因而可以有效地满足最终消费者的需要。

6）融资职能。批发商可以直接向客户提供信用条件和融资服务，同时也可以通过提前订货付款为供应商提供间接融资服务。

7）风险承担职能。批发商拥有货物所有权，可以为制造商分担商品销售中的各种风险。

8）提供信息职能。批发商通过向制造商和零售商提供有关的市场信息，可以减少制造商、零售商因盲目生产、盲目进货而造成的损失。

9）调节产销关系的作用。批发商通过商品运输和存储，还可以起到调节产销关系的“蓄水池”的作用，有利于实现均衡生产和均衡消费，缓解社会经济运行中供求之间的矛盾。

从国内外经济发展趋势看，产量迅速增加的大制造商一般都位于远离消费者的地区，大多数制造商的生产始于订货之前而不是根据订货进行生产，产品的中间制造与使用的层次日益增多，消费者对产品的数量、包装、品种、类型的要求不断提高并日趋复杂。这些发展趋势对批发业提出了更高的要求，因而随着批发业自身的不断完善，它仍有着广阔的发展前景。

（二）批发商的主要类型

批发商主要有 3 种类型，即商人批发商、经纪人和代理商、制造商的销售机构。

1. 商人批发商

商人批发商也称为独立批发商，指的是自己进货，取得商品所有权后再批发出售的商业企业。商人批发商是批发商的最主要的类型。商人批发商按职能和提供的服务是否完全可以分为两种类型。

1）完全服务批发商。完全服务批发商执行批发商的全部职能，他们提供的服务主要有保持存货、提供信贷、运送货物以及协助管理等。完全服务批发商又分为批发商人和工业分销商，批发商人要主要是向零售商销售商品，工业分销商主要是向制造商销售商品。

2）有限服务批发商。有限服务批发商为了减少成本费用，降低批发价格，因而只执行批发商的部分职能。有限服务批发商主要有以下 5 种类型：①现购自运批发商，现购自运批发商不赊销不送货，客户要自备货车去批发商的仓库选购货物并即时付清货款，自己把货物运回来，其主要经营食品杂货，客户主要是小食品杂货商、饭馆等；②承销批发商，承销批发商拿到客户（包括其他批发商、零售商、用户等）订货单后，就向制造商、厂商等生产者求购，并通知生产者将货物直接运送给客户。承销批发商不需要有仓库和商品库存，只需要一间办公室或营业所办公，因而也被称为“写字台批发商”；③卡车批发商，卡车批发商从生产者处把货物装车后立即运送给各零售商店、饭馆等客户，由于卡车批发商经营的商品多是易腐或半易腐商品，所以一接到客户的要货通知就立即送上门，实际上卡车批发商主要执行推销员和送货员的职能；④托售批发商，托售批发商在超级市场和其他食品杂货店设置货架，展销其经营的商品，商品卖出后零售商才付给其货款，这种批发商的经营费用较高，主要经营家用器皿、化妆品、玩具等商品；⑤邮购批发商，邮购批发商是指那些全部批发业务均采取邮购方式的批发商，主要经营食品杂货、小五金等商品，其客户主要是边远地区的小零售商等。

2. 经纪人和代理商

经纪人和代理商是从事购买、销售或二者兼有的洽商工作，但不取得商品所有权的商业单位。与商人批发商不同的是，他们对其经营的商品没有所有权，所提供的服务比有限服务商人批发商还少，其主要职能在于促成商品的交易，借此赚取佣金作为报酬。与商人批发商相似的是，他们通常专注于某些产品种类或某些顾客群。经纪人和代理商主要有以下几种。

1）商品经纪人。商品经纪人的主要作用是为买卖双方牵线搭桥，协助双方进行谈判，成效后向雇用方收取一定的费用。商品经纪人不备有存货，不参与融资，也不承担货主风险。

2）制造商代理商。制造商代理商也称制造商代表，是指代表两个或若干个产品线种类互补的制造商，分别和每个制造商签订有关定价政策、销售区域、订单处理程序、送货服务、各种保证以及佣金比例等方面的正式书面合同。制造商代理商了解每个制造商的产品情况，利用其广泛关系为代表的制造商销售产品。制造商代理商多为小型企业，雇用的销售人员虽少但都极为干练。服饰、家具、电器等产品生产企业以及无力为自己雇用外勤销售人员的小公司往往雇用制造商代理商，某些大公司也利用制造商代理商开拓新市场。

3）销售代理商。销售代理商是在签订合同的基础上，为委托人销售某些特定产品或全部产品，对价格条款及其他交易条件可全权处理的代理商。尽管销售代理商与制造商代表一样，同许多制造商签订长期代理合同，替这些制造商代销产品，但两者有显著不同，其主要表现为：①每一个制造商只能使用一个销售代理商，而且将其全部销售工作委托给某一个销售代理商以后不得再委托其他代理商代销产品，也不得再雇用推销员去推销产品；而每一个制造商可以同时使用几个制造商代理商，制造商还可以设置自己的推销机构；②销售代理商通常替委托人代销全部产品，没有销售地区限定，在规定销售价格和其他销售条件方面有较大的权力；制造商代理商则要按照委托人规定的销售价格或价格幅度及其他销售条件，在一定地区内替委托人代销一部分或全部产品，所以，销售代理商实际上就是委托人的独家全权销售代理人，纺织、木材、某些金属制品、某些食品、服装等行业的制造商以及没有力量自己推销产品的小制造商较多地使用销售代理商。

4）采购代理商。采购代理商一般与委托人有长期关系，代委托人采购、收货、验货、储运。由于采购代理商消息灵通，因而可以向委托人提供有价值的市场信息，而且能以最低价格买到最好的货物。

5）佣金商。佣金商也称为佣金行。是指对委托销售的商品实体具有控制力并参与商品销售谈判的代理商。大多数佣金商从事农产品的委托代销业务。佣金商和委托人的业务一般包括一个收获季节或一个销售季节。佣金商通常备有仓库，可以替委托人储存、保管货物；佣金商还执行替委托人发现潜在买主、获得最好价格、分等、打包、送货、给委托人和购买者以商业信用（即预付货款和赊销）、提供市场信息等职能。佣金商对委托代销的货物通常有较大的经营权利，佣金商收到委托人运来的货物以后，有权不经过委托人同意而以自己的名义按照当时可能获得的最好价格出售货物，以免经营的易腐品变质造成损失。佣金商卖出货物后扣除佣金和其他费用即将余款汇给委托人。

3. 制造商的分销机构以及零售商的采购办事处

制造商的分销机构以及零售商的采购办事处，属于卖方或买方自营批发业务的内部组织。

1）制造商的分销机构和销售办事处。制造商的分销机构执行产品储存、销售、送货以及销售服务等职能。制造商的销售办事处主要从事产品销售业务，没有仓储设施和产品库存。制造商设置分销机构和销售办事处，目的在于改进存货控制、销售和促销业务。

2）零售商的采购办事处。许多零售商在大城市设立采购办事处，这些办事处的作用与经纪人或代理商相似。

二、零售商

零售商指的是直接向最终消费者销售商品或提供服务的活动。不论是制造商、批发商还是零售商都从事零售业务，但零售商仅指那些主要服务于广大消费者，满足个人或家庭多样化、小批量消费需要，销售量主要来自零售的中间商。

零售商可以分为 3 种基本类型，即商店零售商、非商店零售商和零售组织。

（一）商店零售商

随着社会经济进步，零售商业也在不断发展，新型零售商店日趋增多。最主要的零售商店类型有以下几种。

1. 专用品商店

专用品商店经营的产品线较少，但产品的花色品种较为齐全。根据经营的产品线的多少可以将专用品商店分为以下几类。

1）单一产品线商店，如服装商店。

2）有限产品线商店，如男士服装店。

3）超级专用品商店，如男士定制衬衫店。

这 3 类商店中，超级专用品商店的发展最为迅速，因为这方面可以利用的细分市场和产品专业化的机会越来越多。

2. 百货商店

百货商店一般经营多条产品线的产品，每一条产品线都作为一个相对独立的部门进行管理，有专门的采购员和营业员。由于百货商店之间的相互竞争以及来自其他类型零售商（特别是来自折扣商店、专用品连锁商店、仓储零售商店）的激烈竞争，百货商店业的生存与发展正遇到有力的挑战。百货商店业为应付挑战而采取了一系列措施，如在郊区购物中心设立分店，采用廉价大拍卖的方法与折扣商店的威胁相抗衡，改建装修店堂创造有吸引力的购物环境，将柜台出租给小零售商，开设邮购和电话销售业务，裁减雇员，缩小产品经营范围以及削减顾客服务项目等。

3. 超级市场

超级市场是规模相当大、成本低、毛利低、销售量大的顾客自我服务的经营单位，主要经营各种食品、洗涤用品和家庭日用品等。超级市场的主要竞争对手是方便食品店、折扣食品店和超级商店等。超级市场为了应对来自多方面的竞争而采取了一系列措施。

1）规模越来越大，营业面积不断增加。

2）经营品种日益增多，突出表现在非食品类产品的增多，许多超级市场将其经营范围扩大到药品、家庭用具、唱片、运动用品、小五金、园艺工具甚至照相机等商品，目的是增加经营毛利高的产品以提高利润。

3）营业设施不断改善，如在商品销售价格昂贵的地段设店、扩大停车场面积、改善商店内外部装修、延长营业时间等。

4）努力增加顾客服务项目，如支票付现、休息室和播放音乐等。

5）不断增加促销费用。

6）通过大量使用私人品牌以减少对全国性品牌的依赖性，以便提高毛利率。

4. 方便商店

方便商店是指设在居民区附近、营业时间长、销售品种范围有限、周转率高的小型商店。消费者主要利用它们做“填充”式采购，因此方便商店的价格要高一些。

5. 超级商店、联合商店和特级商场

超级商店比传统的超级市场大，主要销售各种食品和非仪器类日用品，同时也提供有关的服务项目。联合商店比超级商店更大，并呈现一种经营多元化的趋势。特级商场比联合商店还要大，综合了超级市场、折扣和仓储零售的经营方针，花色品种超出了日常用品的范围，包括家具、大型和小型家用器具、服装以及许多其他品种。

6. 折扣商店

折扣商店一般具有以下特点。

1）经常以低价销售商品。

2）突出销售全国性品牌，虽然价格低廉但质量有保障。

3）在自助式、设备最少的基础上经营。

4）店址设置主要着眼于吸引较远处的顾客。

现在，折扣商店已经从经营普通商品发展到经营专门商品。随着折扣商店数量的不断增加，折扣商店之间、折扣商店与百货商店之间的竞争将日益激烈，从而导致许多折扣商店在经营项目、经营环境、经营方式、店址位置等方面不断进行改进。

7. 仓储商店

仓储商店是一种以大批量、低成本、低售价和微利方式经营的连锁式零售商业，仓储商店一般具有以下特点。

1）以工薪阶层和机关团体为主要服务对象，旨在满足一般居民的日常性消费需求以及机关团体的办公性与福利性消费需要。

2）从厂家直接进货，尽可能降低经营成本，销售价格低廉。

3）从所有商品门类中挑选最畅销的商品大类，然后再从中精选出最畅销的商品品牌并在经营中不断筛选。

4）根据销售季节等具体情况随时调整经营商品的品种，保证商品的顺畅流转，以使销售的商品占有较大的市场份额。

5）注意发展会员和会员服务，加强与会员之间的联谊，加强以会员制为基本的销售和服务方式。

6）运用各种可能的手段降低经营成本，如仓库式货架陈设商品、选址在次商业区或居民居住区、商品以大包装形式供货和销售、不做一般性商业广告等。

7）采用先进的计算机管理系统，及时记录分析各连锁店的销售情况，不断适应市场需要更新经营的品种。

8. 产品陈列推销店

这类商店将产品目标推销和折扣原则用于品种繁多、加成高、周转快的品牌商品销售，如箱包、珠宝饰物、动力工具、照相机以及照相器材等。产品陈列推销店的经营方式比较灵活，顾客可电话订货由店方送货上门，顾客也可以亲自来商店验货提货。产品陈列推销店已经成为零售业的热门形式之一。

（二）非商店零售商

近年来非商店零售发展得比较快，其主要有以下 3 种形式。

1. 直复市场营销

直复市场营销是使用一种或多种广告媒体宣传商品信息，以使广告信息所到之处迅速产生需求反应并最终达成交易的销售系统。直复市场营销者利用广告介绍产品，顾客可通过写信、打电话等形式订货，订购的货物一般通过邮寄交货，顾客用信用卡付款。直复市场营销者可在广告费用开支的一定范围内，选择可获得最大订货量的传播媒体，目的是迅速实现潜在交换，而不是为了刺激顾客的偏好和树立品牌形象。

2. 直接销售

直接销售主要有挨门挨户推销、逐个办公室推销和举办家庭销售会推销等形式。由于需要支付雇用、训练、管理和激励销售人员的费用，因而直接销售的成本费用较高。

安利成功的直销方式

安利公司由理查·狄维士与杰·温安格于1959年在美国密歇根州创立。安利公司在全球70多个国家和地区通过人员直销的方式销售其以先进科技生产的优质产品，不仅为那些渴望一展所长、改善生活的人们提供了发挥潜能、实现理想的就业机会，而且为消费者提供了品质优良的日常生活用品及安坐家中购物的便利。安利的直销方式早已赢得全球数以百万计消费者的信任和赞赏，建立了稳定的市场。安利已成为世界知名的家庭日用品生产商，成为世界上经营最成功、信誉最卓越的直销机构之一。安利公司1996年的全球零售额高达68亿美元，被美国《财富》杂志评为美国500家大型企业第22位，总资产达340多亿美元，同时，它还被评为美国十大海外公司之一。另外，由于安利公司采取的是直销办法，是现款交易，故公司从不向银行贷款。目前，安利公司在全球共有直销员300多万人。美国前总统布什是安利公司的红宝石经销商。安利的产品具有多元性、多用性、实用性、高效性、安全性和重复性。产品主要包括家居及个人清洁剂、营养补品、厨具等共47种，产品的原料主要采用纯天然生物制品。为追求质量的尽善尽美，安利投资千万元，兴建了现代化的研究发展中心，其中装备了最先进的研究检测设备和生产设备。安利在全世界有57个实验室，聘有450多位科研人员、专家和工程师对安利产品进行研究、开发和改良，开发5～10年后的产品。专家们每年向总部递交3000份研究报告。正因为安利公司对自己的产品质量有充分的信心，所以它给消费者和直销员的退货条件也是最宽松的，在规定的期限内可以无因退货。一旦某种产品的退货率超过3%，公司将停止生产此种产品，1996

年安利产品在中国的退货率仅为0.8%。

传统的零售商业为有店铺销售，直销则为无店铺销售。安利直销员主动了解顾客的需要，为他们介绍合适的产品及其特点，示范产品的使用方法，并将产品送到顾客家中，提供亲切、方便的服务。通过直销来销售产品，降低了产品在流通领域的耗费，厂家可把节省下来的资金用于研究新科技，提高产品质量；通过直销员主动接触顾客，较一般企业推销减少了商业气，多了人情味，更利于产品的销售，同时厂家可以及时收到消费者对商品的反馈意见，从而对产品进行改良。

安利公司的所有直销员均直接向公司申请加入，公司直接面对所有直销员，进行有效的监督和管理，重视对直销员的培训，确保直销员队伍的健康发展，保障每一位合法经营的直销员的权益。每一位直销员的资格均由公司直接核准，其行为亦受安利各项商德守则的约束，应缴的税款由公司代扣代缴，且都是依据公司统一指定的零售价格售予顾客。安利直销以诚为本。

安利直销制度充分体现了公平、自由、合理的原则，它具有透明性和合理性。

1）每到月底，直销员对自己的零售利润十分清楚，体现出报酬的透明性。

2）安利科学的分配制度在哈佛大学的教科书中可以看到。

3）安利的成功建立在它对人们消费心理的透彻分析上。人们总希望能买到价格合适、质量好、耐用且安全的产品，安利完全实现了这些要求，安利采用了一种完全满足人们消费心理的销售方式。

3. 自动售货

自动售货就是利用自动售货机进行商品销售。由于自动售货机向顾客提供全天候售货服务，要经常给相当分散的售货机补充存货、机器常遭破坏、失窃率高等原因，自动售货的成本很高，因此商品的销售价格比一般水平要高15%～20%。但是，售货机被广泛安置在工厂、办公室、大型零售商店、加油站、街道等地方，方便了人们的购买。自动售货始于第二次世界大战后，现已被用在相当多商品的销售上，包括经常购买的产品（如饮料、糖果、香烟、报纸等）和其他产品（如食品、化妆品、书刊、唱片、胶卷、T恤、袜子、鞋油、保险等）。目前，自动销售的领域还在进一步扩展，自动售货的硬件也在不断得到完善。

（三）零售组织

零售组织主要有连锁商店、自愿连锁商店、零售店合作社、消费者合作社、特许专营机构和销售联合大企业5种类型，下面着重介绍其中的3种。

1. 连锁店

连锁经营起源于美国，1859年美国纽约的“大西洋茶叶公司”开启了连锁经营的先河，但直到20世纪30年代这种经营方式才得以在美国零售业中推广普及。从世界各国的情况看，连锁经营方式已经渗透到零售、饮食、服务业的各个领域，现已发展到大型百货店、大宾馆饭店、综合批发企业的连锁，而且在深度和广度方面仍存在着进一步发展的潜力。在发达国家和地区，连锁销售一般都占到市场销售额的较大比例。目前，连锁经营在我国仍处于起步阶段，因而发展前景十分广阔。

连锁经营主要有以下3种形式。

1）正规连锁，即总店对分店拥有资产所有权，对人财物实行统一管理，各分店不是独立的法人。

2）自由连锁，即总店和分店都是独立的法人，两者依靠契约关系进行连锁。

3）特许连锁也称特许经营，这种形式介于正规连锁和自由连锁之间，以总店向分店提供的特定商品和服务规范为基础进行连锁。

连锁经营要实行“十个统一”，即统一经营，统一组织货源，统一商品价格，统一核算，统一仓储运输，统一店名，统一广告宣传，统一门市装修、装饰，统一服饰，统一经营时间。连锁经营是零售商业的发展趋势，连锁店具有经营效率与经济效益的原因如下。

1）连锁店能够大量进货，可以充分利用数量折扣和运输费用低这一优势。

2）连锁店能够雇用优秀管理人员，在销售预测、存货控制、定价和促销等方面制定科学的管理程序。

3）连锁店可以综合批发和零售的功能，而独立的零售商却必须与许多批发商打交道。

4）连锁店所做的广告可使各个分店都能受益，而其费用可由各分店分摊，从而做到促销方面的经济节约。

5）连锁店允许各分店享有某种程度的自由，以适应消费者不同的偏好，有效地对付当地市场的竞争者。

概括地说，连锁店能够在市场竞争中取得成功的根本原因，就在于连锁经营形式能够促使其实现成本优势、价格优势、品牌效应、大销售量的良性循环。

2. 消费者合作社

消费者合作社是一种消费者自发组织、自己出资、自己拥有的零售单位。某一社区的消费者出资自发组织消费者合作社的原因很多，如社区没有零售商店，居民购物很不方便；当地的零售商店服务欠佳，或者售价太高，或者提供的产品质量低劣。消费者合作社采用出资人投票方式进行决策，并推选出一些人对合作社进行管理。消费者合作社可以定价较低，也可以按正常价格销售，年终根据每个人的购货数量给予惠顾红利。

3. 销售联合大企业

销售联合大企业是一种组合形式的公司，它以多种所有制的形式将不同类型、不同形式的零售商组合在一起从事多样化零售，并通过综合性、整体性的管理运作为所属零售商创造良好的经营环境与条件。

第三节　分销渠道的设计与管理

一、影响分销渠道选择的因素

影响分销渠道的因素，从总体上看主要分为两大类：一类是可控制的因素，如产品、企业自身状况和经济效益等因素；另一类是非可控因素，如市场、中间商、社会环境及传统习惯等因素。

1. 商品因素

商品因素具体有以下几方面。

1）商品的价格构成。一般地说，价格越高，渠道应当越短。因为多一次中间转手就要加上一定的中间商利润，加得太多，会影响商品销路。因此，一些价格比较高的商品，往往由生产企业自己派推销员推销。也有商品价格虽然低，但销量很大，应选用较短的分销渠道。

2）商品体积和重量。商品的体积大，分量重，一般应当缩短分销渠道，以便减少运输和储藏费用。比如，重型机械、大型锅炉及重大设施等。重量轻，体积小的商品，一般应扩张分销渠道，选择更多的渠道，扩大市场销售面。例如，缝衣针、扣子等小百货。

3）商品生命周期。对商品生命周期短的商品，应尽量缩短流通渠道，以求早日投放，早日实现商品的价值，免得渠道太长，等商品上市，生命周期已过，造成滞销和积压。例如，季节性商品和时令性商品等。

4）商品的物理性能。对易腐败的商品，必须采取很短的销售渠道，以便减少中转中不必要的损失和耗费，并且尽快到达消费者手中，如水果、食品、玻璃制品等。

5）商品的技术性能要求。技术性能高及需要经常售后服务保养的工业性产品，最好自销，方便售后服务。例如，机电仪表设备，还有市场不设有普及、代销机构的，没有能力提供服务的商品。当然，如果代销机构能提供这种服务，就可以视情况而定，适当扩大流通渠道。

2. 企业自身因素

企业自身因素指企业的实力情况，主要应考虑以下几种情况。

1）企业实力情况。这是指企业的人、财、物的总体力量，资金能力、队伍素质、技术设备等。如果企业规模大，势力雄厚，通常能够有效地控制分销渠道，当然安排渠道体系就会短些；如果企业规模小，实力单薄，就只能选择长些的渠道，由中间环节来加强营销活动，开拓市场。

2）企业声誉和市场地位。声誉是一个重要条件，对生产企业和商业企业来说，声誉越高，选择的余地就越大，反过来，声誉越不好选择的余地就越小。这对销售渠道结构是有重要影响的。

3）企业的经营管理能力。营销水平和营销能力较高、较强的企业，就可以选择自己认为合适的分销渠道。否则，就应充分利用中间商的作用。

3. 经济效益因素

经济效益因素是影响分销渠道选择的最根本的因素。从总体来看，缩短渠道，减少环节层次，有利于节约社会劳动，提高经济效益。但从某方面来看只有增加环节，才能把商品输送到更广阔的市场，获得更多的销售机会，从而提高经济效益。

针对上面两种情况，就应当首先考虑选这条渠道合算不合算，市场分布情况如何，应当不应当用中间商，用多少个中间商，中间商能得到多少好处，消费者能得到多少实惠等，然后确定适当的流通渠道。

4. 市场因素

市场因素主要考虑以下几个方面。

1）潜在顾客情况。一方面，潜在顾客的多少，决定市场的容量。市场容量越大，则越需要中间商提供推销服务，市场容量越小，则可自己推销。另一方面，潜在顾客的分布状况，决定渠道的长短，如果潜在顾客面窄，比较集中，就可以直接供货，打开销路；如果潜在顾客面宽，比较分散，就只能利用长渠道，广泛推销，开拓市场。

2）市场面的分布。市场面分布密集，这样渠道可短些，产销见面。如果市场面广、分散，营销渠道则要长些，采用中间商的渠道为好。

3）销售量的大小。一次销售量大的，可以直接供货，渠道可短些；一次销售量小，多次批量，营销渠道会长些。同一种商品，由于销售量不同也可以有长短结合的渠道系统。

4）市场的季节。在一般情况下，可以采用企业门市部推销，销售旺季则应选择中间商代销。

5. 中间商因素

市场的分销渠道，绝大部分是中间商存在的中间环节渠道，选择这样的渠道就不得不考虑中间商因素。具体来讲，其包括以下几方面。

1）中间商提供各类服务的能力。制造商生产的商品有的需要较强的销售服务，中间商是否具备此能力，是制造商选择中间商时要考虑的一个因素。

2）中间商经销同类产品的多寡。中间商经营同类产品多，若某制造商的商品品牌不知名，则中间商不会很努力地帮企业销售产品。

3）中间商对生产者的态度和要求。

4）中间商的经销费用。

6. 社会环境因素及传统习惯因素

社会环境因素主要指党和国家的方针政策对分销渠道的影响。例如，一些关系国计民生的重大商品，必须按国家规定的分销渠道进行，如粮食、棉花、石油等。另外，传统的营销习惯也对分销渠道有影响。

二、分销渠道方案的评估

每一个分销渠道选择方案都是企业将产品送达目标顾客的可能路线，为了从已经拟订的方案中选择出能够满足企业长期目标的最好方案，企业必须对各种可供选择的方案进行评估。

分销渠道方案的评估标准有以下 3 个方面。

1. 经济性标准

判别一个分销渠道方案好坏，不应单纯看其能否导致较高的销售额或较低的成本，而应看其能否取得最大利润。

经济分析的 3 个步骤是：①估计每个渠道方案的销售水平，因为有些成本会随着销售水平的变化而变化；②估计各种方案实现某一销售额所需花费的成本；③分析各种方案的投资收益率及其可能得到的利润额。

2. 控制性标准

产品的流通过程是企业营销过程的延续，从生产企业出发建立的分销渠道，如果生产企业不能对其运行有一定的主导性和控制性，分销渠道中的物流、物权流、货币流、促销流、信息流就不能顺畅有效地进行。

3. 适应性标准

生产者是否具有适应环境变化的能力，与其建立的分销渠道是否具有弹性密切相关。但是，每个渠道方案都会因生产企业某些固定期间的承诺而失去弹性。例如，当某一制造商决定利用销售代理商推销产品时可能要签订 5 年的合同，这段时间内即使采用其他销售方式更有效，制造商也不得任意取消销售代理商。因此，生产者在选择和设计分销渠道时必须考虑分销渠道的环境适应性和可调整性问题。

总之，一个分销渠道方案只有在经济性、控制性和适应性等方面都较为优越时才可予以考虑。

三、分销渠道管理

企业在进行渠道设计之后就需要对中间商进行选择，在分销渠道投入运行后还涉及对中间商的激励、评估以及对渠道系统进行调整等问题。

（一）选择渠道成员

生产者在招募中间商时经常出现两种情况：一是毫不费力地找到愿意加入渠道系统的中间商；二是必须费尽心思才能找到期望数量的中间商。不论遇到哪一种情况，生产者都必须在明确有关中间商的优劣特性的基础上，根据分销渠道的设计要求对中间商作出选择。一般来讲，生产者在选择渠道成员的过程中，要了解中间商经营时间的长短、成长记录、人员的素质与数量、营销网络（贸易）的覆盖区域与企业营销战略的指向、中间商销售对象与企业目标顾客是否一致、商店的地理位置、中间商经验的风格与市场定位、必要的硬件条件、销售服务能力、营销经验与财务信誉、合作态度、经销的其他产品大类的数量与性质、经常光顾的顾客类型、市场形象与声望、未来发展潜力等情况。

（二）激励渠道成员

尽管促使中间商加入渠道的因素和条件已构成部分激励因素，但在分销渠道的运行过程中生产者仍需通过不断地监督、指导与鼓励以使中间商尽职尽责。由于进入分销渠道的中间商类型多种多样、运营方式各异、与生产者之间的经销关系不完全相同，因而监督、指导与激励中间商的工作非常复杂。

在生产企业激励渠道成员以及试图与经销商建立长期、稳定、协调的合作关系时，应注意以下问题。

1. 了解各个中间商的心理状态与行为特征是激励的基础

中间商常有如下行为：①不重视某些特定品牌的销售；②缺乏有关产品的知识；③不认真使用供应商的广告资料；④忽略了生产者认为重要的顾客；⑤不能准确地保存销售记录。

然而，从中间商的角度看这些问题可能很容易理解。

1）中间商并不属于某一个制造商，而是一个独立的市场营销机构，并且逐渐形成了以实现自己的目标为最高职能的一套行之有效的方法，能自己制定政策而不受他人干涉。

2）中间商主要执行顾客购买代理商的职能，然后才是执行供应商销售代理的职能，他卖得起劲的产品都是顾客愿意购买的产品，而不一定是生产者委托他卖的产品。

3）中间商总是努力将他所经营的所有产品进行货色搭配，然后卖给顾客，其销售努力主要用于取得一整套货色搭配的订单，而不是单一货色的订单。

4）生产者若不给中间商特别奖励，中间商绝不会保存所销售的各种品牌的记录。那些有关产品开发、定价、包装和激励规划的有用信息，常常保留在中间商很不系统、很不标准、很不准确的记录中，有时甚至故意对供应商隐瞒不报。

所以，生产企业激励渠道成员的首要问题就是站在他人立场上了解现状，设身处地地为他人着想，而不应仅从自己的观点出发看待问题，这样无助于问题的解决。

2. 生产者应尽量避免激励过分与激励不足两种情况

当生产者给予中间商的优惠条件超过取得合作与努力水平所需条件时，就会出现激励过分的情况，其结果是销售量提高而利润下降。当生产者给予中间商的条件过于苛刻以致不能激励中间商努力工作时，则会出现激励不足的情况，其结果是销售量降低、利润减少。所以，生产者必须确定采用何种方式以及花费多少力量来鼓励中间商。

一般来讲，生产者对中间商的基本激励水平应以现有交易关系组合为基础。如果对中间商仍激励不足则可以考虑采取以下措施。

1）提高中间商可得的毛利率或给予直接的物质奖励，放宽条件或改变交易关系组合使之更有利于中间商。

2）采取人为的方法来刺激中间商使之付出更大努力，如挑剔中间商迫使他们创造更有效的销售机制，举办中间商销售竞赛以提高其销售积极性，单独或与经销商联手开展广告与宣传活动调动中间商的积极性等。

3）开展促销支持。生产商利用广告宣传推广产品，协助中间商安排商品陈列、展览，训练推销人员，提供市场情报。

不论上述做法与交易关系组合存在着怎样的关系，生产者都必须小心观察中间商如何从自身利益出发来看待，拥有控制权的制造商很容易无意识地伤害到中间商。

3. 生产者可以通过分销规划与经销商建立长期、稳定、协调的使用关系

所谓分销规划，是指建立一个有计划的、实行专业化管理的垂直渠道系统，以便把生产者的需要与经销商的需要更为紧密地结合起来。在建立管理型垂直渠道系统的过程中，制造商应在市场营销部门下专设一个分销关系规划处，负责确认经销商的需要，制订交易计划以及有关方案，帮助经销商以最佳方式经营。该部门应与经销商合作确定交易目标、存货水平、商品陈列计划、销售人员训练要求、广告与销售促进计划等。建立管理型垂直渠道系统，将大大提高分销系统的运行效率，生产者、经销商以及消费者都可以从中受益。

春兰是如何维系经销商的

江苏春兰集团实行的“受控代理制”是一种全新的厂商合作方法。代理商要进货，供销员必须提前将货款以入股方式先交春兰公司，然后按全国规定提走物品这一高明的营销战术，有效地稳定了销售网络，加快了资金周转，大大提高了工作效率。当一些同行被“互相拖欠”拖得筋疲力尽的时候，春兰却没有一分钱拖欠，几十亿元流动资金运转自如。目前，春兰公司已在全

国建立了 13 个销售公司，同时还有 2000 多家经销商与春兰建立了直接代理关系，二级批发，三级批发，加上零售商，销售大军已达 10 万之众。

春兰的经验虽然简单易行，但并不是所有的企业都能学到手。因为春兰用于维系经销商的手段并非单纯是“金钱”（即预付货款），更重要的是质量、价格和服务。春兰空调的质量，不仅在全国同行中首屈一指，而且可以同世界上最先进的同类产品媲美。另外，无论是代理商还是零售商，都在从销售中获得理想的效益，赔本交易谁也不会干的。而质量第一流的春兰没有忘记给经销商更多的实惠。公司给代理商大幅度让利，有时甚至高达售价的 30%，年末给予奖励。这一点许多企业都难以做到。有的产品稍有一点名气，就轮番提价，想把几年的利润在一个早晨就通通挣回来，根本不考虑代理商和经销商的实际利益。此外还有服务。空调买回去如何装？出了毛病找谁？这些问题不解决，要想维系经销商也是很难的。春兰为了免除 10 万经销商的后顾之忧，专门建立了一个强大的售后服务中心，近万人的安装、调试、维修队伍。他们实行 24 小时全天候服务。顾客在任何地方购买了春兰空调，都能就近得到一流的服务。春兰正是靠这些良好的信誉维系经销商的。当然经销商也给了春兰优厚的回报：他们使春兰空调在国内市场上的占有率达到了 40%，在同行各企业中遥遥领先。

（三）处理渠道冲突

其主要包括渠道的水平冲突和垂直冲突。

所谓水平冲突，是指发生在同一渠道层次内的公司间冲突，可通过限制经销商销售区域的方法使其不至于产生低价越区销售争抢顾客而导致冲突。

所谓垂直冲突，是指发生在不同渠道层次的公司间冲突，为避免该冲突发生，需明确渠道各层次成员之间彼此所应有的权利及义务。

（四）评估渠道成员

生产者除了选择和激励渠道成员外还必须定期评估他们的绩效，如果某一渠道成员的绩效低于既定标准就要找出原因并考虑可能的补救方法。

测量中间商绩效的方法主要有以下两种。

1）将每一中间商的本期销售绩效与上期销售绩效进行比较，同时将每一中间商的本期销售绩效与整个群体的平均销售绩效进行比较。

2）将各中间商的绩效与根据对该地区销售潜量分析而设立的销售定额相比较，然后将各中间商按先后名次进行排列。

中间商的销售绩效低于群体平均水平或未达既定比率而排名偏后，可能是主观原因所致，也可能是一些客观原因造成的，如当地经济衰退、某些顾客不可避免地流失、主力推销员的丧失或退休等。因此，制造商应根据具体情况采取有针对性的措施来加以扭转。

（五）调整渠道系统

生产者在设计了一个良好的分销渠道系统后，不能放任其自由运行而不采取任何纠正措施。事实上，为了适应市场需要的变化，整个渠道系统或部分渠道成员必须随时加以调整。

分销渠道的调整可以从 3 个层次上来考虑：从经营的具体层次看，可能涉及增减某些渠道成员；从特定市场规划的层次看，可能涉及增减某些特定分销渠道；从在企业系统计划阶段看，可能涉及整个分销系统构建的新思路。

1. 增减某些渠道成员

在分销渠道的管理与改进活动中，最常见的就是增减某些中间商的问题。企业在进行这方面决策时，应注意渠道上成员之间业务上的相互关系与交互影响，要着重弄清增减某些渠道成员后企业的销售量、成本与利润将如何变化。只有这样一些方面都朝着有利的方向变化时调整才是可行的。

2. 增减某些分销渠道

随着市场需求、环境条件以及自身生产经营活动的不断变化，企业的某些分销渠道可能会失去作用，同时又需要新的分销渠道进入新的市场部分。因而，企业在分销渠道的管理活动中应注意分销渠道的增减调整。

3. 调整整个分销渠道系统

对生产企业来说最困难的渠道变化决策就是调整整个分销渠道系统，因为这种决策不仅涉及渠道系统本身，而且涉及营销组合等一系列市场营销政策的相应调整，因此必须慎重对待。

小　　结

销售渠道也称分配渠道、流通渠道是指产品从生产领域转移到消费领域所经过的路线、途径、环节与组织机构的总称。分销渠道按照商品在流通过程中是否经过中间商，可以分为直接渠道和间接渠道；按分销渠道经过中间环节的多少，可分为长渠道和短渠道；按渠道使用同类中间商的数量，可分为宽渠道和窄渠道。

中间商是指处于生产者和消费者之间，参与商品交易活动，促进买卖行为发生和实现的具有法人资格的经济组织或个人。中间商按其在流通过程中所起的不同作用可以分为批发商和零售商，按其是否拥有商品所有权可以分为经销商和代理商。批发商主要有 3 种类型，即商人批发商、经纪人和代理商、制造商的销售机构。零售商也可以分为3种基本类型，即商店零售商、非商店零售商和零售组织。

影响分销渠道的因素，从总体上看主要分为两大类：一类是可控制的因素，如产品，企业自身状况和经济效益等因素；另一类是非可控因素，如市场、中间商、社会环境及传统习惯等因素。

分销渠道方案的评估标准有经济性标准、控制性标准和适应性标准。

分销渠道管理涉及选择渠道成员、激励渠道成员、处理渠道冲突、评估渠道成员和调整渠道系统等方面的内容。

思考与练习

1. 名词解释

分销渠道　中间商　分销渠道长度　分销渠道宽度

2. 填空题

1）分销渠道按照商品在流通过程中是否经过中间商，可以分为（　　）和（　　）渠道。

2）（　　）是指处于生产者和消费者之间，参与商品交易活动，促进买卖行为发生和实现的具有法人资格的经济组织或个人。

3）企业在产品销售时在销售每个环节用于同类中间商的多少，这是指渠道的（　　）。

3. 选择题

1）按照流通环节或层次的多少，分销渠道可分为（　　）。

A. 直接渠道和间接渠道　　B. 长渠道和短渠道
C. 宽渠道和窄渠道　　D. 单渠道和多渠道

2）消费者数量越多，分布越广则企业应选择（　　）渠道。

A. 宽渠道　B. 长渠道　C. 宽而长的渠道　D. 窄而短的渠道

3）生产者通过两个或两个以上的同类中间商来销售自己的产品的渠道是（　　）。

A. 长渠道　B. 短渠道　C. 宽渠道　D. 窄渠道

4. 判断题

1）容易腐烂变质的产品适合短渠道。（　　）

2）所有连锁分店的所有权归连锁总部的是松散连锁。（　　）

3）产品寿命周期短的产品适合于短渠道。（　　）

5. 思考题

1）分销渠道有哪些类型？

2）中间商有何作用？

3）选择分销渠道应考虑哪些因素？

4）渠道管理包括哪些内容？

6. 案例分析题

神州数码与东芝的分手事件

决定渠道模式的是产品的利润，而并非市场规模。如果现有的利润供养不了那么多的渠道，必然的选择便是有计划地“舍弃”一部分。如此，以“厂家—总代理商下级分销商—零售商—用户”为基本模式的传统分销渠道结构，面临着被颠覆的命运。而许多新的营销模式的出现及其所取得的辉煌成就，更是催化着老渠道的新革命运动。

1. 独家总代制没落的标本神州数码东芝之痛

2004 年 2 月 24 日，神州数码总裁在第三季度业绩发布会上首次承认，东芝准备在亚太等地区沿用美国模式，将把一些产品线拿出来分给其他代理商来做。但是，神州数码与东芝的合作关系并未停止。次日，东芝（中国）有限公司对外提供了两款新品的新闻稿。文中虽然并未明确提及渠道开放事宜，但是在产品介绍一页，已然标明 TecraM2 的销售代理是翰林汇，而 SatelliteM18 的销售代理为佳杰科技。至此，关于东芝放弃独家总代理、开放渠道的消息终于水落石出。东芝笔记本电脑改变了已经持续 9 年的与神州数码“全国唯一总代理”的合作模式，引入翰林汇、佳杰科技作为新的合作方，同神州数码一起构成驰骋中国内地市场的“三套马车”。

2.“兵变”始末

1995 年 6 月，原联想科技开始独家代理东芝笔记本电脑。受惠于联想科技庞大而稳健的销售体系，不到一年的时间，东芝笔记本就一路凯歌，国内笔记本市场占有率从不足 1%增长到 8%，从排名第九到中国笔记本老大，这个位置，东芝霸占了整整 4 年。2003 年 4 月，联想集团进行战略拆分，由原联想科技、联想集成和联想网络整合而成的神州数码正式成立，继续扮演东芝笔记本的中国分销“后盾”。 然而，从 2003 年开始，东芝笔记本颓势渐现，其市场份额一路下滑，远落到联想、IBM 之后。大型集团、企业团体采购东芝产品的不多，而这部分市场很大，IBM、戴尔等都取得了一定的成绩。东芝电脑华东地区营业部长坦率地承认了这一点。眼看着中国笔记本市场整体在快速增长，竞争对手日益强大，自己却从昔日的老大哥变成小老弟，江山被其他品牌不断蚕食不说，业绩下滑之势更未见停止迹象，东芝的心情可想而知。提到东芝笔记本产品近年来在市场上销售的乏善可陈，分析人士指出，东芝的困境可能源自多方面的原因，虽不单单是分销商的因素，但是与神州数州数码分销渠道的硬伤确不无关系。而 2003 年曾掀起轩然大波的“东芝笔记本事件”，更是对东芝与神州数码的同盟关系提出了严峻考验。

2003 年 11 月，东芝电脑（上海）有限公司的一位高管向外界表示，东芝已开始建设新的市场组织架构，其中，主要的一条就是东芝要在上海、北京、深圳三地建立直接管理的市场销售部门。很多人认为这是东芝笔记本电脑与神州数码 9 年合作即将出现变化的一个先兆，一时之间，“东芝将脱离神码的分销渠道，自己分销笔记本电脑”的传言炒得沸沸扬扬。然而，在东芝和神州数码的双重否认下，这一猜测不了了之。东芝解释说，其销售部门只负责向神州数码的销售团队提供技术支持与服务，并不直接进行销售，“如说客户选择机型、技术比较以及市场反馈等，我们会参与协同，但正式签署销售合同则还是神州数码出面”。而神州数码总裁则对媒体说：“东芝和神州数码一直以来合作默契，我们至今没有听到东芝方面要自己分销笔记本的这个说法。”事情并未就此打住。2003 年年底，多年以来始终躲在幕后的东芝笔记本电脑相关负责人开始广泛与媒体接触，而在过去长达 9 年的合作中，这一工作一直是由神州数码负责东芝笔记本电脑的团队来承担。多次声明并未拖住兵变临近的脚步，2004 年年初，东芝和神州数码的分家传闻就不曾有过一天停歇：翰林汇、明芝、佳杰科技……新主角们在媒体的猜测中轮番上阵，着实热闹了一把。此时的神州数码与东芝，不约而同地选择保持沉默，直到本文开始时提到的场景，“兵变”终于宣告完成。对于这次的代理变化，东芝方面的官方解释是：这是市场变化和利益需求的结果。屋漏又逢连阴雨，刚刚被削去独家总代权的神州数码，第三季财报在正式公布前一天被媒体曝光。虽然销售业绩数据显示其有望实现全年扭亏为盈，但作为一个上市公司，财报在没有正式发布之前就被公开，无疑揭示了神州数码内部管理上的漏洞。不过，据分析人士预计，分家并不会影响到神州数码的业绩。神州数码亦公开表示，东芝的三家代理方式只是分出了部分产品线，神州数码的利益不会受太大影响。

3. 包销摆平“三套马车”

由“独家总代”转为“三套马车”，东芝面临如何施展渠道“平衡术”的考验。佳杰科技（中国）有限公司市场总监介绍，目前东芒采取的是分产品线包销的策略。具体从产品型号而言，目前 TecraM2 由翰林汇代理销售，SatelliteM18 由佳杰科技代理销售，除此以外，东芝其他现有机型仍由神州数码代理销售，并未形成三家总代正面“交火”的战乱局面。那么，采用多家总代的分线包销模式对渠道是否有利？在对 IBM、HP 等笔记本生产厂商的渠道进行采访的过程中，代理商对包销模式持基本肯定的态度，而笔记本分销商也多认为，尽管分线包销模式并非完全合理，但却是解决渠道冲突问题的重要途径。

由于中国的经济环境是高增长，在所有供应商都追求市场占有率的情况下，爆发价格战几乎是家常便饭。如果完全开放市场，或把同样的产品交给两家以上的代理商去做，价格战在所难免。而采用包销体系，由于不同分销商包销的不同型号之间存在差价，从一定程度上避免了分销渠道陷入恶性竞争的局面。对于厂商而言，采取包销制还可以在市场出现恶性杀价的情况下，迅速了解价格战的始作俑者并加以处理，在渠道管理上方便许多。东芝目前还面临一个问题：投入精力和资金与其他两家分销伙伴进行“磨合”。当然，这需要时间来考验，同时，谁也无法否认，很可能某一天东芝的合作伙伴名单上会再多出一位来。

4. 总代销危机

神州数码—东芝的合作一直被作为独家总代理体制优越性的最好范例。双方都曾借此一度成就“霸业”。正是由此，这件本来算不得什么大事的合作伙伴变更行为，让很多企业以及代理商们发出质疑：独家代理制在中国笔记本市场是否已经过时？

翰林汇副总经理介绍：“现在的笔记本厂商很少采取独家代理方式，尤其是一些国际品牌的笔记本电脑生产厂商，他们更愿意在代理商的基础上，再进行单款或某系列产品包销。像IBM笔记本，它在国内大约有五六家大代理商，HP也有三四家。”

东芝兵变的根本原因是市场压力，正如专家分析：“在市场建设初期，独家代理制可以让神州数码统一管理全国的销售渠道，很好地调控产品价格；但是到了产品成熟期，价格战频起，抢占市场份额成为笔记本厂商们首要的任务，这就要求产品在渠道里面流通的速度更快，渠道的容量也要更大，而独家代理制在这时候就会遇到渠道扩大速度跟不上产品流通速度的瓶颈。即使神州数码的渠道建设在国内同行是首屈一指的，但对东芝而言，继续押宝在神州数码一家身上，其风险已经有点承受不起了，必须招揽更多的分销商以降低风险。”

无论是何种代理制度对于厂家都是一把双刃剑。独家总代制的优点在于管理方式直接，能最好地调动代理商的积极性，使其将产品视同己出，不遗余力地进行推广等。这一点，对于刚刚进入市场的新品，有着极强的吸引力。由此看来，尽管独家总代制在中国的笔记本市场遭受冷遇，其自身的优势却决定了并不能从此被“一竿子打死”。而身为当事人的神州数码也一再表示，目前绝对不会放弃公司的传统优势领域——分销业务。“面对不断变化的市场环境，神码将会采取更加主动的姿态，以适应厂商在营销策略上的变化。同时，也会探讨与主要厂商建立更深层次的战略合作。”神州数码总裁如是言。

5. 难以割舍的东芝“馅饼”

市场份额不复昔日辉煌，东芝笔记本依然是中国分销商们不舍割弃的“馅饼”。佳杰科技（中国）有限公司高级副总裁解释：“其实笔记本市场增长率是非常高的，IBM、HP与东芝这3个牌子的产品都具备一个高速成长的空间。东芝近两年市场份额、市场地位、知名度下降并不是市场本身没有成长空间造成的，只是东芝可能在产品、合作等方面有无法完全适应中国市场的地方，所以目前业绩不够理想。”他表示，东芝希望通过分销商的介入来改变他们的市场，而佳杰也希望通过合作，恢复东芝产品本身应该在市场上所具备的地位。

从目前新总代们拓展渠道的情况来看，虽然独家分销局面刚打破时二级代理多少存在些观望情绪，但其顾虑正在逐渐打消。佳杰科技（中国）有限公司高级副总裁介绍：“目前东芝绝大多数的代理商已跟我们有业务往来。当然他们也会继续在东芝的业务方面跟其他合作方保持密切关系。虽然会有一定的竞争，但我们更希望竞争会在一个良性的架构下进行。”佳杰希望2004年东芝业务能为其带来10个亿左右的生意。同时，“和东芝的合作，并不会对我们代理IBM和HP有什么影响。佳杰更不会为提升东芝的份额而减少对IBM、HP的关注。”

6. 导致渠道变革的主要原因

关于神州数码与东芝的“分手”事件，渠道中人不约而同地表现出理解与认同的平静态度。佳杰的观点：“这是神州数码和东芝之间达成的一个意向，很简单很自然的结果。做生意，合适就做，不合适就分开，市场自然现象而已。”雨辰科技一位负责人分析：“分手的根本原因在于东芝笔记本2003年虽然在中国仍能保持盈利，但其全球PC业务整体受挫。东芝方面希望将亏损从中国这个大市场上补回来，2004年的销售指标自然加大。但东芝又不肯对旧产品采取降价等促销方式，给神州数码一方的利润太薄，全部任务都压过来的话，神州数码肯定做不了，当然只有再寻找新的下家。”而另一位同样不愿透露姓名的业内人士表示：“东芝希望通过增加代理的方式将市场份额继续扩大，扭转业绩下滑、市场占有率下跌的局面。神州数码必须接受这个决策。”大同小异的表达中，可以看出这样一个事实：东芝是在业绩不佳的强大压力下出台这样的变革，而神州数码独家总代的取消，完全是商业领域再正常不过的一件事情。从一个状态到另一个状态，企业与分销商们谋求的，无非是一个动态的平衡。“双赢”才是合作者们所要追求的境界，达不到平衡，放弃便不为可惜。

思考

独家代理这种方式有何优缺点？

7. 营销实训题

实训项目：掌握销售渠道设计。

通过网络及有关资料初步掌握某公司销售渠道情况，通过教师组织学生实地调查，了解该公司的渠道结构类型、特点、成员数量、存在问题，并通过收集同类公司的渠道进行比较分析，最终对完善该公司的销售渠道提出建议。

第九章

促销策略

做生意没有广告，就如同在黑暗中向姑娘暗送秋波，你知道你在做什么，但是对方却不知道。

【学习目标与要求】

知识点

1. 懂得促销的概念，明确促销的重要性；
2. 掌握广告、人员销售、营业推广与公共关系等 4 种促销方式的优点、作用及适用范围，能正确地选择和灵活运用促销策略。

技能点

1. 懂得营销组合策略的应用；
2. 有进行促销策划的能力。

世界著名的利普顿茶叶公司为了使自己的产品迅速打进市场，在开业伊始别出心裁地举办了一次精彩的表演，他们买来几头小猪，用缎带给它们精心打扮，并插上“我要去利普顿市场”字样的小旗，然后赶着它们穿过闹市，引起众人的注意，达到了让商品家喻户晓的目的。

做广告需要花重金，但若匠心独运，也能四两拨千斤，用最少的钱让广告有声有色。茶叶公司与猪，风马牛不相及，经公司公关人员策划、牵线搭桥，小猪成了促销功臣，企业也借此腾飞。

（资料来源：http://mkt.icxo.com/htmlnews/2009/05/25/1383987_0.htm）

在当今的市场竞争中，除了商品质量和销售价格的竞争之外，促销策略也是一种竞争手段，俗话说“好酒也怕巷子深”。如何以较少的促销投入获得营销轰动效果，已成为许多商家参与竞争、吸引顾客的又一热点。聪明的经营者不妨从利普顿茶叶公司促销成功的经验中得到一些启迪，针对不同层次消费需求，搞一些别出心裁的促销妙招，从而迅速达到销售目的。

第一节　促销与促销组合

促销是企业整体市场营销活动的有机组成部分。现代市场营销所需要的不仅是企业能生产和销售物美价廉的产品，方便消费者或用户购买，而且是要有高效率的促销活动与之配合。

一、促销及促销的方式

1. 促销的概念

促销是指企业利用各种有效的方法和手段，使消费者了解和注意企业的产品，激发消费者的购买欲望，并促使其实现最终购买行为的活动。促销是企业市场营销的一个重要策略，企业主要通过人员推销、广告、营业推广、公共关系等活动来把有关的产品信息传给消费者，激发消费者的需求，甚至创造消费者对产品的新需求。因此，促销实质上是企业与消费者之间的信息沟通活动，通过这种沟通，消费者最终认可了企业的产品，而企业则销售了它们的产品。

促销活动在突出产品特点，诱发消费者需求方面有着突出的作用。在激烈竞争的市场环境下，消费者或用户往往难以辨别或觉察许多同类产品的细微差别。企业通过促销活动，宣传本企业产品较竞争企业产品的不同特点以及它给消费者或用户带来的特殊利益，激发他们购买本企业产品的欲望。

2. 促销的方式

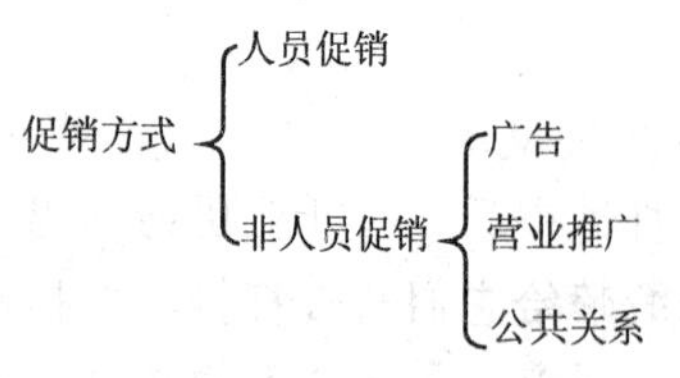

图 9.1 促销方式

企业的促销活动种类繁多，主要有：人员促销与非人员促销，具体来说可分为 4 种，即人员促销、广告、营业推广和公共关系，如图 9.1 所示。这 4 种方式各有其特点，既可以单独使用，也可以组合在一起使用，以达到更好的效果。

1）人员促销。这是企业通过促销人员与消费者的口头交谈来传递信息，说服消费者购买的一种营销活动。在沟通过程中，人员促销在建立消费者对产品的偏好、增强信任感及促成行为方面卓有成效。

2）广告。这是广告主通过付费的方式由广告承办单位所进行的一种信息传播活动。由于广告的信息散布范围广，可以多次重复，在树立企业产品的长期形象方面有较好的效果。但广告往往只是一种信息的单向传递，缺乏与消费者的双向沟通，很难说服消费者进行即时的购买活动。

3）营业推广。这是在短期内采取一些刺激性的手段（如赠券、折扣等）来鼓励消费者购买的一种营销活动。营业推广可以使消费者产生强烈的、即时的反应，从而提高产品的销售量，但这种方式通常只在短期内有效，如果时间过长或过于频繁，很容易引起消费者疑虑和不信任。

4）公共关系。这是企业利用各种公共媒体来传播有关信息的营销活动。这种营销活动，一般是通过不付费的公共报道来传播，传播的信息带有新闻性，因而消费者的一般感觉是有权威的，公正可靠的，比较容易相信和接受。但这种方式不如其他方式见效快，而且信息发播权掌握在公共媒体手中，企业也不容易进行控制。

“不准偷看”商店

泰国有一家“不准偷看”小店。它座落在曼谷一条商业街上，店前放了一只巨型木桶，桶外用泰、英、中 3 种文字写着“不准偷看”。好奇心驱使行人把头伸到桶边看个究竟，迎面酒香扑鼻而来，桶底现出“敝号美酒出类拔萃，请君享用”几个字。此时，行人酒瘾已发，只好进店一饱口福。

二、影响促销组合策略的因素

促销组合策略是根据产品特点和经营目标的要求，有计划地综合运用各种有效的促销手段所形成的一种整体的促销措施。企业的促销组合，实际上就是对上述促销方式的具体运用。在选择采取哪一种或几种促销方式时，要确定合理的促销策略，实现促销手段的最佳结合，必须注意把握影响促销策略的各种因素。这些因素包括以下几种。

1. 促销目标

促销目标是企业进行促销活动所要达到的目的。促销目标是根据企业的整体营销目标制定的。企业在不同时期、不同市场环境下所执行的特定促销活动，都有其特定的促销目标。促销目标不同，促销组合也就有差异。

2. 产品类型

不同类型产品的消费者在信息的需求、购买方式等方面是不同的，需要采用不同的促销方式。一般地说，工业品购买者希望在掌握大量信息的基础上进行选择，人员推销可以更好地满足这方面的要求；消费品购买者则更多地注重产品的形象，高知名度的产品容易受欢迎，广告的促销效果就比较明显。通常，不同的促销方式在工业品和消费品市场上的作用如图 9.2 所示。

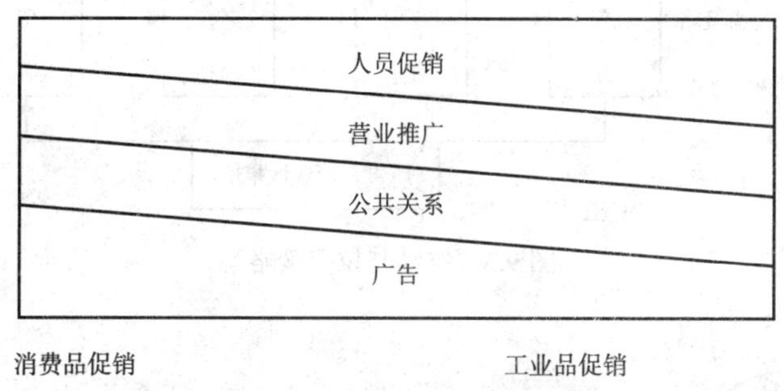

图 9.2　不同促销方式的作用

3. 市场状况

市场有多种类型，而且分布在各个不同的地区；市场有大有小，经营的商品也相应有多有少，而且价格各异；不同市场的服务对象各不一样，而且消费者的素质也各不相同。由于市场的不同，采用的促销策略也应各自有所差别。比如，规模较小而只位于商品产地附近的市场，大多采用人员推销的方式；如果规模比较大、产品销售范围比较广泛的市场，适于多用电视、电台、报刊等媒体的广告栏目进行广告宣传的广告促销方式；如果是生产企业所占有的市场，因为用户比较固定，销量又大，价格也高，更适于采用人员推销的方式，当面向消费者介绍产品；如果是消费者为主的买方市场，消费者数量大，市场又分散，应采用广告、产品包装等促销方式。对于其他市场，可根据产品的性质和消费者的特点，采取灵活多样的促销方式。企业目标市场的不同特征也影响着不同促销方式的效果。在地域广阔、分散的市场，广告有着重要的作用。如果目标市场窄而集中，则可使用更有效的人员推销方式。此外，目标市场的其他特性，如消费者收入水平、风俗习惯、受教育程度等也都会对各种促销方式产生不同的影响。

4. 企业策略

企业有两种基本的促销策略：推动策略和拉引策略。所谓推动策略，是指企业通过各种促销方式把产品推销给批发商，批发商则将产品推销给零售商，零售商再把产品推销给消费者。拉引策略则是企业针对最后消费者展开促销攻势，使消费者产生需求，进而向零售商要求购买该产品，零售商则向批发商要求购买该产品，而批发商最后会向企业要求购买该产品，如图 9.3 所示。企业可根据推动与拉引的需要选择不同的促销方式。

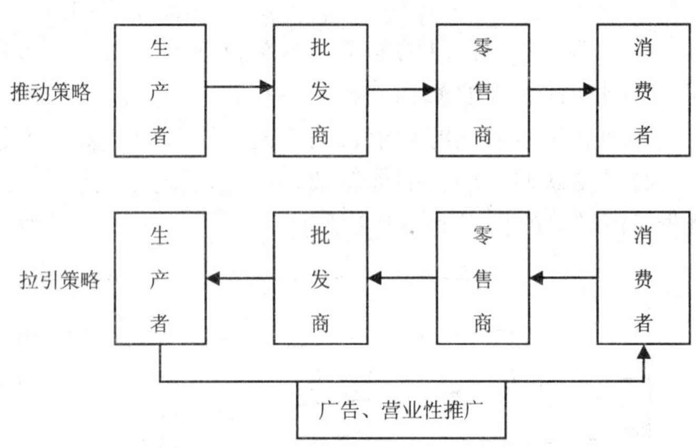

图 9.3　推动与拉引策略

孔府家酒推销策略

孔府家酒在北京上市之前，为了打开饭店、酒楼市场，加深酒楼及饭店经营者的印象，公司的营销人员装扮成顾客频频光顾各大饭店、酒楼，豪点菜品，然后在服务人员询问喝什么酒水时，说只喝孔府家酒，然后以饭店或酒楼没有孔府家酒为名，离开饭店或酒楼，到其他饭店或酒楼故技重演。饭店或酒楼因为没有准备此酒而丧失了生意，其经营者故而对此酒铭记在心。随后，孔府家酒在北京的报纸、电视、广播播放广告，饭店或酒楼因知晓顾客有需要而进货。孔府家酒轻易打开了北京的饭店和酒楼这一市场。

5. 产品生命周期

一种新产品从进入市场到退出市场，要经过投入期、成长期、成熟期、衰退期等。在产品市场生命周期的不同阶段，促销的重点目标是各不相同的。在导入期新产品还不被了解，该阶段促销的重点目标是尽快地让消费者了解认识新产品独特的优越性能和高品位的质量保证，其促销策略以采用各类形式的广告为宜；在成长期和成熟期，消费者已对产品有了较全面的了解和认识，促销的重点目标应是想方设法激发消费者的购买兴趣甚至使他们产生某种偏爱，其促销策略就应该在广告和其他宣传内容上作适当的改变，同时在销售渠道方面也应多为消费者提供方便，以扩大销路；在衰退期，有些消费者由于对该产品产生偏爱，还会继续购买，但是，对于相当一部分的消费者来讲，就会辞旧换新，促销的重点目标是增强消费者对该产品的信任感并使消费者能够继续购买，其促销策略应采用营业推广为主的促销方式，其他的促销形式可以作为补充。

6. 促销预算

促销预算是企业从事促销活动而支出的费用预算，它支撑着企业的促销活动。对一个企业来说，问题不在于是否应进行促销活动，而在于应投入多少费用来进行促销沟通活动。企业能用于促销的费用，也是确定促销组合的重要依据。每一种促销方法所需费用是不相同的，企业应在财力限制下，结合其他因素，选择适宜的促销方法。

第二节 广告策略

一、广告的概念及作用

在现代社会，广告作为一种经济现象，无处不有，无时不在。广告在商品经济中具有不可忽视的沟通产销的媒介作用，这是广告的总职能。

1. 广告的概念

广告有广义与狭义之分，在市场营销学中，通常指的是狭义的广告，又称经济广告或商业广告，它通常是以盈利为目的的。也就是说，广告是企业以付酬的方式，通过各种传播媒体，向目标市场的消费者传递产品信息的活动。

2. 广告的作用

广告是企业产品促销的重要手段之一，广告对企业促销产品有以下作用。

1）告知，即向市场提供有关的信息，如新产品、产品的新用途、价格的变化、产品的性能、服务内容、改正错误的产品印象、消除消费者的担心、树立企业形象等。这类广告常用于产品的投入期，希望能引起消费者的注意及需求。

2）说服，在产品的成长期，这类广告特别重要。它旨在培养消费者的品牌偏好、鼓励消费者改用本企业产品、改变消费者对产品特性的认识、说服消费者立即购买或说服消费者接受推销访问等。

3）提醒，这类广告希望消费者不要淡忘本企业的产品，维持品牌的高知名度，同时也提醒消费者未来需要此产品的可能性及在何处购买等。此类广告在产品成熟期经常使用。

二、广告策略的确定

广告表现是把既定广告目标的要求转换成原稿和图像的工作。其内容包括确定广告主题和要传递的广告内容，表现主题与内容的创意等，这实际上是规划向受众“说什么”以及“怎样说”的策略问题。

（一）确定广告主题和内容

一般来说，确定广告主题与内容应从多角度进行综合分析，主要应从以下几方面加以考虑。

1. 使消费者了解商品效用

让消费者了解商品效用是指让消费者了解商品的优点、特点及利益。分析商品的优点及特点，可从商品的原材料、制造过程、使用价值、价格等方面进行。分析商品的利益，是要站在消费者角度将产品整体概念中的核心即利益准确、完整地展现出来。总之，对商品进行分析，是要把商品中最具特色的东西找出来，并以此作为广告主题。

2. 在分析消费者需要的基础上创造需求

洞察消费者的需要，并将其通过具体满足物来满足需要的欲望引导到特定的品牌上，便能创造出对特定品牌的需求。要做到这一点，需以对消费者需要的分析为基础，对消费者需要的分析方法很多，分析重点通常有这样一些因素，如生活方式、心理特征、购买行为、对各类品牌的态度与评价等。通过采用各种细分变量，便能将消费者需要的差别找出来，在此基础上，选择具有营销意义的需求特征作为诉求点，使广告主题具有明确的针对性及鲜明的特征。

3. 通过分析品牌形象与企业形象，增加消费者信心

分析品牌形象与企业形象是站在消费者角度探讨品牌形象、企业形象与消费者商品选择行为之间的关系。力图从消费者依据对品牌形象、企业形象的认知状况选择商品这样一个角度来确定广告主题。

（二）制定广告表现策略

在确定广告主题与内容时，有多种策略可供选择，这里仅就几种主要策略介绍如下。

1. USP 策略

USP 策略是“unique selling proposition”的缩写，这种策略强调以“独特”来推销产品最为有效。所谓“独特”含有两层意思，其一是商品具有的特点或利益，是竞争对手的产品所不具备的；其二是产品特点或利益在竞争对手的广告中未曾表现过。采用 USP 策略，即是力图从这两层意思上寻找“独特”，强调产品与广告差异，表现“人无我有”的唯一性。显然，采用 USP 策略，要以商品分析为基础，并以广告商品在功能、性能上有明显的差异为前提，并非适用于所有商品。

2. 品牌形象策略

品牌形象策略由美国奥美广告公司的奥格威先生提出。他认为，对于那些相互之间差异很小的产品（如香烟、啤酒等）而言，难以在广告策略上采用“USP 法则”以及其他建立在产品差异基础上的广告策略，这就存在一个广告表现策略上的表现转化问题。如何转化，奥格威先生认为通过将产品差异的表现，转化为对品牌形象的表现，就能很好地解决这一转化问题，这便产生了品牌形象策略。采用这一策略，是要通过树立品牌形象，培植产品威望，使消费者保持对品牌长期的认同和好感，从而使广告产品品牌得以在众多竞争品牌中确立优越地位。

由于品牌形象是介于产品与企业形象之间的一种概念，它既包括商品特点的许诺，也包括企业形象的渗透，因此，采用品牌形象策略就必须以对商品和企业形象的分析为基础，并且品牌形象的延伸和推广也须与企业形象相符，只有这样，品牌形象才能包含许诺，体现威望，产生信赖，实现特定的广告目的。

3. 商品定位策略

所谓“定位”，就是把产品定位在未来潜在顾客心中，或者说是用广告为产品在消费者的心中找出一个位置。这个位置一旦建立起来，就会使消费者在需要解决某一特定消费问题时，首先会考虑某一品牌的产品。这里，定位并未改变产品本身，而是要在顾客的心中占据一个有利的位置。

在广告策略中的商品定位策略，实际上是对“在消费者心中确立一个位置”，“消费者需求”以及“产品特性”综合考虑形成的概念。它不但包括前述 USP 策略和品牌形象策略，同时还超越了这两种策略。

4. 系列化策略

系列化策略即在一定的时期内，广告者连续不断地推出一系列内容相关联、风格统一的广告，以保证广告的单纯、清晰，增强人们对广告的识别和记忆，提高产品与企业的形象。系列化是现代广告设计中很流行的策略。

系列化策略主要有 4 种形式。

1）功能系列化，即在基本主题一致的条件下，将产品的若干个突出的功能展开成独立的广告，然后顺序地或重复地播（刊）出。既保证风格的统一性，又使每则广告内容集中，以增加选择性吸引。

2）表现形式系列化，即主题不变，而采用多种方式对主题进行表达，形成多个广告，又称“改头换面”策略。广告需要重复，才能在顾客心目中形成一个固定概念。但是同一广告的过多重复，又会使人们的注意力减弱，甚至产生反感情绪。因此，不同表现形式的广告，可增加人们的新鲜感，吸引力强。

3）主题系列化，当企业的产品适用于不同类型的顾客使用或用途广泛时，可针对不同情况确定几个有差异的主题，围绕这些主题设计若干个广告，连续或交替播出，以保证每则广告的单纯性和对顾客选择性吸引。

日本SB公司的出奇制胜

日本一家叫SB的公司，生产出了一种新咖喱粉，这家公司在日本的几家大报上同时刊登了一则令每一个日本人都感到震惊的广告。广告称：“SB公司决定雇用直升飞机数架，飞临白雪皑皑的富士山顶上空，然后把咖喱粉撒在山顶上。以后，人们看到的富士山将不再是白色而是咖喱色……”

富士山是日本的一大名胜，在日本人和全世界人们的心中已成了日本国的象征。在如此神圣的地方，居然撒上了咖喱粉，对日本人而言，怎可容忍！

广告刊出之后，立即引起了轰动，全国各地一片责骂之声，SB公司的名字因此而频频出现在报刊上，无人不晓。

正当舆论抨击得如火如荼时，SB公司要在富士山上撒咖喱粉的日子马上就到了。突然，报上又出现了SB公司的一则郑重声明：“由于社会各阶层的强烈反对，本公司决定取消原计划……”

消费者赢得了胜利，但是，全日本都知道了SB公司，人们都以为SB公司财大气粗，很有经济实力。经销商纷纷进货，咖喱粉一下子成了畅销货。

（资料来源：http://www.hexuelin.com/ReadDetails,1,50.aspx）

4）家庭系列化，生产多种产品的企业，可以在风格一致，甚至主题一致的前提下，在每则广告中只介绍1～2种产品，逐步深入，最后以一则广告为总结的形式展现所有产品与企业实力，并可循环播出。

三、广告媒体的选择

确定了广告策略后，就要选择适当的广告媒体，这需要在研究多种媒体的特性基础上考虑多方面因素，从而作出媒体选择决策。

（一）各类广告媒体的特点

广告媒体是在广告主与广告接受者之间起媒介作用的物质载体。广告所运用的媒体有报纸、杂志、广播、电视、电影、幻灯片、户外张贴、广告牌、霓虹灯、样本、传单、书刊和包装纸等，不同的广告媒体有不同的特点，起着不同的作用。

1. 报纸广告

报纸不仅是新闻传播的主要工具，而且是我国和世界各国目前选用的第一大广告媒体。利用报纸做广告的优点是：读者广泛稳定，宣传覆盖面广；传递迅速，反映及时；制作简便，收费低廉；集权威性、新闻性、可读性、知识性、记录性于一体。但报纸作为广告媒体也有一定的缺陷，即时效性短，内容繁杂，阅读仓促；制作和印刷不易精细，难以形象地表现产品外观与特征。

2. 期刊广告

期刊广告由于期刊本身特征不同而有所区别。有些期刊属于综合性质，阅读者人数众多、兴趣广泛，宜作多类型广告；有些期刊属于专业性质，仅针对一些专业人员，如一些机械产品及技术性较强的产品可选择专业性较强的刊物；有些商业性期刊国内外均发行，是出口产品广告的有效媒体。利用期刊做广告的优点是：对象明确，针对性强；保存时间长，信息利用充分；制作精细，图文并茂，能较好地再现产品外观形象。其缺点是：定期发行，难以适时；传播范围窄，成本费用高。

3. 广播广告

广播广告是通过电台播音员代替推销员向顾客介绍产品特点及选购方法的一种广告形式，是听觉广告。其优点是：传播速度快，空间范围大；制作简便，费用低廉。广播广告的局限性在于有声无形，印象不深；盲目性大，选择性差。

4. 电视广告

电视集图像、色彩、声音、活动于一身，是现代化广告媒体。电视广告的优点在于覆盖面广，收看率高；形象生动，感染力强；娱乐性强，宣传效果好。其局限性是：一晃即逝，不易保存；制作复杂，费用昂贵；选择性差，目标欠具体。

5. 网络广告

网络广告就是通过互联网来做广告。网络广告媒体的优点是信息覆盖面广、信息容量大、信息交互式传播、形势多样、动态实效、易统计、制作成本低。其局限在于存在硬件要求高、上网费高、会使用计算机等。

6. 其他媒体广告

其他媒体广告包括路牌、信函、产品目录、印刷招贴、车船、壁画以及霓虹灯、橱窗等广告形式。这些广告形式也各具特点，企业在选样使用时，应从实际情况出发，择优而定。

（二）影响广告媒体选择的因素

广告媒体种类繁多，各种媒体既体现其个性，又具有整体性。正确、合理地选择广告媒体，就是把个性融合在整体之中，发挥广告传导的整体效应。一般而言，衡量和选择广告媒体时应考虑以下几方面的因素。

1. 广告媒体的传播范围

它是指广告媒体所能传播到的空间和视听人数，包括报纸和杂志的发行量；电视和广播的观众与听众数量；路牌广告的地点和车船广告的流动路线等。在媒体传播范围大小不一的情况下，企业在选择广告媒体时，应把产品销售的地理范围与广告媒体所能传播到的范围统一起来。凡销售全国的产品，宜选择全国性报刊、广播电台和电视台做广告媒体；只是在局部地区销售的产品，则宜选择地区性报刊、电台和电视台作为媒体。

2. 消费者接触媒体的习惯

选择哪种媒体做广告不仅要考虑产品的特点，而且还要考虑不同消费者接触广告媒体的习惯和偏好。不同媒体可将广告信息传递给不同对象，能达到目标顾客的才是对象最有效的媒体。企业究竟选择什么广告媒体以及广告内容，要以广告媒体所涉及的对象以及对象接触媒体的习惯为转移。

3. 广告媒体的频率

其是指一定时间内进行广告的次数。如报纸上的广告，当天读者多，过期报纸往往很少有人观看；而商店的橱窗和路牌广告，可以反复多次引人注目。但是频率低的广告，其对象和范围非常广泛，而频率高的广告，其对象和范围则比较狭窄。因此，企业在选择广告媒体时必须权衡利弊。

4. 广告媒体的影响力

其是指广告媒体的影响、声誉和表现形式上的特长对观众、听众或读者的吸引力和感染力。质量高影响力大的广告媒体，视听到广告信息的消费者就多。因此，企业在选择广告媒体时，要注意把产品的目标市场和媒体影响力所能达到的程度结合起来，才能既不造成浪费，又能达到广告宣传的最大效益。

5. 广告媒体的成本

各媒体的费用差别是很大的，广告活动应考虑企业的经济负担能力。如电视广告绝对成本高，而报纸则很低，但企业在考虑广告媒体成本时不能完全以其绝对数来衡量，目前在考虑广告媒体成本时常用的一种方法是计算千人成本（CPM），即通过一种媒体把信息传递给1000个接受者所需的费用。

问题出在哪里

几年前宝洁的汰渍洗衣粉上市之初，劲头十分强劲，市场占有率和销售额以人们的眼睛移动跟不上的速度向上飙升，但一段时间之后，这种势头逐渐放缓了，而在这个阶段销售速度放缓同宝洁以往的经验是不相符的，也就是说一定是在哪个环节上出问题了。于是宝洁公司开始了大量的市场调查工作，对渠道检查过了，没有问题；对产品测试过了，没有问题；对竞品分析过了，问题肯定不是出在这里……最后品牌经理把注意力集中到了广告上。其起因是在一次小组座谈会上，消费者在对产品评价时，听到有消费者抱怨汰渍洗衣粉的用量大，当追问是什么原因使这位被访者认为用量大时，她说："你看广告中在倒洗衣粉时，倒了那么长时间，所以说它洗得干净，其实是因为它用得多。计算下来这样划不来，还不如买奥妙，贵点儿但省呀！"于是品牌经理赶紧把广告带找来，掐算了一下展示产品部分倒产品的时间，一共3秒钟，比奥妙洗衣粉广告的1.5秒长了一倍……

第三节 人员促销

人员促销是人类最古老的促销手段，这种促销手段在市场经济条件下，同样是现代社会中最重要的促销形式，尤其对产业用品和高科技产品的促销。

一、人员促销的概念和特点

1. 人员促销的概念

人员促销是由企业派出推销人员或委派专职推销机构人员直接向潜在购买者进行宣传介绍活动，使其采取购买行为的促销方式。

2. 人员促销的特点

同非人员促销相比，人员促销的最大特点是具有直接性。无论是采取推销人员面对面地与顾客交谈的形式，还是采取推销人员通过电话访问顾客的形式，推销人员都在通过自己的声音、形象、动作或拥有的样品、宣传图片等直接向顾客展示、操作、说明，直接发生双向交流。人员促销的这种直接性的特点，决定了其在实施过程中既具有优于非人员促销的一面，也有劣于非人员促销的一面。

人员促销的优点表现在了下几个方面。

1）人员促销具有极大的灵活性。销售人员在推销访问过程中可以亲眼观察到顾客对推销陈述和推销方式行为的反应，并揣摩其购买心理变化过程，因而能立即根据顾客情绪及心理变化有针对性地改进推销方式，以适应各个顾客的行为和需要，最终促使交易达成。

2）人员促销针对性强，无效劳动少。与广告相比，广告所面对的群众范围十分广泛，其中有些根本不可能变为企业的顾客，所以，企业做广告所花的钱，有一部分是白花的。而销售人员却是带有一定的倾向性访问顾客，访问的都是一些购买可能性较大的顾客，目标较为明确，因而耗费无效劳动较少。

3）人员促销注重人际关系，有利于顾客同销售人员之间建立友谊。销售人员代表企业利益，同时也代表着顾客利益。他们一般都知道，满足顾客需要是保证销售达成的关键，因此，销售人员总是愿意在许多方面为顾客提供服务，帮助他们解决消费问题，同时，在面对面的交谈过程中，销售人员与顾客既可谈论商品买卖问题，也可以谈及家庭、社会等其他问题，久而久之，双方极有可能建立起友谊关系。

4）有利于促成及时购买。人员促销的直接性，大大缩短了从促销活动到采取购买行为之间的时间间隔。采取人员促销活动，可以通过推销人员的现场说服解答工作，使顾客的种种问题迎刃而解，促使顾客立即采取购买行为。

人员促销的缺点主要表现在两方面。其一是推销成本较高。在市场范围广阔而买主又较为分散的状态下，人员促销总成本和单位成本都很高。据美国学者的调查，在许多企业里，人员促销费用是一项最大的经费开支，通常占企业纯销售额的 8%～15%，而广告费用开支占 1%～3%。因此，企业决定使用人员促销时，必须权衡利弊，慎重从事。其二是影响范围有限。人员促销是以口头方式与顾客进行沟通的，是一对一的促销活动，而未借助各种媒介作传播工具，这种直接性制约了人员促销信息传递的辐射面。

猜猜哪位名人会来

在美国肯塔基州的一个小镇上，有一家格调高雅的餐厅。店主人察觉到每星期二生意总是格外冷清，门可罗雀。

一个星期二的傍晚，店主人闲来无事，随便翻阅了当地的电话簿，他发现当地竟有一个叫约翰·韦恩的人，与美国当时的一位名人同名同姓。

这个偶然的发现，使他计上心来。

他当即打电话给这位约翰·韦恩，说他的名字是在电话簿中随便抽样选出来的，他可以免费获得该餐厅的双份晚餐，时间是下星期二晚上 8 点，欢迎偕夫人一起来。

约翰·韦恩欣然应邀。

第二天，这家餐厅门口贴出了一幅巨型海报，上面写着："欢迎约翰·韦恩下星期二光临本餐厅。"海报引起了当地居民的瞩目与骚动。

到了星期二，来客大增，创造了该餐厅有史以来的最高纪录，大家都要一观约翰·韦恩这位巨星的风采。

到了晚上 8 点，店里扩音机开始广播："各位女士、各位先生，约翰·韦恩光临本店，让我们一起欢迎他和他的夫人！"霎时，餐厅内鸦雀无声，众人目光一齐投向大门，谁知那儿竟站着一位典型的肯塔基州老农民，身旁站着一位同他一样不起眼的夫人。

人们开始一愣，当明白了这是怎么一回事之后，便迸发出了欢笑声。

客人簇拥着约翰·韦恩夫妇上座，并要求与他们合影留念。

此后，店主人又继续从电话簿上寻找一些与名人同名的人，请他们星期二来用晚餐，并出示海报，普告乡亲。

于是"猜猜谁来吃晚餐"、"将是什么人来吃晚餐"的话题，为生意清淡的星期二带来高潮。店主人没花一分钱，却歪打正着，这应归功于他大胆的创意。

（资料来源 http://qkzz.net/Announce/announce.asp?BoardID=11100&ID=250802）

二、人员促销的过程

一般地说，一个有效的人员促销过程至少应包括 3 个程序：寻找顾客、进行推销、售后追踪。

1. 寻找顾客

人员促销的首要程序就是寻找潜在的顾客，只有有了特定的推销对象，推销人员才能开始实际的推销工作。推销人员可以通过以下一些途径来寻找潜在的顾客。

1）市场调查。推销人员可以利用市场调查的结果，从中寻找可能的顾客。市场调查可以由企业自己进行，也可以委托有关的市场咨询公司进行。

2）资料查寻。推销人员可以通过查阅现有的信息资料来寻找顾客。如工商企业名录、统计资料、各种年鉴、电话簿、有关的信息书报杂志等。

3）广告开发。推销人员可以利用各种广告媒介来寻找潜在的顾客。如报纸、杂志、电视、广播、直接邮寄等。

4）客户介绍。推销人员可以请现有的客户推荐、介绍潜在的顾客。这种方法的关键在于推销人员首先要取得现有顾客的信任，然后利用现有顾客的社会关系，寻找更多的新顾客。寻找到潜在的顾客后，还需要对他们进行评估，以确认是否真正值得开发。通过对潜在顾客的需求、支付能力等的审查，推销人员可以剔除那些没有成功希望的顾客，优先把时间和精力放在那些最有潜力的顾客身上，以减少不必要的支出和浪费，提高推销的成本效益。

2. 进行推销

潜在的顾客目标被确定后，推销人员就要马上着手与顾客接触，进行推销。通常有两大方面的活动，一是要做好推销前的准备工作；二是与顾客见面，推销产品。

推销前的准备工作通常包括如下内容。

1）拟订推销计划。确定向顾客介绍的产品及该产品能充分满足顾客需求的特征和优点，然后编制推销方案，如准备洽谈的内容、发言的提纲等。

2）与顾客约见。首先要能见到顾客，然后才有机会面谈、推销。约见主要是约定推销访问的对象、时间地点、目的，应方便顾客，有利推销。

3）安排访问路线。特别是在一天里访问多个顾客或连续访问时，合理的访问路线可以减少推销人员的旅途和等候时间，避免无谓的浪费。

当推销人员与顾客见面后，就进入了关键性的面谈阶段。推销人员应运用其熟练的推销技巧、去说服顾客购买产品。

3. 售后追踪

产品售出后，推销活动并未就此结束，推销人员还应该与顾客继续保持联系，以了解他们的满意程度，及时处理顾客的意见，消除他们的不满。良好的售后服务，可以提高顾客的满意度，增加产品再销售的可能性。

推销人员也可以通过售后的追踪和评价，了解顾客的信用度，从中挑选出关键顾客，即购买额在企业全部销售额中占相当大的百分比，或者是将来有可能成为最大顾客的那部分顾客，对他们进行重点的管理，因为这些关键顾客对于企业的生存和发展有着重要的影响。

三、推销人员应该具备的素质

具体来讲，推销人员应该具有的基本素质如下。

1. 在业务的指导思想方面

必须热爱本职工作，真心实意地为消费者服务。推销人员受命于企业，服务于消费者。热爱本职工作，就是对企业的热爱，就能为企业兢兢业业地去工作、创造性地去工作，把企业的利益同自身的利益紧密地联系起来，从自身利益的角度去关心企业。热爱本职工作，就必须有高度的责任心，不怕艰苦、任劳任怨，为完成推销任务、改变推销环境而不懈地努力工作。推销人员肩负着联系企业与顾客的重任，对企业来说，推销人员是企业的代表，而对顾客来说，推销人员又是他们的参谋、顾问。因此，推销人员既要想企业之所想，又要想消费者之所想；既要急企业之所急，又要急消费者之所急。从消费者的利益出发，推销人员应具有用户第一、顾客至上、顾客是“上帝”的思想，全心全意地为消费者提供满意而周到的服务。从某种意义上看，推销人员为消费者服务，也就是为企业服务，也就是想企业之所想，急企业之所急。有人认为，企业利益和消费者利益是彼此矛盾的，为企业服务，就不能为消费者服务；反过来，为消费者着想也就必然损害企业的利益。这种观点是十分错误的，他们不懂得企业利益和消费者利益的一致性。作为推销人员必须清楚这个道理，代表企业并积极大胆地为消费者服务。

推销人员要实现服务于消费者这一宗旨，必须具备两个条件：①相信自己代表的企业、相信自己推销的产品、相信自己有能力完成推销任务；②有丰富的商品知识及操作技艺，既能现场表演，又能提供周到并令人满意的售后服务。只有具备了这两个方面的条件，才能够大胆地说服消费者、影响消费者，当好消费者的参谋和顾问。这就是说，推销人员是在先说服自己之后才去说服消费者的，做到了心中有数，能够灵活地回答消费者提出的各种疑虑问题。

2. *在业务的知识方面*

必须具有丰富的企业、商品、用户、市场、心理学、美学等方面的知识以及风土人情、语言表达能力等。

所谓企业知识，主要包括企业的历史、在同行中的地位、生产能力、经营策略、产品种类以及服务项目、订价策略等。

所谓商品知识，主要包括商品的性能、结构、用途、用法、维修、保管等知识，同时还包括对竞争商品知识的掌握以及与自己推销的商品之间的差别。

所谓消费者知识，就是指对消费者的了解，主要包括消费者购买的决策权、购买的动机、习惯、方式、条件、时间等方面的知识或情况。

所谓市场知识，包括广义和狭义两类市场知识。其中，广义的市场知识包括市场的基本理论、体系以及同市场相关的其他的经济范畴，如价格、产品、竞争等。狭义的市场知识是专指顾客的情况，比如，顾客现实的购买力以及怎样才能增加其购买量；潜在消费者的状况以及对产品需求的发展趋势；目标市场环境以及影响其变化的因素等。推销人员所具备的市场知识是指后者而不是指前者。但是，对一个符合市场经济发展要求的高水平推销人员而言，不仅要了解狭义的市场知识，而且还要具有广义的市场知识，成为市场方面的“万事通”。

所谓心理学的知识，主要是指把握和了解消费者的心理活动规律。一个优秀的推销人员，通过与消费者的简单对话，就能够明白消费者在想什么，打算购买一种什么样的商品。并且能因势利导，实现消费者的心愿。

所谓美学知识，主要是指推销人员能根据消费者的不同审美观点，从各个不同的角度介绍产品的设计、花色、品种等，以便满足消费者的审美要求。要做到这一点，就需要懂得美学方面的知识。

所谓风土人情知识，主要是指推销人员要了解消费者的风俗习惯。市场是任何消费者都可以去的地方，中国又是个多民族的国家，有些地方杂居着许多民族，再加上人口的流动性，市场上随时都会有不同民族的消费者出现，再加上推销人员活动的范围相当广泛，如果懂得消费者的风俗习惯，就可以接近他们，同他们交往，并能取得他们的信任，成为他们的朋友，从而更好地完成促销任务。

所谓语言学方面的知识，包括很多内容，不能要求推销人员同语言学家一样，懂得语言学方面的各种知识，只要有较强的语言表达能力，能够运用准确的语言向消费者介绍商品以及有关的情况就可以了。随着我国改革开放的深入发展，国际交往的不断增多，要求推销人员还必须懂得一定的外语知识，以便于与外国消费者的思想沟通，在更大的范围内来推销商品。

3. 在操作技术方面

推销人员必须懂得自己所推销的产品的基本操作技术，并能进行现场表演，用以增强消费者对推销人员、产品、企业等方面的信任感。特别是高档产品和高技术产品，价格较高，消费者中间很少有人能全部掌握它的性能和操作技术，在购买时或多或少都有点碰运气的心理。如果推销人员懂得其操作技术，进行现场操作表演，就可以增强消费者的信心，解除疑虑，有利于达成交易。

4. 在职业道德方面

推销人员必须具有良好的职业道德，竭诚为消费者服务，任何危害消费者的思想和行为都是不允许的。

5. 在交往活动方面

要学会运用公共关系学方面的知识，协调好企业与消费者之间的关系，沟通企业与消费者的联系，并为企业收集信息，协助企业做好经营决策。交往活动是一门艺术。在同消费者的交谈过程中，推销人员要举止适度、谦恭礼貌、仪表端庄、谈吐文雅、平易近人。如果发生矛盾，也要冷静、正确地处理，绝不能用语言来伤害消费者。如果消费者提出问题，推销人员一定要认真对待，冷静而又耐心地回答，既要尊重消费者，又要科学地回答消费者提出的问题，保证交谈过程的和谐气氛。

关于推销人员的素质不仅仅是这 5 个方面，还包括其他方面的内容，如身体素质，文化素质、有无开拓精神等。根据对推销人员素质的简单分析可以看出，推销工作对推销人员所提出的要求是很高的，并不是什么人都可以胜任推销人员的工作。

四、人员促销的管理

1. 销售人员的组织

销售人员的组织，主要应根据销售地区、产品性质和顾客组成来确定。同时还要考虑销售人员的素质。几种常见的组织形式如下。

1）按区域组织。这是普遍采用的一种形式，即按产品销售的不同地区，分派销售人员。每一销售人员负责一个特定地区的全部销售任务。这种形式的优点是有利于与客户建立深厚的联系，容易发现新顾客，并且责任明确，减少了销售人员的流动性和费用。它主要适用于产品种类和品种较少的企业采用。如产品种类和品种较多，完成销售任务就有不少困难。

2）按产品组织。即每个销售员负责一种或一类产品销售任务。当企业的产品繁多时，可采用这种形式，按不同的产品分派销售人员。这样，销售人员可以深入掌握某一种产品的知识和推销技术，有利于实现销售。

3）按顾客组织。即按照顾客的类型分派销售人员。有时，一种类型的产品，可供多种类型的用户使用。用户规模有大有小，业务性质也不相同。企业可将顾客分为不同类型，分派销售人员。这种形式可使销售员较深入掌握某一类顾客的工作特点和需要，并与之建立密切的联系。

另外，有的企业也采用综合形式组织。如地区与产品结合；产品与顾客结合；地区与顾客结合等形式。

2. 销售人员的选择与培训

企业对合格（优秀）的销售人员应有明确的要求，这些要求或条件是挑选和培训销售人员的标准。当企业无法直接选择符合要求的销售人员时，就只能从挑选对象中择其优者进行培训了。培训的方法主要有：讲课、讨论、示范、实习和以老带新等。

3. 销售人员的报酬和监督

报酬和监督都是调动销售员积极性的有效方法。销售人员流动性大，工作艰苦，责任重，他们的报酬一般应高于企业其他人员。报酬合理与否直接影响到销售人员的积极性。我国目前销售人员的报酬形式有 3 种。

1）工资加奖金。适用于不直接取得订货的销售员，如宣传销售员、主要从事技术服务的销售工程师。这种形式刺激性不强。

2）多种形式的承包制。即以销售员完成的销售量或利润额为基础、按承包合同规定的分成比例支付报酬。这种形式刺激性强，有利于调动销售人员的积极性。但这种方法重刺激轻管理，销售员可能不愿去做那些非直接销售的工作，如服务工作、情报工作等。

3）工资与承包结合。这种形式是上述两种形式的结合，可较好地综合他们的优点而又避免各自的缺点，即刺激与管理并重。

监督是调动积极性的另一个方面。定额是监督的工具，如销售量、利润、费用、开发新用户数、访问次数等。这些定额既是对销售员的考核指标，又是监督销售员的有效工具。另外，销售员的主管还可通过走访用户、信函和电话等了解销售员的工作情况，以便考察、指挥和帮助销售人员。

4. 销售人员的考核

考核是很必要的，它关系到销售人员的报酬、调动、工作量的增减等问题。定额是考核的量的标准，还应从质的方面进行考核，例如，能力的评价、思想品质的评价、工作态度、各种非定额任务的完成情况等。

第四节 营 业 推 广

一、营业推广的概念和特点

1. 营业推广的概念

营业推广也叫销售促进，是指企业在特定的目标市场中，为迅速地刺激需求和鼓励消费而采取的非经常发生的推销努力。简言之，就是一种直接刺激以求短期内达到效果的促销方法。营业推广手法多样，根据不同对象、不同产品可相应采取如赠送样品、陈列、演出、展示、有奖销售等不同方式。

2. 营业推广的特点

营业推广的形式多种多样，一般都具有两个相互矛盾的特点。

1）见效迅速。营业推广的许多形式，对消费者或用户具有相当的吸引力，特别是对那些想买便宜货的消费者具有特殊的吸引力，似乎告诉消费者这是不会再有的机会，使消费者有一种机不可失的紧迫感，从而打破消费者购买某一特殊商品的惰性，以及消费者持币待购现象。因此，营业推广能够很快见到成效。

2）贬低产品。营业推广的有些做法给顾客的印象是急于求售。如果频繁使用或使用不当，会引起顾客的疑虑和担心，怀疑产品的品质、价格和品牌，由此而降低产品的身价和地位。企业在采用营业推广方式时，应当研究这种负作用的可能性，防止出现负面影响。

二、营业推广的管理过程

营业推广的管理过程包括：明确活动的目标，选择营业推广的手段，确定活动的时机、强度和范围，制订活动方案以及方案的实施和评价等。

（一）营业推广目标的确立

营业推广的目标主要由企业的营销目标而定，一般有 3 个方面的目标。

1）以消费者为目标的推广。其主要是刺激消费者购买。如鼓励现有产品使用者增加使用量，吸引未使用者试用，争取其他品牌的使用者等。

2）以中间商为目标的推广。鼓励中间商购买、销售企业产品，提高产品库存量，打击竞争品牌，增强中间商的品牌忠诚度，开辟新的销售渠道等。

3）以推销人员为目标的推广。鼓励推销人员促销企业产品，刺激他们去寻找更多的潜在的顾客，努力提高推销业绩等。

（二）营业推广方式的选择

营业推广有许多不同推广方式，以实现其不同的目标，而各种不同的方式仍在不断地被翻新。选择营业推广方式，必须充分考虑市场类型、营业推广目标、竞争情况及每一种推广形式的成本效益等各种因素。

1. 企业使用于消费者的营业推广方式

企业在某些时期，为了一定的需要而对消费者或用户开展一些营业推广活动，特别是厂商和零售商以及某些服务业，更热衷于直接针对消费者开展推广活动。其推广的方式主要如下。

1）赠送样品。制造商产品如果有明显的竞争优势，目标在于吸引消费者率先采用，则产品样品可作为有效的促销工具，企业可以向消费者赠送免费样品或试用样品，尤其当企业推出新产品时。这些样品可以挨户赠送，通过邮寄赠送，在商店里散发或附在其他商品中赠送，以及在广告中公开赠送。

2）折价券和消费卡。折价券或优惠券就是给持有人一个保证，他在购买某种商品时可凭此券免付一定金额的费用。折价券可以邮寄，附加在其他商品中或在广告中附送，多被厂商采用；消费卡多被零售业、服务业采用，持卡人凭卡消费可以享受一定的折扣，消费卡既可以免费有目的地发放，也可以收取一定的费用售出。这种形式可以培养固定的消费者。

3）特价包。特价包就是向消费者提供低于正常价格出售商品的一种方法。其做法是在商品包装或标签上加以附带标明。它可以是一种廉价包装，也可以是一种特惠价包装。特价包对刺激短期销售十分有效，被许多厂商所利用。

4）赠品印花。当顾客购买某一产品时，企业给予一定数量的交易印花，若凑够一定数量后，可以凭印花兑换某些奖品，以招徕生意，扩大销售。

5）特价销售。为度过某些销售淡季或迎接某些特定节日，厂商或零售商往往会开展一些优惠酬宾、折扣让利等形式在原价基础上全面减价的销售活动，以刺激消费者购买。

6）消费信贷。它是通过赊销、分期付款等方式推动商品或服务的销售，顾客不用支付现金或只支付部分现金即可先期取得商品使用权。对商品房、汽车等大件特殊商品，消费信贷有明显的促销作用。

7）产品展销。通过参与和举办各种形式的商品展销，突出、集中、重点介绍商品，配合以特惠零销价，能有效刺激消费者购买。

8）现场示范表演。在销售现场用示范表演的方法，介绍新产品的用途及使用方法，增加顾客对新产品的了解，刺激其购买。

9）赠礼与兑奖。赠礼一般将赠送礼品附在包装内，对一些儿童、妇女用品，特别是食品，赠送小礼品是一种常见的营业推广措施，它能有效地刺激销售。兑奖一般是通过广告向社会公布中奖标志，或在商品包装物上附有中奖标志说明，而中奖标志即在商品包装物之内，通过购买使用即可揭晓。消费者凭中奖标志可以到指定地点兑奖。

10）竞赛、游戏。这是通过组织让消费者参与的有关活动，让消费者有某种机会去赢得一些东西，如现金、旅游或商品，作为他们运气和努力的回报。

麦当劳的鸡翅促销

2010年新春伊始，成都麦当劳开展了凌厉吃鸡翅促销活动，从2010年2月24日开始到3月23日，麦当劳餐厅销售的原价7元一对的麦辣鸡翅仅售5元，而且任何消费者在购买时只要出示任何品牌的鸡翅优惠券就能再节省。于是乎在成都形成了一股吃鸡翅到麦当劳的热潮。

2. 企业使用于中间商的营业推广

企业为取得批发商和零售商的合作，可以运用购买折让、广告折让、陈列折让、推销金等营业推广工具。购买折让是指购货者在规定期限内购买某种商品时，每买一次就可以享受一定的小额购货折让，以鼓励购货者大量购买商品，尤其是那些通常都不愿进货的新品种。中间商可以利用这种购买折让得到立即实现的利润、广告或价格上的补偿。

企业为酬谢中间商替其做商品广告，往往要给中间商的广告折让。中间商为生产企业商品举办特别陈列，企业要为其提供免费品。当中间商购买某种商品达到一定数量时，企业要为其提供免费品。当中间商推销企业产品有成绩时，企业要给予中间商推销金，或免费赠送附有企业名字的特别广告赠品，如钢笔、日历、笔记本、烟灰缸、领带等。

3. 企业使用于推销人员的营业推广

推销人员经常要将许多不同品牌的商品推荐给消费者使用，因此，企业常运用销售竞赛、销售红利、奖品等营业推广工具直接刺激推销人员。上面所讲的企业使用于中间商的营业推广工具也可使用于推销人员，包括中间商的推销人员和企业自有的推销人员。

（三）营业推广方案的设计

企业市场营销人员不仅要选择适当的营业推广方式，而且还要作出一些附加的决策以制订和阐明一个完整的促销方案。制订营业推广的方案，通常要考虑以下 6 个方面的因素。

1）推广的规模。奖励规模的确定要考虑成本与效益的关系。推广活动要获得成功，一定规模的奖励是必要的。但如果超过一定限度，规模的扩大不一定会带来效益的递增。

2）推广的对象。哪些消费者可以参加营业推广并获得奖励？一般来说，应奖励那些现实的或可能的长期顾客。

3）推广的途径。其即要决定如何把营业推广方案向目标对象传送。如折价券，可以附在产品包装中，也可以通过广告媒体进行传送、分发。两种方式各有其不同的影响范围与成本。

4）推广的时间。其即营业推广活动持续时间的长短。如果时间太短，许多可能的消费者还未来得及购买，无法享受推广的优惠；时间太长，则可能会给消费者造成不良印象，认为是变相减价或产生对产品质量等的怀疑。

5）推广的时机。应该在什么时候举行营业推广活动，通常要考虑产品的寿命周期、消费者的收入状况、购买心理、竞争状况等因素。同时也要考虑不同的促销工具，各部门之间的协调配合等情况。

6）推广的预算。预估营业推广的费用支出，可以有两种方法：一是自下而上，先确定各种具体促销方式的费用，然后相加得出总预算；二是先确定企业促销的总费用，然后按一定的百分比来进行分配，确定营业推广的费用。

（四）营业推广方案的实施和评价

1. 方案的预试

虽然营业推广方案是在经验较为丰富的基础上制定的，但仍应经过预试以确认所选用的方式是否适当，推广规模是否最佳，实施的途径效率如何。对消费者市场面广的营业推广，可以邀请不同消费者对几种不同的可能的优惠方法作出评价，给出评分，进行不同推广方式的比较；也可在有限的地区范围内进行试用性测试以选择较优的方案。

2. 方案的正式实施和控制

一个好的营业推广方案，能否实现其预期目标，将取决于实施阶段的努力，这种努力体现在以下两方面：其一，对推广程序的控制，以求符合既定方案的思路；其二，对一些不测事件的控制和必要调整，以求最大限度排除意外干扰的负面影响。

每项营业推广活动在时间上可分为以下两个阶段。

1）准备阶段的准备时间，包括以下各项工作所需时间，以及各种推广工具的策划时间，如广告的创意、设计、制作等所需时间；营业推广信息的传播时间，如材料邮寄或分送到户，广告播放或刊登等时间；促销人员的招募和培训等时间；产品包装的修改时间；赠品的选择与采购时间；零售点合理库存的分配时间，等等。时间必须充分、合理安排；

2）销售延续时间，是指从某一特别选择的起始日开始的一段持续的营业推广时间，在这期间，消费者由于受到吸引，如各种优待方法的刺激，而纷纷加入到购买者行列中来，掀起一个销售高潮。这段时间可长可短，视营业推广工具和目标等而定。短的如一周、10 天，长的可达一两个月。营业推广的控制，是保证营业推广活动实现其方案构想的重要手段。

3. 方案结果的评价

企业可用多种方法对营业推广结果进行评价。评价程序随着市场类型的不同而有所差异。例如，企业在测定对零售商推广的有效性时，可根据零售商销售量、商店货档空间的分布和零售商对合作广告的投入等进行评估。企业测定对消费者推广的有效性可用以下几种方法进行评估。

1）比较推广前、推广期间和推广后的销售或市场占有率。在其他条件不变的情况下，增加的销售应归功于推广方案的影响。图 9.4 显示了企业所希望得到的结果。在推广前，企业品牌的市场占有率为 6%。在推广期间，则上升为 10%。这增加的 4 个百分点是由于吸引了有优待偏好的消费者前来购买和品牌忠诚消费者因价格诱因而增加购买的结果。而推广一结束，消费者因储存过多的存货且正在设法消费，所以，品牌占有率跌至 5%。等存货调整期一过，品牌占有率又回升至 7%，表明增加了 1 个百分点的忠诚顾客。这在品牌质量不错，而又有许多非品牌使用者不知道本品牌的情况下，完全有可能。在大多数情况下，推广结果并不令人满意。可以想象以下两种不同的情况：第一种情况，品牌占有率在推广期间上升至 10%，推广后立即跌至 2%，经过一段时间又回升至 6%。这表明；在推广期间，现有顾客是主要购买者并且储存商品，推广期一过，他们便消费这些储存商品，最后又恢复到原来的正常购买率。所以，优待的结果在很大程度上表现在购买时间模式的改变，而不是购买量的持续提高。但是，企业在这种情况下的推广并不一定是浪费。特别是当存货过多，企业想暂停生产，尽早处理完存货时，此项推广更不失为有效的行为。第二种情况，品牌占有率在推广期间只上升很少或没有改变，推广期一过就回落，且停留在比原来更低的水平上。这表明：该品牌基本上处于销售衰退阶段，推广只是使衰退缓慢下来，而无法使衰退停止或使情况好转。测定推广效果的另一种方法是在目标市场中找一组样本消费者面谈，以了解有多少消费者还记得推广活动，他们认为推广活动办得如何，有多少人从中获得利益，推广对他们以后的品牌选择行为有何影响。这种方法常用来选择研究某种推广工具对消费者的影响。

2）通过仔细安排好的实验来研究。这种实验可随着优待属性（如诱因价值、优待期间、优待分配媒体等）的不同而有所差异。优待属性的改变与地理区域的变换相搭配，可以了解不同地理区域的推广效果。同时，运用实验法还需做一些顾客追踪调查，以了解为什么不同的优待属性会有不同的反应水平。

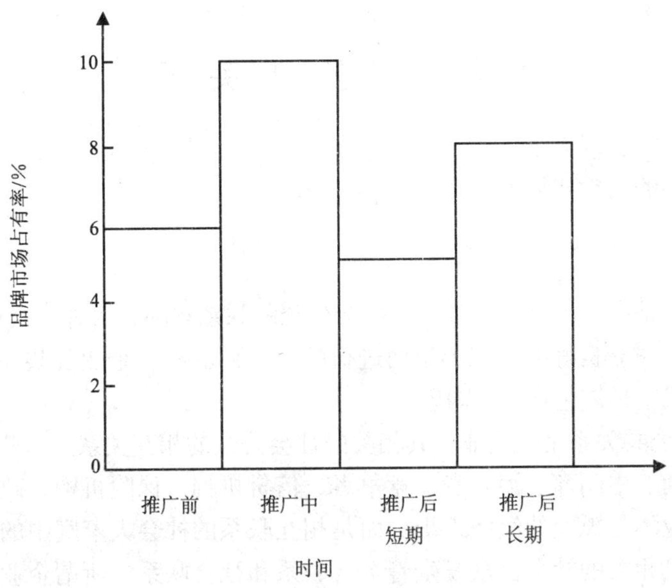

图 9.4　推广对品牌市场占有率的结果

3）消费者固定样本数据。消费者固定样本数据也可以用来评估消费者对推广活动的反应。国外的研究发现：优待通常促进了品牌转移，其比率则视具体优待方式而定。通过媒体送达的赠券引发了大量的品牌转移，而降价却没有这样明显的效果，附在包装内的折价券几乎对品牌转移没什么影响。尤其引人注意的是，消费者在优待过后，通常又恢复到原来偏好的品牌。

一件货

对买新产品的商家来说，最吸引顾客的无非是“新”，如何再在“新”上继续做文章呢？

意大利有个莱尔市场，就是专售新产品的。有些新产品很畅销，许多顾客抢着购买，没抢到手的，要求市场再次进货，可得到的回答竟是：很抱歉，本市场只售首批，卖完为止，不再进货。

对此，有些顾客很不理解，还向旁人诉说。但从此以后，来这里的顾客中意就买，决不迟疑。不难看出，莱尔市场的“割爱”是个绝妙的创意，它能给顾客留下强烈的印象——这里出售的商品都是最新的；要买最新的商品，就得光顾莱尔市场。

这真是“新”上创新的创意！

第五节　公共关系

一、公共关系的概念和特点

1. 公共关系的概念

公共关系是指一个组织为改善与社会公众的联系状况，增进公众对组织的认识、理解与支持，树立良好的组织形象而进行的一系列活动。企业公共关系作为一种特殊的促销形式，具体包含以下内容。

1）企业公共关系是指企业与其相关的社会公众的相互关系。这些社会公众主要包括：供应商、中间商、消费者、竞争者、信贷机构、保险机构、政府部门、新闻传媒等。企业不是孤立的经济组织，而是相互联系的社会大家庭中的一分子，每时每刻都在与其相关的社会公众发生着经济联系和社会联系。所谓企业公关，就是指要同这些社会公众建立良好的社会联系。

2）企业形象是企业公共关系的核心。企业公共关系的一切措施，都是围绕着建立良好的企业形象来进行的，企业形象一般是指社会公众对企业的综合评价，表明企业在社会公众心目中的印象和价值。在激烈的市场竞争中，一旦企业建立了良好的形象，就拥有不凡的商誉：供应商愿意提供货源，甚至赊欠货款也可提供；中间商和消费者愿意购买产品；信贷机构和投资者愿意提供资金；企业也容易寻求合作伙伴开拓市场，从而使企业在竞争中占据有利地位。反之，一旦企业在社会公众中造成不良形象，则会逐步被市场所淘汰。

3）企业公共关系的最终目的，是促进商品销售，提高市场占有率。表面上看，企业公共关系仅是为了建立良好的形象，同其他促销方式相比，企业公共关系活动的促销性似乎并不存在。但从本质上看，企业作为社会经济生活基本的经济组织形式，营利性是它的基本准则。公共关系的最终目的，无疑仍然是促进商品的销售。正因为如此，公共关系才成为促销的一种重要方式，只不过它是一种隐性的特殊促销方式。通过企业公共关系达成促销的目的，首先经历了一个树立企业形象的环节，经由良好的企业形象，企业先推销了自身，继而促进自身产品的销售。

2. 公共关系的特点

公共关系是一种隐性的促销方式，它是以长期目标为主的间接性促销手段，其特点主要包括以下几个方面。

1）可信度高。大多数受众认为公关报道比较客观、比企业广告更加可信。

2）传达力强。许多人对广告等信息传递方式本能地反感，并有意识地回避。而公共关系活动中的宣传报道是以新闻形式出现的，受众收看、收听和阅读的概率和兴趣较大，所以传达能力强。

3）具有戏剧性。公共关系的活动和报道可使企业和产品戏剧化，具有趣味性，引人入胜。

4）成本低廉。公共关系主要是利用信息沟通的原理和方法进行活动，它比广告成本少得多。如企业提供一个有趣的或有意义的活动，传媒会争相报道，企业可以不用付费，并且能产生较大的轰动效应。从投入和产出之比来看，公共关系是所有促销方式中成本最低的。

二、公共关系的活动方式

公共关系活动是一门综合性的艺术，它必须遵循一套科学的程序和步骤。这些步骤可归纳为调查研究、确定公关目标、制定公关对策、实施公关计划、反馈和评价公关效果。企业要有效地实施这些步骤，实现公关目标，就必须善于运用各种公关活动方式。常用的公关活动方式有以下几种。

1. 通过新闻媒介传播企业信息

这是企业公关最重要的活动方式。通过新闻媒介向社会公众介绍企业和产品，不仅可以节约广告费用，而且由于新闻媒介的权威性和广泛性，使得它比广告更为有效。这方面的活动包括撰写各种新闻稿件（如企业介绍、产品介绍、人物专访、特写等）；举行记者招待会，邀请记者参观企业等。

2. 加强与企业外部公众的联系

同政府机构、社会团体以及供应商、中间商等建立公开的信息联络，争取他们的理解。通过他们的宣传，加强企业及其产品的信誉和形象，如通过赠送企业产品或服务项目的介绍和说明，企业月报、季报和年报资料等。

3. 借助公关广告

通过公关广告介绍宣传企业，树立企业形象。公关广告的形式和内容可概括为3种类型。

1）致意性广告，即向公众表示节日致庆，感谢或道歉等。

2）倡导性广告，即企业率先发起某种社会活动或提倡某种新观念。

3）解释性广告，即就某方面情况向公众介绍、宣传或解释。

4. 举办专题活动

通过举办各种专题活动，扩大企业的影响。这方面的活动包括举办各种庆祝活动，如厂庆、开工典礼、开业典礼等；开展各种竞赛活动，如知识竞赛、劳动竞赛、有奖评优等。

5. 参与公益活动

通过参与各种公益活动和社会福利活动，协调企业与社会公众的关系，树立良好形象。这方面的活动包括：安全生产和环境保护，赞助文体等社会公益事业，为社会慈善机关募捐等。

小　　结

促销是指企业利用各种有效的方法和手段，使消费者了解和注意企业的产品，激发消费者的购买欲望，并促使其实现最终购买行为的活动。其实质是信息的传播与沟通。企业的促销活动种类繁多，主要分为：人员促销与非人员促销，具体来说可分为4种，即人员促销、广告、营业推广和公共关系。

影响促销组合策略的因素涉及促销目标、产品类型、市场状况、企业策略、产品寿命周期、促销预算。

衡量和选择广告媒体时应考虑广告媒体的传播范围、消费者接触媒体的习惯、广告媒体的频率、广告媒体的影响力、广告媒体的成本等因素。

人员促销是由企业派出推销人员或委派专职推销机构人员直接向潜在购买者进行宣传介绍活动，使其采取购买行为的促销方式。一个有效的人员促销过程至少应包括3个程序：寻找顾客、进行推销、售后追踪。销售人员管理涉及销售人员的组织、销售人员的选择与培训、销售人员的报酬和监督及销售人员考核等内容。

营业推广又称销售促进，是指企业在特定的目标市场中，为迅速地刺激需求和鼓励消费而采取的非经常发生的推销努力。简言之，就是一种直接刺激以求短期内达到效果的促销方法。营业推广的管理过程包括明确活动的目标，选择营业推广的手段，确定活动的时机、强度和范围，制订活动方案以及方案的实施和评价等。

公共关系是指一个组织为改善与社会公众的联系状况，增进公众对组织的认识、理解与支持，树立良好的组织形象而进行的一系列活动。常用的公关活动方式有：通过新闻媒介传播企业信息；加强与企业外部公众的联系；借助公关广告；举办专题活动；参与公益活动。

思考与练习

1. 名词解释

促销　人员促销　营业性推广

2. 填空题

1）促销组合涉及（　　）、（　　）、（　　）和（　　）4个因素。

2）营业性推广涉及的目标主要有（　　）、（　　）和（　　）3种类型。

3）直接性是（　　）促销最大的特点。

3. 选择题

1）促销的实质是（　　）。

A. 公关活动　　B. 传播与沟通　　C. 建立销售渠道　D. 增加销售

2）生产资料产品销售在促销工具选择上主要采取（　　）。

A. 广告　　B. 人员推　　C. 公共关系　　D. 营业性推广

3）企业通过广告宣传等手段打动消费者以此吸引中间商进货，这种促销组合策略属于（　　）。

A. 拉引策略　　B. 推进策略　　C. 公共关系策略

4. 判断题

1）在对促销策略的运用中，消费品偏重人员促销与公共关系，而工业品则偏向于广告和营业推广。（　）

2）在消费者分散居住面广的情况下，应努力采用人员促销方式。（　）

3）拉引策略是指企业通过派出推销人员层层将产品推销出去。（　）

5. 思考题

1）什么是促销组合？各主要促销方式的优缺点分别是什么？

2）广告媒体有哪些？选择广告媒体受哪些因素影响？

3）什么是营业推广？营业推广方案涉及哪些内容？

6. 案例分析题

英航公司：只有一名乘客的航班

随着现代社会流动性的加大以及交通工具的发展，航空公司交通事业日益繁荣，航空公司之间的竞争也日趋加剧。各航空公司为了争取客源，保持盈利，除了提高技术手段外，都努力在增强“服务意识”上下工夫，以求在竞争中立于不败之地。

一次英国航空公司所属波音 747 客机 008 号班机，在准备从伦敦飞往日本东京时，因故障推迟起飞 10 小时。为了不使在东京候此班机回伦敦的乘客耽误行程，英国航空公司及时帮助这些乘客换乘其他公司的飞机。190 名乘客接受了英航公司的妥当安排，分别改乘别的班机飞往伦敦。其中有一位日本老太太叫大竹秀子，说什么也不肯换乘其他班机，非要乘英航公司的 008 号班机不可。

按照一般理解，第一，这位日本老太太的要求实在太过分，甚至可以说是无理，完全不必理睬；第二，专为她一人飞，要造成很大损失，而不接受她的要求，不会有很大的不良影响。但令人吃惊的是，英航公司最后竟答应了她的要求，原拟另有飞行安排的 008 号班机照旧飞回伦敦。于是，一个罕见的情景出现在人们面前：从东京到伦敦，长达 13000 公里的航程，有 353 个坐椅的飞机上只有大竹秀子一个乘客，有 6 位机组人员、15 位服务人员为其提供周到的服务。有人估计此行英航公司至少损失 10 万美元。

从表面上看，这确实是个不小的损失。但是，英航公司由此获得的声誉却是无法估价的。不必由他们自己宣传，新闻界就已经把这件事宣传得妇孺皆知了。英航公司“顾客第一，服务第一”的行为，在世界各国来去匆匆的顾客心目中换取了一个用金钱也难以买到的良好形象。

（资料来源：http://zhidao.baidu.com/question/118835259.html）

思考

1）英航公司付出如此大的代价值得吗？

2）从促销角度看，英航公司的此举应属什么类型的促销？

7. 营销实训题

实训项目：促销策划。

实训目的：让学生掌握促销组合因素的合理应用。

1）将学生分为 5～7 人一组，以某公司周年庆或某咖啡屋开业庆典为内容，策划怎样扩大影响，增加销售的促销组合方案。

2）产品促销策略策划。利用所学习促销知识，在教师指导下，由学生自由组合成 4～6 人为一组的产品推广小组，并确定负责人。根据所学习的促销组合知识及 4 种主要的促销组合策略，结合当地市场实际，为某一产品的市场导入设计促销组合方案，并组织实施。

第十章

市场营销管理

一个企业存在的目的，在于创造新客户及维系老客户。

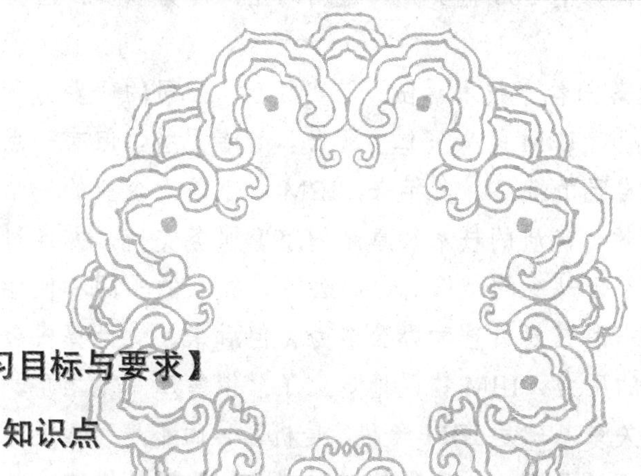

【学习目标与要求】

知识点

1. 了解营销团队的作用，知晓如何搞好营销团队建设；
2. 懂得如何加强客服服务，搞好客户关系管理的重要性；
3. 了解市场营销组织的演变、市场营销组织的设置；
4. 掌握如何加强营销控制。

技能点

1. 具有搞好客户关系管理的能力；
2. 具有营销分析与控制的能力。

蓝色巨人的兴衰

IBM 一度被称为世界上最了不起的、行业中也最了不起的企业，IBM 的形象也一直是一个身穿西服巍然屹立的蓝色巨人。但 20 世纪 90 年代初，这家公司重重地摔了一跤：公司首次亏损，亏损额达 50 多亿美元，公司市值下降 68%，并裁员 20 万人。在 IT 业中，市场领袖已经成为微软和英特尔。IBM 怎么了？

1981 年前，IBM 的年增长率一直在 10%以上，1980 年，销售额达到 400 亿美元。如果公司继续以这个速度增长，预计到 1990 年，销售额将达到 1000 亿美元。经过分析和讨论，IBM 的高层经理们认为，IBM 应该并且能够实现这一目标。为了实现这一目标，公司加速了在 20 世纪 70 年代即已经开始的生产能力和员工扩张计划。1990 年年初，IBM 为每年做 1000 亿美元的大生意做好了准备，但不幸的是，1990 年销售额只有 500 亿美元，过剩的生产能力和员工压得公司透不过气来！

有人将 IBM 的衰落归咎于技术落伍。但实际上，公司的研发力量接近行业内其他企业的总和。虽然对 IBM 的兴衰仁者见仁，智者见智，但有一点却是谁也不能忽视的：IBM 忘了自己的业务。多年来，IBM 一直是大企业的一站式信息服务商。IBM 承诺提供有效、优质的技术和卓越的整套服务支持，并通过与顾客保持紧密的联系成为顾客不可缺少的“信息、办公、计算”的顾问和伙伴。因此，可以说，IBM 销售的是一种信息处理和办公能力。但后来，受计算机市场的诱惑和过分膨胀的生产能力的压力，IBM 错误地走上了“销售产品”之路。他们错误地认为，IBM 与顾客的关系基础是 IBM 产品，是机器，而不是可靠的系统服务。因此当 IBM 转向“销售产品”时，顾客很快发现其他公司所提供的产品更加物美价廉，因此他们离开了 IBM。

后来，IBM 新任的行政总监重新调整了策略，重新致力于成为全方位服务供应商，重视为客户解决问题，而不仅是销售机器，更致力于带领大企业进入网络世界，在咨询、系统集成、网络服务、教育培训等方面为客户提供帮助。同时重新构建客户关系和员工关系。1996 年，IBM 重新站立了起来，收入达 760 亿元，较上年增长了 9%。

（资料来源：http://zychlj0616.blog.163.com/blog/static/99145128200892683218475/）

由以上案例可以看出，一个企业能否有效发展，必须要有恰当的营销战略，搞好营销组织，加强营销管理才能取得胜利，那么企业营销管理涉及哪些内容，就是本章要讲的内容。

第一节 卓越的营销团队管理

一、营销团队的概念与作用

1. 营销团队的概念

营销是企业经营管理的核心命脉，在当今经济全球化的大潮下，市场竞争异常激烈，在这种环境下，企业如何才能把握市场机遇，占领市场，营销工作再不能只靠营销人员单打独斗，必须形成一个卓越的营销团队，团队在今天的销售过程中已成为决定成败的关键因素之一。

所谓营销团队，就是为了实现企业的营销目标，有目的地将企业的营销人员按照一定的形式组织起来形成一个有战斗力的团队，以确保顺利完成团队或企业的既定营销目标。

要形成一个有战斗力的营销团队，在团队建设中必须要考虑每个团队成员的知识结构、技术技能、工作经验、年龄性别和性格问题等，尽可能达到各方面合理的互补，这对团队建设是一个重要的基础。

2. 营销团队的作用

企业营销活动的有效开展，离不开营销团队的建设，营销团队建设在企业营销活动中起重要作用。

1）可以有效地实现营销的全员管理。现代管理强调企业经营与管理活动涉及全体员工，而不仅仅是管理人员的事情。同样一个企业的营销业绩或营销团队的业绩，不仅应是营销主管非常关注的事，也应成为团队中每个个体都自觉关注的事。建立有效的营销团队，可以使团队内个体利益与整体利益一致化。企业引入团队营销模式，可以解决好企业内部互挖“墙脚”、外部营销“撞车”等问题。

2）可以发挥营销团队成员个人的所长，搞好营销工作。实行营销团队管理，可以群策群力，调动营销团队所有资源和一切积极因素，从而能更好实现企业的营销目标。企业引入团队营销模式，容易争取到重大项目，试想，当你告诉客户，有一个团队的强大专业人员为其专门服务，客户会怎么想？同时，也可以处理好重大项目营销分工的问题，将每项工作安排给最适宜人员，有效提高各项工作针对性和有效性，提高整体营销效果。

3）实行团队营销模式，可以有效提升营销成员的营销技能。在一个营销团队中，一方面业务熟练的营销人员，可以带领和指导新营销人员及缺乏经验的营销人员，促使他们尽快成长；另一方面大家可以相互交流，取长补短，在实现企业营销目标时，自身的能力建设、学习水平同团队的整体业绩一并提升。企业引入团队营销模式，可以强化员工专业特长，提高团队整体素质，很快适应市场竞争需要。

二、营销团队的建设

1.塑造团队文化，确立团队使命与愿景，必须营造一个好的团队氛围，增强营销团队凝聚力

《孟子·公孙丑》说："天时不如地利，地利不如人和"；《周易》说："众人同心，其利断金"；《孙子兵法·谋攻》说："上下同欲者胜"。以上经典之句告诉人们同一个真理：团队的凝聚力是团队成功的关键所在，一个缺乏凝聚力的团队，人心涣散，终究逃脱不了失败的命运。塑造团队文化，确立团队使命与愿景，是营销团队凝聚力塑造的精神之源。

用企业文化影响团队成员的行为。营销团队如果缺乏积极进取团结向上的工作氛围，团队成员的力量就很难合在一起，成员间就会扯皮推诿指责，团队也就不可能成功。一个营销团队是依附于企业的，应该用企业的企业文化和企业精神去熏陶每个团队成员，形成良好的大环境。对于营销团队来讲营销团队主管为了营造这种氛围，需要做好以下工作：奖罚分明公正，对于工作成绩突出者一定要让其精神物质双丰收，而出工不出力者则要受到相应的惩罚；让每个成员承担一定的压力，团队主管不应该成为"所有的苦，所有的累，我都独自承担"的典型，团队主管越轻松，说明管理得越到位；在营销有关问题讨论上，要民主要平等，充分调动每个成员的积极性；在生活中，项目主管需要多关心多照顾项目组成员，让大家都能感受到团队的温暖。营销团队及企业文化的氛围会影响每个成员的行为。每个团队在建设中必须高度重视团队氛围的建设，形成一种团结信任、积极向上的工作气氛，并把企业文化的精髓引入团队中。

螃蟹效应

钓过螃蟹的人或许都知道，篓子中放了一群螃蟹，不必盖上盖子，螃蟹是爬不出去的，因为只要有一只想往上爬，其他螃蟹便会纷纷攀附在它的身上，结果是把它拉下来，最后没有一只能够出去。

2. 必须选拔一个富有领导力的营销团队主管

团队主管在营销团队管理中相当于"搅拌机"的作用，好的营销团队必须要有一个核心主管来领导和指导其运行。营销团队主管要组织会议、讨论、任务分派、学习、攻关和休闲等活动，必须具备计划能力、分析能力、执行能力、控制能力，并构筑团队的支撑体系来达到设定的目标业绩，团队主管的好坏直接决定团队营销活动能否有效开展。"一头狮子带领的一群绵羊，能够打败一头绵羊

带领一群的狮子”说的就是这个道理。企业应该特别注意团队主管的选拔和培养，注重选拔一批德才兼备的帅才，以有效运作营销团队。团队主管必须要与成员之间形成良好的沟通，了解团队成员工作状态和生活状况，多了解成员的合理需求并尽力满足他们，创造一个良好和谐的沟通氛围。在事业上关心成员成长、在生活中以情动人，加强与成员之间的沟通，融洽团队成员之间的关心，尊重团队成员，充分信任他们，增强团队向心力。

3. 制定完整的规章制度

营销团队管理从某种意义上讲团队人际关系及人性化管理的成分较重，尤其在团队规模较小时。但为了保证团队规范有序运行，规范成员行为，必须加强团队管理的制度建设。所谓强将手下无弱兵，没有不合格的兵，只有不合格的元帅。一个强劲的管理者首先是一个规章制度的制定者。规章制度也包含很多层面：团队纪律条例、组织条例、财务条例、保密条例和奖惩制度等。其次，要加强制度的执行，令行禁止。有关规章制度执行有个“破窗理论”：如果有人打破了一个建筑物的窗户玻璃，而这扇窗户又得不到及时的修理，别人就可能受到某些暗示性的纵容去打烂更多的窗户玻璃。久而久之，这些破窗户就会给人造成一种无序的感觉。这个理论说明，对于违背规章制度的行为，应该及时制止，否则长期下来，在团队中就会造成麻木不仁的氛围，一些不良风气、违规行为就会滋生、蔓延以致繁荣。要保证制度的执行团队主管应该既是规章制度的制定者或者监督者，也是遵守规章制度的表率。

在营销团队管理中，应该形成营销团队主管与营销团队成员之间在工作中是一种严格制度与工作纪律上下级之间的工作关系，在工作之余是朋友、兄弟似的人际关系的团队氛围。

4. 建立明确共同的目标

在营销团队管理中，每个营销人员由于团队中的角色、地位不同，看问题的角度不同，对团队的目标和期望值也会有很大的差别。营销主管要善于捕捉成员间不同的心态，掌握他们的需求，帮助他们树立共同的奋斗目标，要规划每个主管成员的发展远景和个人的发展计划，并使之与团队目标相协调，使他们能够朝着组织或团队的目标努力，使得团队的努力形成合力。

为什么猎狗跑不赢兔子

一条猎狗将兔子赶出了窝，一直追赶他，追了很久仍没有抓到。一个牧羊人看到此种情景停下来，讥笑猎狗说：“你们两个之间小的反而跑得快很多。”猎狗回答说：“你们不知道我们两个的跑是完全不同的！我仅仅为了一餐而跑，而他却为了性命而跑呀。”

寓言揭示：兔子与猎狗做一样的事情，即都拼命地跑步，然而，他们的目标是不一致的，其目标不一致，导致其动力也不一样。

5. 加强团队成员之间的协作，重视成员的成长，建立和谐营销团队

打造高效能营销团队，协作至关重要。而团队成员要想“抱团”发挥合力，那么，作为营销管理者引导团队成员培养自己的包容心而互相欣赏则是首要的；其次，要加强团队成员之间的相互沟通。通过沟通，大家不仅可以互相学习与理解，信息与经验共享，能够增进内部成员间的感情与交流，从而避免内讧，彼此协调行动，发现问题，及时解决；还能重视成员的成长，提供事业发展平台，加强业务发展指导，使之觉得团队、企业能够给他们成长机会和成功发展阶梯。

6. 健全完善团队的管理考核制度

加强对营销团队的考核是打造卓越营销团队的保障，而要做到在营销工作中有序、团结合作、业绩突出，就必须建立一套健全完善的管理制度和考核机制。为此，要做好以下工作：①明确工作职责：营销团队的职责必须围绕企业经营重点，定位于各种客户开发、维护、市场信息收集等方面，重点是维护大客户、推进大项目、签订大订单，要制定服务规范，细化和规范操作流程，提高标准化服务水平；②规范营销秩序：规范营销人员工作服务的客户对象、工作的区域、产品等；③规范业绩考核：团队在界定了每个团队成员的岗位和职能范围后，应该实行业绩通报制度，把团队内每一位员工的工作进度与业绩定期通报，互相奖励与监督，激发起所有员工的工作积极性；④建立淘汰机制：在业绩考核的基础上，为有利于营销团队的建设，还必须建立淘汰机制，对营销能力弱、没有营销激情、长期营销业绩差的营销人员实行降级、淘汰，让营销人员既有动力，又有压力，以始终保持营销团队的活力。

第二节　客户服务与客户关系管理

一、客户服务

市场的竞争越来越激烈，从产品竞争、技术竞争、人才竞争、价格竞争、品牌竞争，最终归结为对客户的竞争，如何能够赢得持续竞争能力，关键是客户服务的能力。面对客户服务，企业的管理层和操作层都需要从理念上发生转变，而在操作层面上技巧尤其重要。所以如何转变服务理念，增强服务技巧成为当前企业重点关注的话题。下面将在这两方面展开讨论，使得大家在理念转变的同时，技术能够有所提升。

（一）客户与客户服务

所谓客户，就是企业需要服务的对象。其可分为外部客户和内部客户。其中，外部客户是指那些需要服务但不属于企业员工的社会群体和个体，例如，中间商和产品的终端消费者；内部客户则是指工作流程的下一道工序，在整个工作流程当中，每一道程序都有前一道和后一道，自己是前一道工序的客户，而下一道工序则是自己的客户，只有每个部门、每个岗位都把自己的客户服务好，最后面对终端消费者，即终端客户的时候才能真正提供优良的服务。

所谓客户服务，是根据客户本人的喜好使他获得满足，而最终使客户感觉到他受到重视，把这种好感铭刻在他的心里，成为企业的忠实的客户。客户服务在商业实践中一般分为 3 类，即：售前服务、售中服务、售后服务。售前服务一般是指企业在销售产品之前为顾客提供的一系列活动，如市场调查、产品设计、提供使用说明书、提供咨询服务等。售中服务则是指在产品交易过程中销售者向购买者提供的服务，如接待服务、商品包装服务等。售后服务是指凡与所销售产品有连带关系，并且有益于购买者特征的服务，主要包括送货、安装、产品退换、维修、保养、使用技术培训等方面的服务。

企业为了能够使企业与客户之间形成一种难忘的互动（愉悦亲密、很愉快的，自己经历的互动），企业所能做的就是企业的客户服务工作。

客户服务不仅仅是传统的客户服务部门的事情，现代管理强调全员服务，客户的概念也不仅仅是针对传统概念上意义上的消费者，而是指公司的所有服务对象，甚至于包括老板、股东、雇员、经销商，还有企业附近的居民。

（二）企业搞好客户服务措施

1. *有效认识你的客户*

有效认识你的客户，确定企业的目标服务和目标客户，是提供优质服务的基础，是客户的需求，是提供服务的前提条件。公司提供服务的内容应该是什么，服务标准的判断应如何确定？这些都离不开对客户需求的关注和研究。从本质上，企业所做的一切服务工作都应当紧紧围绕客户的需求来开展，满足客户需求是企业开展客户服务工作的出发点，也是企业开展客户服务工作的终点。为此，企业应建立客户信息库，收集客户信息，建立客户信息库。

2. *对客户进行有效的分类，确定优质服务标准*

企业的客户多种多样，在客户服务中，不可能采用一种服务模式，一种服务政策来维系。不同的客户在价值贡献上有很大差异，按照 20/80 法则，20%的客户能为企业创造 80%的利润，而另外 80%的客户仅带来 20%的利润，而服务于客户是要付出成本的。可见，企业应投注更多关怀给 20%的高价值客户，长期保有和维系他们。为此，企业在客户服务中应该实施对客户信息进行差异化分析，分析客户对于企业的价值，发现最有价值的客户，实施客户服务分层，分别制定服务的标准与政策，分别实行个性化服务，通过个性化服务提高与同类企业的竞争力，增强客户对企业的依赖感。最终使企业的市场价值得到提升。

3. 组建高效服务团队，制定服务理念与规范

有效的客户服务离不开高效的服务团队。企业的客户服务是所有跟客户接触或相互作用的活动，其接触方式可能是面对面，也可能是电话、通信或网上沟通，其活动则包括向客户介绍及说明商品或服务，提供企业相关的信息，接受客户的询问，接受订单或预订，运送商品给客户，商品的安装及使用说明介绍，接受并处理客户抱怨及改进意见，客户资料的建档及追踪服务，客户的满意度调查及分析等。客户服务的运作，如果没有一支高效运作的团队作为支持，没有一个出色的服务职能部门作支撑，就不可能取得好的效果，因而必须组建客服团队。在服务团队组建中，要制定先进的服务理念与规范；明确团队中各岗位的职能；制定服务工作流程。所谓服务流程，是指客户享受到的，由企业在每个服务步骤和环节上为客户所提供的一系列服务的总和。服务流程图的作用在于帮助企业从客户的角度来看问题；加强信息沟通与合作，构建高效的客户服务管理体系。

4. 加强对客户资信控制

客户资信管理是以客户的信息资源和资信调查为核心的一套规范化管理方法，包括企业内部信息开发、客户信息管理、资信调查、客户信用分级管理等。企业与客户发生经济交往，尤其是商业信用交往，客户资信十分重要。客户资信管理是信用风险管理的基础工作，主要要求企业全面收集管理客户信息，建立完整的数据库，并随时修订、完善，实行资信调查制度，筛选信用良好的客户。对客户的信用进行调查，既可由企业内部信用管理部门和专职人员完成，也可委托专门的征信机构完成。对资信好的大客户重点搞好服务，对资信差的客户则在商务交往与服务中保持警惕。

5. 加强对客户的全程销售服务，维护良好客户关系

在售前要详尽提供各种信息，消除客户对企业及产品和服务的疑虑；在售中礼貌接待，详尽解说，提供帮助与技术操作等方面的培训；售后服务要随时接受客户咨询、提供优质产品、及时维修、及时解决客户投诉、履行服务承诺、加强与意见客户的联系等。

6. 建立客户对服务的定期评估、审核、反馈系统

每个企业及其员工哪怕服务制度再周密都难免犯错误，客户对这点能够理解。客户关心的是你怎样改正自己的错误。这就必须建立一套客户服务反馈保障制度。

1）应当建立客户服务定期评估制度。按照服务目标、标准、服务承诺、服务流

程，检查落实情况，科学开展客户满意度测评，努力发现客户期望与企业实际服务的差距，并探寻造成的原因，积极解决。通过“服务修整”，不但可以弥补服务中发生的问题，还可以使挑剔的客户感到满意，使你和竞争者之间产生明显差别。

2）应当建立客户服务定期审核制度。这个制度关键要解决企业服务目标、服务标准、服务流程与客户期望、服务条件、服务人员、服务水平等方面的差距，分析理想与现实的矛盾，从而分析企业基础、顾客条件，重新制定服务目标、服务标准、服务流程，使之更加符合企业实际、顾客需求。为了达到这个目的，企业可以采取有偿聘请客户体验企业服务、企业管理人员假冒客户体验服务等方式获取资料。

3）应当建立客户服务信息的及时反馈体系及反馈机制，为了及时弥补企业的服务差错，消除因产品质量及服务导致的不良影响，及时解决客户的投诉，应当建立客户服务信息的及时反馈体系及反馈机制，及时反馈信息，及时进行服务的补救。客户服务信息的反馈可以来自客户，更应该调动服务提供者反馈信息的积极性。

4）应当建立客户服务培训与激励制度。客户服务的好坏，终究是靠企业的服务人员完成的。俗话说满意的员工造就满意的客户服务，提供优质的服务重点在于落在实践中，实践中的服务都是通过企业的员工传递的。员工素质的高低、服务态度的好坏会直接影响到客户对服务的满意度，影响客户对企业的评价。因此，修正业应当：①建立有效的员工培训制度，出色的客户服务离不开高素质的员工，而高素质的员工来自有效的员工培训，为此，企业应该根据自己的目标客户的需求、服务目标、服务标准、服务程序及行业发展等情况，开展对员工的培训；②建立以客户满意为导向的激励制度，企业的激励制度应该与销售人员的努力与增加销售量和开发新客户的目标相结合，在激励时必须考虑 3 个方面因素：一是测量客户服务满意度，将激励与老客户满意度结合起来；二是考核销售量，将激励与销售业绩联系起来；三是考核新客户发展，把新客户发展数量与销售业绩挂钩，鼓励销售服务人员开发新市场，树立全员服务意识，提高为客户服务水平。

（三）客户流失

1. 客户流失原因

稳定客户群，提高客户忠诚度是客户管理的一项重要内容。客户的变动，往往意味着一个市场的变更和调整，一不小心甚至会给局部（区域）市场带来致命的打击。防止客户以及由此给公司的企业市场运作带来不利影响是客户管理要重视的内容。事实上，客户流失的根本原因是客户的需求不能得到切实有效的满足，通常主要出现在以下几种情况。

1）产品质量不稳定，缺乏创新，客户利益受到损失或不能保证。一是产品质量有问题。客户购买某一商品，是为了满足客户的某种需要。但是如果该商品的质量存有一定缺陷，无法充分满足客户需要，那么客户必定会离开企业。近几年通信企业的竞争越来越激烈，为了抢占更多的客户，中国网通推出了“小灵通”无线市话业务，以此与“小灵通”及移动、联通竞争。其凭借低廉的价位和绿色环保的特点，占有了一定的市场份额。但是必须承认的是，由于技术的原因，“大灵通”的信号质量一直不稳定、不能跨省漫游，在某种程度上给客户的通信带来一定的影响。而这也恰恰成了制约“大灵通”发展的关键原因。二是缺乏创新，客户利益难以持久保障。在现代市场竞争中，客户往往具有 “喜新厌旧”的特点。任何产品随着市场的成熟和新品牌的加入，产品带给客户的新鲜感和满足感则逐步降低。如果企业不能及时进行创新，客户自然就会另寻他路。“产品常新，企业长青”这是企业界流行的一句格言。它告诉企业只有不断进行产品创新，才能永葆企业青春活力。事实上国内外一些知名的企业，在激烈的市场竞争中之所以能独领风骚，长久不衰，就在于其不断强化产品的创新。

2）公司人员流动导致客户流失。这是现今客户流失的重要原因之一，特别是企业的高级营销管理人员的离职变动，很容易带来相应客户群的流失。因为职业特点，如今，营销人员是每个公司最大最不稳定的“流动大军”，如果控制不当，在他们流失的背后，往往伴随着客户的大量流失。

3）竞争对手夺走客户。任何一个行业，客户毕竟是有限的，特别是优秀的客户，更是弥足珍贵，所以优秀的客户自然会成为各大厂家争夺的对象，毕竟客户也是追逐利益者。企业的主要竞争对手往往会对企业的大客户动之以情，晓之以理、诱之以利，以引诱他放弃本企业而另栖高枝。任何一个品牌或者产品都有软肋，而商战中竞争对手往往最容易抓到你的软肋，一有机会，就会乘虚而入。

4）市场波动导致失去客户。企业的波动期往往是客户流失的高频段位，任何企业在发展中都会遭受震荡，如高层出现矛盾，企业资金出现暂时的紧张、出现意外的灾害等，都会让市场出现波动，这时候，嗅觉灵敏的客户们也许就会在此时倒戈。其实，在商场中，以利为先的绝大多数商人多是墙头草，哪边有钱可赚就会倒向哪边。

5）企业内部服务意识淡薄。员工傲慢、客户提出的问题不能得到及时解决、咨询无人理睬、投诉没人处理、忽视细节、服务人员工作效率低下、向客户随意承诺条件，结果又不能兑现，或者返利、奖励等不能及时兑现给客户等也是直接导致客户流失的重要因素。在今天这个商品严重同质化和商品技术水平高度近似的时代，消费者在关注商品的同时，对与商品相关的服务也越来越挑剔，很多时候他们甚至只是靠和企业接触的一瞬间来作出购买的选择。因此，服务已经成为一个对于营销非常关键的因素，因为没有好的服务，再好的产品再优秀的企业都没有办法取得消费者的认可。

6）企业管理不平衡，令中小客户离去。营销人士都知道“80%的销量来自 20%的客户”，很多企业都设立了大客户管理中心，对小客户则采取不闻不问的态度。店大欺客是营销中的普遍现象，一些著名厂家苛刻的市场政策常常会使一些中小客户不堪重负而离去。而广告促销政策也大都向大客户倾斜，致使很多小客户产生心理不平衡而离去。其实，不要小看小客户 20%企业的销售量，比如一个年销售额 10 亿元的公司，小客户产生的销售额有 2 亿元，且企业从小客户身上所赚取的纯利润率往往比大客户高，算下来绝对是一笔不菲的数目。

7）自然流失。有些客户的流失属于自然流失，原因在于公司管理上的不规范，长期与客户缺乏沟通，或者客户转行转业等。

2. 企业客户流失管理

1）建立完善的客户关系管理系统是保持客户的基本条件。客户档案是对客户进行有效服务的基础。建立客户档案就是要及时了解客户的网络结构、设备配置、网点组成、技术负责人、客户背景资料及动态变化等，特别是要对那些大客户进行跟踪并及时反馈。随着计算机的普及，许多企业为了更好地了解客户，在客户关系管理中纷纷使用了数据库技术。该技术的使用，大大方便了客户资料的管理。利用数据库，公司可以挖掘出对公司利润贡献最大的金牌客户，从而制订不同的优惠及服务计划，为客户创造更大的价值。利用数据库提供的信息进行分析，企业还可能发现潜在的商机，促成利润的再次上扬。因此，加强客户资料管理和客户关系管理是维持和保有客户的基本条件。

2）做好质量营销。通用电器公司董事长小约翰·韦尔奇说过："质量是通用维护顾客忠诚度最好的保证，是通用对付竞争者的最有力的武器，是通用保持增长和盈利的唯一途径。"可见，企业只有在产品的质量上下大工夫保证产品的耐用性、可靠性、精确性等价值属性，才能在市场上取得优势，才能为产品的销售及品牌的推广创造一个良好的运作基础，也才能真正吸引客户、留住客户。必须承认高质量的产品是企业在市场竞争中的最基本条件。没有产品质量保证的企业必然被市场无情的淘汰。据国内某咨询公司研究表明，当产品质量提高1%时，其美誉度提高0.5%，品牌形象也因此提高1%，销售量则提高0.5%。美国一家咨询机构也在市场调查和大量的数据中，发现产品质量的高低直接影响到企业的投资回报率。这些研究结果足以说明，产品质量对企业效益所产生的直接影响。事实上全面质量营销早在20世纪60 年代，就被日本国内众多企业所接受，并开始运用到企业的管理运作之中。在全面质量管理的指导下，日本企业的产品质量得到了空前的提升，日本产品在世界上的竞争力也因此而大大提高。因此，国内的众多企业，要想市场中获得一定的竞争优势，就必须仿效日本走全面质量管理之路。值得指出的是，企业在实施质量管理时，产品质量的改进和提高都应该以客户的需要为开始，以客户的感受为终结。质量的好坏也应该由客户说了算。正如摩托罗拉公司的一位副总裁所言：提高质量的目的是应该更好地为客户服务。如果产品不能按客户要求的方式去工作，那么这和产品不能工作几乎没什么区别。摩托罗拉对产品缺陷的定义是："客户不喜欢的产品就是有缺陷的产品。"可见全面质量管理是以客户全面满意为导向，只有被客户认可的质量提高才是有意义的质量提高。

3）树立"客户至上"服务意识。要想真正提高服务水平，向客户提供满意的服务，首先应树立正确的服务理念，真正做到视"客户为上帝"。要教育销售服务人员有站在客户立场上设身处地为客户着想、为客户服务的意识，要通过为客户创造价值来达到实现企业价值双赢思想。其次建立合理的服务流程。目前许多企业在客户服务中，由于内部尚未建立健全流畅的业务流程，从而影响了客户服务的质量。因此，企业建立由客户服务部牵头、为客户提供最合理的一揽子解决方案的系统流程，通畅服务过程，是提高服务质量的必要手段。再次加强服务质量监督，为进一步提高服务质量奠定基础。

海尔的服务观

2008 年夏天，武汉奇热，一时空调销量大增，由于当地售后服务队伍人数有限，海尔预料自己的售后服务将面临人员危机。于是，武汉海尔负责人很快打电话到总部要求调配东北市场的售后服务人员，随后东北海尔的售后服务人员就乘机直达武汉。客户得到了海尔全心的支持，“真诚到永远”真是名不虚传。

4）强化与客户的沟通。首先，企业应及时将企业经营战略与策略的变化信息传递给客户，便于客户工作的顺利开展。某饲料厂在了解到饲料价格短期内将上浮的消息时，总会将其及时告诉经销商。信息就是财富，客户对厂家自然是感激不尽。其次，企业应充分向老客户阐明企业的美好远景，以增强客户的经营信心。最后，要注重服务细节。

5）增加客户的经营价值。这就要求企业一方面通过改进产品、服务、人员和形象，提高产品的总价值；另一方面通过改善服务和促销网络系统，减少客户购买产品的时间、体力和精力的消耗，以降低货币和非货币成本。从而来影响客户的满意度和双方深入合作的可能性。

6）建立良好的客情关系。员工跳槽带走客户很大一个原因就在于企业缺乏与客户的深入沟通与联系。企业只有详细地收集客户资料，建立客户档案进行归类管理，并适时把握客户需求才能真正实现“控制”客户的目的。

7）做好创新。在市场竞争愈演愈烈的今天，任何企业都应该做好创新。企业的生产和经营一旦不能根据市场变化作出调整与创新，就会落后于市场，被客户所抛弃。在经济全球化已经到来的今天，企业必须认识到，企业创新能力的高低，直接关系到一个企业竞争力的强弱。创新能力强的企业，其竞争力也强，反之亦然。而事实上企业的创新，其内涵是多方面的，既有产品创新问题，也有企业组织创新问题，还有机制创新问题等。只有综合考量，多方着手，才能实现真正意义上的企业创新。世界知名企业——诺基亚，就是一个时时追求创新的企业，许多新的概念和功能都是由诺基亚第一个推出，如诺基亚第一个推出手机换壳的概念，使手机从通信工具变为时尚消费品；第一个推出了手机铃声下载和屏幕保护的新应用，不仅为运营商创造新的增长点，而且培养了一批无线内容提供商；第一个推出手写输入的手机；2002 年开发了第一款照相手机，到 2003 年年底带照相功能的手机比数码相机的销量还要高。正是由于在手机行业中的不断创新，诺基亚才保持了在手机销售上的骄人战绩。其在手机领域中的领导地位也因之而无愧。10 年前，很少会有人要求蜂窝电话、传真机、CD 机、有导航系统的汽车或音乐电视，但是现在这些产品都被创造出来了，正是那些经营者们走在市场前面引导客户驱使市场发展的结果。

8）加强市场监控力度。很多情况下，猖獗的窜货往往是导致客户流失的罪魁祸首。所以企业应适时进行市场巡查，以便能及时发现问题并争取时间采取措施控制事态蔓延，有效降低经营风险，保住客户。对于那些以势相要挟的客户，企业一定要严肃对待，"杀一儆百"乃为上策。

防范客户流失工作既是一门艺术，又是一门科学，它需要企业不断地去创造、传递和沟通优质的客户价值，这样才能最终获得、保持和增加客户，锻造企业的核心竞争力，使企业拥有立足市场的资本。

二、客户关系管理

1. 客户关系管理的概念

客户关系管理最初是由加特纳集团提出的一种管理理念，目的在于建立一个系统，使企业在客户服务、市场竞争、销售及支持方面形成彼此协调的全新的关系实体，为企业带来长久的竞争优势。所谓客户管理，就是通过对客户详细资料的深入分析，来提高客户满意程度，从而提高企业的竞争力的一种手段。其核心思想就是：客户是企业的一项重要资产，客户关怀是客户关系管理的中心，客户关怀的目的是与所选客户建立长期和有效的业务关系，在与客户的每一个"接触点"上都更加接近客户、了解客户，最大限度地增加利润和利润占有率。

客户关系管理的核心是客户价值管理，它将客户价值分为既成价值、潜在价值和模型价值，通过一对一营销原则，满足不同价值客户的个性化需求，提高客户忠诚度和保有率，实现客户价值持续贡献，从而全面提升企业盈利能力。

客户关系管理是一种企业发展的整体战略，是企业决策的基础，涉及企业的各个层面，团队协作是实现这一战略必不可少的条件。

2. 建立客户关系的步骤

企业与客户之间的关系的基础不是一个双方总和为零的游戏，而是一种双赢策略为基础的合作，主要通过双方的价值让渡来实现。在这种关系建立发展过程中，并不仅仅是价值让渡，还包括技术、信息的交流与良好的售后服务。根据企业与客户企业之间接触的层次与频度可以将企业与关键客户之间的关系形成与发展分成 5 个连续的阶段：①关系开始之前阶段；②关系发展早期阶段；③关系发展阶段；④关系稳定化阶段；⑤关系制度化阶段。

在关系开始之前阶段，潜在客户（企业）对供应商知之甚少，营销人员是客户获取供应商企业信息的主要来源。对有的客户来讲，营销人员与供应商是同一概念。因此在关系开始之前阶段，企业能否引起客户的重视则主要取决于营销人员。

当客户开始试用产品时，就进入了关系发展的早期阶段。这一阶段客户按有关程序进行有关技术指标测试与产品试用，并可能根据需要做一定的生产投资。对关键客户，营销人员应在这一过程中尽力缩小同客户（人员）之间的距离，这对下一步建立良好关系大有益处。虽然在这一阶段营销人员可通过努力增加一点订单，但良好关系的建立与发展，主要取决于客户对企业产品与供应商潜在关系价值的评价。

在关系发展阶段，随着订货数量的增加，客户（企业）通过营销人员对特定事情的处理，对供方的产品、管理有了较全面的了解，同时双方信息、情感交流增加，彼此距离缩小。在这一阶段营销人员与客户（人员）之间关系的良性互动对双方的业务量与关系发展影响很大。在经过较长的关系发展阶段，随着业务量的扩大，企业彼此之间构成重要影响。这时双方的高层领导就会参与到关系发展中来，并成为关系稳定与发展的核心。这样就进入了稳定化阶段。相比而言，这时营销人员的重要性就相对减弱。在这一阶段双方在彼此默认的规划指导下进行交易。

在稳定化关系为双方带来了巨大益处后，这种合作的愿望将会进一步加强，就可能进入关系制度化阶段，即双方明确彼此的特殊关系，并且制定出特定交易程序，以维护这种关系利益，如定点制造等形式均属此阶段。

3. 客户关系管理的思想

1）用长远的观点评价客户。在关系建立前期，尤其是关系开始之前阶段与关系发展阶段，营销人员的作用是相当重要的。营销人员对待客户的态度直接影响着企业与客户的关系。用长远的观点评价客户要求营销人员要用伙伴的态度对待客户，对双方建立良好关系应积极主动。营销人员是否持有该观点对关系建立与发展至关重要。尤其在建立关系的早期与发展这两个阶段，由于这两阶段时间较长，这就要求营销人员既要有信心又要有耐心。那种持一锤子买卖心理的营销人员很难经受这漫长的等待，因此，他们很可能在关系发展的早期阶段同客户就中止了关系的发展。这样客户潜在价值就不可能充分挖掘出来。目前国内不少企业与营销人员的关系处于买卖关系或收入与销售业绩直接挂钩，这使得营销人员迫于销售等方面的压力，不得不追求短期效益，这种营销管理方式随着营销环境的进一步变化，不利之处将日趋明显。

2）真诚对待客户。真诚地对待客户能增加客户的信任与满意，能够加强同客户的交流。而通过与客户的交流可获得客户特别需求的重要信息，进而使得为顾客提供满意的服务成为可能。这一点在关系建立早期阶段——顾客仍在测试企业的产品，以及在整个关系发展过程中都很重要。

3）了解客户的需求。了解顾客需求也很重要。当一个营销人员不了解客户的需要，他是不能为顾客解决任何问题的。要了解客户的需求，就得学会倾听客户的意见。对重要的客户，一个成功的营销人员就应从供应商的位置跳到客户顾问的角度，同客户共同分析、解决有关问题。当客户认为营销人员是一个有价值的新点子来源时，客户就会同营销人员进一步谈及其工作中所需解决的问题的细节，这样营销人员对客户越了解，双方之间的关系就会越牢固。

4）守信用。守信用包括两方面的含义：一是不能讲无法办到的事；二是讲了的事就得办。有些营销人员为了一时获取客户的满意，随意许诺，结果有些事无法兑现，这对于建立长期客户关系是不适用的。另外，有时营销人员在得到订单后，又会因眼前利益而违背之前的协定。守信用，不仅在关系建立的早期，而且在关系建立与发展的整个过程中均应严格遵从。

4. 客户关系管理日常的管理工作

搞好客户关系管理除了信息技术的运用外，还应该切实地改变企业日常的管理工作，为改善企业的客户关系管理作出努力。

1）识别你的客户。要将更多的客户名输入到数据库中；采集客户的有关信息；验证并更新客户信息；删除过时信息。

2）对客户进行差异分析。要识别哪些是企业的“金牌”客户；哪些客户导致了企业成本的发生？企业本年度最想和哪些企业建立商业关系？上年度有哪些大宗客户对企业的产品或服务多次提出了抱怨？去年最大的客户是否今年也订了不少的产品？是否有些客户从本企业只订购一两种产品，却会从其他企业订购很多种产品？根据客户对于本企业的价值（如市场花费、销售收入、与本公司有业务交往的年限等），把客户分为A、B、C三类。

3）与客户保持良性接触。给自己的客户联系部门打电话，看得到问题答案的难易程度如何；给竞争对手的客户联系部门打电话，比较服务水平的不同；把客户打来的电话看作是一次销售机会；测试客户服务中心的自动语音系统的质量；哪些客户给企业带来了更高的价值？与他们更主动的对话；改善对客户抱怨的处理。

4）调整产品或服务以满足每一个客户的需求。改进客户服务过程中的纸面工作，节省客户时间，节约公司资金；要使发给客户的邮件更加个性化；替客户填写各种表格；询问客户，他们希望以怎样的方式、怎样的频率获得企业的信息；找出客户真止需要的是什么；征求名列前十位的客户的意见，看企业究竟可以向这些客户提供哪些特殊的产品或服务；争取企业高层对客户关系管理工作的参与。

5. 客户关系管理实现成功的关键因素

1）高层领导的支持。客户关系管理能否成功关键要取得企业高层的支持，他们的作用体现在 3 个方面：为客户关系管理设定明确的目标；积极推动为客户关系管理，向为客户关系管理项目提供为达到设定目标所需的时间、财力和其他资源；确保企业上下认识到客户关系管理对企业的重要性。

2）要专注于流程。客户关系管理实施应该把注意力放在流程上，而不是过分关注于技术。要花费时间去研究现有的营销、销售和服务策略，并找出改进方法。

3）技术的灵活运用。在那些成功的客户关系管理项目中，他们的技术的选择总是与要改善的特定问题紧密相关。选择什么样的技术其标准应该是，根据业务流程中存在的问题来选择合适的技术，而不是调整流程来适应技术要求。

4）组织良好的团队。客户关系管理的实施队伍应该在4个方面有较强的能力。首先是业务流程重组的能力。其次是对系统进行客户化和集成化的能力，特别对那些打算支持移动用户的企业更是如此。再次是对IT部门的要求，如网络大小的合理设计、对用户桌面工具的提供和支持、数据同步化策略等。最后是具有改变管理方式的技能。

5）极大地重视人的因素。很多情况下，企业并不是没有认识到人的重要性，而是对如何做不甚明了。企业可以采取以下方法，一是请企业的未来的客户关系管理用户参观实实在在的客户关系管理系统，了解这个系统到底能为客户关系管理用户带来什么；二是在客户关系管理项目的各个阶段（需求调查、解决方案的选择、目标流程的设计等），都争取最终用户的参与，使得这个项目成为用户负责的项目；三是在实施的过程中，千方百计地从用户的角度出发，为用户创造方便。

6）分步实现。欲速则不达，这句话很有道理。通过流程分析，可以识别业务流程重组的一些可以着手的领域，但要确定实施优先级，每次只解决几个最重要的问题，而不是毕其功于一役。

7）系统的整合。系统各个部分的集成对客户关系管理的成功很重要。客户关系管理的效率和有效性的获得有一个过程，它们依次是：终端用户效率的提高、终端用户有效性的提高、团队有效性的提高、企业有效性的提高、企业间有效性的提高。

6. 客户关系管理实施的主要步骤

1）确立业务计划。企业在考虑部署客户关系管理方案之前，要首先确定利用这一新系统实现的具体的生意目标，例如，提高客户满意度、缩短产品销售周期以及增加合同的成交率等，企业应了解这一系统的价值所在。

2）建立客户关系管理的员工队伍。为成功地实现客户关系管理方案，管理者还须对企业业务进行统筹考虑，并建立一支有效的员工队伍。每一准备使用这一销售系统方案的部门均需选出一名代表加入该员工队伍。

3）评估销售、服务过程。在评估一个客户关系管理方案的可行性之前，使用者需多花费一些时间，详细规划和分析自身具体业务流程。为此，需广泛地征求员工意见，了解他们对销售、服务过程的理解和需求；确保企业高层管理人员的参与，以确立最佳方案。

4）明确实际需求。充分了解企业的业务运作情况后，接下来需从销售和服务人员的角度出发，确定其所需功能，并令最终使用者寻找出对其有益的及其所希望使用的功能。就产品的销售而言，企业中存在着两大用户群：销售管理人员和销售人员。其中，销售管理人员感兴趣于市场预测、销售渠道管理以及销售报告的提交；而销售人员则希望迅速生成精确的销售额和销售建议、产品目录以及客户资料等。

5）选择供应商。确保所选择的供应商对你的企业所要解决的问题有充分的理解。了解其方案可以提供的功能及应如何使用其客户关系管理方案。确保该供应商所提交的每一软、硬设施都具有详尽的文字说明。

6）开发与部署。客户关系管理方案的设计，需要企业与供应商两方面的共同努力。为使这一方案得以迅速实现，企业应先部署那些当前最为需要的功能，然后再分阶段不断向其中添加新功能。其中，应优先考虑使用这一系统的员工的需求，并针对某一用户群对这一系统进行测试。另外，企业还应针对其客户关系管理方案确立相应的培训计划。

第三节　市场营销流程管理

在市场营销过程中，目标消费者居于核心地位，为了满足消费者需求，增强市场竞争力，提高市场占有率，企业必须搞好市场流程各环节的管理。企业市场营销流程包括目标消费者分析、市场营销环境分析、设计市场营销组合、制订市场营销计划、市场营销计划实施、市场营销控制分析等环节。如图 10.1 所示。

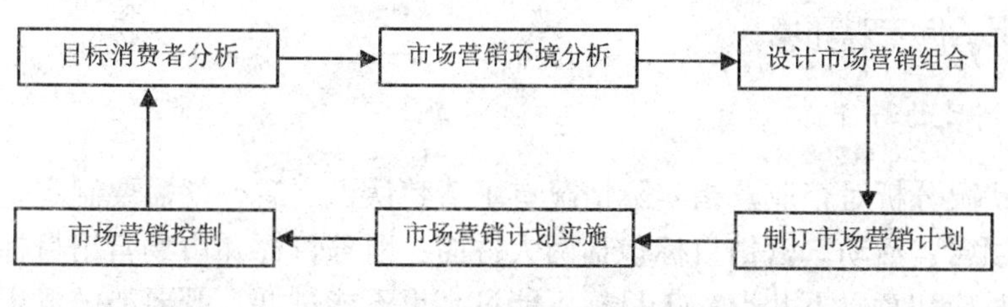

图 10.1　市场营销的流程

一、目标消费者分析

为了在日益激烈的市场竞争中获胜，市场调查是营销不可分割的重要组成部分，是产品定位和客户选择的重要依据。企业必须以消费者为中心，一方面可以从市场外吸引新的消费者，另一方面可以从竞争对手处赢得消费者，并通过提供更大的价值来保住消费者。但是在满足消费者之前，企业必须先了解消费者的需求和欲望。因此，健全的市场营销要求仔细地分析消费者。这一过程包括市场细分、目标市场选择、市场定位 3 个步骤。

二、市场营销环境分析

企业外部营销环境是在不断发展变化的，为此，企业要搞好营销活动就必须对外部环境搞好分析，动态监控，分析外部环境变化给企业带来的是营销机遇还是营销威胁，以此制定有针对性的营销措施与手段，总的来讲就是要企业适应市场，最终做到引导市场。

三、设计市场营销组合

市场营销组合是指企业为了在目标市场制造它想要的反应而混合采用的一组可控制的战术营销手段。企业为了实现营销目标，就要在目标市场中，把企业可控因素即产品、价格、渠道和促销有机组合，并制定相应的组合策略。

四、制订市场营销计划

市场营销计划是指对有助于企业实现战略总目标的营销战略作出的安排。任何一项管理活动都需要一个详细的营销计划。有人说过："假如你不具备计划的能力，那么你便准备迎接失败吧！"这说明了营销计划的重要性。市场营销计划应该简明扼要。最高执行领导只希望看到短小精悍的营销计划，而对长篇大论式的计划往往不屑一顾。一份营销计划起码要包含下列内容。

1. 状况分析

状况分析是制订营销计划的起点。企业通过分析市场和市场营销环境，以找到有吸引力的机会和避开环境中的威胁因素；对企业自身强弱进行分析，以便能选择最适合企业的机会。其具体分析内容包括：①市场形势；②产品情况；③竞争形势；④分销情况；⑤宏观环境。

2. 营销目的与目标

通过状况分析对企业营销实际情况有了清楚认识之后，就需要制定企业营销目标，以统领营销活动。营销目标包括两大方面：财务目标和市场营销目标。在制定营销目标时应注意以下几点：①目标不能过高也不能过低，既要能鼓舞士气，又不是高不可攀；②目标应具体化，总目标应分解为更小的具体目标；③目标应尽量量化，便于衡量和考核。

3. 营销策略

营销目标的实现可以通过多种途径实现。企业应根据市场状况、自身优劣、竞争状况等经过全面分析，权衡利弊后，结合其他部门意见制定最佳营销策略，以确保营销策略的可操作性和实用性。市场营销策略主要由 3 个部分构成：①目标市场策略；②营销组合策略；③市场营销预算。

4. 营销活动计划

营销活动计划就是营销策略的具体化，即明确做些什么、何时做、在什么地方做、怎样做等问题。通过营销活动计划使人们对整个营销活动一目了然，做到心中有数。

5. 营销控制

营销控制主要是对计划的执行过程、进度进行管理，对计划执行过程中存在的问题进行整改，以确保计划顺利完成。营销控制通常是把目标、预算按时间分成若干阶段，有利于上级及时了解计划完成情况。另外，有的营销控制还包括了应急计划，专门用于处理意外突发事件。

五、市场营销计划实施

营销计划提出的问题是：什么是市场营销活动。而市场营销计划实施问的是：谁（who）、何时（when）、何地（where）以及怎样（how）。

（一）制订行动方案

为了有效实施营销计划，营销部门需要制订详细的行动方案。通过具体的行动方案来回答下列问题：将做什么？何时做？由谁负责？以及费用是多少？例如，一般促销计划中应列明：特殊活动及其日期、参加的贸易展览会、新的现场展示和其他促销活动，并明确这些活动何时开始、检查和结束。

（二）调整组织结构

企业的正式组织结构在市场营销计划实施中发挥着巨大作用。因为每一个营销计划都要落实到具体的部门和人员，为了顺利完成营销计划，各部门、人员的权责界限都应作相应的调整和改变。市场营销组织结构应当根据企业战略、营销计划的需要，适时改变和完善。

所谓市场营销组织，是指企业内部涉及市场营销活动的各个职位及其结构。由于对营销的界定持续地与时俱进，使得营销不断肩负起新的责任。对营销观念的改变，营销组织的本质、结构也会随之改变。

1. 市场营销组织的演进

现代市场营销组织是长期演进而来的产物。在市场经济发达的西方国家，市场营销组织的发展大体经历了5个阶段。

1）简单的销售部门。所有的公司都是从4个简单的功能开始：公司必须要有人负责筹措与管理资金（财务），生产产品或服务（生产），将产品售出（销售）及管理账目（会计）。此时销售部门通常由一名副总经理负责，他主要是管理销售人员，有时自己也做一些销售的工作。同时也兼任一些市场调研或广告促销工作。

2）具有附属功能的销售部门。随着市场竞争的日趋激烈以及公司规模的扩大，企业需要进行持续的市场调研、广告以及顾客服务等活动。营销副总经理必须雇用专人来完成这些活动，于是许多企业设立了市场营销主管的职位，全权负责此类工作。

3）独立的营销部门。随着公司业务的成长，与销售有关的工作，如市场营销调研、新产品开发、广告与销售促进、顾客服务等，其重要性逐渐有凌驾销售力之势。市场营销成为一个相对独立的职能，作为市场营销主管的市场营销副总经理与负责销售工作的销售副总经理由同一总经理负责。此时销售和营销可视为两个平行的职能，两个部门应该紧密相互配合。

4）现代营销部门。虽然销售副总经理和营销副总经理的工作理当步调一致，但实际上他们之间的关系常常带有互相竞争和互不信任的色彩。销售副总经理不满销售人员在营销组合中的地位有所下降，而营销副总经理则要求在非销售人员的预算上有更多的权利。营销副总经理的任务是确定机会，制订营销战略和计划；销售副总经理的责任则是执行这些计划。因此营销副总经理会花较多的时间在计划上，从长计议，争取获得满意的市场份额；而销售副总经理，依赖于实践经验力争完成销售任务。当销售部门和营销部门的矛盾和冲突太大时，许多公司采取了由营销副总经理全权处理这类事物，包括负责对销售队伍的管理。从而形成了现代营销部门的基础，即由营销副总经理领导营销部门，管理下属的全部营销职能，包括销售管理，如图 10.2 所示。

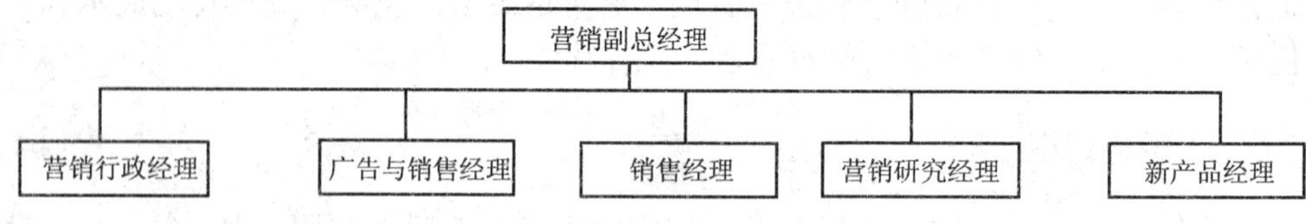

图 10.2　营销机构设置

5）现代市场营销企业。一个公司可能有一个出色的营销部门，但在营销上也可能会失败，这取决于公司的其他部门及每一位员工对顾客的态度和他们的营销责任。只有公司的全体员工及所有部门都认识到他们的工作是公司的顾客所给予的，“市场营销”并不只是营销部门的工作时，这个企业才能成为有效的营销公司。

2. 市场营销组织的方法

为了实现企业目标，市场营销经理必须根据自己所处的市场营销环境以及企业实际情况来选择合适的市场营销组织形式。大体上，市场营销组织可分为以下 5 种组织形式。

1）功能式组织。这是最古老的也是最常见的营销组织形式。它是由各营销功能专家所组成并向营销副总经理负责，营销副总经理负责协调各功能活动。图 10.3 显示了各种专家：营销行政经理、广告促销经理、销售经理、营销研究经理及新产品经理。当然其他的功能专家也可以在营销部门中如顾客服务经理、行销规划经理、实体配销经理。功能营销组织的主要好处在于其管理的简单性，但此种形式也会因

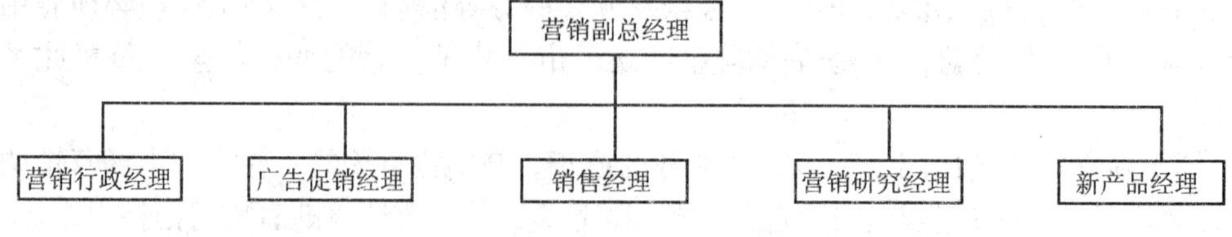

图 10.3　功能式组织结构

公司产品及市场的成长而失去其有效性，原因为：①对特定的产品及市场没有足够的规划和完整的计划，因为没有专人对任何产品或市场负责；②每个功能小组为了争取更多的预算，更高的地位，明争暗斗，市场营销副总经理可能经常处于调解纠纷中，而无法脱身。

2）地理性组织。如果一个企业的市场营销活动面向全国甚至更大范围，就可以按地理区域设置其营销组织，如图 10.4 所示。

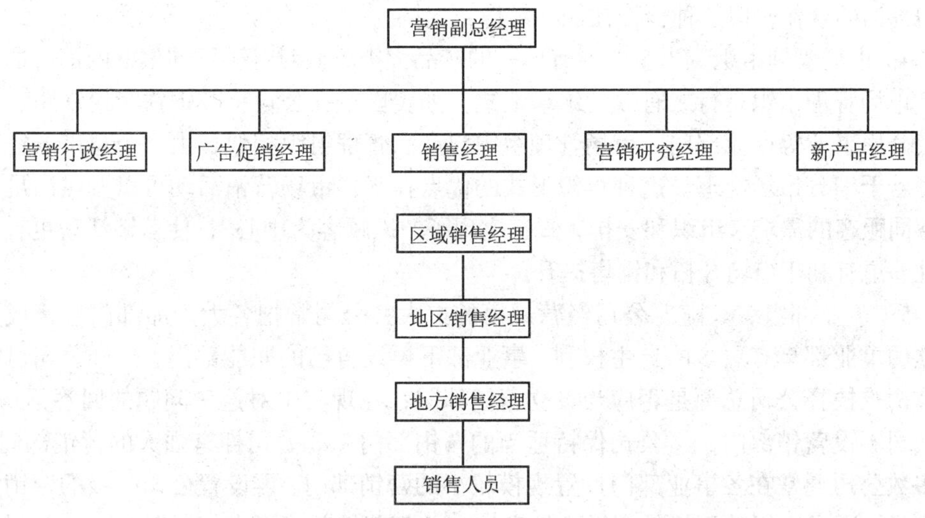

图 10.4　地理性组织结构

该组织机构设置包括，一名负责全国销售业务的销售经理，若干名区域销售经理、地区销售经理和地方销售经理。从全国市场销售经理到地方销售经理，所管辖下属人员的数目即“管理幅度”逐级增加。

3）产品管理组织。当企业所生产的各产品差异很大，产品品种太多，以致按功能设置的市场营销组织无法处理时，建立产品经理组织制度是非常适宜的。这个管理组织并非取代功能性管理组织，只不过是增加另一个管理层次而已，如图 10.5 所示。

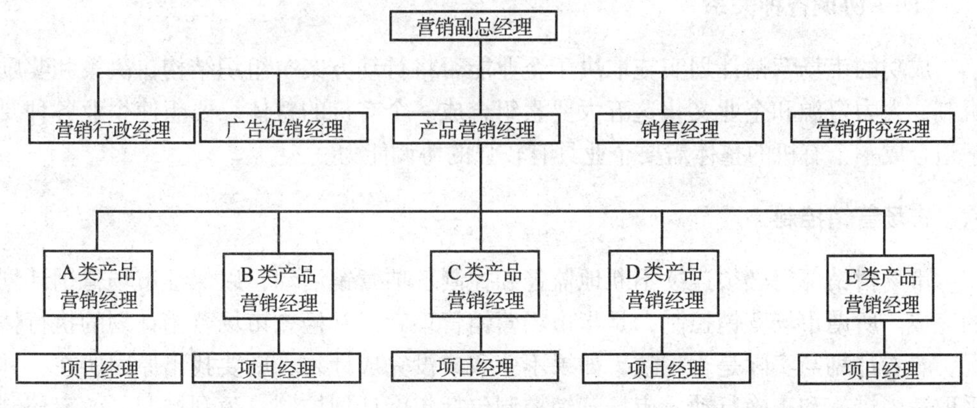

图 10.5　产品管理组织

产品管理组织可能带来许多好处：①产品营销经理可协调各种市场营销职能；②产品营销经理能对市场变化作出更加敏捷的反应；③由于有专门的产品经理，那些较小品牌产品可能不会受到忽视；④产品管理是年轻主管的最佳训练场所，因为它涉及了公司营运的所有领域。但产品管理组织也可能存在一些弊端：①它缺乏整体观念，各个产品经理可能会各自为战，会为了自己产品利益而与其他产品经理产生矛盾摩擦；②由于产品经理权力有限，不得不依赖同广告、销售、生产部门以及其他部门的合作，但这种合作往往不易得到支持。

4）市场管理组织。当企业拥有单一的产品大类，面对各种不同偏好的消费群体时，市场管理组织是行之有效的组织形式。如美国钢铁公司将其钢铁卖给铁路、建筑及公用事业等产业部门。市场管理组织与产品管理组织相似，由一个总市场经理管理若干细分市场经理。这种组织形式的优点在于：市场营销活动可以按照满足各类不同顾客的需求来组织和安排，真正实现了“以顾客为中心”，使营销活动更有针对性，更有利于市场开拓和销售提升。

5）事业部组织。随着公司经营规模的扩大，公司常把各大产品部门升格成为独立的事业部享有更多的自主权利，事业部下再设自己的职能部门，这样公司可能面临两难抉择公司总部是否应当设立营销部门，在现实中对这一问题的回答不一：①公司不设营销部门；②公司保持适当的营销部门；③公司拥有强大的营销部门。大多数公司通常在各事业部门设置规模较小的营销部门，再设置公司一级的营销参谋班子，通过上级对下级的帮助、教育使事业部营销部门逐渐成长壮大，而公司一级的营销部门的规模和职能范围逐渐缩小，甚至予以撤销。

（三）形成规章制度

为了保证计划有效的实施，必须设计相应的规章制度。通过这些规章制度，明确与计划有关的各个环节、岗位、人员的责、权、利关系，充分调动员工积极性；对各环节岗位、人员的工作进行客观考核并据此实施奖惩。

（四）协调各种关系

成功的市场营销计划实施取决于企业能否将行动方案、组织结构、决策和奖励机制、人力资源和企业文化这五大要素组合成一个有机的整体。要想使企业各种要素组合成一个有机的整体需要企业具有较强的协调能力。

六、市场营销控制

市场营销部门必须连续不断地监督和控制各项营销活动，以保证市场营销计划的完成。所谓市场营销控制，是指市场营销管理者经常检查市场营销计划的执行情况，看看计划与实际是否一致，如果不一致或没完成计划，就要找出原因所在，并采取适当措施和正确行动。市场营销控制包括年度计划控制、盈利控制、效率控制和策略控制等方法。

（一）年度计划控制

任何企业都有自己的年度计划，而年度市场营销计划的执行能否取得理想的成效，还需要看营销控制工作进行得如何。所谓年度计划控制，就是用销售额、市场占有率、营销费用率、顾客态度追踪 4 种绩效工具以核对年度计划目标的实现情况。事实上计划的结果不仅取决于计划制订得是否正确，还有赖于计划执行与控制的效率如何，所以搞好控制工作是一项极其重要的任务。

1. 销售分析

销售分析就是衡量并评估实际销售额与计划销售额之间的差距。这种差距的衡量与评估有以下两种方法。

1）销售差距分析。这种分析方法适用于分析不同因素对销售绩效的作用。例如，假设年度计划要求第一季度销售 1 万件产品，每件 10 元，即销售额 10 万元。在该季结束时，只销售了 9 000 件，每件 9 元，即实际销售额 8.1 万元。比计划销售额少 19%，差距为 1.9 万元。那么绩效降低有多少归因于价格下降，又有多少归因于销售下降呢？具体计算步骤为

$$因价格下降的差异=（10-9）\times 9\,000=9\,000（元）$$

$$因价格下降的影响=\frac{9\,000}{19\,000}=47\%$$

$$因销量下降的差异=（10\,000-9\,000）\times 10=10\,000（元）$$

$$因销量下降的影响=\frac{10\,000}{19\,000}=53\%$$

由此可见，没有完成计划销售量，是造成差距的主要原因，企业应该仔细检查为什么没能达到预期的销售量。

2）地区销售量分析。这种方法用来衡量导致销售差距的具体产品和地区。例如，假设企业在 3 个地区的计划销售量：A 地区 1500 件、B 地区 500 件、C 地区 2000 件。但地区实际完成的销售量分别为：A 地区 1 400 件、B 地区 525 件、C 地区 1 075 件，与计划的差距分别为 A 地区－6.67%、B 地区＋5%、C 地区－46.25%。显然问题出在 C 地区，应该对 C 地区不良的绩效进行深入分析，加强管理。

2. 市场占有率分析

公司的销售额无法说明公司对于竞争者的绩效如何，假设公司的销售量增加，这可能是经济情况改善的结果，此时所有的公司都得利，也可能是公司相对于竞争者的绩效有提高。企业必须追踪其市场占有率，若公司的市场占有率上升，则公司取得了市场竞争者的利益；若市场占有率下降，则公司相对于竞争者而言是损失了。市场占有率分析有 4 种方法。

1）总体的市场占有率。企业的总市场占有率是以其销售除以总产业销售的百分

比而得，使用此方法时必须做两个决策，一是决定要使用销售量还是销售额来表达市场占有率，对销售量而言，量的变化反映出竞争对手之间销售量的消长；对销售额而言，量的变化反映出量与价格的组合；二是正确认定行业的范围，如脚踏车是否应纳入摩托车市场。

2）所服务市场占有率。其是以公司的总销售额占其服务市场总销售额的百分比。所服务市场是指对企业有兴趣的市场，且公司营销活动触及的市场，企业的服务市场占有率通常要大于它的总市场占有率。

3）相对市场占有率（相对于前三名竞争者）。这是以公司的销售额除以前三名竞争者销售额总额的百分比而得。例如，若企业占有 40%的市场，而 3 个最大竞争者的占有率分别为：20%、10%及 10%，则公司的相对市场占有率为 100%（40%/40%）。在一般情况下，相对市场占有率高于 33%，即可视为具有强势地位。

4）相对市场占有率（相对于领先竞争者）。这是以企业销售额与市场领导竞争者的销售额的百分比来表示的。相对市场占有率超过 100%，表明企业为市场领先者；相对市场占有率为 100%，表明企业与市场领先者不相上下。

3. 市场营销费用率分析

市场营销计划控制也要检查企业在完成营销计划时，营销费用有没有超支。市场营销管理人员应密切注意市场营销费用与销售额的比率，如果这一比率变化幅度较大，营销人员就应当引起警觉，防止比率失控，并分析原因，即时采取相应措施。

4. 顾客态度追踪

营销计划的实现与顾客对企业及产品（服务）的态度密切相关，通常企业用以下方法来追踪顾客的态度。

1）抱怨和建议。企业对顾客的各种抱怨应认真对待，并及时作出回应。对来自顾客的抱怨应该进行仔细记录、分析和归类，并从中找到企业不足之处，以便及时改进，从而提高顾客满意度，增加回头客，吸引新顾客，减少顾客流失率。同时企业应积极鼓励顾客提出建议和意见，使企业与顾客间保持一种协商机制，从而建立起一种长久的合作关系。

2）固定顾客样本。要想了解顾客对企业及产品（服务）的态度并非易事。通常的做法是：由一些具有代表性又愿意支持企业工作的顾客组成固定顾客样本，定期地通过问卷调查或电话调查的方式了解其态度。通过这种方法使企业能更好地掌握顾客态度变化趋势，使市场营销管理者及早发现可能出现的问题。

3）顾客调查。企业定期地对随机顾客进行调查，了解企业员工服务态度、服务质量、产品价格等方面的信息，以便企业能及时发现问题，并及时进行纠正。

（二）盈利能力控制

企业必须衡量各产品、区域、顾客群、营销渠道及订单大小的获利能力。这些信息可帮助管理者了解哪一项产品或营销活动应当予以扩大、缩减甚至删除。在进行企业盈利能力分析时，首先要对企业营销成本进行分析，因为营销成本的高低直接影响到企业利润的大小。

市场营销成本包括两大类：直接费用（如直接推销费用、促销费用、仓储费用、运输费用、营销管理人员工资、办公费用）和间接费用（共同分担的费用如形象成本），取得满意的利润是每个企业的最终目标，因此盈利能力控制是市场营销管理者的工作重点。

（三）效率控制

如果企业某一产品、地区或市场的获利能力较差的话，说明营销管理的效率很差。可见企业营销计划的完成情况与营销管理的效率有关。

1. 销售力效率

各地区的销售经理应该记录其责任区内销售力效率的几项指标，包括：每天每位销售人员的平均销售访问次数；每次接触的平均访问时间；每次销售访问的平均成本；每次销售访问的招待成本；每 100 次访问取得订单的百分比；一定期间新增顾客数；一定期间流失顾客数；销售力成本占总销售额的百分比。通过以上统计分析可以帮助营销管理者发现许多问题：销售代表访问次数太少吗？每次访问时间是否过长；招待费是否过高等。这将非常有助于营销经理提高销售力效率。

2. 广告效率

对广告产生的效果不易衡量，许多管理者容易忽视对广告效率的控制。通过对下列资料的统计和分析可以提高达到广告效率的目的：对每一媒体分类、每一媒体工具、每接触 1000 位购买者所花的全部广告成本；顾客对每一媒体工具注意、联想和阅读的百分比；顾客对广告内容和效果的意见；对产品的态度前后衡量；受广告刺激而引起的询问次数；每次询问成本。

3. 促销效率

为了改进销售促进的效率，管理者应该对每一销售促进的成本和对销售的影响作出记录，包括：因优待而售出的百分比；每一销售金额的陈列成本；折扣券收回的百分比；因展示而引起询问的次数。通过对上述记录的整理分析，可以帮助营销管理选择最佳的促销工具和促销方法，开展最有效率的促销活动。

4. 分销效率

对企业分销系统的结构、布局、分销渠道成员的作用和能力以及企业存货控制、仓库位置和运输方式的全面分析，为企业找到最有效的分销组合。

面包的分销效率控制

在美国，面包批发商遭到了来自连锁面包店的激烈竞争，他们在面包的后勤管理方面尤其处境不妙，面包批发商必须作多次停留，而每停留一次只送少量面包。不仅如此，开车司机一般还要将面包送到每家商店的货架上，而连锁面包商则将面包放在连锁店的卸货平台上，然后由商店工作人员将面包陈列到货架上。这种物流方式促使美国面包商协会就“是否可以利用更有效的面包处理程序”问题开展调查。该协会进行了一次系统工程研究，他们以一分钟为单位具体计算面包装上卡车到陈列在货架所需要的时间；通过跟随司机送货和观察送货过程，这些管理人员提出了若干变革措施，使经济效益的获得来自更科学的作业程序。不久，他们在卡车上设置特定面包陈列架，只需司机按动电钮，面包陈列架就会在车子后部自动开卸，这种改进措施既受到了进货商店的欢迎，又提高了分销工作效率。

（四）战略控制

企业必须时常对其整体的营销效力做精密的检讨回顾。由于营销是一个目标、政策、战略经常迅速过时的领域，因此企业必须定期地重新评估企业计划、战略及其执行情况。其中最有效的方法便是营销审计。

市场营销审计是对企业市场营销环境、目标、战略、组织、方法、程序和市场营销活动等进行的综合的、系统的、独立的和定期性的核查，以发现市场机会、找出存在问题，并提出改进建议，提高市场营销管理效果。具体来讲，市场营销审计包括对宏观环境、微观环境、营销策略、营销组织、营销系统、营销盈利水平、特定的营销功能 7 个方面的检查和评估。

小　　结

所谓营销团队，就是为了实现企业的营销目标，有目的地将企业的营销人员按照一定的形式组织起来形成一个有战斗力的团队，以确保顺利完成团队或企业的既定的营销目标。要形成一个有战斗力的营销团队，在团队建设中必须要考虑每个团队成员的知识结构、技术技能、工作经验、年龄性别和性格问题等，尽可能达到各方面合理的互补。

营销团队的作用表现在可以有效地实现营销的全员管理、可以发挥营销团队成员个人的所长、可以有效提升营销成员的营销技能等方面。

营销团队建设要：塑造团队文化，确立团队使命与愿景，必须营造一个好的团队氛围；必须选拔一个富有领导力的营销团队主管；制定完整的规章制度；建立明确共同的目标；加强团队成员之间的协作，重视成员的成长；健全完善团队的管理考核制度等措施。

客户就是企业需要服务的对象。其可分为外部客户和内部客户。客户服务是根据客户本人的喜好使他获得满足，而最终使客户感觉到他受到重视，把这种好感铭刻在他的心里，成为企业的忠实的客户。客户服务在商业实践中一般分为3类，即：售前服务、售中服务、售后服务。

企业搞好客户服务可以采取有效认识你的客户；对客户进行有效的分类；组建高效服务团队，制定服务理念与规范；加强对客户资信控制；加强对客户的全程销售服务；建立客户对服务的定期评估；审核；反馈系统等措施。

稳定客户群，提高客户忠诚度是客户管理的一项重要内容。客户流失的根本原因是客户的需求不能得到切实有效的满足，其原因是产品质量不稳定，缺乏创新；公司人员流动导致客户流失；竞争对手夺走客户；市场波动导致失去客户；企业内部服务意识淡薄；企业管理不平衡，令中小客户离去；自然流失等原因。企业防止客户流失的对策包括：建立完善的客户关系管理系统；做好质量营销；树立"客户至上"服务意识；强化与客户的沟通；增加客户的经营价值；建立良好的客情关系；做好创新；加强市场监控力度等措施。

客户管理就是通过对客户详细资料的深入分析，来提高客户满意程度，从而提高企业的竞争力的一种手段。客户关系管理的核心是客户价值管理，通过"一对一"营销原则，满足不同价值客户的个性化需求，提高客户忠诚度和保有率，实现客户价值持续贡献，从而全面提升企业盈利能力。客户关系管理的要点是用长远的观点评价客户、真诚对待客户、了解客户的需求、守信用。

企业市场营销流程管理包括目标消费者分析、市场营销环境分析、设计市场营销组合、制定市场营销计划、市场营销计划实施、市场营销控制分析等环节，各环节管理重点不同。

思考与练习

1. 名词解释

营销团队　客户关系管理

2. 填空题

1）客户就是企业要服务的（　　）。

2）客户流失的根本原因是（　　）。

3）客户关系管理的核心是（　　）。

3. 选择题

1）企业努力搞好市场调查，这属于（　　）服务。

A. 售前服务　　B. 售中服务　　C. 售后服务

2）当企业所生产的各产品差异很大，产品品种太多，一般以（　　）来设置营销组织比较好。

A. 地理　　B. 产品　　C. 功能

4. 思考题

1）如何才能搞好营销团队建设？

2）如何才能搞好客户服务？

3）客户流失的原因何在？如何避免客户流失？

5. 案例分析题

郁闷的庆功宴

临近年底正是销售经理最为紧张的时刻，因为公司财务正在计算和总结全年的销售情况，而这关系到销售部门能否按照计划完成任务，当然也涉及销售经理能否拿到全额的提成和奖金。

凌云公司的销售经理李爽却一副成竹在胸的样子，因为他心里有个小九九，当年的销售任务已经在 11 月份就完成了，那 12 月份的业绩就是超出的部分了。果然，公司于新年前夜举办了“庆功宴”，以此表彰年度作出突出贡献的员工，李爽以突出的销售业绩得到了公司领导的认可和嘉奖。席间，按照惯例，李爽向领导一一敬酒，表达领导对自己的信任和工作支持的感激之情。走到大老板面前，自然要为来年表一表决心和信心，说到明年的计划销售额时，大老板还没等李爽说出自己的建议，就笑着拍拍李爽的肩膀说道：“小李，今年超额完成 10%，干得漂亮啊！明年的销售额我就给你加三成，好好干吧……”。

后面老板说的什么李爽都没听见，只感觉一个头三个大。李爽本意是根据今年的客户状况及销售机会等数据做个分析，然后打个报告，希望对来年的销售计划有个科学的规划。谁知道大老板一拍脑门就加了三成，想想进入这个领域的越来越多的竞争对手，已经硝烟弥漫的价格大战，李爽此时此刻的心情只剩下了——郁闷。

（资料来源：http://www.pcdog.com/solution/crm/2006/05/o102745.html）

思考

1）该公司制订下年度销售计划科学吗？为什么？

2）科学制订销售计划应该如何考虑？

6. 营销实训题

实训项目：客户对企业产品或服务的满意度调查。

1）组织形式：学生以 3～5 人为单位，以周围学生、老师、周围居民为对象，以日常消费的某种产品或服务为研究对象，通过调查顾客对产品与服务的满意度情况，设计访谈问卷。

2）实训要求：拟定问卷，根据意见反馈写一份顾客意见反馈报告。

参考文献

郭国庆．1996．市场营销学．武汉：武汉大学出版社．

龚涛，季辉．1999．现代市场营销学．成都：电子科技大学出版社．

季辉．2007．市场营销学．北京：科学出版社．

李升．1996．新编市场营销学．广州：中山大学出版社．

周庆．2002．市场营销．重庆：重庆大学出版社．